作 者 简 介

王成金　山东省沂水人，中国科学院地理科学与资源研究所，研究员，博士生导师。2005 年获人文地理学博士学位，2005 ~ 2008 年做博士后工作，2008 年至今在中国科学院地理科学与资源研究所任职。长期以来，主要从事经济地理学与区域发展的研究工作，尤其是在交通地理、工业地理与区域规划等方面有浓厚的研究兴趣。曾主持国家自然科学基金委员会、中国科学院、国家发展和改革委员会、国家开发银行、地方政府等资助的多项课题项目，在 *Journal of Transport Geography*、*Social and Economic Geography*、《地理学报》等期刊上发表学术论文 100 余篇，独立出版著作 7 部：《集装箱港口网络形成演化与发展机制》《物流企业的空间网络模式与组织机理》《老工业城市调整改造的理论与实践》《港口运输与腹地产业发展》《东北地区全面振兴的重大问题研究》《东北地区全面振兴的战略路径研究》《河流流域高质量发展的理论与实践》，参编著作 20 余部。

The author

Chengjin Wang is a professor in the Institute of Geographical Sciences and Natural Resources Research, the Chinese Academy of Sciences. His research focuses on industrial geography, transport geography and region development. His research has been funded by many projects from the National Natural Science Foundation of China, Chinese Academy of Sciences, National Development and Reform Commission, China Development Bank and many local governments. He has published over 100 papers. In addition to this book, he is also the author of the book *Evolution and Development of Container Ports Network and Dynamic Mechanism*, the book *Spatial Network Mode of Logistics Company and Organization Mechanism*, the book *Port Transportation and the Heavy Industries Development in Hinterland*, the book *Theory and Practice about Transformation of the Old Industrial City*, the book *Strategic Issues of Comprehensive Revitalization in Northeast China*, the book *Strategic Path of High-quality Development in Northeast China*, and the book *Theory and Practice about High-quality Development of River Basins*.

李绪茂　山东省泰安市人，交通运输部规划研究院，工程师。2021 年于中国科学院地理科学与资源研究所获人文地理学博士学位，2021 ~ 2023 年做博士后工作，2023 年以来在交通运输部规划研究院任职。长期以来，主要从事交通地理、港口航运、物流体系研究工作。主持国家自然科学基金青年科学基金项目 1 项，参与国家自然科学基金委、中国科学院、国家发展和改革委员会、交通运输部、国家开发银行、世界银行、地方政府等资助的多项课题项目，在 *Maritime Policy & Management*、*Journal of Geographical Sciences*、*Polar Record*、《地理学报》、《地理与地理信息科学》、《长江流域资源与环境》等期刊上发表学术论文 30 余篇，参编著作 2 部。

The author

Xumao Li is an engineer of Transport Planning and Research Institute, Ministry of Transport. His research focuses on transport geography and logistics, cruise shipping. His research has been funded by the National Natural Science Foundation of China, the Chinese Academy of Sciences, the National Development and Reform Commission, the Ministry of Transport, the China Development Bank, the World Bank and many local governments. He has published over 30 papers in *Maritime Policy & Management*, *Journal of Geographical Sciences*, *Polar Record* and other journals, and participated in editing 2 books.

国家自然科学基金资助项目
国际邮轮航运网络的区域化模式及形成机理（42071151）
邮轮航运网络去季节性的时空路径与组织模式（42201194）

交 通 运 输 地 理 与 区 域 发 展

邮轮航运网络的
空间模式与发展机理

王成金　李绪茂　著

科 学 出 版 社

北 京

内 容 简 介

邮轮旅游是中国近年来快速发展的旅游新业态，邮轮航运网络兼具"运输"属性与"休闲"属性，形成独特的空间组织规律与地理模式。本书面向港口建设、航运组织、旅游管理的理论与实践需求，以邮轮航运网络空间组织为主题，对邮轮港口建设与职能分异、航线布局与地域系统、重点企业网络、重点区域等实践路径进行了深入剖析和总结。本书全面介绍了邮轮航运组织与邮轮旅游发展的理论基础，阐释了邮轮航运网络的基础概念、主要理论与基本模式，总结了全球邮轮航运发展的历史过程与区域分异特征，分析了全球邮轮港口的空间分异与职能体系，解析了邮轮航线的组织特征与邮轮航运联系格局，凝练了全球邮轮航运网络的主要地域系统与地理模式，揭示了全球邮轮航运组织的形成发展机理；在企业维度，考察了全球邮轮企业的发展历程，比较分析了各企业的邮轮航运网络分异特征；在重点区域维度，考察了邮轮航运网络的组织特征与区域化模式。基于全球与重点区域的一般性发展规律与特殊机制，本书系统考察了中国邮轮航运网络的发展特征与空间规律，剖析了主要存在问题与突出矛盾，提出中国邮轮航运组织与邮轮旅游高质量发展的战略路径。以此，科学分析和探讨了不同空间尺度下邮轮航运网络的空间组织规律与地理模式，为中国推动邮轮航运网络优化组织与邮轮旅游高质量发展提供科学指导。

本书可供从事邮轮港口和邮轮旅游等相关领域的学者、规划师，以及邮轮企业管理者、政府管理决策者参考与借鉴。

图书在版编目（CIP）数据

邮轮航运网络的空间模式与发展机理／王成金，李绪茂著 . -- 北京：科学出版社，2024. 10. --（交通运输地理与区域发展）. -- ISBN 978-7-03-079862-6

Ⅰ. F552. 3

中国国家版本馆 CIP 数据核字第 20242K7A61 号

责任编辑：刘　超／责任校对：樊雅琼
责任印制：吴兆东／封面设计：无极书装

科 学 出 版 社 出版

北京东黄城根北街 16 号
邮政编码：100717
http://www.sciencep.com

北京建宏印刷有限公司印刷
科学出版社发行　各地新华书店经销

*

2024 年 10 月第 一 版　开本：720×1000　1/16
2024 年 11 月第二次印刷　印张：26　插页：2
字数：600 000

定价：**245. 00** 元
（如有印装质量问题，我社负责调换）

前　言

一、邮轮港口研究缘由

港口作为大型基础设施，是区域乃至国家空间结构的基本支撑和重塑力量，对区域或国家的发展具有战略性意义。以港口为研究对象的港口地理成为交通地理学的主要分支学科，学者们基于各种需求，从不同视角对单体港口、港口体系及航运网络开展了大量研究，奠定了港口地理的理论体系与研究方法。长期以来，港口地理学形成以"货运"为核心的研究范式、理论体系与技术方法，并主导了20世纪以来港口地理研究的基本路径，而"客运"研究长期被忽视。

邮轮航运涉及邮轮企业、船舶、港口、旅游目的地、航线等空间要素，核心节点是港口，并以港口为基点组织航运网络、陆向集疏网络与延伸旅游网络。"航运+休闲"的双重属性促使邮轮航运网络呈现出独特的空间规律，融入了气候性、人文性等特征，其空间格局、区域集聚、组织模式与气候舒适度、特殊制度、出行规律等有着很强的关联性。世界各地区有不同的自然地理环境、社会经济发展水平和地缘安全环境，促使邮轮航运网络呈现不同的区域化模式。这对航运网络的传统空间规律与形成机理产生了重要影响。在此背景下，需要深入探讨邮轮航运网络的基本特征，考察其地理差异，剖析其与地理要素、游客出行的关系机制，全面揭示其空间规律。

现代邮轮旅游的发展始于20世纪60年代末，90年代以来快速发展，近年来已成为大众化的休闲旅游方式。这促使邮轮航运网络呈现暴发式的扩张，航线不断增多，许多大型港口甚至中小型港口被纳入邮轮航运网络，专业化邮轮码头及配套设施大量建设，成为区域发展的重要增长极。邮轮航运网络是航运功能和休闲功能的叠加，具有运输和休闲旅游的双重属性。港口不仅成为物流枢纽，而且成为城市休闲文化和区域旅游网络的重要节点。这成为近年来港口发展的新现象，对邮轮航运网络的地理规律凝练和空间认知就显得尤为重要。港口地理学需要围绕邮轮航运的新现象，分析休闲旅游对航运网络组织、港口分异的新机理，考察航运网络的人文休闲机制。

随着邮轮旅游的蓬勃发展，亚太地区成为重要的组织区域。特别是人口众多、收入持续提高的中国，其邮轮航线布设、航班组织和母港建设促使亚太邮轮航运网络进行重构，成为全球第二大邮轮市场。但中国邮轮航运网络处于起步阶段，多数港口的航线较少且以短程航线为主，航班密度低，邮轮靠泊量和码头利用率较低。这需要在邮轮航运网络的全球框架中，探究其空间规律，剖析加勒比海、地中海等区域性网络的空间规律，学习成功母港的发展经验，判别中国在亚太网络中的地位与职能，以此科学建设中国邮轮港口和组织航运网络，成为中国港口发展的现实需求。

二、自然基金申请与资助

本书在研究和撰写过程中，得到了国家自然科学基金委员会、交通运输部规划研究院等相关部门的资助，是作者学术研究长期积累取得的成果。

2014年，交通运输部规划研究院承担了天津港务集团委托项目"天津港转型升级发展研究"，作者参与了该课题，主要承担"天津港发展愿景""特色产业港""物流枢纽港"等专题的研究。在研究过程中，作者发现天津港转型升级的重要目标是发展"人文休闲港"，重要途径是发展邮轮旅游、开发滨水岸线与组织滨海旅游。作者对此产生了兴趣，开始关注中国港口及世界港口的邮轮航运发展。邮轮港口与邮轮航运网络的基本概念与研究思路开始酝酿。

2015年，作者获批了国家自然科学基金资助项目："港口运输职能分异及与腹地工业的联动机制"（批准号：41571113，执行期为2016年1月至2019年12月）。该项目从各种尺度分析了港口运输职能分异与腹地工业发展尤其是重化企业的联动模式。在此过程中，作者对港口专业化运输职能进行了细致分析，发现许多港口尤其是大型港口形成了休闲化职能，邮轮航运成为许多大型港口的发展趋势。

2020年，作者获批了国家自然科学基金资助项目："国际邮轮航运网络的区域化模式及形成机理"（批准号：42071151，执行期2021年1月至2024年12月）。该项目从多种空间尺度和多个视角，以航线航班、邮轮企业、邮轮港口为切入点，刻画全球邮轮航运网络的空间格局，分析其空间集聚性与区域化，剖析比较区域性网络的特征及差异，解析邮轮港口的分异及母港特征，凝练总结邮轮航运网络的区域化模式，揭示其形成机理。

基于上述研究基础和项目资助，按照著作的撰写框架，对研究成果进行系统化的整理和凝练提升，最终形成了本书。

三、研究内容与关系

基于"全球→企业→区域→中国"的尺度逻辑，本书采用邮轮轨迹大数据和船期表，按照"邮轮港口分异→邮轮航线组织→邮轮航运网络→发展机理"的主线，刻画全球邮轮航运网络的空间特征与地理模式，分析邮轮港口分布格局与职能体系，剖析邮轮航线特征与邮轮联系格局，判别主要邮轮航运系统，剖析其主要影响因素；总结全球邮轮企业演变路径，分析主要邮轮企业的航运网络分异特征；比较区域性邮轮航运网络的特征及差异，凝练区域化模式；分析中国邮轮航运网络的基本格局与发展特征，提出未来优化路径。以此，凝练总结邮轮航运网络的区域化模式与形成机理，探究航运网络和港口发展的人文休闲机制。

本书共分为十四章，核心内容主要分为四部分。

第一章至第二章，为邮轮航运网络的立论依据与基础理论。本部分主要是分析邮轮航运网络的理论实践需求与研究进展，介绍基础概念与主要理论，提出研究的概念模型。第一章为"绪论"，阐释了邮轮航运网络研究的理论与实践需求，介绍了本研究的数据与方法，评述了当前研究进展。第二章为"基础概念与主要理论"，介绍了邮轮航运、邮轮旅游的基础概念与基本特征，剖析了主要的基础理论，提出了邮轮航运网络研究的"空间–结构–时间"多尺度概念模型与"区域化"理论。

第三章至第七章，为全球邮轮航运网络组织模式及发展机理。本部分主要是分析全球邮轮航运的主要特征，刻画邮轮港口与邮轮联系的空间规律，判别主要邮轮航运圈，揭示其发展机理。第三章为"世界邮轮航运发展历史及区域分异"，分析世界邮轮航运的主要特征与发展历程，考察其发展趋势。第四章为"全球邮轮港口空间分异与职能体系"，分析全球邮轮港口的分布特征与邮轮挂靠格局，剖析其职能分异。第五章为"全球邮轮航线特征与邮轮联系格局"，全面解析邮轮航线的类型分异与组织特征，剖析单体邮轮的航运网络特征。第六章为"全球邮轮航运系统与空间组织模式"，考察邮轮港口、航线与航班的组织特征，判别邮轮航运圈并剖析其特征。第七章为"邮轮航运网络形成发展的影响因素"，设计邮轮航运网络形成发展的影响因素框架，揭示主要因素的影响机理。

第八章至第十二章，为基于企业、区域、航线的重点邮轮航运网络组织模式研究。本部分主要是分析邮轮企业的航运网络差异及特征，刻画重点区域的区域化模式。第八章为"基于企业维度的邮轮航运网络比较"，刻画全球邮轮企业的成长路径与演化图谱，剖析各企业的邮轮航运网络特征。第九章为"加勒比海邮轮航运网络格局与模式"，刻画加勒比海邮轮港口分布特征与类型分异，剖析航运网络格局与主要组团。第十章为"地中海邮轮航运网络格局与模式"，主要分析地中海邮轮港口体系与航线网络。第十一章为"亚太邮轮航运网络格局与模式"，考察了亚太邮轮港口分布与主要联系格局，识别主要航运组团。第十二章为"典型邮轮港口与典型邮轮航线"，介绍了主要的邮轮母港、邮轮目的地港、私属岛屿、邮轮航线的发展经验。

第十三章至第十四章，为中国邮轮航运网络与邮轮产业研究。本部分主要是刻画中国邮轮航运网络的基本特征，剖析其存在问题，提出优化发展路径。第十三章为"中国邮轮航运网络格局与模式"，分析了中国邮轮产业的发展历程与政策体系，刻画中国邮轮港口的基本格局与邮轮航线类型，剖析了邮轮航运网络的主要组团及特征。第十四章为"中国邮轮航运发展的优化路径"，剖析了中国邮轮航运与邮轮旅游发展的存在问题与主要矛盾，提出邮轮产业高质量发展的优化路径，剖析了主要邮轮母港的发展历程与特征。

四、主要观点与结论

本书的主要观点摘要如下。

（1）邮轮航运具有全球性、方便旗性、空间网络性、无目的地性等特征。随着邮轮航运发展，其发展类型从最初的"交通旅程型"转变为目前的"旅游休闲型"。20世纪70年代以来，邮轮航运形成了萌芽发育、诞生引进、成长兴盛和成熟繁荣等时期。全球邮轮船舶数量与旅客量不断增长，但被少数邮轮集团控制，形成了连通主要海域的邮轮航运网络与覆盖全球的邮轮市场，其中欧洲和北美洲是重点组织地区，加勒比海和地中海成为热点地区。邮轮航运发源于欧洲，繁盛于北美地区，目前发展重心向亚太地区转移。

（2）邮轮港口具备船舶靠泊、物资补给、出入境、旅游观光、休闲娱乐和商贸服务等各类功能。欧洲的邮轮港口最多，亚洲和北美较多。邮轮港口呈现出团状集聚、带状延伸和点状分布的特征。港口的挂靠航线、航班有明显的非均衡性，组织能力较高的港口集中在欧洲和北美，形成邮轮航运资源配置的"区域化"地域。邮轮港口形成母港、挂靠港与始发港三种类型，其中挂靠港占数量优势地位。母港集中分布在北美、欧洲和亚洲中纬度地区，以美国最多；挂靠港集中在加勒比海、欧洲和东亚。母港-城市-区域综合体形成邮轮码头、邮轮母港城、邮轮经济都市、邮轮经济区的空间层级。

（3）邮轮航线形成了短航线、中航线、长航线和环球航线的时长分异，短航线和中航线是主流类型，形成了"7天黄金周期"。航线具有广域性与全球化特征，集中在欧美地区。邮轮联系有广泛的覆盖范围，但具有近海集聚分布与弱全球性分布特征。母港成为邮轮联系的核心节点，始发港的航运联系较少。夏季邮轮网络覆盖港口最多，港口形成单季、双季、三季与四季的类型分异。邮轮船舶在4月、5月、9月和10月停靠的港口较多。不同纬度地区的月度航班配置形成了"S"形格局。单体邮轮形成主干网络与分支网络的分异。

（4）港口布局形成母港邻近模式、母港–始发港邻近模式、始发港邻近模式；航线联系形成单点挂靠模式、多点挂靠模式、职能转换模式与重复挂靠模式。航班运营形成了区域定班、环球远洋和极地探险等模式。邮轮航运网络形成了扇形、带状和马蹄状等形态的类型分异。全球形成了32个邮轮航运圈，大西洋和北美洲分布最多，多数邮轮圈具有近岸特征。

（5）影响邮轮网络发展的因素具有多样性、复杂性和综合性。这些因素以独立或相互作用的形式，从不同的要素维度、空间尺度对邮轮网络产生促进或限制等驱动作用。自然地理环境涉及气温、季节、岸线等；港航因素覆盖码头、区域交通网络、岸电等；技术进步涉及邮轮大型化、邮轮企业等。政治制度因素包括地缘关系、出入境便利性；经济因素包括区域经济总量与居民收入、综合配套；邮轮文化因素包括旅游文化、休假时间。新冠疫情是近年内的突发性因素，对邮轮航运网络形成巨大冲击。

（6）邮轮企业形成邮轮公司和邮轮集团的基本分化。19世纪以来，全球邮轮企业发展经历了传统客运、转型发展和集团竞争等阶段。五大邮轮集团垄断了全球主要的邮轮市场，但在各航区形成了不同的覆盖水平，尤其是嘉年华集团、皇家加勒比集团、诺唯真集团有较高的港口连通水平和航班组织频率。各航区形成了邮轮集团共同参与的格局，市场垄断是全球邮轮航运组织的主流特征，但绝对的区域性垄断尚未形成。

（7）加勒比海邮轮港口分布形成佛罗里达半岛、墨西哥湾、东加勒比海、西加勒比海、南加勒比海五大地域。母港集中分布在美国。邮轮航线以环状航线为主，尤其是以7晚航线为主。邮轮航运联系以美国为主，巴哈马和墨西哥为辅，形成了"一核心两走廊三组团"的空间格局，塑造了显著的"客源地"和"目的地"的邮轮旅游格局。邮轮航运网络呈现多点集聚、多组团、多层级的空间模式。邮轮航运组织以美国企业为主，嘉年华集团有最广和最密的邮轮组织。

（8）地中海内部形成了显著的差异，西地中海邮轮旅游规模较大。邮轮港口形成"北多南少，东多西少"格局，各海湾或海域分别形成了地域性的邮轮港口。挂靠量较多的港口集中在巴利阿里海、利古里亚海、第勒尼安海、爱琴海。航线分布"西多东少",西地中海有绝对的覆盖连通优势。邮轮联系"西强东弱",东西地中海割裂现象突出。自然海域与邮轮系统存在一定的耦合关系,形成巴利阿里海–阿尔沃兰海、利古里亚海、亚得里亚海–伊奥尼亚海西岸、爱琴海等邮轮航运系统。

(9)亚太地区母港相对较少,航班集中在新加坡、上海和悉尼港;航班量较高的挂靠港集中在日本、中南半岛和新西兰。往返航线和7天航线成为主流,形成了转港航线和多母港航线等特殊类型。港口直接联系形成以核心港口为中心、距离衰减及层级递减的特征,高频次间接联系形成组团状、孤立状和链条状等分布形态。亚太邮轮航运网络的直接联系形成了中国–日本九州、日本–韩国、日本边缘、南海和澳洲等组团,间接联系形成了中国–日本、南海、马六甲海峡、澳洲和太平洋群岛等组团。

(10)母港多分布在北美、欧洲和东南亚,代表性的母港有北美的迈阿密港、地中海的巴塞罗那港、东南亚的新加坡港。邮轮目的地主要分布在加勒比海、地中海及东亚,代表性的目的地港有地中海的马耳他瓦莱塔港、阿拉斯加的凯奇坎港、加勒比海的拿骚港与科苏梅尔港。私属岛屿主要分布在加勒比海,著名私属岛屿有皇家加勒比集团的可可礁岛和拉巴迪岛、嘉年华邮轮集团的半月湾岛和琥珀湾。全球代表性的邮轮航线有加勒比海热线、地中海热线、东南亚航线、日韩航线、阿拉斯加航线等。

(11)20世纪90年代末期以来,中国邮轮航运形成了萌芽发育、探索起步、快速发展和优化调整四个阶段。中国先后建设了16个邮轮港口,邮轮挂靠量与游客量快速增长,本土邮轮企业逐步发展。中国邮轮港口分布格局基本成型并趋于成熟,总体形成渤海湾、长江三角洲、台湾海峡、珠江三角洲和海南等区域性邮轮港口集群,形成了上海、天津、厦门、三亚和广州等母港。邮轮航线形成了远洋、近洋、沿海和内河等类型分异,但以始发航线为主,挂靠航线较少。中国邮轮航运网络分化为东北亚组团、台湾海峡组团和东南亚组团。

(12)中国邮轮产业发展仍处于初级阶段,邮轮文化尚未形成,制度环境、人才支撑及配套服务尚未完善,邮轮港口竞争激烈,航线组织单一,外资企业主导了中国邮轮市场,对区域发展的拉动作用较弱。中国需要进一步完善产业政策,放松行业管制,优化邮轮港口布局与航线组织,促进邮轮港口合作,实施母港综合体建设,培育邮轮文化与邮轮旅游市场,壮大本土邮轮企业,拓展邮轮产业链,完善人才与软环境等支撑体系建设。

目　　录

前言

第一章　绪论 ……………………………………………………………… 1

　第一节　科学问题 ……………………………………………………… 2

　第二节　数据与方法 …………………………………………………… 12

　第三节　研究进展评述 ………………………………………………… 17

第二章　基础概念与主要理论 …………………………………………… 24

　第一节　基础概念 ……………………………………………………… 25

　第二节　理论基础 ……………………………………………………… 36

　第三节　概念模型与理论 ……………………………………………… 49

第三章　世界邮轮航运发展历史及区域分异 …………………………… 57

　第一节　邮轮航运基本特征 …………………………………………… 58

　第二节　世界邮轮航运发展历史 ……………………………………… 61

　第三节　全球邮轮航运市场分异 ……………………………………… 68

第四章　全球邮轮港口空间分异与职能体系 …………………………… 84

　第一节　全球邮轮港口的分布格局 …………………………………… 85

　第二节　全球邮轮港口的航线航班组织 ……………………………… 92

　第三节　邮轮职能港口识别与数量结构 ……………………………… 99

　第四节　邮轮港口职能分布体系 ……………………………………… 108

第五章　全球邮轮航线特征与邮轮联系格局 …………………………… 118

　第一节　全球邮轮航线的地理特征 …………………………………… 118

　第二节　全球邮轮港口航运联系格局 ………………………………… 127

第六章　全球邮轮航运系统与空间组织模式 …………………………… 132

　第一节　邮轮航运网络空间组织模式 ………………………………… 132

　第二节　全球邮轮网络空间系统 ……………………………………… 142

　第三节　全球邮轮航运圈格局 ………………………………………… 149

　第四节　单体邮轮的航运网络 ………………………………………… 157

第七章　邮轮航运网络形成发展的影响因素 …………………………… 164

　第一节　邮轮网络的影响因素 ………………………………………… 164

第二节　地理环境与港口设施 ·· 167

第三节　政治制度与经济因素 ·· 176

第四节　新冠疫情与邮轮航运 ·· 187

第八章　基于企业维度的邮轮航运网络比较 ················· 197

第一节　全球邮轮企业及演变过程 ·································· 198

第二节　企业视角的邮轮航运网络分异 ·························· 206

第三节　邮轮集团与邮轮市场竞争 ·································· 215

第九章　加勒比海邮轮航运网络格局与模式 ················· 232

第一节　邮轮港口分布格局 ·· 233

第二节　邮轮挂靠与母港分布 ··· 240

第三节　邮轮航线组织格局 ·· 246

第四节　企业邮轮航运网络 ·· 256

第十章　地中海邮轮航运网络格局与模式 ··················· 263

第一节　地中海邮轮港口分布格局 ································· 264

第二节　地中海邮轮航线组织格局 ································· 278

第十一章　亚太邮轮航运网络格局与模式 ··················· 284

第一节　亚太地理环境与邮轮市场 ································· 285

第二节　亚太邮轮港口类型分异 ···································· 293

第三节　亚太邮轮航线与航运系统 ································· 300

第十二章　典型邮轮港口与典型邮轮航线 ··················· 318

第一节　著名邮轮母港 ··· 318

第二节　著名邮轮目的地 ·· 327

第三节　邮轮企业私属岛屿 ·· 333

第四节　著名航线与邮轮 ·· 340

第十三章　中国邮轮航运网络格局与模式 ··················· 350

第一节　中国邮轮航运发展过程 ···································· 350

第二节　中国邮轮港口发展分异 ···································· 368

第三节　中国邮轮航运网络结构 ···································· 375

第十四章　中国邮轮航运发展的优化路径 ··················· 380

第一节　中国邮轮航运网络问题与优化路径 ·················· 380

第二节　中国主要邮轮港口 ·· 391

参考文献 ··· 397

第一章

绪　论

　　任何科学问题的研究都须建立在一定的需求和环境背景之下。这种环境条件既包括理论研究需求，也包括实践应用诉求，并建立科学研究的基本价值与主要意义。任何学术领域的研究都存在历史继承性，既有的研究进展与主要成果需要进行系统地梳理、分析、归纳与评述，掌握既有研究的广度与深度，阐释既有研究的理论不足、方法缺陷等，凝练总结迫切需要解决的科学问题、研究目标及创新特色。数据与方法是开展研究的重要基础，需要有可用而丰富的数据，并选择或建立可计算的数理模型方法，制定有序开展的研究计划。以此，为科学问题的深入研究奠定理论依据、数据准备、技术方法及内容安排。

　　本章主要是分析科学问题及评述国内外研究进展。20 世纪末以来，邮轮旅游已成为一种普适化的休闲方式，邮轮航运网络呈现爆发式扩张。当前邮轮港口职能趋于多元化，休闲职能凸显，并出现类型分化；全球邮轮业快速发展，邮轮出行成为大众化休闲方式；邮轮船队不断扩张，邮轮航运网络进一步拓展，复杂性增强；中国高度重视邮轮产业发展，邮轮港口布局建设初步形成。以邮轮港口为核心开展邮轮航运网络研究，有助于丰富和拓展港口地理学的理论体系，可以为中国邮轮旅游与邮轮航运高质量发展提供科学支撑。邮轮航运网络的研究覆盖各尺度，包括宏观尺度、中观尺度及微观尺度。目前，学术界已经在港口职能演化、邮轮港口发展机制、邮轮航运网络组织、邮轮旅游等主题上形成了许多研究成果，为本研究的开展奠定了较好的理论与方法论基础，但缺乏从全球尺度对邮轮航运网络的系统化分析，尤其是对其网络结构与空间组织模式的研究较少。

第一节 科学问题

一、研究背景

1. 港口职能趋向多元化，休闲职能凸显，并出现类型分化

港口是海陆交通衔接和收敛的区位，是客货运输功能兼备的特殊区位和载体。在各发展阶段，港口所扮演的角色会存在差异，并出现了不同的职能类型。①在前工业化时期，港口主要是作为货物水路运输的转换地点、旅客过河过江及水陆运输衔接的渡口。该时期，港口只具备单一的运输职能，发挥水路转口运输的作用。②工业化时期，港口逐渐发展成为集运输、工业、商业于一体的服务中心。由于生产性和服务性活动的出现，港口增加值提高，港口职能在原来运输职能的基础上开始扩展（Hoyle，1989）。③在工业化中后时期，集装箱运输的普及、运输船舶的大型化等极大地促进了港口的现代化发展。另外，港口码头泊位的深水化与专业化，促使港口逐渐发展成为集运输与贸易于一体的综合经济体。而跨国公司的出现催生了以港口为中心的运输链、物流链的拓展。该时期的港口形成了综合运输枢纽港、干线港、支线港等不同的职能模式。④进入 21 世纪以来，港口在不断满足运输对港口差异化需求的同时，逐渐拓展处理客货运输以外的功能范围，并发展成为以整合、组织、处理各种经济活动、文化交流等为核心的基地、平台和网络节点（杨心田，2009）。尤其是港城关系进入了新的阶段，港口开始远离城市，老港区面临着城市化改造的需求。在工业经济时代，货运是港口运输功能的核心，港口地理学围绕货运功能形成了成熟的研究范式、理论体系和技术方法。

大型豪华邮轮在港口的挂靠，加快了港口休闲服务功能的形成（Wiegmans and Louw，2011）。各等级的港口趋于邮轮化或对部分码头进行邮轮化改造，港口配套功能设施和后方载体大量建设，港口的休闲服务功能大大提升，出现了专业化的邮轮港口、码头和泊位，游客上下船、购物消费、休闲娱乐等活动促使港口职能的人文休闲化。港口与城市关系也产生了新的需求与功能定位。同时，邮轮港口因在航线中的定位与发挥作用的不同，形成了母港、挂靠港、始发港等类型的分异，承担着不同的运输职能和休闲职能（图 1-1）。这成为新时期港口职

能发展的新特征。邮轮港口的全球布局与航运联系，将成为重要的研究议题。

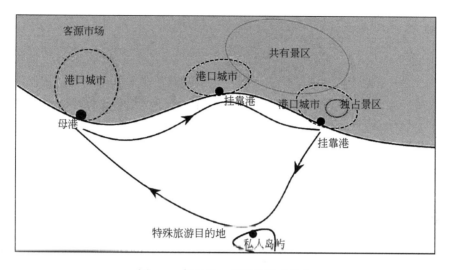

图 1-1　邮轮港口的职能类型分化

邮轮航运网络是新兴的航运网络，是客运网络、旅游网络、航运网络的空间叠合，形成更为复杂的网络属性。邮轮旅游涉及邮轮企业、船舶、港口、航线、目的地、景区等空间要素，核心节点是港口，并以港口为基点组织航运网络、港口休闲网络、陆向集疏网络与延伸旅游网络。邮轮航运网络将游客运输至旅游目的地进行游玩，即传统的"运输"功能，同时本身就是一种观光、体验和放松的方式，是"休闲"的功能。以货运功能为核心的传统航运网络，追求规模效益与运输时效性。"航运+休闲"的双重属性促使邮轮船舶、港口、航线等要素构成的邮轮航运网络呈现出独特的空间特征，融入了气候性、人文性等特征，其空间格局、区域集聚、组织模式与气候舒适度、特殊制度、出行规律等要素有着很强的关联性，呈现出与传统货运网络差异显著的特殊规律。

长期以来，港口地理学形成以"货运"为核心的研究范式、理论体系与技术方法，主导了 20 世纪以来港口地理发展的基本路径，而"客运"研究长期被忽视。新的时代背景下，港口地理学的理论研究需要关注休闲功能导向下的航运网络空间组织。邮轮港口职能分异与邮轮航运网络的兴起给交通地理的研究带来新的视角。港口不仅成为物流枢纽，而且成为城市休闲文化和区域旅游网络的重要节点。邮轮港口和邮轮航运网络是航运功能和休闲功能的叠加，具有运输和旅游的双重属性。尤其是休闲职能促使航运网络在形成机制、空间规律等方面发生了变化。邮轮航运网络的地理规律凝练和空间认知就显得尤为重要。港口地理学需要围绕邮轮旅游的最新现象，分析休闲旅游对航运网络组织、港口分异的新机理，考察航运网络和港口发展的人文休闲机制，深化其科学认知。

2. 全球邮轮业快速发展，邮轮旅游成为大众化休闲方式

20 世纪 60 年代，现代邮轮产业初步形成。80 年代至 21 世纪初，邮轮业一直保持 7% 以上的年均速度增长，远远领先于旅游业中的其他部门。从经济带动效应来看，邮轮业对全球经济的贡献已超万亿元，2018 年邮轮经济对全球贡献值为 1285 亿美元，创造 117.7 万个工作岗位。由此可见，邮轮业已经发展成为了旅游业中的重要分支和全球经济必不可少的组成部分。

随着邮轮航运技术的提升和航运产品的不断丰富，邮轮旅游从原来面向高端消费游客，逐渐走向大众游客群体，邮轮市场的范围不断扩大，邮轮旅游已经成为普适化的休闲旅游方式。1980 年以来，全球邮轮旅游市场以 8.2% 的年均复合增长率增长，邮轮游客不断增加。1996 ~ 2018 年，全球邮轮游客规模从 626 万人次增长到了 2850 万人次（谢燮，2020），增长超过 4 倍（图 1-2）。2019 年上半年，嘉年华集团、皇家加勒比集团、诺唯真集团三大集团接待邮轮游客超过了千万人次。2020 年，新冠疫情重创了全球邮轮行业，邮轮旅游陷入全面停摆状态。尽管疫情突发对邮轮业的影响是非常严重的，但此类影响是暂时的，而且对邮轮的运营管理、船上卫生系统等方面的改善具有促进作用。随着疫情的控制与结束，邮轮业逐渐恢复并迎来新的发展。

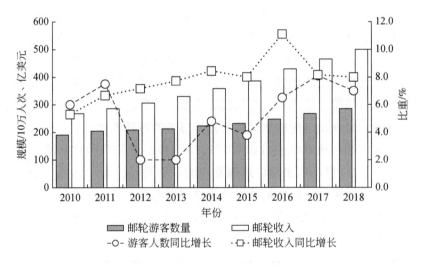

图 1-2　2010 ~ 2018 年全球邮轮旅客人数与行业收入

邮轮行业的快速发展还体现在船舶大型化上。由于技术的不断革新，船舶制造商可以建造出更豪华、运输能力更大的邮轮。20 世纪 80 年代建造的邮轮单船

平均不足 3 万吨（薄文广等，2016）。2000 年后建造的邮轮单船平均吨位已接近 8 万吨。2010 年左右，新建邮轮吨位基本均维持在 10 万吨以内，载客人数在 2000 人/艘左右。2010 年以来，吨位超过 20 万吨、载客人数超过 5000 人次的新建造邮轮数量不断增加。如表 1-1 所示，吨位排名前 10 位的邮轮中，皇家加勒比邮轮的"海洋和悦号"、"海洋魅力号"和"海洋绿洲号"超过了 22 万吨，载客人数大于 6000 人。邮轮的大型化反映出邮轮游客的大众化趋势。不仅如此，邮轮大型化对邮轮码头提出了新要求，对码头泊位、水深等设施条件的要求更高，这对邮轮航运网络产生了重构作用。

表 1-1　2019 年吨位和载客人数前 10 位的邮轮船舶

吨位排名			载客排行		
船舶名称	邮轮集团	吨位/万吨	船舶名称	邮轮集团	人数/人
海洋和悦号	皇家加勒比集团	22.6	海洋和悦号	皇家加勒比集团	6410
海洋魅力号	皇家加勒比集团	22.5	海洋魅力号	皇家加勒比集团	6296
海洋绿洲号	皇家加勒比集团	22.5	海洋绿洲号	皇家加勒比集团	6296
传奇号	地中海集团	17.1	爱彼号	诺唯真集团	5183
海岸线号	地中海集团	15.4	皇冠号	歌诗达邮轮	4947
喜悦号	诺唯真集团	16.8	海洋赞礼号	皇家加勒比集团	4905
海洋赞礼号	皇家加勒比集团	16.8	海洋圣歌号	皇家加勒比集团	4905
海洋圣歌号	皇家加勒比集团	16.8	海洋量子号	皇家加勒比集团	4905
海洋量子号	皇家加勒比集团	16.5	微风号	嘉年华集团	4675
遁逸号	诺唯真集团	16.5	魔力号	嘉年华集团	4675

邮轮旅游市场逐渐扩大，邮轮航运网络处在快速发展的时期。这为邮轮航运网络与邮轮港口的研究提供了充足的样本和资源，也提出了重要的研究需求。邮轮业的快速发展不仅有经济学方面的表现，在地理学层面的表征同样值得挖掘和探讨。但从当前来看，地理学对邮轮相关领域的研究明显滞后于行业的发展，对邮轮航运网络的空间组织模式、邮轮港口发展的机理机制等科学问题的探究明显不足。邮轮航运网络的兴起需要港口地理学从休闲旅游的视角加强港口的客运功能与旅客航运网络组织的空间认知，把握规律，揭示机理，为邮轮航运网络与邮轮港口的快速发展提供合理引导。

3. 邮轮船队不断扩张，邮轮航运网络进一步拓展，复杂性增加

邮轮最早是海上承运邮件的大型远洋客船。第二次世界大战后，面临民航业

的快速崛起，邮轮逐渐丧失了跨洋运输的优势，这迫使邮轮由客运转向旅游，形成了现代邮轮旅游的雏形。全球邮轮船队从 20 世纪 80 年代以来呈现出快速的增长（图 1-3）。1982~2002 年，全球新增邮轮约 100 艘，邮轮船队迅速膨胀，年均增长 5 艘。2003~2010 年，全球新增邮轮数量约 60 艘，年均增长约 9 艘。2010~2018 年，全球新增邮轮达到 70 艘（图 1-3）。截至 2018 年全球邮轮船舶数量 342 艘（不包括河轮），客位量共计 56.9 万个，航行于世界沿海各国。从当前阶段来看，新增邮轮与在建邮轮的数量还在持续增加。未来十年，预计将有超过 100 艘新增邮轮投入运营，这会进一步扩大全球邮轮船队的规模。

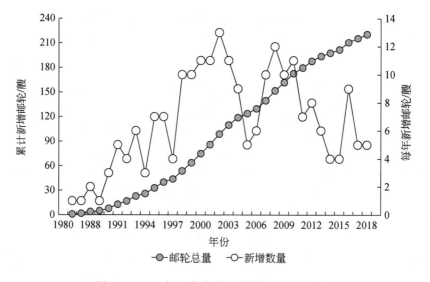

图 1-3　1980 年以来全球新增邮轮船舶的变化

邮轮船队的扩张和船舶动力系统的升级，势必会加密全球邮轮航线的布局和增加邮轮港口的挂靠频次，促进邮轮航运网络覆盖范围的不断扩展。新的邮轮船舶部署在既有港口，会增加该港口的航班组织规模，但港口的航班组织量是一个有限值，因此，更多的邮轮港口与码头设施需要被开发建设，才能满足不断增长的邮轮停靠需求。这会导致邮轮港口的空间格局与邮轮航线航班联系发生变化并进行重构，而这是全球邮轮航运网络空间组织的重要问题。

从航线组织区域看，最早的邮轮航线是欧洲连接北美的跨大西洋航线，而距离较短航线主要集中在欧洲区域。20 世纪 90 年代以来，随着北美区域，尤其是加勒比海的邮轮航线开拓与发展，美国佛罗里达半岛、墨西哥湾、加勒比海迅速发展成为航线密集、航班集聚的区域。目前，该区域内的邮轮港口年接待乘客数量已超过千万。21 世纪初，欧洲区域（包括西欧、波罗的海、北欧、地中海等）

的航线被进一步开发。在此之后，北美阿拉斯加、澳新、亚洲等地区也逐渐成为邮轮航线组织的重要区域，并逐渐发展成为多区域、全球化的航线组织格局（图1-4）。船舶技术的快速发展促使邮轮的动力系统不断升级，提升了邮轮的续航能力和速度，促使中长航线的开设与拓展。邮轮航线不断增多，目前超过1.8万条，许多大型港口甚至中小型港口被纳入邮轮航运网络，专业化邮轮码头设施、深水航道及配套功能设施大量建设，许多母港规模日益扩大，全球有29个港口的游客量超过100万人次，迈阿密港已达498万人次，上海港也达到285万人次。

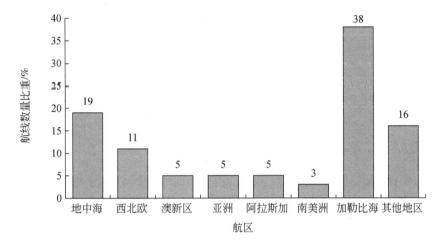

图1-4　全球邮轮航线的各区域比重

　　航线布设范围的扩展和邮轮市场的多元化驱使区域化邮轮航运网络的形成与发展，既包括以加勒比海和地中海为代表的热门封闭性区域，也包括以亚太地区为代表的复杂属性半封闭区域。邮轮航运网络形成显著的"区域化"，不仅表现为航线的区域化布设和航班的区域化集聚加密组织，而且表现为邮轮港口的区域化集中、母港的区域化服务和邮轮企业的区域化运营。截至2018年，全球已形成了包括加勒比海、地中海、欧洲、阿拉斯加、亚洲、澳大利亚、南美洲等在内的多个邮轮航运组织区域。目前，全球的邮轮市场很不均衡，呈现区域性集中的特点，区域化差异明显。其中，加勒比海、地中海是区域化邮轮航运网络最成熟、最发达的地区，拥有众多的邮轮航线和密集的邮轮航班，形成了密集分布的邮轮港口，有着成熟的邮轮企业和最庞大的游客市场。按照游客规模统计，两大区域占据全球邮轮市场的53.3%，其次是欧洲其他地区（北欧、西欧等）的市场份额为11.1%。近年来亚洲地区的邮轮活动稳步增长，市场份额逐渐接近10%，而澳新地区作为南半球最大的邮轮活动区域，市场份额仅次于亚洲，达到6.1%，大约是南美地区市场份额（2.5%）的2.4倍。阿拉斯加作为特殊的区域，凭借着独特的资源异质性、区位优势等，逐渐成为全球重要的邮轮航运区域，占比达4.2%。世界各地区有不同的自然地理环境、社会经济发展水平和地缘安全性，加之游客出行规律，促使邮轮航运网络呈现不同的区域化模式。

邮轮船队的扩张，大大增加了邮轮航运网络的覆盖区域，形成"全球化"的空间组织规律。各地区的地理属性，尤其是季节性、地域性促使各区域呈现出不同的区域化模式，航线组织、航班配置、企业构成、港口连接均形成了不同的组织规律，形成"区域化"的空间组织规律。不同区域之间由于港口布局、航线组织等方面的差异，会形成不同的区域网络结构、组织模式。这对航运网络的传统空间规律与形成机理产生了重要影响甚至冲击。在此背景下，需要深入探讨邮轮航运网络的全球化与区域化模式，考察其地理差异和形成机理，尤其是深入剖析与地理要素、游客出行的关系机制，全面揭示其"全球化"和"区域化"空间规律。

4. 中国高度重视邮轮产业的发展，邮轮港口建设布局初步形成

随着邮轮旅游的蓬勃发展，全球邮轮市场正在逐步东移（王占坤等，2012）。亚太地区成为重要的组织区域，特别是人口众多、收入持续提高、潜力巨大的中国，其邮轮航线布设、航班组织和母港建设促使亚太邮轮航运网络进行重构。近年来，随着中国经济社会的快速发展和居民生活水平的提高，邮轮出行逐渐成为休闲度假的一种新时尚。2006~2014年，中国沿海母港始发的邮轮数量增长了15倍，达到了366艘次。从出境邮轮旅客量看，2006年以来中国邮轮游客量年均增速超过40%。2012年开始，中国旅客数量超过德国，远超英国、日本、意大利等邮轮大国，成为全球第二大客源输出地（表1-2）。2018年中国港口接待邮轮969艘次，旅客量达219万人次，其中上海港的接待量位居全球港口的第六位，中国在全球邮轮产业格局中的地位大幅提升。在东亚和东南亚，来自中国的邮轮游客数量明显高于其他国家，占比超过了50%。值得关注的是，目前中国邮轮市场渗透率很低，2017年仅为0.15%，中国邮轮旅游发展仍存在巨大的潜力空间。由此可见，中国邮轮业的快速发展加速了亚洲，尤其是东亚、东南亚的邮轮航运网络的形成与拓展。

表 1-2　2012～2018 年全球邮轮客源国的游客规模排序

序号	2012 年	2016 年	2018 年	序号	2012 年	2016 年	2018 年
1	美国	美国	美国	11	西班牙	澳大利亚	澳大利亚
2	中国	中国	中国	12	澳大利亚	巴西	巴西
3	德国	德国	德国	13	加拿大	加拿大	加拿大
4	日本	日本	日本	14	俄罗斯	韩国	泰国
5	英国	英国	英国	15	土耳其	泰国	韩国
6	法国	印度	印度	16	韩国	土耳其	土耳其
7	意大利	法国	法国	17	泰国	菲律宾	菲律宾
8	印度	意大利	意大利	18	瑞士	瑞士	瑞士
9	墨西哥	墨西哥	墨西哥	19	阿根廷	瑞典	瑞典
10	巴西	西班牙	西班牙	20	瑞典	奥地利	奥地利

数据来源：https://www.qianzhan.com。

中国邮轮市场虽然快速扩张，但因为起步晚，其发展尚处于初级阶段，尤其是在旅客组织、航线规划、腹地旅游等方面与传统邮轮国家相比仍存在较大的差距。发展邮轮业符合中国高质量发展的目标和深化沿海开放的战略导向。2009年 12 月，国务院发布了《关于加快发展旅游业的意见》，将邮轮游艇旅游列为新的旅游培育行业。为了更好地促进邮轮产业发展，交通运输部、文化和旅游部等部门相继颁布和出台了一系列促进和支持邮轮经济发展的政策和指导文件。2014年，交通运输部在天津、上海、厦门、三亚开展邮轮试点。2015 年《全国沿海邮轮港口布局规划方案》指出，2030 年前全国邮轮母港数量达到 2～3 个，始发港是主要组成部分，访问港则作为补充。2018 年，交通运输部、国家发展和改革委员会等十部门联合制定印发了《关于促进我国邮轮经济发展的若干意见》。此外，海南、福建、广东、山东、上海、天津、辽宁等沿海省（直辖市）也相继出台了促进邮轮产业发展的政策文件。这些文件创造了良好的政策环境，对中国邮轮旅游的快速发展起到了重要的指导作用（图 1-5）。

港口和邮轮企业作为影响邮轮业发展的两大要素，对邮轮航运网络的形成与发展也起到了关键作用。经过十余年的发展，中国邮轮港口布局体系基本形成，2019 年国内在使用的邮轮港口共 15 个、邮轮专用码头 8 个，包括上海吴淞口国际邮轮港、天津国际邮轮港、广州南沙国际邮轮港、深圳太子湾国际邮轮港、厦门邮轮港、青岛邮轮港、大连国际邮轮港、上海港国际客运中心、舟山群岛国际邮轮港、三亚凤凰岛国际邮轮港等。国际邮轮企业纷纷入驻中国、布局始发航线，中国连接东南亚和东北亚的邮轮航运网络逐步形成。同时，本土邮轮企业也

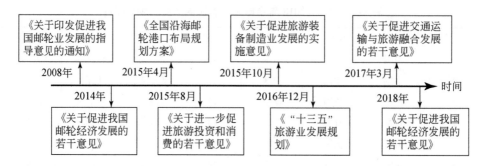

图 1-5　2008～2018 年中国促进邮轮产业发展的相关政策

得到了一定发展，已形成了数家独资或中外合资的邮轮公司。目前中国已设立了 6 个邮轮旅游发展实验区，成立了 13 个便于促进邮轮市场发展的邮轮行业协会。随着国内邮轮港口基础设施和腹地旅游配套服务的完善、港口集疏运系统的升级、居民的邮轮旅游认知与接受程度的提升及政府部门的政策支持等，中国邮轮产业发展将实现质的飞跃。中国邮轮港口布局与本土邮轮企业的发展，直接影响东亚、东南亚的邮轮航运网络发展，对全球邮轮航运网络格局也形成影响。

值得关注的是中国邮轮港口建设与邮轮航运网络发展存在许多问题，中国邮轮旅游处于粗放式的起步阶段，"大市场、小网络，建设热、低效益"是典型特征。邮轮母港存在重复建设、恶性竞争、资源闲置等问题。港口泊位等级多在 10 万吨以上，最大停泊能力达到 22.7 万吨级，多数港口定位发展母港，许多中小型港口纷纷规划建设邮轮码头。部分邮轮港口的客源重叠现象严重，盲目建设母港带来港口恶性竞争和资源闲置，2018 年五大港口游客占全国九成以上，其余港口处于低位状态甚至靠泊量为零。部分邮轮港口存在超前规划建设、周边配套设施不成熟等问题，除少数港口与城区距离较近，多数邮轮港口地处偏远的新区、郊区，配套设施缺少，无法充分满足游客岸上游的多方面需求（汪泓等，2019）。邮轮旅游以国内游客出境游为主而国际游客入境游很少，形成较大的逆差，而且 2018 年开始中国母港邮轮运力投放、邮轮旅游人数均出现了大幅下降，部分邮轮撤离中国，尤其是 2020～2022 年疫情期间陷入停滞状态。中国邮轮旅游市场形成较强的季节性，冬季北方港口资源闲置率高；邮轮挂靠航线较少，产品单一性较强，邮轮码头利用率较低。

高速低效的中国邮轮港口建设需要科学的理论指导。这需要在邮轮航运网络的全球框架中，探究其区域化空间规律，剖析加勒比海、地中海等区域性网络的空间规律，学习成功母港的发展经验，判别中国在亚太网络中的地位与职能，以此科学布局建设中国邮轮港口和组织航运网络。这成为中国港口发展的现实需求。

上述科学问题与客观背景的存在，给本研究提供了思考方位和研究切入点。本研究将基于这些理论与实践需求，深入发掘现象背后的科学问题，从全球尺度和区域尺度入手，分析邮轮航运网络的空间特征、规模等级、结构层次等内容，总结归纳规律性的组织模式，探讨航运网络的职能多元化，探明"航运+休闲"功能下的新规律。

二、研究意义

1. 理论意义

港口是海陆交通系统交织和收敛的区位，对区域发展和国土开发具有重要支撑作用，也是区域经济融入全球化，参与国际分工、合作与竞争的重要依托。邮轮航运网络中的科学问题是港口地理学研究由货运网络转向客运网络甚至休闲旅游网络的重要问题，这也是港口货运职能向休闲职能等多样化港口职能演变过程中的关键问题。邮轮作为交通运输系统与旅游经济系统交叉融合的产物，代表着航运交通技术发展的最高水平和旅游经济发展的新增长点。以往研究多从旅游经济、运营管理角度，解释邮轮产业发展中的问题，忽略了建立在港口地理基础上的邮轮航运网络结构、组织等方面的思考，尤其是忽视了邮轮航运网络的空间属性的地理考察。以邮轮港口为核心的邮轮航运网络研究，是港口休闲职能发展中的重要地理问题，有助于丰富和拓展港口地理学的研究内容。

邮轮航运网络具有多样化的表现形式。本研究的邮轮航运网络主要是基于不同的职能港口节点，在邮轮企业的航线航班组织下，所构筑形成的海向空间网络。通过不同尺度和维度下对邮轮航运网络的解构和分析，包括点、线、面等空间要素，船舶、企业、集团等结构维度，有助于全面把握邮轮航运网络的地理规律，揭示不同视角下的空间特征与组织模式。这对客观认识邮轮航运网络在设施层面、管理层面及径路层面的共性与个性具有重要意义。

2. 现实意义

随着全球邮轮旅游市场的发展与转移，亚洲逐步成为新的中心地区。尤其是中国成为全球邮轮旅游发展的重要引擎，大量的邮轮基础设施得到了建设，许多港口以"母港"为定位和目标加快建设与发展，出境游客、邮轮始发艘次大幅增长，并跃居全球第二邮轮旅游大国。但中国与欧美国家有着不同的国情与休闲旅游文化基础，对邮轮旅游与邮轮航运网络的要求和影响不同。2018 年开始，中国邮轮旅游市场进入了缓慢发展时期，但邮轮母港建设与竞争步伐并未停止，母港城成为许多沿海城市的追求目标，部分城市仍在加快推进老港区的城市化改造。尤其是，2020～2022 年新冠疫情导致中国邮轮旅游陷入停滞期，在进入 2018 年开始的转型期和经历三年疫情的断崖式影响后，中国邮轮旅游与邮轮航运的发展路径如何优化，成为当前重要的现实问题。本研究从全球视角下，综合"城市化"、"运输化"和"休闲化"的互动关系，宏观尺度上考察中国在全球邮轮航运网络中的基本定位与功能，中观尺度上考察中国与周边国际地区的邮轮航线组织模式，微观尺度上分析港城关系和母港的发展机理，以期为中国邮轮旅游与邮轮航运高质量发展提供科学支撑。

第二节　数据与方法

一、数据背景

1. 数据来源

本研究的样本为海上豪华邮轮。本研究共获得 280 艘邮轮样本。这些邮轮船舶分别归属于 64 家不同邮轮运营企业。具体的邮轮企业和船舶挂靠数据，如表 1-3 所示。

研究样本的核心数据来源于权威船级社——英国劳氏船级社（Lloyd's Register of Shipping），数据为船舶自动识别系统（Automatic Identification System，AIS）字段属性数据。由于数据中包含部分非邮轮的客运船舶（客滚轮、河轮等类型）数据，故本研究对数据进行了清洗和筛选。结合当前邮轮船舶的档案属性，邮轮主要的航行区域是海洋，在船舶吨位方面较其他客运船舶更大，且当前运营的邮轮船舶一般都超过 1 万吨，故选择万吨为区分邮轮与其他客运船舶的主要临界值。

部分数据源于 Cruisecritic 网站（https://www.cruisecritic.com/）挂售的 2023 年的邮轮航线数据，具体包含以下数据：邮轮航线名称；邮轮航线的航行天数、挂靠港口数量；邮轮航线始发港名称、挂靠港名称和终到港名称。

表 1-3　全球邮轮运营商及旗下邮轮的挂靠数据

序号	企业	挂靠频次	序号	企业	挂靠频次	序号	企业	挂靠频次
1	皇家加勒比邮轮	4941	23	精钻邮轮	121	45	海事控股	90
2	嘉年华邮轮	5243	24	P&O（澳）	360	46	风星邮轮	182
3	地中海邮轮	3490	25	ER	663	47	P&P	737
4	诺唯真邮轮	3440	26	水晶邮轮	291	48	海上学府	111
5	公主邮轮	3162	27	星瀚邮轮	504	49	邮轮国际	115
6	歌诗达邮轮	3517	28	天堂豪华邮轮	311	50	SCMA	132
7	名人邮轮	2206	29	星梦邮轮	182	51	服务运输	139
8	爱达邮轮	2649	30	弗雷德·奥尔森	707	52	爱琴海邮轮	150
9	荷兰邮轮	2527	31	日本邮船	173	53	萨拉米斯邮轮	87
10	途易邮轮	1393	32	贾利什邮轮	116	54	通用船舶	73
11	P&O（英）	1353	33	撒加邮轮	186	55	雄伟国际	119
12	丽星邮轮	1071	34	哥伦比亚邮轮	155	56	保罗·高更	61
13	迪士尼邮轮	790	35	VR海事	166	57	洲际船舶	33
14	马雷拉邮轮	1262	36	日本邮轮	199	58	加拿大冒险	43
15	伯曼邮轮	1024	37	马诺海事	199	59	合胜	43
16	大洋邮轮	1185	38	庞洛邮轮	217	60	帕特法	32
17	维京邮轮	1030	39	赫伯罗特船舶公司	159	61	赛特	31
18	冠达世纪邮轮	456	40	ROW	175	62	北方航道	29
19	丽晶七海邮轮	878	41	渤海邮轮	155	63	SAM	30
20	海上航行	878	42	商船三井	168	64	莫波特	28
21	世鹏邮轮	841	43	精钻邮轮	121			
22	银海邮轮	1003	44	水族探险者	175			

本研究主要从宏观视角分析全球邮轮航运网络的要素属性、空间格局与组织模式。因此，从这角度来看，全球尺度是分析问题的主要视角。另外，在对具体问题的分析中，还包括区域尺度、国家尺度、企业尺度等中观和微观的分析视角。在分析企业邮轮航运网络章节，既有集团大尺度，也有船舶小尺度。综合来看，研究尺度以全球为主，同时也涉及多尺度。

2. 数据类型

本研究积累了长期以来大量交通运输的历史数据和资料。相关数据来自国际船级社、交通运输部、文化和旅游部的统计部门以及社会经济的历史数据，具备较好的数据基础，可以满足研究的需求。主要数据如下。

（1）船舶档案数据：2018～2019年世界主要邮轮企业的档案数据，包括邮轮企业的运营船舶，船舶档案数据覆盖船名、吨位、满载人数、吃水、长宽、首航时间等数据。

（2）船期表数据：2018～2019年全球邮轮企业航运时刻表，主要涉及船舶的航线数据与航班数据。

（3）船舶轨迹数据：2018～2019年全球邮轮船舶的航行、轨迹数据，包括在各港口的进出港时间、在港时间。

（4）GIS数据：主要包括全球港口点位、邮轮港口点位、中国道路网、高速铁路网规划线路、高速铁路网现状线、港口-腹地高速铁路及高速公路、航空航线等矢量图层。除此之外，还包括2018年全球主要邮轮港口数据，包括邮轮母港、挂靠港等各类职能港口的码头等级。

（5）历史数据：1800～2019年世界邮轮企业（集团）的发展演变，具体包括企业的兼并、重组及投资股权数据。

（6）社会经济数据：2018年中国各港口腹地的社会经济数据，包括地区生产总值、人口及居民收入等数据指标。

（7）邮轮港口游客吞吐量数据：包括邮轮港口游客吞吐量及其排名、邮轮港口所属国家名称。

二、数据处理

1）邮轮轨迹与邮轮企业数据

本研究对每艘邮轮对应的属性数据进行了梳理。按照时间演进的先后顺序，梳理出每艘邮轮在一年周期（2018年5月～2019年4月）内的完整轨迹，包括依次停靠的港口、在港停留时间、进出港时间等数据。在此基础上，对属于同一邮轮企业的船舶进行归类和归属同一集团的邮轮企业进行归类，形成尺度递增的轨迹数据。

对1800～2018年的所有邮轮企业的文本数据的处理，是按照时间脉络转化为树状结构的数据库。具体包括邮轮企业的诞生、发展、兼并或重组等，同时更新不同时期邮轮企业之间的归属关系与地理分布。

2）邮轮航线与船期数据处理

以邮轮船舶为主线，在轨迹数据、邮轮船期表的基础上，按一定的换算方法，将基础数据转化为港口联系矩阵，实现数据转化。设 P_i 为邮轮港口 i，V_n 为邮轮船舶 n，T_{n-i} 为邮轮船舶 n 到达 i 港口的时间（表1-4）。

表1-4　邮轮船舶的船期表模式

邮轮港口	P_1	P_2	P_3	...	P_m
V_a	T_{a-1}	V_{a-2}	T_{a-3}	...	T_{a-m}
V_b	T_{b-1}	V_{b-2}	T_{b-3}	...	T_{b-m}
V_c	T_{c-1}	V_{c-2}	T_{c-3}	...	T_{c-m}
...	...	...	...	...	...
V_n	T_{n-1}	V_{n-2}	T_{n-3}	...	T_{n-m}

通过原始数据的分析发现，邮轮航线可以分为两种，一种为往返航线，如 $P_1 \rightarrow P_2 \rightarrow P_3 \rightarrow P_1$，另一种为单向航线，如 $P_1 \rightarrow P_2 \rightarrow P_3$。前者，任意两港口之间存在联系；后者，仅相邻港口存在联系。如果任意航线上只存在一个航班，则对港口间的邮轮联系赋值为1，不存在邮轮联系则赋值为0，由此构筑邮轮航线的转化矩阵 M（表1-5）。

表1-5　邮轮航线的转化模式

邮轮港口	P_1	P_2	P_3	...	P_n
P_1	0	1	1	1	1
P_2	1	0	1	1	1
P_3	1	1	0	1	1
...	1	1	1	0	1
P_n	1	1	1	1	0

在表1-5的基础上，对转化矩阵数据再次进行O-D表（origin-destination）转换，从而形成表1-6的数据表达格式。按照这种数据转化方法，将所有的邮轮航线与船期数据进行转化处理，整理成规范化的O-D交流数据。

表 1-6 O-D 数据表模式

邮轮港口	目的地	O-D	邮轮港口	目的地	O-D	邮轮港口
P_1	P_1	R_{11}	P_2	P_1	R_{21}	...
P_1	P_2	R_{12}	P_2	P_2	R_{22}	...
P_1	P_3	R_{13}	P_2	P_3	R_{23}	...
...	...	...	...	...	...	...
P_1	P_n	R_{1n}	P_2	P_n	R_{2n}	...

最后，将单一的 O-D 表数据进一步转化为邮轮港口的完全联系矩阵 M'，形成分析港口邮轮联系的数据矩阵（表 1-7）。该方法将无序邮轮航班网络转化为标准化的数据网络，以方便邮轮航运网络的研究。

表 1-7 邮轮航线联系矩阵模式

邮轮港口	P_1	P_2	P_3	...	P_n
P_1	R'_{11}	R'_{12}	R'_{13}	$R'_{1\ldots}\cdots$	R'_{1n}
P_2	R'_{21}	R'_{22}	R'_{23}	$R'_{2\ldots}\cdots$	R'_{2n}
P_3	R'_{31}	R'_{32}	R'_{33}	$R'_{3\ldots}\cdots$	R'_{3n}
...	$R'_{\ldots1}$	$R'_{\ldots2}$	$R'_{\ldots3}$	$R'_{\ldots}\cdots$	$R'_{\ldots n}$
P_n	R'_{n1}	R'_{n2}	R'_{n3}	$R'_{n}\cdots$	R'_{nn}

3）邮轮港口数据处理

通过邮轮船舶的挂靠数据与全球邮轮港口的文本信息，对研究样本所涉及邮轮港口的经纬度进行校正和数字化处理，最终得到邮轮港口的点位数据。关于港口的分类，本研究主要借助邮轮船舶的航线数据，对邮轮港口的职能进行识别和划分。将其分为母港、始发港和挂靠港三种不同的类型。除此之外，在邮轮航线与航班船期数据处理的基础上，以港口点位为基础，构建港口间的联系数据。

第三节　研究进展评述

一、港口职能演化

1. 邮轮港口职能

港口职能是由内、外生因素共同决定的。20 世纪 60 年代，港口职能结构开始受到学术界的关注。Carter（1962）通过对美国港口样本的比较研究，分析了港口的运输职能。Rimmer（1966）则对不同海港进行了较为详细的划分，反映了不同港口在职能上的差异。我国学者在 80 ~ 90 年代也进行了港口职能研究，并对港口进行了分类，但主要强调煤炭运输职能（陈航，1984），以上时期与我国的工业化阶段相吻合。90 年代，欧美发达国家对港口职能的相关研究逐渐减少，但徐刚、曹有挥等中国学者则对国内港口进行了翔实的研究。其中，徐刚（1990）从港口体系的视角，分析了长江港口群的空间特征、区位优势、职能等，指出了港口群的发展方向。曹有挥（1997）从个体港口的角度分析了芜湖港口的功能演变。这些研究多是以港口为中心进行的论述，但是随着"港口中心论"向"企业中心论"的逐渐演变，学者们发现挂靠船舶与货物种类是反映港口职能、性质分异的基础，因此港口职能的研究开始借助外生因素进行反映。例如，王列辉和宁越敏（2010）将港口分为综合型和专业型。部分港口由少数货物主导职能而多数港口呈多元化，这影响了港口职能结构（Lee et al., 2014）。近年来，随着国际贸易的快速发展，以及航运技术的突破，全球港口发生了新的变化，港口职能分异再度受到关注。Ferrari 和 Parola（2011）、Itoh（2013）、王伟等（2018）等学者通过运输货物的演变，在传统的港口运输职能上进一步研究，揭示了港口职能发展的新规律。

部分学者关注了港口运输职能以外的新职能。Vaggelas 和 Pallis（2010）、Rodrigue 和 Notteboom（2013）基于邮轮旅游发展和邮轮的港口挂靠，开始关注港口休闲职能的拓展。邮轮靠泊是近 20 年来港口职能由"多样化"转向"专一化"的主要影响因素之一。孙晓东和倪荣鑫（2018）从腹地产品结构视角关注港口休闲职能的大小。

总体而言，论述港口客运与休闲职能的文献仍较少。港口职能与挂靠船舶类型、货物结构及腹地属性密切相关，早期的工业化促使学者们关注港口运输职能（王伟等，2018）。休闲旅游发展催生了港口休闲职能，促使港口职能与性质更加专业化、人文化。但港口休闲职能受海陆因素及自身特征的制约（Lekakou et al.，2009）。部分学者认为腹地人口、经济、旅游资源等共同塑造了港口的邮轮运输，特别是邮轮母港（Lekakou et al.，2009；Castillo et al.，2014）成为港口城市发展的综合体与重要引擎。

2. 邮轮母港

邮轮客源腹地、旅游资源禀赋等要素促使邮轮港口形成了功能分异，而邮轮母港因其综合性服务而成为邮轮航运研究的焦点。许多学者关注邮轮母港的综合性评价，曾启鸿等（2012）、刘小培（2010）设计了国际邮轮母港的评价体系。大量的学者关注邮轮母港的区位选择，认为旅游吸引力、港口条件和本地客源是其重要区位条件（董观志，2006；王婧，2010）。Marti（1990）指出地理因素和区位优势是影响邮轮港口选择的最重要的因素。邮轮母港的成长规律与发展机制引起了许多学者的关注。Fogg（2001）、Lekakou 等（2009）考察了不同因素的影响权重并进行了排序。部分学者注重考察邮轮母港的功能与作用，重视功能的细分与解构。王葳和张文玉（2008）提出邮轮母港的九大功能要素，包括水域及码头、泊位、航站楼、上下船设施、物资补给、行李处理、对外交通、停车场、住宿等。港城关系尤其是母港与所在城市的关系是许多学者的关注焦点，McCarthy（2003）、McCarthy 和 Romein（2012）研究了港城重构的关系，解释了母港建设对城市的促进作用。相关研究主要集中在城市规划领域，而且重视微观尺度上的细致考察。母港的案例分析是许多学者所采用的方式，尤其是迈阿密母港成为许多学者的研究焦点，巴塞罗那、比雷埃夫斯等地中海母港也引起许多学者的关注。中国学者则关注上海母港的发展，陈继红等（2012）对比分析了上海与世界著名邮轮母港的发展差异。

母港是邮轮航运网络的关键节点，对邮轮航运网络的形成和邮轮市场的开发有重要的影响和作用，并成为港口城市与区域发展的重要增长引擎。现有研究多限于邮轮母港选择影响因素的分析、对比、评价及建议方面，集中于发展模式、经验借鉴、经济拉动效应等方面的考察，具体到国际邮轮母港识别方法、选择标准的研究比较匮乏。

二、邮轮港口与航运网络

1. 邮轮港口发展机制

邮轮港口是构成邮轮航运网络的节点要素。港口的区位条件与竞争力是使其成为邮轮航运网络节点的原因。技术进步、规模经济及航运适用性变化对港口发展产生了深刻影响（Notteboom，2006）。这对港口职能的空间分异发挥了催化剂的作用。吴慧等（2015）通过竞争力评价模型，来解释邮轮船舶在不同港口间进行挂靠的原因。实际上，传统港口的邮轮化与邮轮挂靠是港口自身与邮轮企业等外在因素综合作用的结果。邮轮港口的建设势必对邮轮航运网络的空间格局产生影响，并导致邮轮航运网络的空间组织模式发生变化。港口选择、组合和航线组织等是邮轮港口可持续发展的基础（Rodrigue and Notteboom，2013）。许多学者关注港口所在区域的特殊性，力图探求邮轮港口发展差异化的机制。Marti（1990）认为港口的航线与区位优势决定了该港口成为母港或停靠港的潜力。Pallis（2015）认为三角洲港口因同时吸引海上邮轮和内河游船游艇而更容易成为邮轮母港，强调了区位的重要性。Castillo 等（2014）认为港口企业和地方政府合作可提高港口在全球邮轮航运网络的参与性，关注制度的影响机制。Pallis 等（2018）则发现邮轮企业对码头的资源整合增加了邮轮港口数量，强调了港航合一的影响及趋势。Gui 和 Russo（2011）发现港口与腹地景区的邻近性对游客行程选择有显著影响，这是影响其成为挂靠港的主要因素之一。Jimenez 等（2018）则研究了地中海邮轮活动的地区不平衡性，并探讨了港口发展的制约因素，指出了地理条件、港口基础设施等要素对港口发展和邮轮活动的影响。Lekakou 等（2009）、Castillo 等（2014）等则分析了港口地形、区域气候、城市文化环境对港口邮轮化的影响，关注各类因素的综合作用。综合来看，学术界对邮轮港口布局与发展机制的解释更多是从港口自身的角度出发，缺乏从邮轮挂靠关系来考察邮轮港口发展的外因和外生影响机制，这需要从邮轮航运网络中进一步解构与分析得出。

2. 邮轮航运网络组织

空间网络是从地理维度对地球表面复杂现象进行空间认知的重要手段。长期以来，航运网络一直是港口地理的研究核心，尤其是"点到点"向"点串点"的连接模式变化，促使航运网络更加复杂化，这引起了学者们的关注。学者们围绕航运网络先后开展了一系列的研究，从理论体系、技术方法到研究范式均形成了系统化的研究成果。尤其是在复杂网络方法应用的背景下，航运网络的研究得到拓展与深化。须指出的是既有研究多以集装箱航运网络为主，其他货物或职能属性的航运网络研究较少，尤其是以邮轮船舶为代表的邮轮航运网络研究更少。

邮轮休闲出行的兴起与普及是邮轮航运网络形成的动力，而差异化的邮轮航线是邮轮航运网络形成的关键要素之一。Gui 和 Russo（2011）指出邮轮港口是区域航线和全球航线之间的联系节点。更多的学者关注主要邮轮航线或单条航线的规划、效率等问题（焦芳芳和谢燮，2014；孙晓东等，2015；潘勤奋和范小玫，2018）。Sun 等（2018）根据海运服务、通关服务、运输服务和旅游服务四个指标进行排名，以建立非对称航线和最短航线路径为目标，建立了一个邮轮港口组合与排序的模型，从空间角度来解释邮轮航线的分布。Ladany 和 Arbel（2001）以邮轮航线吸引力最大化为追求目标，设计航程节点顺序安排、邮轮挂靠母港时间段和邮轮航程结束点连接。Chen 和 Nijkamp（2018）通过借助港口停留时间的因素建模，验证了邮轮在港口停留的时间主要受邮轮总吨位、邮轮乘客人数、从前一个港口航行的距离、到下一个港口的航行距离的影响，同时也与邮轮公司的性质、特定母港和停靠港等因素有关。Tsiotas 等（2018）发现邮轮企业倾向于把航线建立在具有口岸功能的母港。Henthorne（2000）经过大量对比研究发现，在北美邮轮市场中，6~8 天航程的航线比较受游客欢迎，2~5 天短程航线的市场群体增长较大，但远程航线市场有所萎缩。总体上来看，关于邮轮航线的研究较少，研究视角有限，涉及领域不够全面。这是从时间尺度揭示了邮轮航线的形成机理，并关注航线市场的差异影响。

不同的邮轮船舶沿着既定的航线航行，挂靠不同区位的港口，由此形成了邮轮航运网络。全球邮轮港口分布基本与邮轮航线吻合，形成点轴状。Chen 等（2017）指出，邮轮航运网络中的利益主体分别是港口、航线和旅客。方茹茹等（2020）发现全球邮轮航运网络趋向复杂密集、演化呈现等级化扩张减弱。Lundgren（2006）以波罗的海为案例区域，分析了区域内的邮轮航运网络特征。Reid 和 Prideaux（2006）以澳大利亚为例，分析了近海邮轮航运网络的空间结构。Gui 和 Russo（2011）提出了邮轮-港口的网络分析框架，但忽视了地理要素的影响。Jeon 等（2019）通过分析亚洲邮轮航运网络，发现度中心性和中间中心性是判别枢纽港的重要指标。Rodrigue 和 Notteboom（2013）从网络角度解释了地理因素对邮轮行程规划和邮轮市场的影响，并指出邮轮的移动连接了不同区域的航线市场。这表明以船舶为载体的邮轮航运网络具有全球化特征。Pallis（2015）基于地理视角研究了港口网络的竞合结构，凸显出港口在邮轮航运网络中的关键作用。邮轮航运网络在结构和功能上与班轮网络具有相似性（Wang et al.，2016），但也存在明显的差异。林冰洁（2020）分析了不同区域邮轮航运网络的特点。Niavis 和 Tsiotas（2018）认为邮轮航运网络的特殊性在于网络具有"旅程亲密度"，这是从旅游角度对邮轮航运网络属性进行的阐释。李倩铭（2014）从节点、通道等角度对邮轮航运网络进行分析，并从邮轮、母港码头等要素方面探讨邮轮航运网络的形成机制。综合来看，基于港口地理的邮轮航运网络研究尚不完善，缺乏从全球尺度，宏观的、系统性的对邮轮航运网络格局及空间组织模式进行科学分析。

三、邮轮旅游活动

1. 邮轮旅游

邮轮旅游是融合观光与休闲度假的旅游产品。20 世纪 90 年代，国外学者开始对邮轮旅游进行研究；21 世纪以来，邮轮旅游成为旅游地理研究的新热点。研究内容聚焦于邮轮旅游业、邮轮公司活动、邮轮旅游客源市场、邮轮游客行为、邮轮港口、邮轮目的地、邮轮航线、邮轮旅游法律、邮轮注册地等。部分学者关注区域性的邮轮旅游市场。王胜等（2019）总结了泛加勒比海地区的邮轮发展历程，指出加勒比海地区旅游具有目的地互补、航线多元、城市配套完善的特点。张言庆等（2010a）、王占坤等（2012）等学者分析了国际邮轮旅游市场在区域分布、消费水平等方面的特征，指出世界邮轮市场东移的趋势，建议中国顺应趋势加快发展邮轮旅游。国内许多学者关注邮轮旅游的空间集聚性，部分学者发现中国邮轮旅游主要分布在上海（喻玲，2020）、粤港澳大湾区（孙秀娟，2019）、海南（刘朝霞，2019）等。部分学者关注邮轮旅游产品的设计。赵莹莹（2016）、孙晓东等（2015）指出，港口选择、岸上产品开发、邮轮旅游服务是航线设计的主要内容。部分学者关注游客出行的考察，Hung 等（2019）探索了邮轮旅游动机的测量标准。现有研究多关注世界邮轮旅游发展的总体趋势，以及中国在邮轮发展中的战略等，对邮轮旅游的理论研究落后于实践应用，理论研究明显不足（Papathanassis and Beckmann，2011）。部分学者关注邮轮经济对区域发展的带动作用，Mescon 和 Vozikis（1985）等运用投入与产出模型，评估了邮轮旅游对迈阿密的经济影响；Dwyer 和 Forsyth（1998）提出了一个国家和地区对邮轮旅游经济影响的评估框架。随着研究的增多，学者们将研究焦点逐步从邮轮经济、邮轮产业转向邮轮游客，关注邮轮游客的基本组成特征、消费行为、邮轮靠岸后的活动内容、活动方式等方面，例如 Teye 和 Paris（2010）、叶欣梁和孙瑞红（2007）。部分学者则关注邮轮游客的动机，例如 Cartwright 和 Baird（1999）、王诺（2008）、朱文婷（2010）。但现有研究较少关注邮轮旅游的空间组织，尤其是邮轮港口与岸上旅游资源的整合。

2. 邮轮航运网络特殊属性

近年来，随着邮轮船舶大型化与旅客大众化趋势越来越明显，邮轮休闲出行也更加受欢迎和多元化（Wood，2000；Weaver，2005）。但邮轮游客从某一港口登船，驶向另一个港口或几个港口的过程，不仅是一种旅游问题、经济问题，更是一种地理空间问题。

邮轮对靠泊港口的选择与油船、集装箱船等货船不同，也与一般客轮不同，倾向于挂靠更多的港口，通过使用不同的港口形成更加多样化的航线行程，以满足邮轮游客去往更多目的地。选择的多样性促使邮轮航运网络中不同港口节点间的异质性增加，导致航运网络结构的复杂性增加。Wilkinson（2006）发现同一区域的邮轮港口，通过航线的连接，形成了区域性的邮轮航运网络，而这是形成区域邮轮市场的基础。Cusano 等（2017）、Niavis 和 Tsiotas（2018）认为特定区域的地理属性是邮轮企业选择靠泊港口的标准之一，这样的企业选择最终会形成全球邮轮航运网络的空间分异格局。但从企业尺度，分析这种邮轮航运网络分异格局还略显不足。

邮轮航运网络的突出地理属性是季节性（Charlier 和 Mccalla，2006）。季节性是指邮轮在某一选定时期，系统地但不一定有规律地移动，这是最直接的微观表达（Hylleberg，1992）。季节性被认为是邮轮移动的关键因素，对邮轮行业发展有重要影响（Pallis，2015；Sun 等，2014）。Niavis 和 Tsiotas（2018）认为港口地理位置决定了不同区域的邮轮航运网络既存在相互联系，同时也形成了区域差异。这是由于地理区位和海域等自然因素导致温度、湿度等环境形成差异，形成了差异化的气候舒适度，而气候舒适度是影响人们休闲出行的重要因素（孙根年和马丽君，2007；马丽君等，2012）。邮轮市场在季节性的影响下形成了明显的淡季和旺季。许多市场是全年开放的，如加勒比海、地中海和东南亚，这是邮轮的主要活动区域（Sun et al.，2014；Jeronimo 和 Antonio，2018；Jeon et al.，2019）。但许多市场是季节性的，包括阿拉斯加、东北大西洋（新英格兰/大西洋加拿大）和澳新地区等。严格的季节性市场只在夏季提供服务（Rodrigue 和 Notteboom，2013）。

区域的气候条件是相对稳定的，而邮轮船舶的空间属性是可移动性。

Rodrigue 和 Notteboom（2013）分析地中海和加勒比海发现，邮轮存在季节性的选择行为，在两大市场交替运营。这归因于邮轮可移动的属性。因此，邮轮季节性地在不同区域移动（Charlier，1999；Arnold and Charlier，1999；Charlier and Arnold，1997），不仅形成了邮轮航运网络的季节性，也促使邮轮航运网络的空间结构更加复杂。孙晓东等（2015）通过构建季节调整模型，以北美为案例区域进行分析，发现北美邮轮市场的月度性更强，认为这种影响可通过船舶重新配置而得到缓解。由此可见，季节性对邮轮航行的负面影响并不是绝对的，邮轮企业通过科学的调配邮轮可以有效地降低季节因素的负面效应。综合来看，季节属于外生因素，但驱动着邮轮在多区域航行，一定程度上对邮轮航运网络的全球化起到了推动作用。因此，从全球尺度来分析邮轮航运网络的季节性特征和规律同样具有重要的意义。

20世纪末以来，邮轮旅游已成为一种普适化的休闲方式，邮轮航运网络呈现爆发式扩张。在此过程中，航运网络和港口的休闲职能显现。长期以来，学者们从定性和定量的角度对港口职能、港口空间体系、航运网络与空间组织、邮轮航运季节性及港口发展机制等进行了研究，形成了丰富的成果。从整体来看，国内外对邮轮港口、航线等方面的研究虽然取得了一定的进展，但是缺乏从不同尺度对邮轮航运网络的空间规律进行分析，尤其是对其网络结构与空间组织模式的研究仍然缺乏。基于此，本研究试图通过点、线、面多维度，从空间、结构、时间等方面解构邮轮航运网络，分析其网络格局与组织规律，在此基础上总结其一般性的组织模式和内在的发展机理。

第二章

基础概念与主要理论

长期以来，学术界对港口航运、邮轮旅游已开展了大量的学术研究与讨论，凝练总结出许多反映一般性规律的理论与模式。这些理论既是一种知识规律，也是一种地理研究范式。概念是人类在认识过程中，把所感知的事物的共同本质特点抽象出来，形成定式思维惯性，是人类认知思维体系的最基本构筑单位。理论是人们对自然、社会现象按照已知的知识或认知进行符合逻辑的推论性总结，是对规律的知识阐述与系统总结，揭示事物之间的内在的必然联系、事物发展过程中的本质联系，具有普遍性的形式。邮轮航运兼具港口航运属性与休闲旅游属性，其发展既要遵循港口航运的一般性规律与方法论，同时遵循旅游地理的一般性规律与研究范式，塑造了同时反映港口航运属性与休闲旅游属性的特殊规律与地理模式。系统阐述这些基础概念与理论，可以为全球或区域的邮轮航运网络与邮轮旅游组织研究奠定理论逻辑关系，提供科学指导。

本章主要介绍了邮轮航运与邮轮旅游的基础概念与主要理论。全球邮轮形成巨型化与功能多样化、旅游主题化、短程化和近岸化等特征。邮轮港口是港口职能多样化过程的分异类型，邮轮网络是一种具备运输属性与旅游属性的特殊航运网络与旅游网络，具有区域集中分布的特征。现代邮轮有交通运输、旅行游览、休闲度假、餐饮住宿、购物健身、艺术欣赏等各类功能，是高端旅游目的地。邮轮经济具有明显的规模效应，形成上游邮轮设计制造、中游邮轮航运和下游邮轮港口服务三大产业。邮轮港口布局可借鉴的理论有海港区位理论、旅游区位论，邮轮航运组织可参考的理论有气候舒适度理论和航运网络模型理论，邮轮港口职能与发展机制理论有港口演化理论与港口区域化理论，旅游地理理论有旅游资源、旅游地生命周期、旅游动机与旅游地理系统等理论。邮轮航运网络涉及港口分异、航线联系与航区布局等基本方面，形成了空间-结构-时间多尺度的概念模型。"航运属性"与"休闲属性"的叠合则促使邮轮航运网络形成了典型的"区域化"，旅游资源禀赋区域化、客源地区域化与游客休闲短程化促使港口分布区域化、母港服务区域化、航线组织区域化、企业经营区域化。

邮轮航运网络的空间模式与发展机理

第一节　基础概念

一、邮轮概念与类型

1. 概念界定

船舶是各种类型船只的总称，是依靠人力、风帆、发动机等动力，航行或停泊于水域进行运输或作业的人造交通工具。按照使用要求，船舶具有不同的技术性能、装备和结构型式。船舶的分类方法很多，按照用途，船舶分为客轮、货船及客货船、救助作业船、工程船、引航船、渔船等。按照航程远近，分为近海轮与远洋轮，两者的航行能力是不同的。

客船是指专门用于运送旅客及所携带行李和邮件的船舶。根据《国际海上人命安全公约》（International Convention for Safety of Life at Sea），载客超过 12 人者均应视为客船。客船具有多层甲板的上层建筑，用于布置旅客舱室；设有比较完善的餐厅和娱乐设施；具有较好的抗沉性，配备有足够的救生、消防设施；航速较快和功率储备较大。随着远程航空运输的发展，客船逐渐转为短途运输和旅游服务。客船多为定期定线航行，又称为班轮或邮轮。客船的航速较高，一般为 16~20 节[①]，大型高速客船可达 24 节左右；大型远洋客船的吨位一般大于 1 万吨。其中，邮轮是目前重要的客船类型。

"邮轮"（cruise ship、cruise liner）的原意是指在海洋上以定线、定班和定期的形式运送旅客的大型旅游客轮。"邮"字本身是邮件的意思，但具有交通的内涵。邮轮最早起源于欧洲，早期的邮轮是邮政部门运输邮件的一种交通工具，同时具有运送旅客的功能并在航行中可游览沿途风景。由于在邮递服务的初期，多数跨洋邮件或洲际邮递服务或水上长距离传送邮件总是借助航速高的大型远洋客轮，而且这些客轮通常是航行在固定航线上定期启航和按时达到，因此将这种客轮称为邮轮。

邮轮的发展最早起源于 19 世纪中叶的英国。随着航空技术和旅游业的发展，

---

① 节（Knot）是专用航海的速率单位，后延伸至航空运输，1 节 = 1 海里/时 = 1.852 千米/时。

具备齐全生活与度假所需设施的豪华邮轮诞生。第二次世界大战后，军用工业向民用工业转型，催生了民用航空业的蓬勃发展。速度慢、消耗时间长的跨洋客轮逐渐丧失了优势。在此格局下，传统邮轮将速度慢的劣势扭转为优势，顺势发展海上休闲旅游，将邮轮转化为新颖的旅游用交通设施，并提供众多的休闲娱乐设施。在此过程中，邮轮实现了运输职能向休闲职能的拓展，并成为现代豪华邮轮，兼具交通工具与旅游目的地的属性。

本研究的邮轮（cruise ship）是指配备充足的生活设施和娱乐设施，在海洋中航行的豪华旅游客轮，是漂浮在海面上的"超五星级宾馆"。邮轮代表着一种全新的旅游理念、特殊的旅游方式、更集合更高端更新型的旅游项目，既是旅游观光的运载工具，本身就是休闲旅游的目的地和综合服务平台（Dowling, 2006; 孙晓东和冯学钢, 2012）。邮轮是一种多功能的交通工具，但以旅游功能为主，船上生活、娱乐设施齐全，集酒店住宿、餐饮服务和娱乐设施于一体，在旅游目的地之间航行（Mancini, 2000）。"维多利亚·路易斯公主号"（Prinzessin Victoria Luise）是首艘具有旅游功能的邮轮，在地中海首航开创了邮轮航运时代。

2. 发展趋势

现代邮轮具有五个鲜明的特点或形象的比喻。一是"浮动的度假村"与"海上流动的超五星级酒店"，星级宾馆客房、休息、购物、娱乐、健身、阅览、艺术、餐饮及会务设施、停机坪一应俱全，娱乐设施应有尽有。二是"移动的微型城镇"，包括水、电、垃圾处理、固定及移动电话、有线电视等各类市政设施均具备。三是"无目的地的目的地"，乘客所要感受的就是海上休闲娱乐，靠岸是为了观光或完成海上旅游行程，岸上观光仅是一种补充和调剂。四是高技术的集合体，卫星导航系统、海水淡化系统、电子控制系统等均采用前沿技术。五是具有全球性和网络性，邮轮主要悬挂方便旗，大部分时间在公海上航行，可挂靠全球不同的港口；雇佣不同国家的船员，提供多种语言服务（杜铮, 2012; 孙光圻等, 2005）。

当前，邮轮呈现出如下发展趋势。

（1）巨型化和功能多样化：鉴于规模经济特征及旅游者多样化需求，邮轮越来越趋向大型化及内部功能多样化。20世纪80年代建造的邮轮单船平均达2.6万总吨，2000年后提高至7.66万总吨，目前最大达到22.7万吨。邮轮功能日趋多样化，除传统的酒吧、咖啡厅、免税商店、夜总会、健身中心、图书馆、会议中心、游泳池、青少年中心外，很多邮轮设置有高尔夫球场/练习场、保龄球馆、篮球馆、排球馆、网络咖啡吧、滑浪池、攀山墙、滑冰场等设施（张锋和林善浪，2008）。

（2）旅游主题化：这是邮轮企业产品开发和市场营销的重点。为适应特定消费群体的需求，依托鲜明主题，开发主题化的邮轮产品，按照主题公园的模式与思路进行经营，成为当前邮轮企业的新兴经营模式。主题化邮轮旅游成为世界邮轮市场的热销产品。如嘉年华邮轮公司的"魅力海上读书"活动、皇家加勒比邮轮的运动型项目。

（3）短程化和近岸化：邮轮旅游的航程变化幅度较大，环球游和远洋游所占比例很小，仅为1%左右；区域游占比最大，历年来占60%左右；近岸游的比例呈上升趋势。邮轮公司为吸引新的客源市场，特别是亚太等新兴经济体的客源市场，开发出一些提供尝试性体验的短程航游产品（张言庆等，2010b）。

（4）联营化：邮轮企业与旅游企业、交通运输企业（陆路和航空）、港口企业等企业形成紧密的合作关系，为游客提供一体化的邮轮服务。邮轮企业开办飞邮、铁邮、汽邮等多种联运服务。公主邮轮与美国140多个城市及加拿大的11个城市的航空公司建立联运业务，让游客在上下船当天免费享受机场接送服务（张言庆等，2010b）。

3. 概念对比

与"邮轮"概念存在类似的术语有"游轮""游船"。"游轮"一般是指在内河上航行的中小型旅游观光船舶，以经营接待旅游者为主，在江河中可以保持一昼夜左右的持续航行；"游"是指游览、旅游观光的内涵。小型的客运游轮则称为"游船"。

邮轮与游轮虽然只有一字之差，但含义却不同。具体来看，两个术语的差异主要体现在如下方面。

（1）吨位尺寸：邮轮一般是万吨起步，属于海轮，多航行于海上，少数小型邮轮可通江达海。目前最大的邮轮已达到22.7万吨。而游轮吨位极少超过万吨，多在千吨级别，属于河轮，通常航行于内河内湖。欧洲的阿玛游轮（Ama Waterways）、中国的三峡游轮、宜昌游轮等都是典型的内河游轮。

（2）覆盖区域：航线覆盖的区域或船舶提供服务的区域不同。邮轮受航距的影响较小，能够横跨各大洋，可以在多数海域航行，基本为跨国航行与跨国游。除南极洲外，其他大洲近海区域基本都有邮轮航线分布。游轮的出行距离比较近，航线集中在内陆河流、湖泊区域，通常不会在海洋中。

（3）航线时长：邮轮航程时间具有多样性，不受航距限制，短则1~2天，长则超过3个月。如冠达邮轮的"维多利亚女王号"（Queen Victoria）邮轮，以南安普敦为起止点，开展持续时间为113天的环球航行；而地中海"宏图号"（MSC Grandiosa）提供里昂到热那亚仅1天行程的服务。内河游轮的航程时间通常较短，一般1~2天，长则7~14天。

（4）规模和功能：邮轮被称为移动的海上豪华大酒店，设施齐全，服务周到，有豪华的装饰和多样化的休闲娱乐设施，游客可在邮轮上开展休闲、娱乐等活动，同时可感受大海的浩瀚和邮轮旅游的乐趣。游轮虽然也具备较高的服务水平，但缺少邮轮的规模、奢华及旅游产品的多样性，服务人员较少，游乐活动较少。

值得关注的是远洋客轮（ocean liner）与邮轮的区别。远洋客轮是按照既定航程将旅客从一个海港运输到另一个海港的轮船，也会运送货物和邮件甚至作为邮轮进行运营。远洋客轮的核心功能仍是运输，其设计和制造更重视乘客与货物的快速运输。当前，"玛丽皇后二号"是全球唯一仍然发挥远洋客轮功能的船舶，实施点到点航行及旅游巡航。而邮轮更强调纯粹的休闲度假旅游，船舶设计与制造更侧重游客容量与游客设施。

二、邮轮港口与航运网络

1. 邮轮港口

港口是位于海、江、河、湖、水库沿岸，具有水陆联运设备以及条件，供船舶安全进出和停泊的运输节点，是工农业产品和外贸进出口物资、人员等要素的集散地，是水陆交通的集结点和枢纽，同时是为船舶提供停泊、装卸、补充、维修等服务的场所（黄芳，2012）。按照不同的属性，港口可划分为不同的类型。本研究涉及的港口主要为海港，同时包括少量的内河河港。对于海港，根据其职能和停靠船舶，可分为以下类型（表2-1）。

表2-1　港口主要类型及职能特征

种类	职能	主要停靠船舶
商港	提供国际、国内货物贸易	商船
工业港	与工业区相邻、运输原料及工业制品	工业船舶
渔港	运输水产品	渔船
客运港	提供运送车辆、旅客	客运船（邮轮、渡轮）
娱乐港	提供娱乐、观光用途船舶停泊、出航	游艇、观光船等

种类	职能	主要停靠船舶
军港	由海军使用、专供军事用途	军舰、航空母舰等
避风港	提供各式小型船舶暂时停靠之用	小型船舶

邮轮港口是港口职能多样化过程的分异类型，随着港口休闲化和现代化而逐渐发展起来的，是一类特殊的客运港口。邮轮港口具体是指邮轮在航行过程中的主要停靠基地，由一定范围的陆域和水域组成，拥有相应的码头设施，为邮轮企业或邮轮管理、服务企业等提供邮轮停泊、挂靠等服务的港口。邮轮港口除了供邮轮停靠外，并辅以相关设施设备供人员上下船及货物、行李装卸，同时具备邮轮供养补给和修理保养等功能，是一个集港口服务、旅游观光、商业服务等各类功能于一体的综合体。相比较传统的客运港，邮轮港口的休闲职能更加突出。

根据邮轮港口的接待能力、基础设施、功能要求和作用的不同，邮轮港口也有着不同分类。邮轮港口可分为专业性邮轮港和综合性邮轮港，前者是专门为邮轮船舶提供停靠服务的港口，而后者除了为邮轮船舶提供停靠服务以外，还会为货运船舶及客滚轮等船舶提供停靠服务。Marti（1990）首次引入邮轮港口的分类，根据功能将其分为母港、挂靠港和混合港。从功能的角度，邮轮港口分为母港、始发港、访问港，其中母港是最重要的类型（Pallis，2015）。

2. 港口体系

港口体系是港口地理学的核心概念，是属于地理要素的一种空间范畴，反映了地理要素的空间分异现象和相互联系，其内涵范围同空间尺度密切相关。港口体系首先是一组港口集合，这些港口在腹地、地理区域等方面具有一定的相似性（Notteboom and Rodrigue，2005）。港口体系一般是指某一空间尺度内所拥有紧密关系的港口组合，是港口间空间关系、职能关系、规模关系和运输联系的综合反映（王成金，2012）。港口是港口体系的基本地理要素，因为航线、航班的空间分异，港口间形成了不同的结构关系，而这是形成港口体系的基础。

港口空间体系是在一定的空间尺度范围内的概念（图 2-1）。不同的空间尺度内，港口间的空间关系、功能联系等就会存在差异。Robinson（1970）基于不同的空间尺度范畴，提出了港口体系的空间尺度结构，具体包括以下几种。

（1）港口内部体系：主要是指港口内部各要素之间的空间关系与功能联系，具体包括发生在港口边界内的一切活动和组织。该体系强调单体港口的发展，适用于邮轮港口的功能布局，同时适用于邮轮母港城的空间解构。

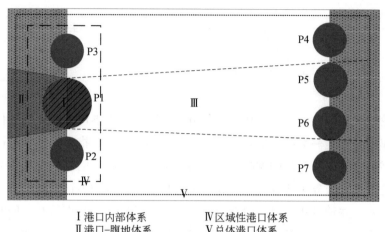

Ⅰ港口内部体系　　　　　Ⅳ区域性港口体系
Ⅱ港口-腹地体系　　　　　Ⅴ总体港口体系
Ⅲ港口-海向腹地体系

图 2-1　港口体系的概念模型

注：P1～P7 代表不同港口。

（2）港口-陆向腹地体系：主要是港口与陆向腹地之间的空间关系与组织活动，考虑陆向腹地对港口发展的影响机制，强调单体港口与陆向腹地的联动发展。对于邮轮港口，该空间体系适用于考察母港-客源腹地、母港-陆上旅游网络、挂靠港-陆上旅游网络的空间解构。

（3）港口-海向腹地体系：主要是港口与海向腹地之间的空间关系、功能联系。突出特点是该体系覆盖更多的港口，且不同港口在空间上存在一定的距离。该体系主要强调不同海岸的港口之间航运联系。该空间体系适用于分析母港-挂靠港的航运关系考察，有助于揭示客源地与旅游目的地的航运组织。

（4）区域性港口体系：主要是同一区域范围内的，尤其是位于同一海岸上分布的、空间临近的港口之间的关系与功能联系的组合。该体系强调临近港口之间的航运联系与依赖关系。该空间体系适用于考察母港-母港、母港-始发港、挂靠港-挂靠港的空间关系，可以考察同一客源地的不同母港或始发港之间、同一区域的不同旅游目的地之间的竞争关系。

（5）总体港口体系：主要是指所有港口或多数港口所形成的空间体系，可以细分为多个子体系或者区域性的体系。该尺度范畴的港口体系强调所有港口的航运联系、功能互补、海陆统筹等多方面的空间关系。该空间体系适用于全球尺度下所有邮轮港口的航运关系分析。

3. 邮轮航运网络

网络是由若干节点和连接这些节点的链路构成，表示诸多对象及其之间的相互联系。运输网络是典型的空间网络，因不同运输工具而导致技术属性、布局形态与组织机制均存在显著差异，包括铁路网络、公路网络、航运网络和航空网络等。其中，航运网络是港口节点通过船舶航运联系相连接而组成的空间网络，反映了港口体系结构、港口分布规律和航运组织关系等，具有深刻的海洋属性。

邮轮航运网络首先是一种特殊的航运网络，具有航运网络的一般特征（王成金，2012）。邮轮航运网络的节点是港口，节点航运联系是邮轮航线、航班。邮轮港口与邮轮航线的休闲属性，决定了邮轮航运网络的特殊性。本研究认为邮轮航运网络是一个广义的概念，但文中涉及的邮轮航运网络主要是指邮轮船舶在一定的时间周期内，按照既定的邮轮航线、航班安排，航行在某一区域或多个区域内，沿途挂靠不同的邮轮港口、提供邮轮服务，由此形成的海向空间网络。邮轮航运网络常常表现出区域集中布局的特征，具有区域性的特点，且在区域内部具有一定的层级结构。

邮轮航运网络有不同的分类。从执行主体的尺度来看，邮轮航运网络可分为船舶航运网络、邮轮企业航运网络、邮轮集团航运网络。从要素的尺度来看，邮轮航运网络可分为航线网络、航班网络、港口网络等。从空间的尺度来看，邮轮航运网络可分为邮轮母港城网络、区域性网络、近洋网络、全球网络等。

三、邮轮旅游活动

1. 邮轮旅游

现代邮轮是旅游性质的。随着时代的发展，邮轮从早期的交通运输工具逐渐演变为一种新型的休闲旅游目的地，催生了邮轮旅游。世界旅游组织认为，邮轮旅游是在一定航行时间内，邮轮游客进行的邮轮挂靠地旅游和返回邮轮上住宿的一种旅游活动。根据《欧洲邮轮》，邮轮旅游是指由乘客至少持续乘坐海轮60小时的航程，其主要目的是享受船上包括食宿在内的各种休闲娱乐活动，中途除了登船港和离岸港之外整个航程至少包括两个停泊港。张言庆等（2010a）认为，邮轮旅游是一种以大型豪华游船为载体，以海上巡游为主要形式，以船上活动和岸上休闲旅游为主要内容的高端旅游活动。

邮轮旅游的概念内涵主要包括如下要点：以船上休闲、娱乐为主要目的；开展长途海上旅行；具有比较豪华的用餐及住宿条件，并能够体验船上多种多样的文娱活动；沿途在停靠点可进行短时旅游；邮轮旅游代表着"慢生活"。因此，邮轮旅游是一种以大型海上旅游轮船为载体，集海上游览、到岸观光、游憩、住宿、餐饮、度假等多种功能为一体的组合型高端海洋休闲旅游。邮轮旅游的要素包括邮轮、母港、挂靠港等，具有轨迹浮动性、游客族群性、产品高价性、服务多样性、文化多样性等特性（张梦瑶和刘云，2014）。

旅游目的地是吸引游客作短暂停留、参观游览的地方。邮轮旅游区别传统旅游的关键是邮轮本身就是目的地，是"漂在海上的不夜城""海上流动度假村"，其巡游本身与船上设施及停靠港与访问目的地构成了邮轮活动的旅游资源。邮轮旅游的主要区域有加勒比海、地中海、亚洲-南太平洋、阿拉斯加与西北欧。

2. 邮轮功能

邮轮是集住宿、餐饮、观光、度假、娱乐、体育、休闲等功能于一体的高端旅游度假目的地，是"浮动的度假村""移动的微型城镇"。

（1）交通运输功能：邮轮承担着把游客从港口带到另一个港口，或在不同的目的地港之间进行海上往返运输，完成娱乐观光和休闲度假的旅游过程的运输功能。该功能是邮轮的基本功能（何宁等，2019）。

（2）旅游浏览功能：邮轮为游客提供不同旅游城市的浏览、观光等服务，包括旅游活动的组织、产品线路的设计、景点导游讲解。

（3）休闲度假功能：邮轮本身就是旅游目的地，提供游客休闲娱乐的场所和康乐健身设施，包括阳光甲板、康乐中心、舞厅、理容中心、娱乐场所等。

（4）餐饮住宿功能：邮轮供游客住宿的客舱及服务，具有风情突出的餐厅，为游客提供不同国家、各种风味的美食。

（5）购物健身功能：邮轮为游客提供锻炼健身的场地，配有增氧健身区、自行车等各种健身器械，多建有 SPA 水疗区。同时，多数邮轮开办购物场所，可免税购物。

（6）艺术欣赏功能：多数邮轮设置有演出大厅或多功能厅，举办文艺演出、时装秀等各种娱乐节目。

表 2-2 列举了丽星邮轮"双子星号"的服务设施与服务项目。

表 2-2　丽星邮轮"双子星号"的服务设施与服务项目

服务项目	相关场所	服务内容
住宿服务	各楼层、各式规格种类的客房	有豪华套房、海景客房、标准客房等之分，提供各层次顾客所需服务
餐饮服务	豪华餐厅、酒廊、咖啡厅	提供各国口味的餐饮服务和酒水服务
休闲健身	健身房、星际甲板、露天泳池、缓跑小道	游客可免费使用健身房，享受日光浴、露天泳池和桑拿浴等
娱乐服务	电影院、夜总会、俱乐部、剧院、酒吧等	开展各种娱乐活动，如文艺表演等
售卖服务	售货厅	出售各种生活、一般用品及邮船旅游纪念品等
公共服务	医务中心、发型屋、互联网中心、儿童中心、小型图书馆等	提供日常的各种公共服务

资料来源：韩宏涛，2006。

四、邮轮产业

1. 邮轮经济

邮轮经济是指由于邮轮运行而拉动相关产业发展，形成多产业共同发展的经济现象与产生的总体经济效应，具体是以邮轮旅游为核心，以运输和旅游为纽带，集船舶制造、交通运输、港口服务、物资供应、游览观光、餐饮酒店、金融保险、房地产、加工制造等相关产业活动于一体的经济形态，具有明显的规模效应。邮轮经济大致形成陆地经济、海上经济和港口经济三部分（李丛文，2013）。邮轮经济的直接效应是邮轮公司在港口城市和周边地区购买产品和服务所带来的消费；间接经济效应主要是指为邮轮公司及乘客和船员提供产品和服务所带来的消费，包括邮轮制造、港口建设、旅游景点及上下游配套的产业化发展。邮轮经济对区域发展具有乘数效应。

邮轮产生的 1∶10～14 的高带动比例系数，促使邮轮经济成为极具发展潜力的新经济形式（邓进乐，2005）。2001 年，美国邮轮游客数量为 600 万人，邮轮经济总收益为 200 亿美元，创造了 26.8 万个就业岗位。邮轮经济的系统化发展始于 20 世纪 60 年代的加勒比海地区，截至目前邮轮经济一直是该地区的重要经济内容。近 50 年来，世界邮轮经济发展迅猛，保持 6%～8% 的高速发展，其增速显著快于旅游业整体增速。亚洲邮轮经济与欧美地区相比，尚处于发展阶段，但发展潜力大。2018 年全球邮轮产业为社会创造了 117.7 万个工作岗位。许多国际大都市在经济发展中相继渗入了"邮轮经济"的元素；如新加坡，2001 年有 1259 艘次国际邮轮到港，靠泊游客 84.87 万人次，为新加坡创造的经济贡献达 30 亿新加坡元。

根据国际邮轮协会的统计，邮轮经济主要涉及如下产业领域：农业、矿业和建筑业；邮轮制造业；邮轮物资批发零售业；交通运输业；信息服务业；住宿餐饮娱乐服务业；金融、保险、房地产、租赁业；个人服务和政府服务；航线雇员。在美国，邮轮关联的个人服务及政府占比较高，接近 30%，其次是邮轮关联的制造业经济贡献较大，占比达 21.8%，交通运输居第三位，占比为 15.5%。在欧洲，邮轮关联的制造业经济贡献最高，达 36.3%；邮轮关联的金融、保险等服务业的贡献较高，达 23.4%；交通运输居第三位，比重为 17.5%（表 2-3）。

表 2-3　欧美邮轮经济贡献构成

主要经济环节	2018 年美国				2017 年欧洲			
	总贡献/百万美元	占比/%	直接贡献/百万美元	占比/%	总贡献/百万欧元	占比/%	直接贡献/百万欧元	占比/%
农业/煤矿/建造业	5 233	9.9	48	0.2	2 655	5.6	23	0.1
制造业	11 481	21.8	5 826	24.3	17 390	36.3	9 591	48.7
零售批发	3 265	6.2	1 078	4.5	2 841	5.9	887	4.5
交通运输（物流）	8 163	15.5	6 008	25.1	8 375	17.5	4 307	21.9
信息服务	1 002	1.9	291	1.2	—	—	—	—
住宿餐饮娱乐	3 252	6.2	2 458	10.3	1 496	3.1	467	2.4
金融保险等服务	4 630	8.8	1 194	5.0	11 220	23.4	2 002	10.1
个人服务及政府	15 645	29.7	7 052	29.4	2 207	4.6	748	3.8
邮轮航线雇员	—	—	—	—	1 674	3.6	1 674	8.5
总计	52 672	100	23 955	100	47 858	100	19 698	100

2. 邮轮产业

关于邮轮产业的定义，目前尚未形成统一的概念。国外用"Cruise Industry" "Cruise Ship Industry"等词进行表述。许多学者认为邮轮产业以在海上远洋或近洋航行的船舶为工具，为游客提供游乐、餐饮、酒店、探险旅游等服务的海上旅游产业，是由运输业、观光与休闲、旅行业交叉构成的集合体，本质是一种海上观光与休闲业。这是相对狭义的概念界定。部分学者认为，邮轮产业是一个更为广泛的概念，是以邮轮为主要载体，以休闲、观光、游玩等为具体内容，围绕船舶制造、港口服务、后勤保障、交通运输、游览观光、餐饮购物和银行保险等行业形成的复合型产业（王诺，2008）。本研究认为，邮轮融合了旅游目的地的特性，集合了运输、旅游及观光与休闲业的交叉属性，以邮轮为载体，以邮轮旅游为表达方式，通过开展不同长度的航线经营，为游客提供旅游观光、海洋休闲、娱乐、探险等服务。这促使邮轮产业成为一种综合性产业链，涉及交通运输、船舶制造、港口服务、旅游、观光休闲、餐饮购物、金融保险等产业（汤兆宇，2012）。

邮轮产业链上中下游之间存在复杂的产业关联性，大体分为邮轮设计与制造、邮轮经营、邮轮港口服务三大产业环节（图2-2）。

（1）上游产业：上游产业主要包括邮轮的设计、制造、建造及装潢等领域，是邮轮产业链的基础环节。现代邮轮注重舒适性和人性化服务，在设计理念、技术工艺、材料设施等方面要求更高，其专业性、安全性、豪华性特征更为突出。欧洲凭借其先进的设计理念和造船技术成为全球邮轮制造业的垄断者。该环节的主体企业为邮轮制造企业。典型的邮轮制造企业有意大利芬坎蒂尼、德国迈尔、法国大西洋、芬兰STX等欧洲造船厂，目前中国积极向高端邮轮制造迈进。

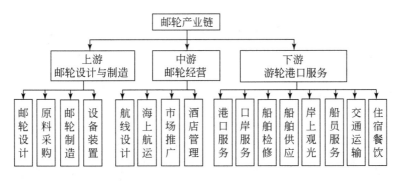

图2-2 邮轮产业链

（2）中游产业：主要包括邮轮的靠泊、游客集散及海上航运经营与游客服务。主体企业是邮轮航运企业，多数邮轮航运企业开展全球化经营，成为连接上游产业和下游产业的纽带。邮轮企业主要隶属于美国、意大利、英国、中国香港等国家和地区。嘉年华集团、皇家加勒比集团、丽星邮轮集团控制了世界近80%的邮轮市场，垄断水平高。

（3）下游产业：主要包括邮轮码头、港区配套设施建设及相关服务，核心是邮轮码头。邮轮港口的建设和服务是邮轮产业链整体价值的体现。邮轮码头主要为邮轮提供码头停泊拖靠、船用物资供应、商贸服务等配套服务，具有增长引擎作用，对区域资金流、物流和信息流具有较强的集聚作用（王微，2021）。主体企业是邮轮码头企业。邮轮航线是跨境或全球性的，港口城市成为邮轮产业网络的重要节点。

第二节　理论基础

一、区位理论

邮轮港口分布格局与空间体系的形成首先取决于港口区位。作为一种具有旅游目的地属性的港口，邮轮港口布局的空间机制可以通过海港区位论、旅游区位论进行考察。

1. 海港区位论

区位论是经济地理学的核心理论之一，解释了人类经济活动的一般空间分布规律。海港区位论是区位论的进一步延伸，是充分利用港口节点在海陆运输中的区位优势，以实现运输成本最小化目标。邮轮港口作为港口的一种类型，符合港口区位选择的一般逻辑。

高兹是海港区位论的首创者，1934年出版了《海港区位论》。该书的核心思想是以经济学的总体运输费用最小化为假设前提，借鉴了韦伯的工业区位论思想，建立了求解海港建设的最优区位模型。在该模型中，高兹提出了资本费用、运输费用及劳动费用等成本费用的分类，确定了港口选址的三个指向，一是指向海上距离最短的位置，二是指向建港投资最少的地点，三是指向连接海港的廉价运输的腹地，运输费用决定港口区位的基本指向，劳动力费用和资本因子再对其进行修正。①资本费用是指港口建设过程中的费用支出，主要涉及码头泊位、岸上设施、航道建设等方面的成本费用。这对邮轮港口的开发建设具有重要的参考价值，包括新邮轮港的规划、老港口的邮轮化改造等。②运输费用是指船舶在不同港口间开展运输所产生的费用，强调港口海上距离与运输成本的关系，同时考虑了船期长度、船体规模等对运价的影响。运输费用在邮轮航运网络的研究中，主要表现为船票的价格，而船票的价格与航线的长短、邮轮船舶的载客能力和豪华等级等方面的属性密切相关。③劳动费用主要是指港口生产运输过程中劳动力支出所产生的费用。劳动费用在邮轮港口上的表现形式为地面人员对邮轮乘客快速登船与有序离船过程中的管理支出。

海港区位论从理论模型的角度探讨了港口的区位选择问题。虽然该理论具有较强的时代烙印，但对于分析邮轮港口的区位选择及空间体系仍具有重要的参考价值。首先，邮轮港口职能上的差异形成了母港、始发港、挂靠港等多种类型，不同职能类型的港口在区位选择上具有差异性。如母港往往拥有经济发达、人口密集的港口城市或后方腹地，而挂靠港则通常分布在旅游资源富集的地区。这种区位差异是邮轮港口选址与规划建设需要重点考虑的因素。其次，航线布局受不同职能港口分布的影响。邮轮航线不仅需要考虑母港与挂靠港等不同职能港口间的海上距离，也需要考虑同类职能港口间的异质性。因此，了解海港区位论的核心思想对理解邮轮港口的选址要求、布局规律、发展机理具有重要意义。

2. 旅游区位论

邮轮港口除了具有港口的一般特征，还具有旅游目的地的性质。邮轮运输的过程本质是一种旅游行为，母港和挂靠港往往是旅程中游览的目的地，邮轮旅游对港口城市的旅游业有较强的带动作用。因此，邮轮港口的选址与发展也可以通过旅游区位论进行解释。

旅游区位是一个外延广泛的概念，它可以看成一个旅游点对其周围客源地的吸引和影响，或一个客源地对其周围旅游点的选择性与相对偏好（胡晓艳和师守祥，2010）。旅游区位论是关于旅游客源地、目的地和旅游交通的空间格局、地域组织形式的相互关系及旅游场所位置与经济效益关系的理论。旅游活动不同于农业活动、工业活动，其空间组织受多种因素（如资源、自然环境、经济、政治和宗教等）的共同作用。

旅游区位理论的主要理论构架是旅游中心地理论和杜能环型旅游区位论。前者主要基于克里斯泰勒中心地理论，后者以杜能的农业区位理论为理论基础。吴必虎（2001）依据中心地理论，结合旅游产业本身的特点，构建了关于旅游中心地的概念，把中心吸引物供给地看作是旅游中心地。中心吸引物（狭义产品）是指在少数的地点（中心地）生产供给而由客源市场前来消费的商品；中心吸引物的供应者，如风景区、度假村、娱乐中心等，一般布局在交通便利、游客容易抵达的少数地点；旅游中心地就是中心吸引物的布局场所。柴彦威（2003）认为旅游中心地不能等同于旅游目的地，旅游中心城市与旅游名胜城市有着质的差异，旅游名胜城市只是旅游目的地，而旅游中心城市除拥有具有一定吸引力的旅游资源外，还须拥有政治、交通、服务等条件，既是旅游目的地，也是旅游集散地。他将旅游中心地定义为旅游中心性达到一定强度的城镇，能为城镇外旅游者提供交通、接待、信息、管理等对外旅游服务功能的城镇。廖建华和廖志豪（2004）认为中心地理论应用于旅游中心地体系是一个一般均衡的空间作用系统，是旅游需求和旅游供给平衡在空间上的反映。旅游中心地是旅游活动得以完成的基本聚集单位，是旅游供给主体；根据规模和层次不同可分为不同等级，构成了旅游地的结构体系。

二、邮轮空间组织与地理属性

1. 气候舒适度理论

气候是影响旅游业发展的重要环境因素，这促使以气候舒适度评价为主要内容的研究形成了气候舒适度理论（孙美淑和李山，2015）。Houghton 和 Yaglou（1923）提出了等舒适线的概念，首创了利用理论模型来评价气候舒适度的研究思路。直到 1966 年 Terjung 从生理气候学的角度出发，首次系统地提出了气候舒适度的概念与分类方案。随后，学者们又提出了气候舒适度评价的基本理论模型。随着相关研究的增多，气候舒适度经验模型得到了不断的修正和改进，评价方法逐渐完善，并形成了温湿指数、风寒指数和着衣指数等主要评价指标体系（闫业超等，2013）。这为量化人与自然气候的关系提供了科学手段，为旅游活动开展尤其是居民旅游出行选择及旅游目的地的建设提供了重要参考。范业正和郭来喜（1998）以温湿指数、风效指数作为生理适宜性指标，结合光照、寒潮等其他气候因素对海滨旅游地气候适宜性进行了评价。陆林等（2002）指出气候舒适性是影响旅游客流季节性分布的重要环境因素。马丽君等（2012）基于温湿指数、风寒指数和着衣指数，构建了旅游气候舒适度综合评价模型，计算出中国热点旅游城市的气候舒适度指数，划分出适宜于旅游的等级和时段。

邮轮网络既是一种航运网络，也是一种休闲旅游网络，是一种航运+休闲双重属性的网络，是由邮轮游客主导下的空间组织网络。尽管邮轮网络的形成受企业供给行为的直接影响（Rodrigue and Notteboom，2013），但邮轮企业对邮轮港口的选择与布局、航线规划等均是以邮轮乘客需求为导向的。不仅如此，全球尺度下的邮轮航运网络随时间的演进表现出动态变化的特征。这种时空上的网络格局变化与区域季节性因素的变化密切相关，邮轮市场的地理分布及形成均与气候舒适度存在一定的关系。气候舒适度理论有助于理解和解释邮轮航运网络的季节性变化规律，以及不同邮轮市场形成的全年、季度、月度等运营周期的时空分异。

2. 航运网络模型

航运网络强调航线的空间组织和船舶的港口挂靠系统，是企业微观行为的宏观体现，是港口海向腹地的延伸与扩展。从宏观尺度分析港口的发展机理，航运网络就显得尤为重要。航运网络遵循运输网络的一般组织规律，不同区域和类型的航运常常采取不同的组织模式。运输网络根据运输目标及特性，主要形成图2-3所示的六种组织模式（Woxenius，2007）。

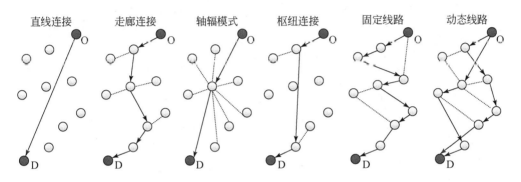

图2-3　主要的运输网络组织模式

资料来源：Woxenius，2007。

图2-3为包含10个节点的网络中从起点（O）到目的地（D）的六种网络组织模式。

（1）直线连接：这是最简单的路线设置，为点对点的连接方式。这是出租车常常采用的运输方式，也是部分直达运输的采用方式。

（2）走廊连接：该模式适用于沿路线有多个站点的运输方式。典型案例是铁路运输和沿途设置站点的巴士运输。

（3）轴辐模式：该模式主要应用于航空运输和部分群岛之间的轮渡。

（4）枢纽连接：该模式是陆路货运的常用模式，也用于二级机场之间的洲际服务。

（5）固定线路：该模式是指由固定线路和中转站组成的运输网络。这种固定性可能是上述各种模式的一种，但更强调"固定性"，包括路线、时间安排等。典型案例是铁路或集装箱航运的"五定班列"，形成固定时间、固定地点、固定路线、固定车次、固定运价。此外，大城市公共交通也属于该模式。

（6）动态线路：该模式强调"动态调整"，根据运输需求开始每个运输周期，根据具体情况不断优化路线。例如酒店机场的班车和产品罐装车运输。

三、邮轮港口职能与发展机制

1. 港口演化理论

港口演化理论是港口地理学的重要理论之一，对单体港口的发展和演变提供了科学的指导。港口发展模型的提出可追溯到 Anyport 模型，它是关于港口与城市空间联系的最早探讨，首次揭示了港口区位选择随港口功能及技术的演变而发生改变，最终走向与城市的分离。Bird（1963）基于英国的港口发展，依据港口物质设施的添加与变化，提出了港口设施时空变化的五阶段模型，刻画了港口拓展的时空规律，揭示了港口设施建设、功能拓展、技术演进及与城市的关系。此后，学者们基于该理论研究了澳大利亚、东非、加纳等地的港口，并因地制宜地进行了修正，形成了各种变型，但 Anyport 模型已成为港口的基础理论。港口设施布局的演进过程反映了码头专业化程度不断提高的趋势。此后，学者们根据港口发展的新现象，不断优化 Anyport 模型。Hoyle（1989）提出了强调港口和城市联系的 Anyport-type 模型，Charlier（1992）根据港口生命周期对港口发展进行模型化。

21 世纪以来，Notteboom（2006）总结了港口设施发展的三阶段模型（图2-4）。①布局阶段：受制于地理环境，港口活动限于仓储和批发业，也有贸易和造船业。②扩张阶段：工业革命刺激了港口运输与造船业，码头、防波堤和船坞扩张建设，国际贸易和临港工业开始发展。③专业化阶段：建设专业化码头以处理矿石、石油、煤炭和集装箱等特定货物，防波堤得到延伸，深水泊位不断建设，部分港区开始外迁。

港口演化模型提供了不同港口发展阶段的横向比较方法。港口设施是港口的主要功能—货物中转的外在表现，并以不同形态来实现港口的基本功能。Anyport 模型首次涉及到了港口-城市相互作用，并阐释了不同阶段的空间关系。随着港口向下游拓展及迁移，港口与城市核心区之间的分离越来越明显。但港口演化模型主要针对不同发展阶段、港口功能对微观区位选择的变化，主要考虑港口自身。邮轮船舶的功能较为综合且复杂，规模尺寸较大，具有较大的吃水量，对码头前沿和航道的水深要求较高，此外邮轮现代化程度较高、技术应用先进而复杂。这促使邮轮码头布局与功能处于港口演化模型的专业化阶段。截至目前，港

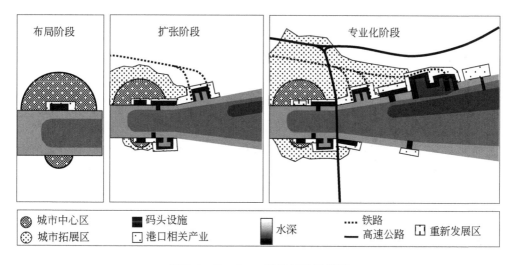

图 2-4　Notteboom 的港口通用模型
资料来源：Notteboom，2006。

口演化理论仍在不断发展。港口演化理论为研究邮轮港口的区位选择与功能配置、母港综合体开发提供了很好的借鉴。无论是老港口的邮轮化改造，还是新邮轮港口的开发建设，都可以通过港口演化理论的研究框架进行解释。

2. 港口区域化理论

港口区域化被认为是一种新型的港口发展模式（Rodrigue and Notteboom，2013）。港口区域化的概念最早由 Notteboom（2006）在集装箱港口体系的理论研究中提出。21 世纪以来，新的港口发展现象不断产生，尤其是随着东亚、地中海、加勒比海等国家港口管理体制的改革，港口发展的新特征不断涌现，传统的港口体系理论模型已难以解释这些现象和揭示其发展机制。基于此，Notteboom（2006）提出了六阶段理论，认为集装箱港口体系大致经历了 6 个阶段：前集装箱化阶段；技术试验阶段；巩固集中化阶段；枢纽港中心化阶段；扩散化与离岸枢纽阶段；区域化阶段。在此理论模型中，"港口区域化"的概念与理论要点首次被提出来。虽然该理论是基于集装箱港口发展实践而凝练总结的，但相关模式及理论要点适用于邮轮港口尤其是母港与挂靠港的港城关系研究。

港口区域化的"区域"主要是指陆向地域，强调邮轮码头、港口城市、都市区、区域等不同空间地域的邮轮关联产业的组织关系。邮轮旅游促使港口与区域的相互作用存在多种内容与表现形式，但主要有客源喂给、岸上景区、物料供给、集疏运系统等四种形式。港口通过客源喂给、集疏运网络与陆上旅游网络、物料供应系统，将港口的功能与影响向邻近地域甚至更远的地域范围进行扩散，促使港口职能与港口发展不再局限于码头或港区，而是拓展到区域并形成网络，由此形成"区域化"。值得关注的是，在此邮轮产业组织系统中，部分企业发挥重要作用，并对各环节的关联资源进行优化整合，形成较为综合的运营商。这种超级综合运营商的产生对邮轮旅游和邮轮港口-区域的空间关系产生深刻影响。

（1）客源喂给：主要针对母港和始发港而言，是指为邮轮提供游客来源且主要为出境游客。游客主要来自港口城市及后方的腹地城市，大致以港口城市为核心，向腹地呈现距离衰减式的分布。客源喂给决定了港口和区域的门户-腹地空间组合模式。

（2）岸上景区：主要是指陆地上的各类景区景点及关联设施，为邮轮上岸游客和游客上船之前或离船之后提供游览的旅游资源。这在邮轮母港与挂靠港均有重要体现。邮轮港口与岸上景区间形成了各种形式的旅游组织，各类景区间也形成了不同的连接方式，由此形成了岸上旅游路线网络。邮轮滞留港口的时间及游客上船之前和离船之后在城市的滞留时间，决定了时间的有限性，单条旅游线所连接的景区是有限的，但多条路线的叠合则形成较强的旅游资源覆盖性与连通性。

（3）物料供给：主要是指为邮轮提供后勤保障的各类经济活动。这种物料包括邮轮维修保养、游客生活资料、船上设施等各方面。各类物料因其属性差异而由不同的企业进行提供，并分布在不同区位。

（4）集疏运系统：主要是指为游客提供上船之前或下船后的集疏运交通组织。不同邮轮港口，其集疏运系统的覆盖范围与深入程度存在较大的差异。主要的交通方式有铁路、航空、公路及水运，具体组织方式有地铁、轨道交通、大巴、出租车、高铁、驳船等。如果交通方式不同，港口在腹地的"邮轮"深入水平存在较大差异。

"区域"是存在地域尺度的，根据邮轮港口岸上网络的发展，大致将其地域范围分为几个层次。但随着集疏运系统的改善和可达性的增加，港口区域化范围会进一步扩大。

（1）邮轮码头：这是邮轮港口区域化的核心地域，主要是指邮轮码头及邻近的地域，限定在港口内部。该区域是邮轮港口的直接功能区，包括船舶靠岸、游客上下船、出入境与海关、维修基地等直接业务，还包括购物、餐饮、休闲、娱乐等功能。上述功能形成了母港城，为一个综合体的空间概念。

（2）港口城市：城市是邮轮港口的主要依托，为港城一体化的作用地域。港口与城市间形成了多功能、多领域的复杂密切联系。城市为邮轮旅游提供了直

邮轮航运网络的空间模式与发展机理

接的客源，为邮轮补给提供了直接的物料，为邮轮游客提供了直接的旅游目的地，成为邮轮海向航运网络和陆向旅游网络的衔接枢纽，为邮轮网络的最关键节点。

（3）都市区：主要是指港口城市与邻近城市所组成的近邻区域。该区域是邮轮游客的重要补充来源，是岸上旅游网络的重要空间，也是邮轮部分物料的供给地。最为显著的特征是许多景区景点被纳入到邮轮陆向旅游网络与岸上旅游路线，并布局有与邮轮旅游相关联的产业园区、邮轮制造基地。都市区与邮轮的联系主要通过轨道交通、地铁、高速公路等方式实现。

（4）区域：指与港口城市存在一定距离但联系紧密的区域或城市，空间范围较大且地域界限模糊。该区域主要是为邮轮提供客源，同时提供旅游资源连接，形成多层级的旅游目的地网络，为母港的客源腹地和挂靠港的岸上旅游腹地。港口与区域之间主要通过集疏运系统进行连接，形成客源组织网络和岸上旅游网络（图2-5）。

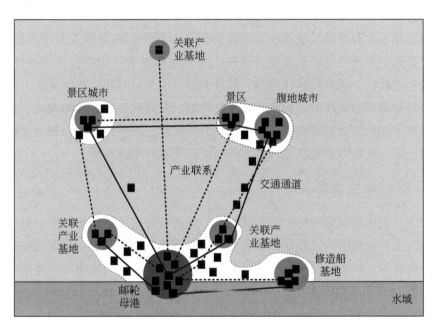

图2-5　邮轮港口的区域化

四、旅游地理理论

邮轮和邮轮航线均是邮轮旅游的产品，属于旅游地理学的研究范畴。旅游地理学的理论包括旅游资源理论、旅游地生命周期、旅游动机理论、旅游地理系统等。

1. 旅游资源理论

旅游资源是旅游业发展的前提，是旅游活动组织的基础。旅游资源是指对旅游者具有吸引力的自然存在和历史文化遗产及直接用于旅游目的的人工创造物，主要包括自然风景旅游资源和人文景观旅游资源（韦红吉，2013）。欧美国家将旅游资源称作旅游吸引物（tourist attractions），不仅包括旅游地的旅游资源，而且还包括接待设施和优良的服务因素，甚至还包括舒适快捷的交通条件。

自然风景旅游资源包括高山、峡谷、森林、火山、江河、湖泊、海滩、温泉、野生动植物、气候等，可归纳为地貌、水文、气候、生物四大类。人文景观旅游资源包括历史文化古迹、古建筑、民族风情、饮食、购物、文化艺术和体育娱乐等，可归纳为人文景物、文化传统、民情风俗、体育娱乐四大类。部分学者认为还包括社会旅游资源。除了此分类方法，部分学者认为旅游资源可分为观光型旅游资源、度假型旅游资源、生态旅游资源、特种旅游资源及专项旅游资源。旅游资源的本质属性是吸引功能，其作用对象是旅游者。旅游资源具有地域性、多样性、垄断性、观赏性或体验性，部分旅游资源具有时间上的季节性。

旅游资源理论关注旅游资源和旅游目的地，是研究旅游客体的理论。该理论有助于揭示邮轮旅游资源的类型、质量和分布规律，考察挂靠港与旅游资源的关系机制，进一步解释邮轮航运网络的空间组织模式和形成机理。

2. 旅游地生命周期

旅游目的地是邮轮网络中的关键节点，是拥有特定性质旅游资源，具备一定旅游吸引力，能吸引一定数量旅游者开展旅游活动的特定区域。旅游目的地是一种集旅游资源、旅游活动项目、旅游设施、旅游交通和市场需求为一体的空间复合体。

一个特定的地区要成为旅游目的地，必须具备三个条件。

（1）要拥有一定数量的旅游资源，同时旅游资源可以满足游客对某些旅游活动的需要。

（2）要拥有各种与旅游资源性质相适应的地面旅游设施和交通条件，游客可借助这些设施从不同地区到达旅游地并利用这些设施在该地停留。

（3）具有一定的旅游需求流量。

从旅游目的地的资源性质和特点出发，以满足游客旅游活动的类型为标准，可将旅游目的地分为观光旅游目的地和度假旅游目的地两类。

（1）观光旅游目的地：主要是指资源性质和特点适合开展观光旅游活动的旅游地，重点包括自然观光地、城市观光地、名胜观光地等类型。该类旅游目的地既是观光旅游的空间依托，也是一种传统性的旅游目的地，在旅游活动中占有重要地位。

（2）度假旅游目的地：主要是指旅游性质和特点能满足游客度假、休闲和休养需求的旅游地。该类旅游目的地主要包括海滨度假地、山地温泉度假地、乡村旅游度假地、邮轮等类型。

旅游目的地的空间范围决定着其市场范围，决定着供给规模和需求规模。旅游目的地通常由旅游吸引物，以住宿、餐饮、娱乐、购物品零售为主体的旅游接待设施，交通体系和进入通道，各类辅助性服务设施和组织机构，等要素组成。这些设施和服务的组合可以为游客提供完整的旅游体验。

旅游目的地的发展存在规律，具有生命周期的规律特征。旅游目的地生命周期理论主要是指目的地从开发到衰败的不同生命周期阶段表现出不同的特点和规律。1980 年，Butler 将市场营销学的产品生命周期概念与理论引入到旅游休假地管理研究中（Butler，1980）。旅游地的发展过程一般包括探索、参与、发展、稳固、停滞和衰落或复苏等 6 个阶段。在各阶段，旅游目的地有着不同的游客数量、设施数量及功能、辐射影响力，尤其游客数量及变化趋势成为判断各阶段的关键指标。在此规律的支配下，目的地形成了类似 S 形的生命周期曲线，但每个目的地的生命周期长短存在显著差异（图 2-6）。值得关注的是，消费者或潜在消费者的行为或期望是决定旅游地产生、发展和消亡的重要因素。

（1）探索阶段（exploration stage）：该阶段因目的地的特殊旅游资源而吸引少数游客游览，没有特别或专用的旅游设施，自然和社会环境仍处于原始状态，未因少数游客造访而发生变化。该阶段，尚未成为旅游目的地，但具备开发的潜力。

（2）参与阶段（involvement stage）：游客数量增多，旅游活动开始有组织、有规律，本地为游客提供简单的膳宿设施，地方政府被迫改善旅游设施与交通条件。该阶段，初步成为旅游目的地，但仍缺少影响力与知名度。

（3）发展阶段（development stage）：地方开始加强旅游宣传，加大客源市场开发，游客数量大幅增长。同时，外来投资骤增，简陋膳宿设施逐渐被规模大、现代化的旅游设施取代，旅游地面貌改变显著。该阶段，严格意义的旅游目的地形成，影响力和知名度较高，围绕旅游目的地逐步形成了特色旅游产业链。

（4）稳固阶段（consolidation stage）：游客量持续增加并达到高峰值，游客

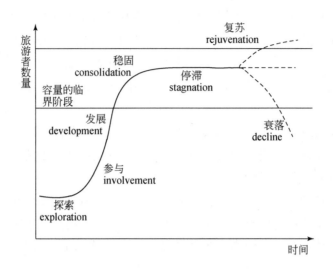

图 2-6 巴特勒旅游地生命周期理论曲线

增长率逐步下降。本地经济活动与旅游目的地紧密相连，形成了旅游经济系统。但大量游客的造访突破了资源环境承载力，对周边的自然环境及社会文化系统产生了许多负面影响。

（5）停滞阶段（stagnation stage）：旅游地的自然和文化吸引力不断弱化，旅游设施的过度建设促使景区的原始本真性被"人造设施"代替。旅游环境容量超载问题日益突出，旅游地的良好形象有所弱化，游客数量逐步减少。

（6）衰落或复苏阶段（decline or rejuvenation stage）：旅游市场衰落，旅游设施日渐老化消失，在区域旅游市场中的影响力逐步萎缩，游客数量大幅减少。部分旅游地探索增加人造景观、开发新的旅游资源，增强吸引力，以此进入复苏阶段。

3. 旅游动机理论

旅游需求理论关注旅行者行为和旅行需求，是研究旅游主体的理论。该理论认为，旅行行为的形成需要旅游动机的激发，需要内动力（旅游动机）、外动力（旅游地和客源地的空间相互作用）及中间条件（收入、闲暇时间和交通条件）。旅游动机既是旅游者实施旅游活动的出发点，又贯穿于整个旅游活动的全过程，并且影响着未来的旅游活动。旅游动机是一个人外出旅游的主观条件，包括旅游者身体、文化、社会交往、地位和声望等方面的动机。旅游者为什么要外出旅游，其原因是复杂的，既有主观的因素也有客观的因素。

旅游动机存在不同的类型，包括一般性动机和具体性动机。一般性的旅游动

邮轮航运网络的空间模式与发展机理

机主要是针对旅游者进行旅游活动的根本原因而言，具体分为生理性动机和心理性动机两大类。

（1）生理性动机：主要是指旅游者由于生理本能的需要而产生的旅游动机。旅游者为了维持、延续及发展自身的生命，会产生外出旅游的动机。目前，单纯受生理因素驱使产生旅游行为的旅游者已很少，多是生理和非生理动机交织在一起。

（2）心理性动机：主要是指旅游者由于心理需要而产生的旅游动机。由于心理活动的复杂性，心理性动机比较复杂多变，难以掌握。

随着人们生活需要的多样化和复杂化，旅游动机变得多种多样，特别是旅游购买动机，更是相当复杂。旅游者具体的旅游动机主要包括如下几类。

（1）文化动机：文化差异及文化的异地传播，使人们产生了接触异域文化的动机，希望通过旅游去了解异域的名山大川、风土人情和文化艺术。这类动机在旅游活动中的比例最大，该类动机的游客不会重复选择同一个目的地。

（2）健康动机：该类动机是为了休息、治疗、运动、消遣，力图通过旅游换个环境，摆脱紧张、机械、单调的生活，到风景优美的森林、海滩等地方旅游，以调节身心。

（3）购物动机：近年来，随着经济的发展和人民生活水平的提高，单纯出行购物的旅游活动越来越多，购物旅游动机日渐明显。中国香港游客的各项在港开销中，购物费用占56.9%。

（4）交往动机：寻亲访友、寻根问祖是传统的旅游动机。部分游客喜欢在旅游活动中结交新的朋友，特别是近年来，通过自助结伴旅游、自驾游组合等，人们在旅游中结识新朋友。

（5）业务动机：因业务动机而进行的旅游活动，包括学术交流、政府考察和商务活动。在国际旅游活动中，各种专业交流考察团有较高的比例，中国有很多城市发展会展旅游经济，形成了很多会议型的旅游城市，比如广州、海口、青岛、哈尔滨和厦门等。

4. 旅游地理系统

1972年，Gunn从结构—功能角度分析旅游系统，提出功能系统模型。该理论认为旅游系统由供给和需求构成，其中旅游者、交通、吸引物、服务及信息是基本要素，5个要素相互作用而形成有机体—旅游功能系（Gunn，1972）。Leiper在1979年提出、1990年予以修正的模型的影响力较大；Leiper在模型中认为，旅游系统为由旅游通道连接的客源地和目的地的组合（Leiper，1979；Leiper，

1990)。Leiper 在模型中，认为旅游系统包括旅游者、旅游业、旅游客源地、旅游通道和旅游目的地等 5 个要素。上述两个理论模型在功能结构和空间结构两个层面上讨论旅游系统，这些要素在功能和空间联系上相互交错，形成了旅游地理系统理论（图 2-7）。

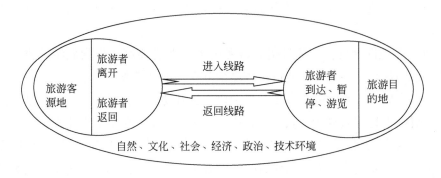

图 2-7　旅游地理系统模型

（1）旅游客源地：是旅游者居住及旅行的始发地。客源地构成了需求方，主体是有出游兴趣和能力的居民。客源地的旅游需求具有不稳定性、季节性和非理性等特点。

（2）旅游目的地：主要是指吸引旅游者作短暂停留并进行观光度假的地方。目的地的供给是割裂的、刚性的。

（3）旅游通道：旅游通道将客源地和目的地两个区域连接起来，不仅包括能够帮助旅游者实现空间移动的物质载体，同时包括一些旅游者可能参观的地点（Cooper et al.，1998）。旅游通道同时是信息的通道。旅游通道的特征和效率影响和改变旅游流的规模和方向（保继刚，1992）。

（4）旅游者：是旅游系统的主体，在客源地和目的地的推拉作用下，旅游者在空间上进行流动。

（5）旅游业：旅游业发展的意义在于通过其产品满足旅游者的旅游需求。旅游业作为媒介存在于旅游目的地、旅游客源地及它们两者之间，不同部门分布于客源地、目的地或旅游通道等不同的空间，共同为旅游者提供一个完整的旅游产品。

该模型反映了旅游功能系统模型，又反映了客源地和目的地的空间关系，主要贡献是把旅游功能系统投射到了地理空间上。随后 Gunn（1972）等学者的研究则丰富了该理论。在结构功能层面，旅游功能系统强调供给与需求的关系，吸引物、服务、交通等因素构成了旅游产业体系，供给和需求间的匹配关系是实现旅游系统功能的基础。在空间层面，强调客源地、目的地和旅游通道等空间要素的关系；旅游空间结构是旅游供求关系的空间表现形式。

第三节　概念模型与理论

一、邮轮航运网络概念模型

1. 邮轮航运网络特殊性

邮轮航运网络与一般的航运网络在构成要素上虽然具有相似性，但在实际的网络格局、结构和空间体系上却存在明显的不同。主要表现为如下方面。

（1）邮轮航运网络不存在轴辐网络一样的枢纽结构，运输客体（货物或旅客）的喂给与集散并不是邮轮航运组织的核心问题，但具有明显的网络集聚性、方向性，这体现了邮轮航线对邮轮航运网络形成的重要性。

（2）作为始发港的母港在邮轮航运网络中具有重要作用，而母港与挂靠港具有天然的组合关系，为自然的市场供给与需求关系，这也是邮轮航线形成的基础。

（3）邮轮航区主要围绕邮轮母港与挂靠港的空间组合而形成，也会因为季节变化与特殊需求而拓展其覆盖范围。这既表现出邮轮航运网络的区域性，同时也表现出其全球性特征。

以上空间特性是由邮轮航运网络要素中"港口（点）""航线（线）""航区（面）"的特殊性所决定。通过对点、线、面要素的综合空间分析，可以揭示全球邮轮航运网络的空间格局与分异规律。

2. 各尺度的要素结构

空间组织格局是经济地理学揭示人文、自然规律的重要角度。邮轮航运网络是一种运输网络，本质上属于一种空间网络。图 2-8 是从空间尺度对邮轮航运网络的解构。其中，"点"代表不同职能的邮轮港口，通过邮轮航线与船期表数据，可以识别出邮轮港口的不同职能，进而分析邮轮港口的分布格局与职能分异。"线"代表不同类型的邮轮航线，包括环路航线、单向航线；邮轮航线反映了邮轮港口之间的运输联系，包括航班组织、职能港口之间的联系格局等，但也是邮轮旅游的核心产品。"面"是由点、线要素组合形成，代表邮轮航区，反映不同职能类型的港口在航线联系下形成的区域性或全球性的组织体系和运营区域。综合来看，邮轮航运网络包括邮轮港口分异、邮轮航线联系与邮轮航区布局等核心方面。这种空间性主要源于邮轮航运网络的"运输属性"。

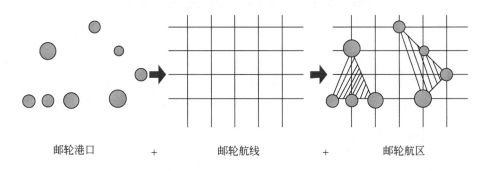

邮轮港口　　　　　＋　　　　邮轮航线　　　　＋　　　　邮轮航区

图2-8　空间尺度的邮轮网络组织解构

　　结构组织格局也是重要的研究内容。由邮轮港口、邮轮航线、邮轮航区组成的邮轮网络实际上属于运输组织网络。邮轮船舶的运营与港口挂靠反映的是运输组织网络、旅游流网络。因此，从邮轮船舶、邮轮企业、邮轮集团等维度解构邮轮网络是从企业结构视角对邮轮航运网络的进一步剖析，反映的是邮轮航运网络的结构规律。图2-9是从企业结构尺度对邮轮航运网络的解构。其中，船舶维度是基于不同类型、不同尺寸大小、不同功能的邮轮船舶，分析微观单体邮轮航运网络之间的结构差异。企业维度是对隶属于同一运营企业的邮轮船舶的归类集并，进而比较不同企业间的邮轮航运网络的共性与个性结构特征。集团维度是对同属一个集团下的企业进行归类集并，从更加宏观的视角分析不同利益集团间的

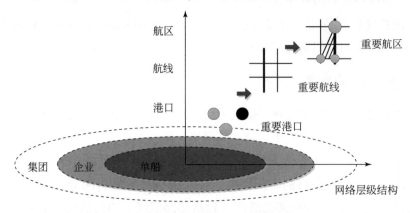

图2-9　企业结构尺度的邮轮网络组织解构

邮轮航运网络结构差异与共同特征。不同维度的分析有助于甄别出邮轮航运网络结构中的重要港口、黄金线路及热点地区。

除了空间尺度、结构尺度之外，时间尺度的分析同样是经济地理学分析客观问题必不可少的维度。邮轮游客对适宜温度的追求，促使邮轮航运网络区别于一般航运网络，形成时间属性和季节性。在不同月份、不同季度，邮轮航运网络会呈现出明显的分异格局，而导致这种网络分异的主要原因是季节时令、区域气候带等因素形成的温度约束。这种时间性的产生主要源于邮轮航运网络的"休闲属性"。图 2-10 是基于时间尺度对邮轮航运网络的解构。月度和季度是对邮轮航运网络进行细化分析的两个时间尺度单位。通过比较不同月份、不同季度下的邮轮港口分布、航线布局及邮轮航区差异，有助于发现邮轮航运网络的时间分布规律。在邮轮船舶轨迹的基础上，对不同月份各温度区域的考虑、四季的更替变化及气候带分布的探析，可以揭示邮轮航运网络的时间规律及形成机制。

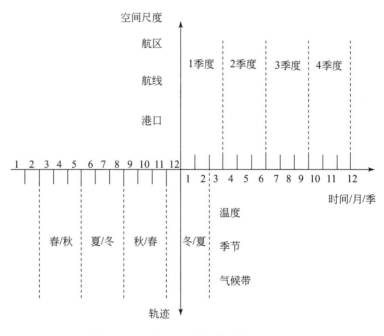

图 2-10 时间尺度的邮轮网络组织解构

3. 概念模型

综上所述，本研究的邮轮航运网络是建立在空间尺度、结构尺度和时间尺度上的综合性网络。图 2-11 是基于空间–结构–时间多尺度的邮轮航运网络概念模型，将空间维度的"点-线-面"、结构维度的"船舶-企业-集团"和时间维度的"月份-季节-气候带"3个维度、9个层次形成综合性的分析框架与概念范式。通过对邮轮航运网络多尺度、多维度的解构，有助于全面揭示邮轮航运网络及组成要素在分布、规模、等级、结构等方面所形成的分异特征和组织规律。

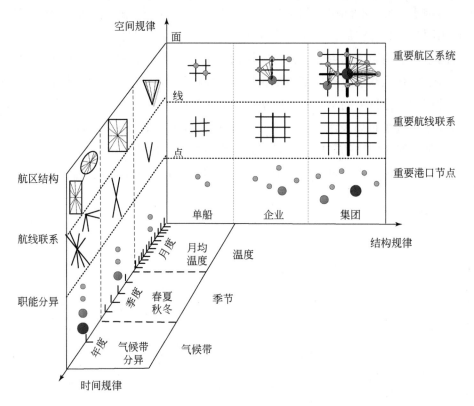

图 2-11　空间-结构-时间多尺度邮轮航运网络概念模型

二、邮轮航运网络区域化

1. 邮轮航运网络组织特征

邮轮旅游涉及邮轮企业、船舶、港口、航线等空间要素，核心节点是港口，并以港口为基点组织航运网络、港口休闲网络、陆向集疏网络与延伸旅游网络。"航运+休闲"的双重属性促使邮轮船舶、港口、航线等要素构成的邮轮航运网络呈现出独特的空间特征，融入了气候性、人文性等特征，其空间格局、区域集聚、组织模式与气候舒适度、特殊制度、出行规律等要素有着很强的关联性。

"航运属性"和"休闲属性"分别反映了人类社会发展的两大进程：工业化与城镇化，两个属性的叠合则产生了"区域化"。

（1）航运属性：邮轮航运是一种运输，邮轮航运网络是一种特定的运输网络，专指邮轮船舶所形成的航运网络。运输属性或航运属性，决定了邮轮航运网络的空间组织符合航运网络的一般性规律与特征，属于"运输化"的理论范畴。航运连接的两端是客源地与旅游目的地。

（2）休闲属性：邮轮的运输对象是人或旅客，邮轮航运网络是一种客运网络。但这种"旅客"并非长距离迁移的人群，而是以休闲旅游为主要目的的游客。"人"和"旅游"塑造了邮轮航运网络的休闲属性，最终反映了港口和邮轮航运网络的人文属性。这属于城市化的理论范畴。

2. 邮轮网络区域化概念模型

邮轮航运网络形成显著的"区域化"。世界各地区有不同的自然地理环境、社会经济发展水平和地缘安全性，加之游客的出行生理规律，促使邮轮航运网络呈现不同的区域化模式。邮轮航运网络区域化主要是指邮轮母港、旅游目的地、主要客源地及邮轮航线与航班配置集中在某一个地域范围内，促使航运联系集中在该地域内的空间集聚现象，资源集聚性、市场完整性、范围有限性是主要特征，区域内部的联系与相互作用更加紧密（图 2-12）。"区域化"表现为邮轮港口分布区域化、邮轮航线组织区域化、邮轮企业经营区域化，原因是邮轮资源禀赋区域化、邮轮客源区域化、游客休闲短程化。邮轮航运网络的区域化是地理差异的结果，是客源、资源、时间与空间的共同约定结果。这对航运网络的传统空间规律与形成机理产生了重要影响甚至冲击。

邮轮网络区域化形成了"3+5=1"的概念模式。其中，"3"是指邮轮网络区域化形成的三个前提条件或原因，"5"是指邮轮航运网络区域化的基本表征为五个方面，"1"为邮轮航运网络的1个空间形态。

1）前置条件

腹地是邮轮旅游的发展基础。根据邮轮旅游的特性，腹地大致分为客源腹地和旅游腹地，前者为需求方，后者为供给方，两者形成"供给"和"需求"的市场关系。

（1）客源地区域化：腹地与客源是邮轮旅游的发展基础。区域化需要邮轮母港拥有陆向客源腹地，并能够提供出行量较大的游客。这就要求腹地范围相对广阔，人口规模相对较大，居民收入水平相对较高，而且港口与腹地的连通性

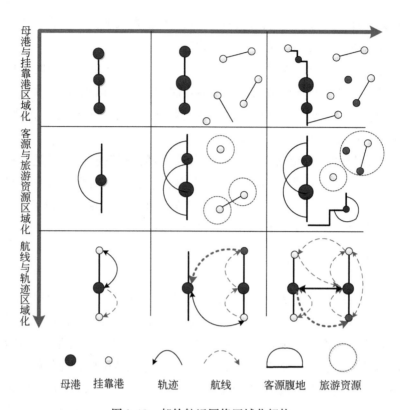

母港　挂靠港　　轨迹　　航线　　客源腹地　旅游资源

图 2-12　邮轮航运网络区域化解构

较好。

（2）旅游资源区域化：邮轮旅游目的地大致形成两种类型，一类是邮轮本身，一类是挂靠港的岸上旅游资源。其中，旅游资源的丰富水平及地域集聚性是区域化形成的重要基础。旅游资源的地域集聚性，促使各母港始发的邮轮均加强与该旅游目的地的航线航班连接。多数游客更青睐于近距离的旅游市场。

（3）居民出行短程化：时间和空间的制约是邮轮航运网络区域化的基础。各国家有着不同的度假制度，居民休闲度假时间是有限定的。人的生理特征和心理特征决定了游客旅行时间存在"长度"，中短程航线是邮轮航线的主流类型，7 天成为邮轮旅游的主要时长。7 天航行时长、邮轮航速、夜行昼泊决定了邮轮的航行距离存在限定性，由此决定了邮轮航运网络的区域化。

2）主要表征

邮轮航运网络"区域化"表现为多个方面，但主要表现为 5 个方面。具体包括航线的区域化布设、航班的区域化集聚、邮轮港口的区域化集中、母港的区域化服务和邮轮企业的区域化运营。

（1）港口区域化：邮轮港口形成显著的地域性集聚性，并分异为两种类型。一类是邮轮母港的地域集聚性，多沿海岸线呈现线状集聚，主要服务于各次区域的客源。一类是挂靠港口的地域性集聚性，主要是具有地域特色的旅游目的地。

（2）航线区域化：主要是指邮轮航线形成了显著的区域化组织，重点连接某一区域的主要客源地与某一区域的旅游目的地，形成了相对集中的航线布设和较为密集的航班组织。旅游产品的多样化主要通过连接不同挂靠港而实现。

（3）轨迹区域化：主要是指邮轮航班设置形成明显航线高频性与地域集聚性。在主要邮轮母港与邮轮目的地之间安排了密集的航班配置。

（4）母港区域化：邮轮母港具有明显的区域化服务职能，不仅服务于广阔的客源腹地，而且连通着区域内多数挂靠港与旅游目的地。但邮轮母港形成了层级分异，不同母港的服务"区域"有着不同的覆盖范围和尺度。

（5）企业区域化：主要是邮轮企业将经营市场与资源配置地域集聚在某一区域，包括航线航班布局、企业分支机构布设。其中，这种区域化重点表现两类，一类是邮轮企业将母国所在区域作为重点经营范围；一类在某区域内布设区域总部与布设邮轮资源，形成重点经营区域。

3）空间形态

区域性网络是邮轮航运网络区域化的典型空间形态。加勒比海、地中海、东北亚、东南亚等区域均形成了典型的区域性邮轮航运网络，其中东北亚和东南亚及澳新地区三个区域又形成了亚太邮轮航运网络。加勒比海、地中海具有不同的客源特征及航运网络组织模式。其中，加勒比海和地中海的航运网络分别围绕陆间海加勒比海、地中海展开，主要的客源市场是围绕该区域分布的北美洲及欧洲的国家。加勒比海的邮轮航线多由就近的母港迈阿密、埃弗格莱兹、杰克逊维尔等发山，腹地的游客通过航空集运于临近的母港，也有部分航线直接从客源密集的城市发出。海陆格局及港口分布决定了加勒比海和地中海是范围相对较小且封闭性较强的航运区域，港口分布较为紧凑且直接位居最主要的客源市场。同时，阿拉斯加、西北欧和澳新地区也形成较为明显的区域性邮轮航运网络。

世界各地的海域众多，海陆格局复杂。不同区域的自然、社会、文化等地理环境复杂，促使全球形成多个核心客源地和旅游目的地，由此形成多个区域性航运网络。区域性网络内部与区域之间形成多样化的邮轮航运联系。不同区域性的邮轮航运网络之间通过环球航线进行连接，典型路径就是邮轮的季节性迁移。这促使航运网络的"区域化"存在尺度性，不同尺度的航运网络叠合的空间结果是形成复杂的"区域性"结构或复合性的"区域化"。典型的地区是亚太地区。亚太地区是一个相对独立的大区域性邮轮航运网络，但内部又形成了东北亚、东南亚和澳新地区三个区域性邮轮航运网络。

第三章

世界邮轮航运发展历史及区域分异

　　任何地理要素的分布规律或空间体系既是当前的，也是历史的。邮轮航运与邮轮旅游的发展是一个漫长的历史过程与长期的积淀，是与不同历史阶段的社会经济环境条件不断进行作用和优化发展的过程。邮轮航运与邮轮旅游当前的发展基础是历史的积累结果，当前发展格局是邮轮航运发展历史过程的一个片段。邮轮航运与邮轮旅游既是区域性地理现象，也是世界性的社会经济现象。世界各地的发展历史过程、社会经济发展程度及旅游资源富集水平，促使各地区形成了差异显著的邮轮旅游市场，并形成不同的邮轮航运网络格局与组织规律。系统回顾邮轮航运与邮轮旅游的历史发展过程，探求历史规律与当前的基本格局及空间分异规律，方能为未来的邮轮航运组织提供参考与借鉴，形成邮轮业发展的历史延续性与逻辑性。

　　本章分析了世界邮轮航运发展历史及区域分异特征。邮轮航运的发展具有全球性、方便旗性、空间网络性、高技术性、综合性、无目的地性等特征。邮轮航运从最初的"交通旅程型"转变为目前的"旅游休闲型"。19世纪初期到20世纪50年代，先后形成了越洋客运时期、高度奢华时期、衰落转型时期；70年代以来，现代邮轮旅游开始发展，并形成萌芽发育时期、诞生引进时期、成长兴盛时期和成熟繁荣时期。全球邮轮船舶数量与邮轮旅客量不断增长，但这些资源为少数邮轮集团控制；形成了连通主要海域的邮轮航运网络与覆盖全球的邮轮旅游市场，但欧洲和北美是重点连通组织地区，加勒比海和地中海为全球邮轮航运的热点地区。现代邮轮航运发源于欧洲，繁盛于北美地区，发展重心向亚太地区转移。邮轮航线分布与各区域经济发展水平相适应，形成豪华型、尊贵型、时尚型、经济型等类型分异。邮轮船舶尺寸日益大型化，功能日渐综合性，航运网络区域化，集中在加勒比海、地中海等地区。邮轮旅游从中产阶级的高端旅游演变为当前的大众化旅游，邮轮航运更加近岸化。邮轮航运市场形成显著的寡头垄断格局而且不断强化。

第一节 邮轮航运基本特征

一、邮轮类型

邮轮的分类有很多的标准，由此形成了不同的邮轮称谓。其中，比较重要的分类方法是根据航行距离和豪华程度进行分类。

1. 吨位大小

吨位大小是船舶划分等级或类型的基本参考标准。邮轮大小通常以总吨位即排水量（gross registered tonnage，GRT）与载客量（Pax）两个指标表示，且以载客量为主（丁凯，2013）。有时，也采用床位数量作为划分指标。本研究按照载客量或注册总吨位，邮轮分为迷你型、小型、中型、大型和巨型等类别（表3-1）。

表 3-1 邮轮船型吨级类别

类型	吨位/万吨	总长/米	型宽/米	型深/米	满载吃水/米	载客量/人
小型	1	148	25.0	13.0	6.1	581~710
中型	2	176	25.4	14.0	6.6	711~1100
	3	215	32.6	18.1	7.5	1101~1600
	5	240	32.6	23.8	8.0	1601~2100
大型	8	270	36.0	24.9	8.1	2101~2600
巨型	10	314	40.1	30.2	9.0	2601~3300
	12	348	43.2	34.0	9.6	3301~3800
	15	398	48.0	39.5	10.4	3801~4600

（1）迷你型邮轮：主要是指载客量低于200人，排水量为1000~5000GRT的邮轮。

（2）小型邮轮：主要是指载客量不超过710人，排水量介于5000~25 000 GRT的邮轮。

（3）中型邮轮：主要是指载客量介于711~2100人，排水量介于25 000~50 000GRT的邮轮。

（4）大型邮轮：主要是指载客量介于 2101~2600 人，排水量介于 50 000 ~ 100 000GRT 的邮轮。

（5）巨型邮轮：主要是指载客量介于 2601~4600 人，排水量介于 100 000 ~ 150 000GRT 的邮轮。巨型邮轮是当前邮轮企业积极购置建造的主流船型，由此塑造了邮轮的"大型化"趋势。目前世界最大的邮轮已达 22.7 万吨级。

2. 航行范围

按航线所涉及的航行范围或主要航行水域，邮轮可分为远洋邮轮、近洋邮轮、海岸线邮轮及内河游轮。各类邮轮有着不同的主要航行区域。

（1）远洋邮轮：该类邮轮多用于跨越大洋的洲际或环球航行，适用远洋长距离航线，一般吨位较大，性能优越，内部设施豪华，具有持续耐航能力。该类邮轮的航期一般较长，多在 10~15 天左右甚至更长，靠泊不同国际航区的邮轮港口。随着技术进步，远洋邮轮越造越大，而且越来越豪华。例如，皇家加勒比邮轮和歌诗达邮轮的环球航线邮轮。

（2）近洋邮轮：该类邮轮多航行于局部区域，航程相对较短，一般在 7 天左右或以内，运行航线为某一特定区域航行。航程一般是从某个港口出发，挂靠几个邮轮港口。代表性航行区域有加勒比海、阿拉斯加、地中海、北欧、东南亚、东北亚等航区。

（3）海岸线邮轮：该类邮轮的航程较短，一般在 3 天左右；运行航线为特定沿海地区航线，靠泊同一国家的沿海港口。

（4）内河游轮：多航行于内陆河流，比如长江、莱茵河、多瑙河、伏尔加河。航程相对较短，航速较慢，行程较为密集，基本 1 天会挂靠 1~2 个目的港。

3. 豪华层级

邮轮的特点之一就是奢华性。按照豪华程度划分，邮轮从低到高可分为经济型邮轮（economic）、标准邮轮（standard）、豪华邮轮（deluxe）和 5+星级的超豪华邮轮（super deluxe），前两类可以统称为大众邮轮。这种分类在西欧、北美邮轮市场上多采用（刘橦，2012）。根据目标顾客群，按收入水平、邮轮设施和每日消费水平，往往将邮轮分为上述四类。

（1）经济型邮轮：该类型主要是指低于 3 星级标准的邮轮，多服务于收入水平较低的游客，邮轮设施相对简单。

（2）标准邮轮：该类型主要是指 3 星级或 3+星级标准的邮轮，主要面向中等收入水平的游客，邮轮设施相对丰富，功能比较齐全。全球著名的邮轮企业多提供标准邮轮。

（3）**豪华邮轮**：该类型主要是指 4+或 5 星级标准的邮轮，主要面向高收入水平的游客，邮轮设施丰富，功能齐全。许多邮轮企业配置一定数量的豪华邮轮。

（4）**超豪华邮轮**：该类型主要是指 5+星级标准的邮轮，主要面向高水平的游客，邮轮装饰极为奢华，各类设施齐全，各类功能均具备。可提供会议厅、剧场、各式餐厅、咖啡屋、酒吧、游泳池、健身房、迷你高尔夫球场、图书馆、免税商店、儿童乐园、直升机救助等多种服务。该邮轮往往提供无微不至的服务，员工游客数量接近 1∶1。仅有少数邮轮企业配置超豪华邮轮，如水晶邮轮、银海邮轮等企业。

北美各邮轮企业的豪华邮轮往往具有先进的设施设备，生活和娱乐设施齐全，大多按照超五星级酒店标准装修，基本代表了北美旅游和饭店行业的最高水准。

二、现代邮轮航运特征

现代邮轮航运组织与传统货物海上运输、传统陆地旅游组织有着显著不同的特征，这种差异是由多种影响因素相互作用而形成的。具体包括如下方面。

1. 空间网络特征

（1）**全球性**：邮轮旅游与邮轮航运已在全球各地区开展，基本实现了全球各地区的全覆盖。现代邮轮以全球各海域为航行区域，以人口大国与富裕国家的港口为母港，连通主要旅游目的地、岛国与特色岛屿，邮轮港口遍布全球各地区。同艘邮轮船舶根据需求与季节气候变化，可在全球不同航区进行航行和迁移，形成单体邮轮的全球轨迹网络。

（2）**网络性**：邮轮航运因气候季节、规模经济和游客需求，形成了短程、远程、环球等不同航程的邮轮航线网络。各航线有着不同的挂靠港，形成差异化的邮轮旅游产品。邮轮航线遍布全球，形成了密集分布；邮轮港口形成了母港、始发港、挂靠港的类型分异与职能分工。各邮轮企业组织了相对独立运行且相互间以竞争为主的邮轮航运网络。

（3）**无目的地性**：严格意义上的现代邮轮旅游与邮轮航运是没有固定目的地的，邮轮本身就是旅游度假目的地，邮轮持续航行与游客在船上休闲活动就是邮轮旅游的核心内容。在航线的每处停靠港口，游客可上岸观光购物并停留一段时间，航线多形成回路。航线组织较为灵活，根据季节气候变化，在不同目的地间进行迁移。但为了便于运营，许多航线所连通的港口节点是固定的，而且以挂靠港的陆上活动为重点内容，又有较强的目的地性。

2. 技术功能特征

（1）方便旗性：多数邮轮悬挂方便旗，除停靠港口码头外，大部分时间在公海航行，可免受主权国家的法律规束。全球60%以上的邮轮以巴哈马、巴拿马、利比里亚等国家为注册地，形成邮轮注册国与企业母港的分离。第二次世界大战之后，美国、希腊、日本等海运发达国家的航运企业陆续将船舶转移到外国进行登记，悬挂方便旗，以规避国家重税和军事征用，自主制定运价、处理船舶、运用外汇、雇佣外国船员、降低成本。

（2）高技术性：邮轮因大型化、豪华化与功能综合性的发展要求，需要应用各种最先进的技术。大型邮轮的技术含量比其他旅游工具和交通运输工具都要高，而且应用技术所覆盖或涉及的领域较多，这促使现代邮轮成为各种最先进技术的应用综合体。例如，卫星导航系统、安全保卫系统、医疗急救系统、环保系统、海水淡化系统、管理控制系统等均采用各时期最先进的技术。

（3）综合性：邮轮是"海上流动的城市"，船上往往具备各种设施，包括主体化客房、博彩厅、游泳池、购物街、演艺剧场、各式餐厅、阅览室、殡葬场、运动娱乐室、停机坪等各类设施，发电、垃圾和淡水处理、卫星电话、高清电视等基础设施齐全。这促使现代邮轮具备各类功能且较为综合，具备短时段内独立运行的能力，"城市综合体"的特点显著。

第二节　世界邮轮航运发展历史

邮轮旅游是用邮轮将一个或多个目的地联系起来的旅游行程，这促使邮轮航运从最初的"交通型"演变为"旅游休闲型"（陈夏夏，2020）。这种旅行方式由欧洲贵族开创，始于18世纪末，转型于20世纪60年代，在90年代进入高速发展期，迄今为止已有100多年的历史，是历史最悠久的旅行方式之一。

一、邮轮客运发展历史

早在古地中海时代，人类就开启了海洋航行，但因技术落后，航行区域十分有限。15~16世纪，木制帆船成就了郑和下西洋、麦哲伦环球航行等远洋航行，人类航行范围大大拓展。19世纪初期到20世纪60年代，邮轮旅游与邮轮航运开始发展，但主要依附于传统的邮轮客运，主要是为跨海洋客运服务。该时期，邮轮客运是洲际跨洋客运的主要途径。传统邮轮客运的演化进程总结如表3-2所示。

表3-2　传统邮轮客运的演化进程

时期	船型	船型配置	标志事件	乘客特征
19世纪前	帆船	木制帆船，风帆动力	郑和下西洋、哥伦布发现新大陆等	乘客少，主要是移民、战争、探险、商务等需要
19世纪初叶	商船	蒸汽动力	首艘蒸汽动力船航运大西洋	探险、寻找新的生存地
19世纪中后期	客船	航行速度快、钢制船体，蒸汽动力	"大不列颠号""大东风号"等客运入市	探险、旅行、寻找新的生存地
20世纪初	远洋客轮	船体大型、设施豪华、蒸汽涡轮发动机	"毛里塔尼亚号""泰坦尼克号"等问世	移民
20世纪中期	跨洋客运	更大、更快、更豪华、更美观	"挪威号"，"伊丽莎白女王号""诺曼底号""卡罗尼亚号"邮轮诞生	中产阶级乘船旅行、美国禁酒期间的公海饮酒、第二次世界大战时军队运输
20世纪60年代	旅游邮轮	更现代化	"海洋号"邮轮，挪威邮轮的"向阳号"销售邮轮假期	休闲度假，猎奇

1. 越洋客运时期

关于邮轮的起源，有着不同的解释版本，但多数学者认为邮轮始于19世纪上半叶的远洋客运。该时期处于19世纪末至20世纪前期之间，覆盖时间尺度较长。该时期的典型特征是跨洋客运，邮轮仅仅是远距离跨洋运输旅客的交通工具，主要任务是运载邮件和移民，以连接美国和英法两国的跨大西洋航线最为繁忙。

人类在飞机发明之前，跨越大洋的旅行多以船舶运输为主力，当时船舶主要用于运输货物和邮件。1818年，黑球班轮公司（Black Ball Line）成立，开辟了纽约—利物浦定期航线，利用帆船队组织从北美到欧洲的定期客运，成为第一家关注乘客舒适度的航运企业。蒸汽机的发明促使轮船从风帆动力升级为蒸汽动力，木制帆船被钢铁船舶取代。休闲巡航的诞生始于 1822 年的半岛和东方蒸汽导航公司，在伦敦、西班牙和葡萄牙之间提供客运服务。1837 年，蒸汽轮船首航，以 15 天破纪录速度横渡大西洋，比帆船 2 个月的航程短了很多，迅速主导了跨大西洋航线。1840 年，冠达邮轮利用"不列颠尼亚号"，开办利物浦—波士顿航线。1849 年，白星航运公司建造第一支远洋客轮船队。蒸汽机的普遍化使用和美国移民的增多促使远洋客运蓬勃发展，跨大西洋客运是主要航程。黑球班轮公司将数十万移民从欧洲运送到美国。1850 年以后，英国皇家邮政允许私营船务公司以合约形式，帮助他们运载信件和包裹，载客远洋轮船成为悬挂信号旗的载客远洋邮务轮船，"邮轮"一词因此诞生。但该时期，富裕的乘客在英格兰和纽约之间来回旅行，实现商务交流或度假休闲。

1844 年，真正的休闲邮轮产生。英国 P&O 邮轮（半岛蒸汽导航公司）开始提供前往直布罗陀、马耳他、雅典等目的地的海上旅游，其目的是娱乐。P&O 邮轮成为仍在运营的最古老的邮轮公司。随后，P&O 邮轮将其服务扩展到英国及海外，包括印度、澳大利亚和新西兰，这成为一个里程碑。1846 年，Thomas Cook 包租了一艘邮船，组织 350 人的旅游团队前往苏格兰观光旅游，被视为世界范围内的首次商业旅游活动，也标志着邮轮开始成为旅游的载体。19 世纪 50 ~ 60 年代，船舶更多的是关注乘客而不是邮件，电灯、更宽敞的甲板区域、船上娱乐等奢侈生活行为及设施逐渐引入船上。1870 年，白星邮轮皇家邮政轮船"大洋号"，首创圆形船窗和安置在船中央的头等舱，并开始有水和电力供应。1881 年，P&O 邮轮将班轮"锡兰号"改装成邮轮，从利物浦开始环球巡航。1880 年后，由于有大量移民移居美国，远洋邮轮体积和载客量逐渐变大。

马克·吐温和《英国医学杂志》的认可将邮轮业引入了流行文化。1867 年，马克·吐温在《海外无辜者》中记录了他 6 个月的经历，1897 年《英国医学杂志》认可海上航行用于治疗目的，鼓励公众进行悠闲的邮轮及跨大西洋旅行。当时，客运邮轮已基本具备了安全、舒适、设施完备并且活动空间相对较大的优点，在欧美上流社会中盛行。

2. 高度奢华时期

20 世纪初，欧美客轮企业开始改变船舶吨位、船舱空间，并加装各式休闲娱乐设施，邮轮的吨位和功能开始复杂化。尤其希腊、西亚及埃及等的文明遗迹景点开发与旅游发展，推动了地中海邮轮旅游航线的开拓。

1901 年，第一艘地中海邮轮"维多利亚路易斯公主号"开始航行，并在地中海海域营运了 14 年。航运企业开始注重通过提高船速和改善船上设施来争夺乘客。1912 年，冠达邮轮引进了"Laconia 号"，1922 年率先开始环航世界，邮轮进入了巡航的黄金时代，超级客轮的概念得到了发展。邮轮以"华丽酒店"的形式出现，邮轮企业注重航行本身的浪漫，开始融入更多的奢侈豪华。冠达邮轮开始在"毛里塔尼亚号"和"卢西塔尼亚号"统一传统着装。白星航运公司（White Star Line）将乘客舒适放在首位，订购了 3 艘"奥林匹克级"船舶："奥林匹克号"、"泰坦尼克号"和"不列颠尼克号"，成为当时世界最大、最豪华的邮轮。1921 年，法国"巴黎号"（SS Paris）推出了第一家船上电影院和别致的装饰艺术内饰。特别是 1936 年建造的"玛丽女王号"，成为该时期大型豪华跨洋客轮的典型代表。豪华巡航受到欢迎，成为魅力和精致的缩影，尤其是跨大西洋航线繁忙。

海上邮轮航线开始拓展到大西洋两岸、加勒比海，并延伸至阿拉斯加、波罗的海及南太平洋等海域。随着邮轮公司和各地区邮轮客运的发展，国际邮轮客运形成了完整的市场体系。邮轮客运成为世界跨洋运输的主要方式，连接欧洲和北美的跨大西洋航线成为主要邮轮客运航线，以休闲度假为目的的现代邮轮开始孕育。

3. 衰落转型时期

第一次世界大战期间，休闲巡航停滞。第一次世界大战中断了新邮轮的建造，许多邮轮被征用参加战争而改装成军舰，包括冠达邮轮"玛丽女王号"和"伊丽莎白女王号"，充当医疗船或运兵船，体积较小的远洋邮轮则改装成武装巡洋商船。20 世纪 20~30 年代，大部分超级远洋邮轮被德国海军潜艇（U 艇）、鱼雷和战机炸沉。第一次世界大战后，远洋旅行逐步恢复，但随着经济大萧条开始，乘客人数下降，白星航运与冠达航运合并，1934 年成立冠达白星公司，共有 25 艘船。

第二次世界大战后至 20 世纪 60 年代初，幸存的客船会还给战前的船东，并改装为客运服务，部分船只无法筹钱改造而退役，同时新建了部分大型客船。海洋旅游恢复了，但邮轮经济因飞行技术与民航业的快速发展而出现严重衰退，邮轮业逐渐被航空业所取代。第二次世界大战之后，邮轮公司逐步推出天数较短、价位较低的航线，装设各式新颖先进的游憩设施，吸引传统银发族群旅客与年轻中产阶层旅客。

20 世纪 60 年代初期，往返于欧美大陆的跨大西洋航线客运班轮的客运量超过 100 万人次（潘勤奋，2007）。1958 年，飞往欧洲的直飞跨大西洋航班出现。随着航空业的快速发展，跨大西洋海上客运的受欢迎程度逐渐下降，邮轮作为跨

邮轮航运网络的空间模式与发展机理

洋运输的功能与地位被航空所取代。70 年代初期，邮轮客运量急剧下降，下降到年均仅有 25 万人左右，萎缩了 3/4。这促使原来的客运班轮企业寻求新的经营模式。"客运"量的下降，孕育了现代邮轮旅游与邮轮航运的萌芽（张梦瑶和刘云，2014）。

二、现代邮轮航运发展

现代邮轮最早出现在 20 世纪 30 年代的美国，50 年代开始从原来单纯的海上客运业务向现代专业旅游业务转变，邮轮旅游与邮轮航运再度崛起。60 ~ 70 年代邮轮航运与邮轮旅游开始发展，80 年代邮轮旅游成为全球旅游市场中增速最快的部分。

1. 萌芽发育期

该时期主要是指 20 世纪 60 年代末，现代意义的邮轮旅游诞生并起步发展。该时期是"客轮"经营的转型时期。传统的客轮企业尝试着从运输服务提供商向邮轮娱乐设施及休闲旅游服务商的角色转变，尝试由向旅客提供单纯的运输服务转变为向游客提供舒适的新型海上休闲度假服务。许多远洋客轮新增多种娱乐设施，改装成以旅游功能为主的邮轮，拆掉划分不同等级舱位的舱壁，扩大公共活动空间，装配空调，将多功能厅改造成舞厅、剧院，现代邮轮业拉开序幕。但客运班轮难以适合开展以娱乐休闲及观光旅游为主要目的地的新型邮轮旅游服务。该转型过程遭遇了很多障碍。

英国传统的航运公司在竞争的压力下，开始涉足邮轮市场。特别是加勒比海等地区的邮轮公司逐渐转向开拓新业务，把客轮打造成海上流动的休闲场所。一些专为跨洋旅游的邮轮开始建造，包括"威廉姆·如意斯号""美国合众国号""圣·玛丽亚号""堪培拉号""法兰西号""大洋号""伊丽莎白女王二世号""米开朗琪罗号"等。现代意义上的邮轮旅游是从歌诗达邮轮在 1959 年推出的 Franca C 邮轮开始的，该邮轮是第一艘专为旅游娱乐设计的船舶（谭晓楠，2017）。更多的现代邮轮公司成立，1965 年公主邮轮成立，1966 年挪威邮轮成立，1968 年皇家加勒比邮轮成立。此阶段，邮轮市场以本国游客为主，航线以本国观光地为挂靠港，游客开始接受乘坐邮轮在海上放松度假而不是将邮轮仅作交通工具。

2. 诞生引进期

该时期主要是指20世纪70年代至80年代。此阶段，邮轮旅游业初具雏形。1966年秋，挪威邮轮放弃原来的假期客运业务，开始了全新的休闲度假服务，推出了标志性的邮轮——"向日号"（Sunward）并投入运营，提供加勒比海环游，提供3~4天的邮轮假期。这是全球首艘完全提供休闲旅游和度假服务的邮轮，标志着现代邮轮旅游的正式开始。该经营理念获得了巨大的成功，迅速被邮轮业界所肯定，受到了其他邮轮公司的推崇并加快复制推广。邮轮的属性发生彻底转变，不再是运输工具，而是旅游休闲的有机部分，邮轮旅游逐渐从欧美国家的精英阶层走向大众，但邮轮旅游价格仍然昂贵。

20世纪70年代是现代邮轮旅游步入大众化的阶段。其他传统客运企业纷纷进入邮轮市场，1970年地中海邮轮成立，1972年嘉年华邮轮成立，皇家加勒比邮轮、嘉年华邮轮及半岛东方邮轮等公司纷纷建造度假邮轮，相继组建船队，发展游客，挑选旅游目的地，规划航线，开展邮轮航运与邮轮旅游。尤其是，嘉年华邮轮凭借崭新的商业理念和运营技巧，迅速成为加勒比海邮轮市场中的大型邮轮公司。该时期，加勒比海成为邮轮母港、停靠港和小码头的集中地区，特别是母港加速发展，迈阿密成为世界最大的邮轮母港。

3. 成长兴盛期

该阶段主要是指20世纪80年代初至90年代中后期，为邮轮旅游与邮轮航运的成长兴盛期，邮轮旅游的主题是海上国际休闲度假。

20世纪80年代是现代邮轮研发创新阶段，90年代是现代邮轮业规模化发展阶段。邮轮企业对市场进行更精细的规划和发展，大众也逐渐了解了邮轮的属性并且对邮轮旅游的需求逐渐上升。80年代，更多的邮轮公司出现，1989年名人邮轮成立，1994年银海邮轮成立，并投资建造设施更豪华、内容更丰富、排水量更大的邮轮，例如挪威邮轮的"法国号"、公主邮轮的"皇家公主号"、皇家加勒比邮轮的"海上君主号"，邮轮成为豪华的海上流动度假村。1988年，皇家加勒比邮轮"海洋主权号"的首航象征着邮轮巨型化的开始，吨位超过10万吨的巨型邮轮不断建造并投入运营。同时，邮轮旅游出现了越来越多的组合形式，"飞机+邮轮"等旅行模式开始推广。嘉年华邮轮迅速壮大，通过价格竞争策略，在年轻消费群体中占据重要市场。嘉年华邮轮、丽星邮轮、皇家加勒比邮轮成功奠定了基础，在欧美主流消费群体中建立了独立的邮轮航运网络。邮轮旅游开始成为世界休闲旅游产业的重要部分。

该时期，欧美邮轮旅游蓬勃发展，邮轮旅游以年均 7%~8% 的速度在增长，并成为全球邮轮旅游与邮轮航运的重点地区，形成了稳定的市场格局。加勒比海停靠的邮轮数量从 1988 年 97 艘增加到 1998 年的 129 艘，床位从 6.8 万张增长到 12.7 万张。邮轮停靠的港口和目的地越来越多，迈阿密、纽约、大沼泽地、洛杉矶、新奥尔良、圣约翰等母港形成规模，并集中在北美东西海岸。尤其是迈阿密成为全球最大的邮轮母港，邮轮靠泊数量和游客最多，1986 年以迈阿密为母港的邮轮就达 23 艘，登船游客达到 126 万人次；以大沼泽地为母港的邮轮有 5 艘，旅客达到 23.7 万人次（表 3-3）。加勒比海涌现出一批挂靠港与目的地，例如巴哈马港，年接待到访旅客达 150 万人次。位居邮轮市场边缘的亚太地区开始发生变化，1993 年马来西亚本土邮轮企业——丽星邮轮成立。该企业在成立初期只是开通了新加坡和马来西亚的邮轮航线，随后拓展到整个亚太地区。同时，丽星邮轮通过收购等途径，在欧美亚三大区域开展全球化邮轮旅游服务。丽星邮轮的成立及发展打破了以欧美邮轮企业为主导、以欧美邮轮市场为主的发展格局，邮轮旅游与邮轮航运向亚太地区拓展，形成世界范围内的全覆盖。

表 3-3　20 世纪 80 年代北美主要邮轮母港登船乘客人数

母港地	1980 年/万人次	1986 年/万人次	增幅/%
迈阿密	75.7	126	66.4
大沼泽地	5.4	23.7	338.9
纽约	17.1	20.1	17.5
洛杉矶	5.1	22	331.4
新奥尔良	—	1.7	—
圣约翰	16.5	7.3	−55.8
总计	119.8	200.8	67.6

4. 成熟繁荣期

20 世纪 90 年代末期以来为成熟繁荣期。人们对新型邮轮旅游的观念逐步更新，邮轮旅游由贵族阶层的专属旅游发展为中产阶级普遍流行的大众化旅游，邮轮旅游的主题是海上综合度假。邮轮旅游从传统的欧美地区扩散到亚洲地区，覆盖范围不断拓展（张梦瑶和刘云，2014）。

邮轮旅游在北美和欧洲国家越来越普及，邮轮企业多以欧美地区为经营市场。欧洲和北美邮轮旅游形成了较为完善的市场结构，并进入了相对成熟且较为繁荣的时期，邮轮航运网络更加完善，运力配置和航线组织较为成熟。世界邮轮游客年均达 800 万人次,远超过 20 世纪 80 年代的年均 150 万人次。各邮轮公司竞争激烈,不断加大大型豪华邮轮的建造、购置与投入。这促使邮轮旅游价格逐年下降,邮轮旅游逐渐向年轻时尚化、大众化、平民化方向发展。丽星邮轮在 2000 年后先后收购了挪威加勒比邮轮和东方邮轮,正式进入欧美市场。航线安排与组织更加灵活多样,邮轮产品种类趋向多元化,出境游客成为邮轮产品的主体消费者。尤其是在 1990 年,挪威邮轮提出了私属岛屿的概念与新兴邮轮模式,让邮轮旅游提升到新水平。该模式可以塑造更特色的邮轮航线与邮轮旅游服务。邮轮航线的平均航程已经达到 6~8 天,游客不仅包括传统的银发族群,而且吸引了大量青年群体。

21 世纪以来,现代邮轮业进入全面提升阶段。传统的邮轮目的地吸引力减小,北美客源市场增速放缓,亚洲成为新的客源市场,皇家加勒比邮轮、丽星邮轮、嘉年华邮轮等国际邮轮公司纷纷拓展亚洲和中国市场。同时,邮轮旅游与邮轮行业垄断态势形成,2003 年嘉年华邮轮收购公主邮轮,随后的邮轮企业兼并活动持续推进,五大垄断集团形成。邮轮的巨型化趋势仍在推进,2009 年排放水量达 22.5 万吨级的皇家加勒比"海洋绿洲号"开始航行。

第三节　全球邮轮航运市场分异

一、全球邮轮航运增长

1. 邮轮船舶增长

随着世界邮轮市场需求的不断增长,邮轮运力持续增长。如表 3-4 所示,全世界的邮轮数量、邮轮床位数和邮轮平均接待能力分别从 1995 年 222 艘、16 万张和 721 人/艘,提高到 2010 年的 303 艘、40.86 万张和 1348 人/艘(赵善梅等,2012)。根据国际邮轮协会统计,2015 年全球共有邮轮 314 艘,总运力为 1834 万总吨,是 1996 年的 4.3 倍。2017 年世界邮轮市场有 449 艘运营,2018 年陆续有 27 艘海洋、内河和极地邮轮投入市场,2019 年有 24 艘新船交付使用。2019 年,全球邮轮港口访问艘次达到 180 次/周。截至 2021 年,全球邮轮船舶达到 443 艘,总客位达到 63.68 万张;全球邮轮在建和形成订单的共计 90 艘,共计吨位为 851 万吨。船舶运力的增长为全球邮轮航运与邮轮旅游提供了基础的设施保障，但在个别年份运力增长相对滞后于需求增长。目前，全球有邮轮企业近百家，在国际邮轮协会（CLIA）登记的有近 60 家，航线以 6~8 天居多。

表 3-4　1995~2010 年世界邮轮平均接待能力变化

年份	邮轮数量/艘	床位数/张	平均接待能力/（人/艘）
1995	222	160 000	721
2000	243	223 000	918
2008	284	364 000	1282
2009	291	383 300	1317
2010	303	408 600	1348

2020 年，因疫情影响，多数邮轮停航。截至 2021 年 12 月，全球共有 68 个邮轮品牌所属 239 艘邮轮复航，复航船数占全球总量的 54%，全球邮轮港口到访艘次为 129.4 艘次/周。2022 年，航线预订量已超过 2019 年同期水平；2022 年 5 月以来，多家邮轮企业实现了全面或 80% 以上复航。诺唯真邮轮（17 艘）、嘉年华邮轮（23 艘）、荷美邮轮（9 艘）、皇家加勒比邮轮（63 艘）全部复航，公主邮轮已有超过 10 艘邮轮投入使用，复航率达 80%。2022 年，全球邮轮船队平均船龄为 19.83 年，尤其是 10 万总吨及以上邮轮的平均船龄不到 10 年。

全球邮轮航线数量大幅增长，基本形成了覆盖全球、连通各沿海国家、遍布主要海域的邮轮航运网络。除了传统的地中海和加勒比海航线，阿拉斯加、日韩、东南亚、极地、夏威夷、澳新等邮轮航线也不断发展。总体上，欧洲和北美地区的航线运力占主要份额，航线分布与各地经济发展水平相适应，经济发展水平越高，航线分布越密集。邮轮航线分布趋向集中，加勒比海是世界航线最多的区域。邮轮日趋大型化，从载重吨不足万吨提高了目前的 22.8 万吨。邮轮功能日趋多样化，更多的休闲娱乐设施与功能得到了配置。多数邮轮悬挂方便旗，有巴哈马、百慕大等船旗。

2. 邮轮游客增长

20 世纪 80 年代以来，随着居民收入水平、消费能力及对高端邮轮旅游认知度的提升，全球邮轮游客不断增多，邮轮市场呈现持续、强劲的发展势头。

1970 年，全球邮轮游客仅有 50 万人次。20 世纪 80 年代起，全球邮轮旅游蓬勃发展，邮轮游客量逐步增长。1990~2010 年，全球邮轮游客量总体保持增长趋势，从 1990 年的 377.4 万人次增至 2010 年的 1907 万人次，年均增长率为

7.14%。2018 年，全球邮轮游客达到 2850 万人次，2019 年为 2967 万人次。根据有关机构的预测，随着亚洲市场的进一步拓展，2025 年全球邮轮游客总量将突破 3760 万人次。邮轮游客增多带来邮轮旅游市场的繁荣，2010 年全球邮轮市场收入达到 270 亿美元，2016 年超过 400 亿美元，2019 年进一步增长到 533 亿美元。2021 年开始，全球邮轮复航提速，邮轮旅游市场逐步复苏（图 3-1）。

邮轮客源仍以北美市场为主，2010 年来自北美地区的游客多达 1110 万人次，占比达到 74%，几乎是北美以外地区客源市场的 3 倍（黄婧，2017）。客源市场集聚性促使多数邮轮企业将母港设在欧洲或北美。

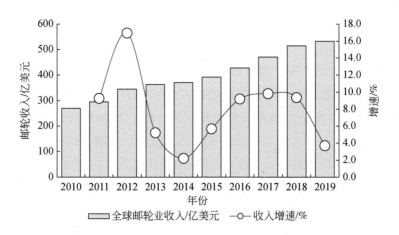

图 3-1　2010~2019 年全球邮轮市场收入规模及增长情况

二、邮轮航运市场分异

现代邮轮航运发源于欧洲，繁盛于北美地区，目前发展重心逐步向亚太地区转移。总体上，全球邮轮旅游与邮轮航运的区域性集聚突出。按照地理区位，全球邮轮航行区域可大致分为北美、欧洲、中南美洲、太平洋、亚洲、非洲、大洋洲等航区；具体又可细分为加勒比海、西北欧、地中海、东南亚、阿拉斯加、东北亚等地区，其中加勒比海和地中海的旅游活动最频繁、邮轮航线最密集，而亚洲成新兴邮轮市场。主要的邮轮消费区域为美国和欧洲，邮轮市场已进入成熟期。

1. 北美地区

北美地区是世界邮轮旅游的繁盛之地，一直是世界邮轮旅游市场与邮轮航运网络最重要的地区，是全球邮轮旅游的缩影和风向标。北美洲地区具有丰富的邮轮旅游资源，特别是加勒比海，拥有天然的气候优势，拥有各色风格迥异的岛屿。该地区拥有众多邮轮港口，邮轮航线丰富而密集，旅游目的地众多，邮轮航行、旅游政策及销售网络与配套服务体系完善，邮轮旅游的普及率高于其他地区。

北美地区的邮轮市场一直占据全球之首，但增长速度趋于平缓。1962 年，北美邮轮游客量为 28 万人，1969 年增长到 57 万人。2008 年之前，北美地区的邮轮市场占全球的比重一直超过 60%；21 世纪以来，邮轮市场饱和趋势明显，2008 年北美邮轮游客达到 1029 万人，占全球的比重下降。2015 年以来，北美地区占全球邮轮游客总量的份额持续保持在 50% 左右，但增速平稳放缓；2017 年北美地区占全球床位总量的 39%，为 66.6 百万张；2018 年游客数量达到 1434 万人，占全球总量的 50.32%。

加勒比海与北美大陆紧密相连或本身就为北美地区的一部分。该海域有着海洋旅游资源丰富、岛国林立、购物殿堂、背靠美加稳固的市场等独特的优势，是开发最早、市场最成熟、客源最多的邮轮航区，成为全球最主要的邮轮旅游目的地和现代邮轮产业的发源地，拥有许多的邮轮港口与密集的邮轮航线，嘉年华邮轮与皇家加勒比邮轮主要以该地区为基地。2018 年，加勒比海邮轮航线占全球航线总量的 36.78%（表 3-5），游客量比重达到 38.4%。2017 ~ 2018 年，加勒比海 11 个目的地的邮轮游客到达量超过 100 万人次；美国国内 1220 万游客从美国港口开始邮轮旅行，560 万游客过境访问美国港口，2017 年美国最大的 5 个登船港是迈阿密、卡纳维拉尔、大沼泽地、加尔维斯顿和长滩，共超过 800 万人次，约占美国邮轮游客总量的 2/3。美国邮轮产业有着明显的经济发展贡献，如图 3-2 所示。

表 3-5　2013 ~ 2019 年全球邮轮运力部署

航区	邮轮床位/万张			航线运力比重/%	
	2013 年	2015 年	2018 年	2018 年	2019 年
加勒比海	4466	5358	6292	36.78	34.4
阿拉斯加海	625	665	780	5.06	4.70
地中海	2838	2993	3000	18.25	17.30
西北欧海域	1437	1748	2026	10.97	11.1
亚洲海域	472	1133	1779	4.88	9.20
澳新太平洋	651	836	1006	5.11	4.80

航区	邮轮床位/万张			航线运力比重/%	
	2013 年	2015 年	2018 年	2018 年	2019 年
南美洲海域	493	427	393	3.53	2.30
其他海域	2053	2281	2693	15.42	16.20
全球	13035	15441	17969	100.00	100.00

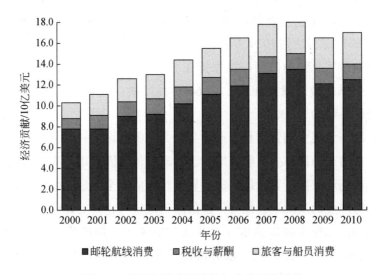

图 3-2　美国邮轮产业结构与直接经济贡献

2. 欧洲地区

　　欧洲是邮轮旅游的发源地，邮轮旅游与邮轮航运的发展历史悠久。欧洲地区不仅拥有历史悠久且丰富多样的文化资源，而且拥有众多的旅游目的地和港口，邮轮旅游产品丰富。目前，欧洲是仅次于北美的第二大邮轮市场，占全球邮轮市场的份额从 2005 年的 22% 逐渐攀升至 2010 年的 30%。2008 年，欧洲拥有 450 万人次的邮轮乘客，占全球总量的 27%。近十年来，欧洲占全球邮轮市场的比重呈现略有下降的趋势。2017 年，欧洲床位数为 46.8 百万张，占全球总量的 27%；2018 年游客量增长至 720 万人次，市场份额下降到 25%。邮轮产业对经济发展的贡献较高，尤其是邮轮航线消费最高，其次是邮轮建造和维修、邮轮旅客消费（图 3-3）。

　　欧洲的邮轮游客主要来自德国、英国、意大利、法国和西班牙，其中英国在欧洲市场中起领头羊的作用，德国是第二邮轮客源国，两国合计占欧洲客源的

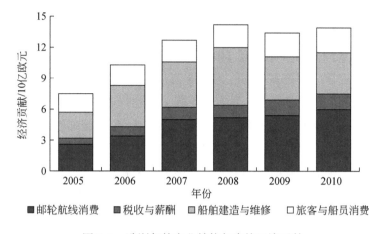

图 3-3　欧洲邮轮产业结构与直接经济贡献

59%，而意大利、法国和西班牙则合计占26%。巴塞罗那、奇维塔韦基亚、哥本哈根、热那亚、汉堡、基尔、帕尔马、马略卡、萨沃纳、南安普敦和威尼斯等邮轮港口占欧洲所有登船量的2/3（滕柯等，2020）。

地中海是欧洲邮轮航运网络的核心区与传统航区。地中海全年适合邮轮旅游，有悠久的古文明，沿岸拥有众多的旅游目的地和港口，东地中海、西地中海航线可领略不同的欧洲文明及地中海风光。北欧航线也是欧洲邮轮航运网络的重要部分，是夏季邮轮旅游的热点区域。长期以来，地中海的邮轮旅游市场一直占全球总量的30%左右；2017年，地中海占欧洲邮轮运力部署总量的60%；2018年，地中海占全球邮轮市场的14.2%，西北欧占9.4%，地中海的邮轮航线占全球总量的18.3%，西北欧海域则占11%。

3. 亚洲地区

亚洲是全球邮轮旅游发展潜力最大的新兴市场，也是当前邮轮航运网络拓展最快的地区，成为推动全球邮轮业发展的主要引擎。亚洲各国凭借其丰富的旅游资源，不断兴建邮轮港口，拓展邮轮航线，开发邮轮客源，吸引邮轮企业的经营重心向亚洲转移，促使亚太地区渐渐成为继美国、欧洲之后的重要邮轮旅游区。皇家加勒比邮轮在新加坡成立亚太地区总部—皇家加勒比邮轮（亚洲）公司，执行在亚太地区的扩张计划；丽星邮轮以亚太地区为主要地域，开拓邮轮旅游业务，在东南亚、东亚、南亚、西亚等地区均设有分公司和代理机构，使亚太地区在全球的份额不断提高。邮轮企业对亚洲市场的运力投放快速增大，2017年亚太地区投放了66艘邮轮，包括3艘巨型邮轮、26艘中型邮轮，近2800万个床位数，占全球邮轮床位总量的 16%；以中国为首的周边地区拥有 1780 万个床位，占亚洲部署总量的 64%。

2010 年，亚洲邮轮市场达到 150 万人次，2017 年增长到 424 万人次。2018 年，亚洲邮轮游客达到最高峰值，为 426 万人，占全球邮轮市场的 15.1%（表 3-6）。疫情之前，亚洲邮轮客运量有所下降，邮轮行业发展放缓，其主要原因是中国市场进入了调整期。2019 年，亚洲市场共投入了 79 艘邮轮，涉及 39 个邮轮企业，航班达到 1917 个航次，游客数量达到 402 万，运营日达到 1.02 万天。亚洲地区的主要邮轮港口有中国的上海、中国香港和新加坡；短途航行是亚洲居民的首选，89% 的亚洲人选择 4~6 天航程，其平均持续时间为 4.9 天。亚洲邮轮停靠的港口不断增多，目前旅游目的港有 306 个。疫情之后，中国和印度被视为亚洲旅游复苏的主要动力区。

表 3-6　亚洲邮轮游客及运营日

年份	客运量/万人	运营日/天
2012	77.4	—
2013	151	4307
2014	181	5276
2015	217	5849
2016	308	8171
2017	424	10196
2018	426	10467
2019	402	10245

长期以来，东亚地区一直处于世界邮轮旅游市场与邮轮航运网络的边缘，但拥有发展邮轮旅游的基本环境。东亚邮轮业起步较晚，真正发展始于 1993 年丽星邮轮公司的成立，但近年来发展势头良好。2019 年，邮轮挂靠航次最多的国家为日本、中国①、马来西亚及泰国，分别为 2681 次、809 次、561 次及 550 次（表 3-7）；亚洲邮轮旅客主要在亚洲航行，超过 50% 的市场在中国大陆、中国台港和中国香港。东南亚以新加坡、马来西亚和泰国为主要邮轮目的地，东南亚航线成为全球增长显著的航线。远东地区主要是中国、日本及韩国，中日韩航线成为远东邮轮航运网络的黄金热线、最年轻航线，集中了亚洲邮轮运力与市场的

邮轮航运网络的空间模式与发展机理

① 本节如无单独说明，中国数据均不含港澳台地区。

50%。日本港口的靠泊数量是最多的，有2681艘次，占远东地区总量的37.5%；中国大陆、中国台湾和中国香港的邮轮靠泊数量为1368艘次，占远东地区总量的19.1%，仅为日本港口靠泊艘次的一半。上海吴淞口国际邮轮港已成为全球第四大邮轮母港。

表 3-7　2019 年亚洲邮轮部署和运力

国家和地区	邮轮数量/艘次	比重/%
日本	2681	39.60
中国	809	11.95
马来西亚	561	8.29
泰国	550	8.12
新加坡	400	5.91
印度尼西亚	387	5.72
越南	368	5.43
中国台湾	304	4.49
印度	284	4.19
中国香港	255	3.77
韩国	172	2.54

注：中国数据不含港澳台。

4. 其他地区

1）太平洋地区

该地区包括南太平洋岛屿、新西兰、澳大利亚及美国的夏威夷。该地区拥有全球数量最多的、特色各异的岛屿，气候宜人，环境优美，旅游业发展非常迅速，拥有斐济、奥克兰、悉尼、檀香山等著名港口。澳大利亚是该地区邮轮市场的主体，有著名的景点大溪地。近年来，该地区的运力配置不断增长，邮轮床位数从 2013 年的 651 万张增长到 2018 年的 1006 万张。2019 年，澳大利亚邮轮运力占全球总量的比重达到 4.8%，航线数量占 5%。2016 年，澳大利亚邮轮游客量达到 130 万人次，平均每百人乘坐 5.65 次。

2）非洲地区

该地区的邮轮旅游发展较为缓慢，邮轮航运网络为区段性或其他区域航线的延伸部分。代表性的航线有西北非航线、西地中海航线延伸航段、东海岸航线等。加那利群岛、摩洛哥等是著名的旅游胜地。

三、世界邮轮市场特征

1. 世界邮轮市场产品结构

国际邮轮协会根据邮轮生活娱乐设施的豪华程度，立足综合功能，将邮轮旅游与邮轮航运大致分为6个档次，具体包括经济型航线（budget）、时尚型航线（contemporary）、尊贵型航线（premium）、豪华型航线（luxury）、探索型航线（exploration）与专门型航线（niche）。每种类型的邮轮旅游产品有着不同的航线时长、覆盖范围与船舶功能配置，有着不同的游客群体、消费水平、年龄结构（表3-8）。

表3-8　现代邮轮航线产品类型特征比较

类型	特色	航程/天	日均消费/美元	目标顾客
经济型航线	小型、装饰少、娱乐设施少	≤7	<300	中低收入消费群体
时尚型航线	多为新船，小型或中型船	≤7	<300	初次体验者、年轻人
尊贵型航线	中型、大型，多为新船	14	200~400	回头客多，年龄较大，富有阶层较多
豪华型航线	中型、大型船舶，设施齐全，较为宽敞，多为新船	>7	300~600	高端顾客、高收入顾客
探索型航线	较少装饰	≥10	300~600	猎奇、追求特殊经历的群体
专门型航线	新船或旧船	7~14	200~400	有共同爱好的群体

（1）经济型邮轮航线：主要是指价格较为低廉的邮轮航线，其邮轮数量约占全球总量的4.9%。消费群体的收入较低，约在4万美元左右，游客多为45岁以上。该类航线多配置小型船舶，航程较短，多为7天及以内航线。船上配置设施、提供服务和食品多处于较低水平，船舶内部装饰较少，娱乐设施较少，但经济卫生。游客消费能力相对较低，日均消费约75美元左右。

（2）时尚型邮轮航线：该类型的邮轮航线按照邮轮星级可分为豪华级（4星级）和标准级（3星级），其邮轮数量约占全球邮轮总量的59.2%。游客主要是平均收入6万美元的中产阶层，年龄主要介于25~75岁，游客数量约占美国邮轮游客总量的40%，占有绝对的市场优势。船舶一般为新建造邮轮，规模较小，以小型或中型邮轮为主，较为现代化与休闲舒适，吨位可达14万吨，载客量可达3800人。该类航线的航程一般较短，多为7天及以内。邮轮服务水准较高，船上公共空间和客房较大，有各种游乐活动。游客消费水平较低，日均消费在150美元左右，多为初次体验者，多以青年游客为主。

（3）尊贵型邮轮航线：该类航线产品的游客主要是较为富有、年龄45岁左右、家庭收入在8万美元的高收入群体，游客量约占美国邮轮游客总量的12%。邮轮一般比较大，多为中型或大型邮轮，排水量能达10万吨，载客量在2600人左右，船上生活和娱乐设施较为齐备，例如有剧院等，多为新建造邮轮。适宜航程显著增长，航线航程多在14天左右。该类邮轮是较为主流的类型，其数量约占全球邮轮总量的29.8%。邮轮服务水平通常与高级酒店（四与五星级）处于同一档次。邮轮公共空间大，房间宽敞，配备有观景阳台。游客消费能力较强，日均消费约200美元，多为回头客。

（4）豪华型邮轮航线：该类航线的游客多为年龄45岁左右、收入水平在20万美元以上的富裕群体与高端收入群体。邮轮多为小型"游艇式邮轮"，其数量较少，约占全球邮轮总量的1.9%，能为不超过400人的顾客提供环境优雅的活动空间。邮轮配备了丰富的生活娱乐设施，游客私人空间是各种邮轮中最大的；提供个性化服务，一个服务小组专门为2位旅客服务。该类航线行程多在7天以上，邮轮多为中型或大型邮轮，较为宽敞，以新建造邮轮为主。该类航线的市场份额较小，在美国约占3%左右。游客消费能力较强，日均消费约600美元。

（5）探索型邮轮航线：该类邮轮一般装饰较少，航程较长，多在10天或以上。该类航线主要面向追求特殊经历的消费群体，消费水平高，消费能力多在300～600美元/日。典型的邮轮是南极和北极的探险邮轮，代表企业有海达路德邮轮，船队主要航行在挪威、斯匹茨卑尔根岛、格林兰岛和南极。

（6）专门型邮轮航线：该类航线较为特殊，消费群体多为特定人群，主要面向学习等共同爱好的群体。航线所配置邮轮或为新建造邮轮，或为旧邮轮，航程一般较长，多执行7～14天航线。游客消费水平多在200～400美元/日。

2. 全球邮轮航运新趋势

1）邮轮规模与功能

规模经济的追求促使邮轮船舶日益大型化，载客能力不断扩张。在过去30多年内，邮轮单船客位增长了近8倍。20世纪90年代末期开始，邮轮吨位呈现巨型化趋势，10 万吨级以上邮轮不断建造，在邮轮船队中的比例已超过 1/3，目前最大的邮轮已达 22.6 万吨。80 年代，单船吨位平均为 2.6 万总吨，拥有 776 张床位；90 年代，单船吨位增长到平均 4.6 万总吨，床位数量提高到 1205 张；2014 年后，单船吨位进一步提升到平均 7.66 万总吨，床位数量平均达到 1815 张。2007 年新建造邮轮的平均床位达到 2611 个，2010 年投入使用的"创世纪号"邮轮的载客量已达 5400 人，2018 年投入运营的巨型邮轮就有 5 艘，床位均超过 5000 个，大型邮轮有 14 艘，床位介于 3000～5000 张。须指出的是，仅有嘉年华邮轮、皇家加勒比邮轮等大型邮轮企业有能力购置巨型邮轮。大型邮轮普遍具有水面线以上高度与平面尺度大、满载吃水相对较小、船舶操纵性能优、旅客服务设施占船体空间比例高（约 70%）的特点（陈有文和赵彬彬，2015）。

邮轮船舶的功能日渐综合化，邮轮旅游产品消费与选择日益多样化，以旅游观光和海上娱乐、休闲为主要功能，成为海上的豪华酒店和度假村。除酒吧、咖啡厅、免税商店、夜总会、健身中心、图书馆、会议中心、青少年中心外，许多邮轮设置游泳池、高尔夫球练习场、保龄球、篮球馆、排球馆、滑浪池、攀山墙、滑冰场等大型设施，邮轮休闲娱乐功能趋向多样化和综合化。

2）邮轮航运网络区域化

全球邮轮航线分布比较集中，主要在加勒比海、欧洲、亚洲、阿拉斯加等地区。其中，欧美国家的邮轮市场进入了成熟期，加勒比海是市场最成熟、客源最多、航线最密集的航区，地中海是传统的邮轮航区，而亚太地区成为邮轮航运发展最快的地区，尤其是中日韩航线是最年轻、发展前景最好的航线（表 3-9）。在 21 世纪初期，北美地区的邮轮旅客始终占世界份额的 80% 以上，2007 年比重达到 84.1%，2019 年仍占到 50.5%；尤其是邮轮旅游目的地主要集中在加勒比海和地中海，2005～2010 年平均份额分别约占 40% 和 15%，邮轮到访量分别占世界的 45.1% 和 22.4%，2019 年两个地区的游客量仍分别占全球总量的 41.43% 和 15.34%。

表 3-9 2019～2021 年全球邮轮旅客的地区分布

航区	2019 年	2020 年	2021 年
加勒比海-巴哈马-百慕大	11 983	2 986	1 745
中地中海-西地中海	3 211	225	707
亚洲-中国	3 977	643	658
北欧	1 708	52	454

航区	2019 年	2020 年	2021 年
东地中海	1 226	30	288
北美西海岸-墨西哥-加利福尼亚-太平洋沿岸	1 165	231	211
波罗的海	594	0	141
加那利群岛	496	180	133
阿拉斯加	1 215	0	121
巴拿马运河/南美	807	484	95
其他地区	304	53	84
非洲/中东	515	267	38
澳新/南太地区	1 178	366	12
夏威夷	243	43	0
加拿大/新英格兰	302	0	0

北美是邮轮母港最集中的地区，但邮轮母港多位于北美沿海地区。美国是拥有母港最多的国家，2006 年发送游客量占全球总量的 75% 以上；佛罗里达州是美国的邮轮航运集中地区，其母港和始发港发送游客量占美国总量的 56%，最大的母港有迈阿密、卡纳维拉尔港、埃弗格雷斯港，2006 年发送游客量分别为 189 万人次、139.6 万人次、114.5 万人次，分别占全球总量的 16%、12% 和 10%（张锋和林善浪，2008）。

值得关注的是邮轮航运基本采用国际化运作模式。主要邮轮公司的总部聚集在美国、欧洲，但邮轮注册地主要位于巴拿马、利比里亚、巴哈马及百慕大群岛，邮轮公司在全球进行人力资源的招聘和组合，邮轮航线遍布全球地理范围。为了方便航行和管理，60% 以上的邮轮悬挂方便旗，主要悬挂巴哈马、巴拿马、百慕大等船旗，不到 40% 的邮轮悬挂船舶企业所在国或主要航线所在国国旗。

3）邮轮旅客结构

随着邮轮供给能力的提高，邮轮旅游成为欧美居民生活方式的重要组成部分。在发展初期，邮轮旅游属于高端产品，主要服务对象是中产阶级。邮轮大型化促使乘客数量增长，邮轮航线短程化（尤其是 3~4 天航线）也降低了成本支出，这促使邮轮旅游大众化。邮轮乘客呈现从高端化向大众化和年轻化方向发展，从少数特殊人群逐步发展为大众化群体，从初期的高收入有闲阶层向普通旅游者拓展，越来越贴近大众消费水平和短期度假人群，大量年龄较小、收入较低的青年人群参与邮轮休假体验。邮轮游客的平均年龄从过去的60岁以上降低到2010年的50岁，2019年为46岁左右，60岁以上游客占33%，50岁以上消费者占51%（图3-4），而中国游客的平均年龄更低，为42岁。

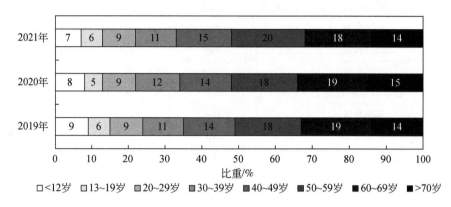

图 3-4　2019～2021 年世界邮轮游客年龄结构

4）市场垄断格局

全球邮轮旅游与邮轮航运形成显著的寡头垄断格局，而且垄断水平不断提高。20世纪80年代开始，大型邮轮企业进入了扩张阶段，促使邮轮市场的垄断性不断增强。1996年，嘉年华邮轮、公主邮轮、挪威克罗斯特邮轮、皇家加勒比邮轮四大邮轮公司的总注册吨数合计占全球总量的50%，床位数占45.8%。21世纪初期，经过一系列的并购重组，世界邮轮船队基本被嘉年华集团、皇家加勒比集团和丽星集团所掌控；其中，嘉年华邮轮集团居首位，皇家加勒比邮轮集团位居第二，丽星邮轮集团位居第三。

2008年，嘉年华邮轮、皇家加勒比邮轮、丽星邮轮、地中海邮轮四大邮轮集团的总注册吨数及床位数合计分别占世界总量的84.3%和83%（赵善梅等，2012）。前四位邮轮集团的市场份额在12年内提高了35～38个百分点，垄断水平快速提高。其中，嘉年华邮轮集团控制了30%以上的市场份额，位居首位。虽然全球邮轮市场被大型邮轮集团所掌控，但小型邮轮公司经营灵活，仍拥有成长前景。

5）航线航程差异

邮轮旅游更加近岸化，短程旅游的比重有所提高，全球邮轮平均旅程为6.5～7天。20世纪80年代中期开始，邮轮企业注重短程（2～5天）航线的开拓，短程航线的游客比重从 1980 年的 24.3% 上升到 2001 年的 37.2%，2005 年为33.9%（张锋和林善浪，2008）。近些年来，又呈现出向中长期（6~8 天和 9~17 天）转移的趋势。2019 年，全球邮轮航线主要为 7 天航程，其比重达到41%，4~6 天航程航线占 26%，3 天以内航程的航线占比为 11%（图 3-5）。尤其是，91% 的亚洲游客的邮轮目的地位于亚洲内部，48% 的游客选择 4~6 天航程，平均航程为 4.8 夜。值得关注的是，2021 年，3 天以内航程的航线占比大幅提高，达到 19%。

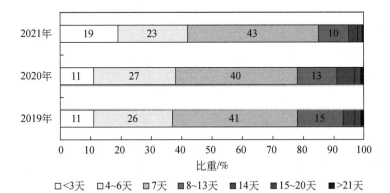

图 3-5　2019~2021 年世界邮轮的航程结构

邮轮旅游产品不断丰富化，形成时尚型、经济型、尊贵型、豪华型、探索型和专门型等不同特色类型的分异。邮轮旅游越来越重视主题化，在差异化竞争中获取优势。探险邮轮航线异军突起，2019~2023 年共有 17 个邮轮公司的 41 艘探险邮轮进入市场，新增 8500 张床位。

3. 世界邮轮旅游客源国

邮轮游客的生成与各种因素相关，但与经济发展水平、收入水平和假期制度及签证政策有着重要的关系。总体上，邮轮游客主要集中在发达国家。

从区域来看，邮轮游客主要来自北美地区。2019 年，北美地区的游客生成量达到 1540.8 万人次，占全球游客总量的 52.19%，有着显著的客源优势。西欧地区的邮轮游客生成量达到 722.6 万人次，比重为 24.48%。上述两个地区的比重合计达到 76.67%，超过四分之三。亚洲作为新兴市场，其生成量达到 373.8 万人次，比重为 12.66%。此外，南美和澳新地区有着一定的生成量，分别达到93.5 万人次和 135.1 万人次（表 3-10）。

表 3-10　全球邮轮游客客源地的区域分布

区域	2019 年/万人次	2020 年/万人次	2021 年/万人次
北美	1540.8	300.8	221.5
西欧	722.6	122.3	167.1
亚洲	373.8	49.7	62.6
南美	93.5	45.8	8.9
斯堪的纳维亚半岛/冰岛	21.8	5.2	4.5
东欧	26.3	7.2	3.2
中东	10.8	0.8	2.2
加勒比海	5.7	0.7	0.7
澳新/南太	135.1	34.0	0.7
中美洲	4.9	1.4	0.0
非洲	16.9	6.8	0.0

从国家来看，全球邮轮游客客源地的集中性仍较为明显。2019 年，全球共有 2295 万人次的邮轮游客来自前十名国家（地区），合计占全球总量的 86.7%。这些国家（地区）主要集中在北美、欧洲。其中，美国生成了 1419.9 万邮轮游客，占全球邮轮游客总量的 48.1%，是迄今为止最大的客源国。德国的生成量达到 258.7 万人次，比重达到 8.76%。英国拥有 199.2 万人邮轮游客生成量，比重达到 6.75%。中国超过 191.9 万人次，澳大利亚和加拿大也超过了 100 万人次。生成量超过 50 万人次的国家（地区）有意大利、巴西、西班牙、法国，而中国台湾、新加坡、印度、日本、中国香港、墨西哥、南非、阿根廷、瑞士、奥地利、荷兰、新西兰、马来西亚也超过 10 万人次（表 3-11）。

表 3-11　全球邮轮游客客源地的主要国家（地区）分布

国家或地区	2019 年/万人次	国家或地区	2019 年/万人次
美国	1419.9	马来西亚	12.1
德国	258.7	中国台湾	38.9
英国	199.2	瑞士	14.0
新加坡	32.5	奥地利	13.6
意大利	95.0	墨西哥	16.7
印度	31.3	荷兰	12.3
法国	54.5	日本	29.6
中国香港	19.1	中国	191.9
西班牙	55.3	澳大利亚	124.1

国家或地区	2019 年/万人次	国家或地区	2019 年/万人次
巴西	56.7	南非	15.8
挪威	9.8	新西兰	10.6
加拿大	103.7	阿根廷	15.1

反映邮轮游客生成能力的一个指标是渗透率。发达国家有着明显较高的渗透率。如下表所示，2011 年美国有着最高的渗透率，达到 3.35%，是全球邮轮客源生成能力最强的国家。英国、澳大利亚、加拿大的渗透率较高，分别达到 2.7%、2.75% 和 2.18%。德国、意大利、西班牙、瑞士、奥地利等国家介于 1%~2%（表 3-12）。值得关注的是，中国虽然为新兴邮轮国家，但渗透率很低。

表 3-12　2011 年部分国家和地区邮轮旅游渗透率比较

国家或地区	人口数量/百万人	邮轮游客数量/百万人次	渗透率/%
美国	312.1	10.448	3.35
英国	63.07	1.700	2.70
澳大利亚	22.62	0.623	2.75
加拿大	35.00	0.763	2.18
德国	81.80	1.388	1.70
意大利	60.80	0.923	1.52
西班牙	46.20	0.703	1.52
瑞士	7.90	0.121	1.53
奥地利	8.40	0.104	1.24
法国	65.40	0.441	0.67
巴西	199.30	0.694	0.35
葡萄牙	10.60	0.036	0.34

第四章

全球邮轮港口空间分异与职能体系

邮轮港口体系是复杂性地域系统，是地理要素系统的专业化类型，具有复杂的港口发展格局、功能结构、等级结构及地域性，具有地理要素系统的一般性规律和特殊性特征。地理差异是地理要素的基本空间现象与发展规律，地理要素往往在某个方向上保持特征的相对一致性，而在其他方向上表现出差异性，这塑造了其地理差异。宏观上，不同港口的发展差异则形成了空间分异与地理格局。功能是地理要素与地理环境交互作用的功效与能力，是要素属性、规模大小及与其他要素相互作用的空间响应。影响港口形成特征和类型分异的因素很多，但往往存在主导因素。这促使邮轮港口形成了不同的主导职能，由此塑造了职能体系。这些职能性港口相互联系与相互影响，共同塑造了邮轮航运网络的空间特征与复杂性。

本章主要是分析全球邮轮港口的空间分异与职能体系。邮轮港口是一种专业化的客运港口，可分为专业性和综合性两类，具备船舶靠泊、物资补给、出入境、旅游观光、休闲娱乐和商贸服务等各类功能。欧洲的邮轮港口数量最多，亚洲和北美较多，日本和美国最多。邮轮港口分布呈现出团状集聚、带状延伸和点状分布的空间特征。港口的挂靠航线、航班有明显的空间非均衡性，塑造了不同的邮轮组织能力，组织能力较高的港口集中在欧洲和北美，科苏梅尔、拿骚和迈阿密有最高的组织能力，欧洲、北美和亚洲形成邮轮航运资源配置的典型"区域化"地域。邮轮港口形成母港、挂靠港与始发港三种职能类型，挂靠港数量占优势地位，母港数量较少。母港形成国际性和区域性两种类型，集中分布在北美、欧洲和亚洲中纬度地区，以美国最多；始发港分布相对均衡，具有多区域分布的特征；挂靠港集中在加勒比海、欧洲和东亚。母港形成了母港-城市-区域综合体，形成邮轮码头、邮轮母港城、邮轮经济都市、邮轮经济区的空间尺度类型结构。

邮轮航运网络的空间模式与发展机理

第一节　全球邮轮港口的分布格局

一、港口与邮轮港口概念

1. 港口与码头

1) 港口

港口是位于海、江、河、湖、水库沿岸，具有水陆联运条件，供船舶安全进出和停泊的运输节点，是物资、人员等要素的集散地，同时是为船舶提供停泊、装卸、补给、维修等服务的场所，也是城市甚至区域的增长极（黄芳，2012）。按照不同的属性，港口可分为不同类型。根据职能和主要停靠的船舶，港口可分为商港、军港、渔港、工业港和避风港等类型（表4-1）。按所在位置与自然地理条件，港口分为海岸港、河口港、内河港和湖港。表征港口大小或层级的指标主要有港口水深、码头泊位数量、码头岸线长度等。

表 4-1　港口主要类型及职能对比

种类	职能	主要停靠船舶
商港	提供国际、国内货物贸易	商船
工业港	与工业区相邻、运输原物料及工业制品	工业船舶
渔港	运输水产品	渔船
客运港	提供运送车辆、旅客	客运船（邮轮、渡轮）
娱乐港	提供娱乐、观光用途船舶停泊、出航	游艇、观光船等
军港	由海军使用，专供军事用途	军舰、航空母舰等
避风港	提供各式小型船舶暂时停靠之用	小型船舶

港口是一个海陆交汇的空间地域，由水域和陆域两类空间组成。水域包括进港航道、锚泊地和港池，其中水深条件尤其是航道水深和岸前泊位水深是港口条件和可供船舶使用的最高界限。陆域空间主要是指港口供货物装卸、堆存、转运和旅客集散所用的地域，多分为进港陆上通道、码头前方装卸作业区和港口后方区。同时，港口需要配备专业化的设备设施和水工建筑物，包括装卸机械设备、

供电供排水设施、防波堤、灯塔等。

2）码头

码头的概念与港口相似，但略有区别。一般而言，码头是港口的组成部分，是港口空间内某种港口设施相对集聚或功能相对集中的地域。一个港口往往由多个码头组成，但也存在单一码头的港口。具体而言，码头是海边、江河边供轮船或渡船停泊，让乘客上下、货物装卸的建筑物。从运输对象来看，码头分为客运码头、货运码头及客货码头。货运码头根据主导货物类型的差异，可分为煤炭码头、石油码头、粮食码头、集装箱码头等类型。客运码头又分为公共客运码头、渡轮码头和邮轮码头，而邮轮码头属于大型的客运码头。不同类型的客运码头，其内部设施配置与功能分区形成显著差异。邮轮码头用作邮轮泊岸，多数会附有完善的配套设施，包括海关、出入境柜位及卫生检疫办事处、行李处理区、票务处、旅游车停泊区及上落客区等。

3）泊位

泊位既是一个计量单位，也是港口内部和码头内部的一个空间单元，是指港区内能停靠船舶的位置，具体是指一艘设计标准船型停靠码头所占用的岸线长度或占用的趸船数目。泊位的数量与大小是衡量一个港口或码头规模的重要标志。一个港口或码头往往由多个泊位组成。泊位长度一般包括船舶的长度 L 和船与船之间的必要安全间隔 d。d 值的大小根据船舶大小而变化，一个万吨级泊位为 $15 \sim 20$ 米。随着船舶大型化和运输效率的追求，泊位倾向于专业化建设与功能配置，往往服务于单一货种、单一类型船舶或单一级别船舶。

2. 邮轮港口

1）邮轮港口概念

邮轮港口是一类特殊类型的客运港口，是一种专业化的港口类型。邮轮港口主要通过邮轮码头来实现，为邮轮企业或邮轮管理企业、服务企业等提供邮轮船舶停泊、挂靠等服务功能的港口，是邮轮旅游过程中的停靠基地，是邮轮旅游的集散中心。邮轮港口是随着海上休闲旅游理念推广和世界旅客航运转型而发展起来的，反映了港口的客运功能与休闲职能。

邮轮港口的发展具备以下几个方面特征：适宜的港口自然条件、优越的区位条件、腹地人口规模、完善的港口设施和高质量的服务、具有吸引力和知名度的旅游资源等（吴慧等，2015）。邮轮港口除了具备港口的一般特征之外，最突出的特征是具备休闲旅游方面的基础设施与服务，要求周边地区有丰富的旅游资源与便捷的交通条件。

2）邮轮港口类型

邮轮港口作为港口职能多样化发展过程中的分异类型，根据接待能力、基础设施、功能要求和作用等属性的不同，可分为不同的类型。

邮轮港口分为专业性邮轮港和综合性邮轮港。专业性邮轮港口是指专门为邮轮船舶提供停靠服务的港口。而综合性邮轮港口除了为邮轮提供停靠服务以外，还会为货运船舶以及客滚轮等提供停靠服务。目前的邮轮港口兼有上述两种类型。

Marti（1990）首次引入邮轮港口的分类，根据港口功能将其划分为母港、挂靠港和混合港。部分学者按照码头是否有专用设施、固定航线及游客流量大小和是否设有公司总部，将邮轮港口分为一般停靠港、基本港和母港。依据邮轮公司对港口的使用情况，Lekakou 等（2009）将其划分为母港（homeport）、访问港（port of call）和混合港（hybrid port）。Pallis（2015）基于邮轮航线，将邮轮港口分为母港（homeport）、挂靠港（port of call）及周转港或中转港（both tumaround and port-of-call）。同时，Pallis（2015）根据港口在航线中的作用，认为港口可分为母港（cruise homeport）、始发港（departure port）、挂靠港（port of call），其中始发港的概念与 Marti 的混合港概念近似。余科辉和刘志强（2007）从功能和停靠时间出发将邮轮港口分为母港（homeport）、挂靠港（port of call）、小码头（jetty）（表4-2）。部分学者从发展模式的角度，将邮轮港口分为出海口型、市中心型、交通枢纽型、资源连接型。目前，多数研究借鉴了 Pallis 的港口分类方法，将邮轮港口分为母港、挂靠港和始发港。除上述类型外，还有诸如私属岛屿等特殊旅游目的地。其中，邮轮母港是邮轮港口中最重要的类型。

表4-2　邮轮港口分类

类型	停靠时间	功能
小码头	小于 4 小时	仅供游客短时间上岸观光，少有乘客辞别邮轮或新增加游客
挂靠港	4~8 小时	供乘客岸上观光，并进行一定的物资补给和废物处置
母港	可停靠 1 天	可为邮轮提供维修、补给、清理、制造等全面服务

资料来源：余科辉和刘志强，2007。

3. 邮轮港口功能与设施配置

邮轮港口作为运输化和休闲化的产物，其功能有异于传统港口。这既体现为港口功能，同时表现为港口设施配置与功能分区。总体上，邮轮港口具备船舶靠泊、物资补给、出入境、旅游观光、休闲娱乐和商贸服务等功能，是一个空间开发综合体。

（1）邮轮船舶靠泊：主要指为邮轮船舶提供引航、进出、停泊、靠泊等各种航运功能，要求具备与传统港口尤其是客运港口相似的港航设施。这是邮轮港口作为港口的基本功能。

（2）邮轮船舶补给：主要是指为邮轮提供各类补给的功能，包括油料、食品、蔬菜、服装等。还需要为海员提供后勤补给服务。

（3）游客出入境：由于邮轮旅游多为跨境行为，需要进出境，需要邮轮港口配置口岸、海关、行李取送、货物装卸、候船休息、验票、安检、登船设施等各类功能与设施及部门。这要求港口建设海关、检查检疫、边防、候船大厅或航站楼等基础设施（图4-1）。

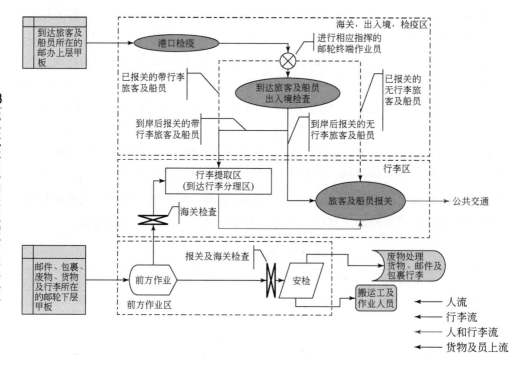

图4-1　邮轮游客到岸流程图

（4）旅游观光：主要指为游客提供游览、旅游的功能，需要配置一定的旅游景观资源，或开发配置一定的景区景点。比如沙滩、湿地、栈桥、博物馆等景观资源。

（5）休闲娱乐：主要指为游客提供休闲、娱乐、休憩等功能，需要港口配置满足不同人群的各种游乐设施、水上运动、休闲空间、酒店宾馆及服务设施。这充分体现了邮轮港口与传统港口的差异，是港口休闲职能的主要表现。

（6）商贸服务：主要指为游客提供购物、贸易、商务等相关功能，需要配置大型的免税店、购物中心或商场、品牌店、商铺、写字楼及商贸设施、商务设施。

（7）停车接驳：主要指为游客提供停车场、集散和接驳等功能，需要配置大型的停车场、便捷的公共交通线、地铁等专门静态设施与集散交通设施，能够实现游客的快速集散与交通工具停泊。邮轮港口要建设有足够的停车位。

（8）修理保养：主要是为邮轮提供检修、修理、维修和保养、废物接收与处理等功能，是重要的邮轮附属功能与配套服务。

上述功能与设施配置表明，邮轮港口比一般性港口更为复杂，与城市的依附程度和互动性更强，需要配置建设的基础设施与配套设施及关联服务更多更完善，对港口管理和旅客服务的要求更高。

4. 邮轮港口建设与经营方式

邮轮港口或邮轮城的投资巨大、回报周期长。发展实践证明，邮轮港口需要10~20年才能收回投资，这对邮轮港口和经营模式产生了较大影响。邮轮港口的投资建设与经营管理主要采取下述模式。

（1）政府投资，企业经营：政府负责邮轮港口的投资建设，建成后由港务部门负责管理，并提供海关、安检等相关设施和服务。码头的经营由企业进行，可以是邮轮企业、旅游企业等，实行租赁经营。奥兰多、旧金山等邮轮港口均采用这种方式。

（2）企业综合开发：由于政府资金有限或政府不愿经营邮轮港口，政府将邮轮码头、部分后方设施、土地开发等统一由私人企业开发经营。这种方式往往在港口区域形成功能比较齐全的邮轮中心或母港城。新加坡邮轮中心就是典型案例。

（3）引进外资参与建设：部分港口城市缺乏财力，邮轮企业、旅行社、造船厂、网络平台等关联企业为了拓展延伸上下游产业，采取独资或合资的方式建设与运营管理邮轮港口。这形成了"邮轮企业+邮轮港口"的投资建设模式。

二、邮轮港口分布格局

从本研究的样本数据来看，在全球范围内，280 艘邮轮的执行航线所覆盖的各类港口数量达到了 789 个，但各港口的分布区位差异显著。

1. 分布格局

1）海陆分布

从海陆区位来看，邮轮港口主要分为大陆沿海港口、内河港口和岛屿港口三类。邮轮航线覆盖的港口以大陆沿海港口为主，数量占比超过 70%；其次是岛屿港口，数量占比约为 27%；内河港口相对较少，数量占比仅为 2%。全球邮轮航运网络主要由海港组成，内河因其航道水深而仅成为游轮的挂靠港。

大陆沿海港口主要分布在除南极大陆以外的各洲大陆海岸线，但赤道附近的大陆沿海、近北极圈以内的亚欧大陆沿海及南亚印度东海岸的邮轮港口数量相对稀少。与此相反，东亚、欧洲、北美等沿海区域的港口分布相对密集，数量占比超过了 40%。海洋岛屿港口主要集中在东南亚群岛、日本列岛、新西兰南北岛、加勒比海岛屿，数量占比达到 20%。内河邮轮港口集中在亚马孙河、圣劳伦斯河、五大湖等区域，但数量极少，仅有 16 个。

2）洲际分布

从洲际尺度来看，各大洲的邮轮港口分布具有非均衡性的空间特征。789 个邮轮港口中，欧洲的分布数量最多，其占比达到 38%，亚洲和北美洲的数量分别占 24% 和 20%，而南美洲与大洋洲的港口数量分别仅占港口总量的 7%，非洲的邮轮港口较少，占比不足 5%，南极洲几乎没有邮轮港口。邮轮港口的分布格局与全球经济发展格局呈现出大致吻合的空间现象。

3）国家分布

从国家尺度来看，邮轮港口在国家之间的分布是非均衡的。789 个邮轮港口分布在 134 个国家和地区，占世界国家和地区总量的 57.5%，占海洋型国家总量的 89.3%。可见，邮轮港口覆盖了绝大多数的海洋型国家和地区，而非洲、东南亚、南亚区域的部分沿海国家尚没有邮轮港口的分布，这受制于经济发展水平与旅游资源的禀赋富集性。

邮轮港口在 10 个以上的国家相对较少，其数量达到 20 个国家，覆盖的港口数量占港口总量的比例达到 63%。这些国家具体包括日本、美国、西班牙、意大利、希腊、英国、法国、加拿大、挪威、澳大利亚、中国、巴西、德国、智利、丹麦、瑞典、新西兰、墨西哥、冰岛、印度尼西亚。其中，日本的邮轮港口数量最多，达到 79 个，占比为 10%；其次是美国，占比为 6.7%；西班牙和意大利分别占 4.6%，希腊和英国分别占 4.3%，法国、加拿大、中国等 5 个国家，港口数量占比在 2% 以上，而巴西、德国、智利等 9 个国家，其数量占比在 1%～2%（图 4-2）。另外，俄罗斯、芬兰、克罗地亚等 65 个国家的港口数量介于 2～9 个。而包括阿尔及利亚、阿鲁巴岛、安提瓜岛和巴布达等在内的 48 个国家和地区，分别仅有 1 个邮轮港口。由此可见，邮轮港口主要集中在经济发达、人口密集的海洋型国家。

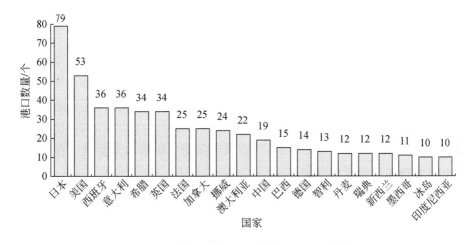

图 4-2　邮轮港口数量大于或等于 10 个的国家

2. 空间集聚性

从集散格局来看，邮轮港口的分布呈现出团状集聚、带状延伸和点状散布的特征（图 4-3）。这受制于海陆格局、海岸线分布形态、国家经济发展水平及旅游资源富集水平。

（1）团状集聚：主要是指邮轮港口在某个区域内呈现密集分布的空间格局。团状集聚区域主要分布在欧洲、东亚、北美洲东部；其中，欧洲包括西欧、北欧和地中海，北美东部包括加勒比海和墨西哥湾。上述三个区域是当前邮轮航线密集和主要的邮轮市场区域，港口数量占比达到 69%。其中，欧洲的邮轮港口数

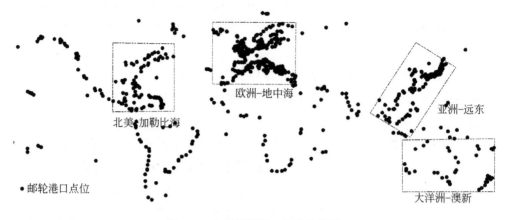

图 4-3　全球邮轮港口的分布格局

量超过了 300 个，占比达到 38.9%；东亚的邮轮港口数量占比为 14.4%；北美洲东部的港口数量略低于东亚区域，数量为 94 个，占比为 11.9%。

（2）带状延伸：主要是指邮轮港口沿着大陆海岸线呈条带状分布。带状延伸的港口主要分布在北美西海岸、南美东海岸、南美西海岸、非洲东海岸、非洲西海岸、亚洲面向印度洋的大陆海岸（西亚、南亚和东南亚）及环澳大利亚海岸，邮轮港口数量依次为 44 个、38 个、24 个、45 个和 22 个，所占比重依次为5.6%、4.8%、3%、5.7%和2.8%。带状延伸的邮轮港口主要集中在南北美洲海岸和亚洲面向印度洋的海岸。

（3）点状散布：主要是指单个或少数邮轮港口零星散布在某海域或大洋的岛屿。这部分港口多为岛屿型港口，且数量较少，占比约为 9%。该类港口在太平洋、大西洋、印度洋和北冰洋均有分布，但以太平洋、大西洋居多，港口数量占比分别为 5%和 3%。

第二节　全球邮轮港口的航线航班组织

一、港口航线组织分异

港口的邮轮航线组织能力主要是指由港口出发的航线数量，通过邮轮航线来反映港口的空间分异格局。港口邮轮航线组织能力越高，意味着该港口在全球邮轮航运网络中的重要程度越高。

1. 总体结构

港口的邮轮航线组织能力呈现出明显的空间非均衡性。通过计算得出，港口的航线数量形成了 1~75 条/年的数值差异。从单一邮轮港口出发的航线数量最多可以达到 75 条/年，而最少的仅有 1 条/年（图 4-4）。

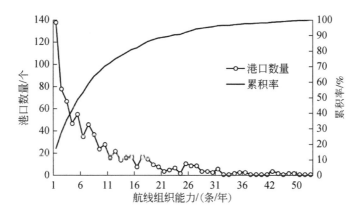

图 4-4　全球邮轮港口航线组织能力的差异

（1）分配率曲线：港口航线组织数量的分配率曲线反映了不同港口的邮轮航线数值与港口数量的对应关系。从曲线的变化趋势来看，航线数量越高的区段，港口数量越少。相反，航线数量越少的区段，港口数量越多。其中，仅拥有 1 条航线的港口数量达到 138 个，占比为 17.5%。这说明航线组织能力高的港口数量相对较少，而多数港口的航线组织能力较弱。

（2）累积率曲线：累积率曲线反映航线组织能力的不同区段所对应的港口比例。累积率曲线呈相对平滑的"厂"型数量结构，说明航线组织能力不同区段，分布的港口数量存在差异。其中，超过 80% 的港口航线低于 16 条/年，超过 60% 的港口航线低于 8 条。相反，仅有 10% 的港口航线数量高于 24 条/年，而高于 30 条的港口数量占比仅为 3.7%，高于 50 条/年的港口数量比重不足 1%。

2. 高值与低值港口

从分布格局来看，全球港口的邮轮航线组织能力主要呈现出如下特征。

航线分布呈现出显著的地域不平衡性。加勒比海–百慕大地区的邮轮航线最多、最密集，其数量占全球邮轮航线总量的 27%；其次是地中海和西北欧，航线数量占比达到 21%，上述两个地区合计占 48%，接近一半。夏威夷、美国西海岸、加拿大占 18%，阿拉斯加的航线数量占比为 12%。再次是北欧地区，比重达到 7%；东南亚和澳新地区合计占 10% 左右，其他地区合计占 5%。上述分析表明，三大旅游度假胜地的航线分布最密集，集中了全球一半以上的邮轮航线，在国际邮轮市场与邮轮航运网络中占有绝对优势。

邮轮航线组织能力较高的港口具有显著的空间集聚特征。组织能力较高的港口主要分布在北半球，而且集中在欧洲（西欧、北欧、地中海）、北美西海岸与加勒比海、东亚与东南亚等区域。其中，航线组织能力位居前 10 位的港口分别是南安普敦、奇维塔韦基亚、比雷埃夫斯、汉堡、多佛、里斯本、巴塞罗那、帕尔马、艾默伊登，主要集中在欧洲。这些港口的航线组织能力占所有港口航线组织能力的 6.8%，说明欧洲港口在邮轮航运网络中有重要地位。

在航线组织能力位居前 100 位的港口中，有 59 个分布在欧洲，占比超过了50%。其中，59.3% 的港口集中在地中海，其次为西欧，占比达到 22%，北欧和中欧分别占 10.2% 和 8.5%。其余港口中，有 24 个分布在美洲，尤其是加勒比海的港口占比达到 75%；有 11 个港口分布在亚洲，除新加坡港外，其余 10 个港口分布在中国、日本和韩国（表 4-3）。

表 4-3　航线组织能力前 100 位与前 10 位港口的分布构成

大洲	区域	航线组织能力前 100 位港口		航线组织能力前 10 位港口	
		所属国家/个	港口/个	所属国家/个	港口/个
欧洲	西欧	4	13	2	3
	北欧	3	6	0	0
	中欧	2	5	1	1
	南欧地中海	9	35	4	5
亚洲	东亚	3	10	1	1
	东南亚	1	1	0	0
美洲	北美西	2	6	0	0
	加勒比海	16	18	0	0
大洋洲	澳大利亚	1	2	0	0

邮轮航线组织能力较低的港口呈带状分布和点状散布。北美西海岸、南美东海岸、南美西海岸、非洲东海岸、非洲西海岸等带状区域的港口航线组织能力相对较低。此外，太平洋的夏威夷群岛和大溪地、印度洋的马达加斯加、太平洋的印度尼西亚等地区的港口航线组织能力也相对较低，而且呈现点状散布。虽然邮轮航线组织受多方面因素的影响，但从港口区位来看，团状分布区域由于港口数量多，不同港口间的航线组合与航班配置更加灵活，因此更易形成多样化的邮轮

旅游产品。相反，在带状与点状分布区域，邮轮在航向选择、港口组合顺序等方面的选择性相对更小（图4-5）。

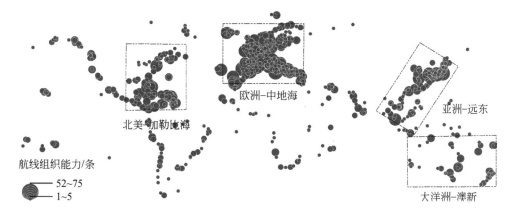

图4-5　全球邮轮港口航线组织能力的空间分异格局

二、港口航班设置分异

港口的邮轮航班组织能力是指在既定航线下，邮轮船舶按照船期计划依次或多次从某一港口始发，由此形成的航班组织能力。同理，港口航班数量越高，表明该港口在全球邮轮航运网络中的地位也越高。

1. 数量结构特征

通过对不同港口的航班组织能力进行排序并划分区段可以发现，航线组织能力较高的区段往往分布着数量较少的港口，相反航线组织能力较低的区段分布着数量较多的港口。其中，航班组织能力在 200 次/年以内的港口数量比重达到90.1%，而71.6%的港口的航班组织能力低于50 次/年。相反，航班数量在 0 ~ 10 次/年区段的港口数量最多，达到 355 个，数量占比为 45.1%，其次是 11 ~ 50 次/年区段的港口有 209 个，占比超过了 1/4。航班组织能力高于 500 次/年的港口仅有 15 个，占比不足 2%，而航班组织能力超过 800 次/年的港口数量占比仅为 0.5%（表4-4）。

从单体港口来看，不同港口间的航班组织能力差异较大，航班资源高度集中于少数港口。其中，81.5%的港口仅组织了 24.1%的航班资源，而 18.5%的港口集中了 75.9%的航班资源，形成了较为明显的资源集中性。航班组织能力位居前三位的港口分别是科苏梅尔、拿骚、迈阿密，也是仅有的超过 1000 次/年的 3 个港口，航班数量合计占比达到 7.2%。

表 4-4 全球港口邮轮航班组织能力的数量结构

航班数量范围 /（次/年）	港口数量/个	港口数量比例/%	航班数量/艘次	航班数量比重/%
0~10	355	45.1	1286	2.5
11~50	209	26.5	5497	10.6
51~100	78	9.9	5725	11.0
101~200	68	8.6	9391	18.1
201~300	35	4.4	8412	16.2
301~400	23	2.9	7832	15.1
401~500	6	0.8	2690	5.2
501~600	6	0.8	3225	6.2
601~700	5	0.6	3253	6.3
701~800	0	0.0	0	0.0
801~900	1	0.1	857	1.7
901~1000	0	0.0	0	0.0
1000 以上	3	0.4	3726	7.2

2. 空间分异特征

邮轮港口的航班组织能力在南北半球和大陆的东西海岸分布不均。航班组织能力较高的港口主要集中在北半球，尤其是欧洲、加勒比海、阿拉斯加、东亚、东南亚等地区，而南半球仅集中在澳新地区。

（1）北半球：北美大陆的东海岸、西海岸与亚欧大陆的东海岸、西海岸的邮轮港口均具有较高的航线组织能力。这与北美、欧洲、亚洲的经济格局、人口分布基本吻合。

（2）南半球：南美大陆与澳新地区均表现出西海岸的港口具有更高的航班组织能力。非洲大陆则呈现出南部海岸的港口航班组织能力较强而东海岸和西海岸带的港口组织能力较低的空间格局。

航班组织能力较高的港口具有明显的空间集聚特征。航班组织能力处于 200~500 次/年的港口有 78 个，占比达到 9.9%。在该部分港口中，有 42.3% 的港口集中在欧洲，尤其是西欧、北欧、地中海等区域；41% 港口集中在北美地区，重点包括阿拉斯加、北美东海岸、北美西海岸等，尤其是加勒比海；15.4% 的港口集中在亚洲，主要是东亚和东南亚；仅有悉尼港分布在大洋洲。在航班组织能力高于 500 次/年的 15 个港口中，有 6 个分布在欧洲，9 个分布在加勒比海。航班组织能力高于 1000 次/年的 3 个港口均分布在加勒比海（图 4-6）。这说明欧洲、北美和亚洲是邮轮航班主要组织的区域，集聚了大量的航班资源，形成较为明显的"区域化"现象。

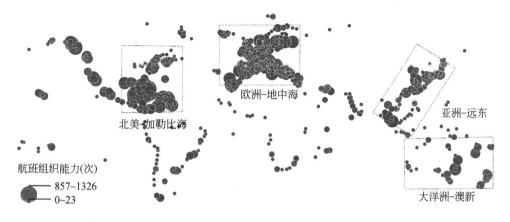

图 4-6　全球邮轮港口航班组织的空间分异格局

三、邮轮港口旅客量规模

上述分析仅表明了港口的航线航班组织，但对于港口的旅客吞吐量尚未涉及。本研究以全球前 34 位邮轮港口进行分析。

1. 地域集聚

全球前 34 位港口的地域分布形成了明显的地域集聚性。集聚地域主要包括北美及拉丁美洲地区、欧洲及地中海地区和远东地区。其中，北美及拉丁美洲地区的邮轮港口数量最多，达到 18 个。欧洲的邮轮港口数量次之，达到 9 个。远东地区即东北亚和东南亚共有 7 个邮轮港口入围全球前 34 位。美国的港口数量较多，集中了 9 个港口；西班牙、意大利和中国分别拥有 3 个港口，巴哈马、墨西哥分别拥有 2 个港口。波多黎各、日本、韩国、洪都拉斯、开曼群岛、圣马丁、牙买加、马来西亚、新加坡、法国、希腊、英国等 12 个国家（地区）分别拥有 1 个邮轮港口。

邮轮游客量同样呈现出显著的集聚性。北美和拉美地区的游客最多，达到 3929 万人次，比重达到 62.26%，接近三分之二；欧洲及地中海的游客达到 1442 万人次，比重为 22.85%；远东地区的游客相对较少，达到 940 万人次，占比为 12.99%。从国家来看，美国集中了很高的邮轮游客量，达到 2100 万人次，占全球前 34 位港口总吞吐量的 33.28%，即三分之一，地域集聚性显著。其次是巴哈马和西班牙，分别占 9.81% 和 9.16%；再次是墨西哥、中国和意大利，分别占 7.35%、7.68% 和 7.23%。

2. 规模等级

全球前 34 位港口的游客吞吐量最高未突破 500 万人次，最低超过了 90 万人次，内部形成了较大的规模差异（表 4-5）。

（1）全球游客吞吐量超过 400 万人次的港口数量较少，仅有 2 个，分别为迈阿密和卡纳维拉尔港，其吞吐量分别达到 498 万人次和 425 万人次，均为美国邮轮港口。

（2）游客吞吐量介于 300 万~400 万人次的港口有 3 个，分别为美国的大沼泽地、墨西哥的科苏梅尔和巴哈马的拿骚港，其吞吐量分别为 383 万人次、364 万人次和 364 万人次。

（3）游客吞吐量介于 200 万~300 万人次的港口有 5 个。其中，上海港达到 285 万人次，西班牙的巴塞罗那港和巴利阿里群岛港分别达到 271 万人次和 211 万人次，巴哈马的外岛港为 255 万人，意大利的奇维塔韦基亚港为 220 万人次。

（4）游客吞吐量介于 100 万~200 万人次的港口数量最多，达到 18 个。包括美国的加尔维斯顿、圣约翰、纽约-新泽西、新奥尔良，开曼群岛的乔治敦，圣马丁的菲利普斯堡，牙买加的牙买加港，英国的南安普敦，法国的马赛，意大利的威尼斯，新加坡港，波多黎各的圣胡安，韩国的济州，中国台湾的基隆，希腊的比雷埃夫斯，洪都拉斯的罗丹，马来西亚的槟城，墨西哥的科斯塔玛雅等港口。

（5）游客吞吐量介于 90 万~100 万人次的邮轮港口有 6 个。具体包括美国的西雅图、凯奇坎，西班牙的特内里费，日本的福冈，中国的天津，意大利的那不勒斯等港口。

表 4-5 2018 年世界前 34 位邮轮港口旅客吞吐量排名

港口	国家	旅客量/万人	占比/%	港口	国家	旅客量/万人	占比/%
迈阿密	美国	498	19.30	马赛	法国	149	5.76
卡纳维拉尔	美国	425	16.47	威尼斯	意大利	143	5.53
大沼泽地	美国	383	14.83	新加坡	新加坡	138	5.35
科苏梅尔	墨西哥	364	14.10	圣胡安	波多黎各	138	5.35
拿骚	巴哈马	364	14.10	济州	韩国	120	4.65
上海	中国	285	11.03	基隆	中国	106	4.12
巴塞罗那	西班牙	271	10.51	比雷埃夫斯	希腊	106	4.09
外岛	巴哈马	255	9.88	新奥尔良	美国	105	4.06
奇维塔韦基亚	意大利	220	8.54	罗丹	洪都拉斯	104	4.02
巴利阿里群岛	西班牙	211	8.18	槟城	马来西亚	102	3.95
加尔维斯顿	美国	173	6.71	科斯塔玛雅	墨西哥	100	3.88
乔治敦	开曼群岛	171	6.64	西雅图	美国	98	3.81
圣约翰	美国	169	—	特内里费	西班牙	96	3.74
菲利普斯堡	圣马丁	167	—	福冈	日本	95	3.68
牙买加	牙买加	166	6.42	凯奇坎	美国	95	3.67
纽约-新泽西	美国	154	5.96	天津	中国	94	3.65
南安普敦	英国	153	5.93	那不勒斯	意大利	93	3.59

第三节　邮轮职能港口识别与数量结构

　　邮轮港口在航线组织与航班组织上的差异有多种成因，而港口职能的不同是非常重要的方面。职能不同的港口在邮轮航线中处于不同位置，发挥着不同的作用与功能。因此，港口职能的判别对揭示邮轮航运网络的节点分异和属性特征至关重要。

一、概念界定

　　根据前文所述，学者们从不同角度对邮轮港口进行了类型划分。结合邮轮港口发展特点和邮轮旅游属性，本研究将邮轮港口分为母港、挂靠港、始发港三种职能类型（图 4-7）。

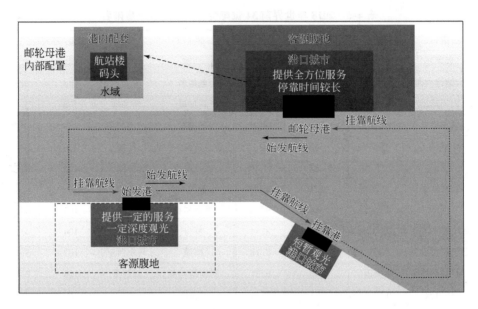

图 4-7   邮轮航线要素的空间结构

1. 邮轮母港概念

1）母港概念

邮轮企业和邮轮航线在其经营过程中，必须要选择港口作为公司或航线的基地，即作为母港。母港是最为关键的邮轮港口类型、邮轮旅游的核心节点，是指具备多艘大型邮轮靠泊及进出所需要的综合服务设施设备条件、能够为邮轮经济发展提供全程综合服务及其配套的港口，是邮轮航线行程的起点和终点。一般情况下，邮轮母港是由挂靠港发展而来，但邮轮母港游客规模更大，港口设施设备最完备，服务功能更为完善，邮轮相关产业集聚度较高，是邮轮航运与邮轮旅游发展到一定阶段的产物。

母港具备最为完整的邮轮港口功能，是邮轮公司的运营基地、邮轮旅游的始发港、游客的集散中心，具备邮轮靠泊、旅客上下船与出入境、行李取送、邮轮维修保养、物资补给、废物处理、邮轮公司运营管理、商贸金融、交通住宿、安全环保等各类功能。母港需要拥有能够满足大型邮轮停泊的专业邮轮码头，还需要配备齐全的综合服务设施。母港是邮轮的基地，能为邮轮提供全面的服务，邮轮在母港过夜、检修维修和养护。邮轮企业多在母港城市设置总部或地区总部。邮轮旅客在母港的停留时间较多，是挂靠港的 6~7 倍。是否拥有完整的邮轮产

邮轮航运网络的空间模式与发展机理

业链及补给、安全、通关、金融、商贸等配套设施，是决定邮轮母港效率的关键因素。

邮轮母港不是单纯的交通节点，不仅包括邮轮靠泊的港口或码头，还包括周围一部分区域。母港是港城空间的延伸，承担着城市博览博物、文化展示、商务休闲、亲水休闲、商贸购物等延伸功能，往往从单纯的港口码头发展成为城市综合体。邮轮母港能够为城市带来巨大的发展利益，包括经济税收、城市形象、就业与国际交流。

2）布局条件

通过对世界著名母港进行梳理和比较分析发现，母港布局和选址多具备或符合如下条件。

（1）城市及区域条件：母港是港口城市甚至区域发展的重要引擎，码头选址考虑的主导因素为腹地人口稠密程度与规模、经济发展水平高低、客源丰富性和综合交通便捷性等，多位于大型沿海城市，尤其是拥有广阔腹地的门户港口城市。

（2）综合开发潜力：港口微观选址应具备良好的商业开发及土地资源条件，一般位于城市景点和商业中心等黄金地段。城市多依托邮轮码头建设，实施周边地区的旅游休闲、酒店、购物、地产等综合开发，形成城市综合体。

（3）丰富旅游资源：港口城市及周边有着丰富的旅游资源，包括自然旅游资源和社会文化旅游资源，拥有高标准的购物、餐饮、酒店、宾馆等休闲娱乐场所与设施，能够形成旅游目的地。

（4）便捷集疏运条件：母港的邮轮游客集散量大，邮轮码头集疏运体系应与城市道路、地铁等城市交通网络融为一体，并与高铁、航空等区域性交通体系无缝对接。以此，实现母港大量游客的快速、高效、便捷集散。

（5）优良天然条件。邮轮吨位相对较大，但吃水较浅，干舷较高，抗沉性较差，安全性要求高。母港多选择在气候适宜、水域开阔、水深适宜的区位，水深、波浪掩护条件较好，岸线资源丰富，泥沙运动较弱，以确保邮轮进出港航行、靠泊作业和在港期间的安全。

（6）产业链集聚：母港城市的邮轮产业集聚程度较高，往往有着相对完整的邮轮产业链，包括邮轮制造、邮轮靠泊、邮轮企业总部布局、邮轮维修养护、物资供应、邮轮服务业等产业环节与功能。

（7）现代设施设备：具备现代化的码头设施，具备邮轮补给、垃圾污水接收处理等服务功能；对电力供应能力要求较高，港口需要配置有能力较高的岸电设施。

北美和欧洲邮轮经济有较长的发展历史，邮轮文化和邮轮产业也相对完善，这培育发展了许多母港，并形成较高的集中性。由于近年来亚洲邮轮旅游的崛起，亚洲也分布有部分母港。全球著名的母港包括美国的迈阿密、洛杉矶、西雅图，加拿大的温哥华，英国的伦敦，荷兰的阿姆斯特丹，西班牙的巴塞罗那，新加坡，中国的香港等（表4-6）。邮轮母港与沿海地区中心城市、沿海主要港口的布局呈现较好的空间耦合。

表4-6　著名邮轮母港规模与经营状况表

城市名称	邮轮泊位数/个	登船人数/万人次	2002 年到访船数/艘
迈阿密	12	360	
巴塞罗那	6	53	500
纽约	6	31.5	232
温哥华	3	74	440
悉尼	2	8.8	120
新加坡	6	84.9	
香港	4	120	

3) 母港类型

邮轮母港由于其功能的多样性，在空间组织中承担的角色也具有多样化。母港可以是客源地，也可以作为目的地即停靠港，二者可兼具或合一。

（1）客源地母港：该类母港主要组织本地与后方腹地的游客及其他客源地的游客，承担邮轮游客的集中登船离境及邮轮的集中始发作用。

（2）目的地母港：该类母港不仅实现邮轮停靠补给，而且游客能实现岸上旅游目的地的游览。该类母港也承担游客的集散，但只对接待邮轮游客的集散，而非像对客源地游客的大规模集散。该类母港的功能类似于挂靠港。

基于服务辐射范围，母港可以分为国际性母港和区域性母港（刘柏鹤，2013）。这反映了母港在全球邮轮航运网络中的地位。

（1）国际性母港：有着各种类型、多元化的邮轮航线，往往开通跨国远程航线，航线较为密集且航班频率较高。该类母港的影响和辐射范围较广，甚至覆盖全球。典型的国际性邮轮母港有迈阿密和新加坡港。

（2）区域性母港：主要是近距离的中短程航线，航线较为密集且航班频率较高，但航线连通辐射范围较小，主要限于母港的周边国际区域。典型的邮轮母港有上海和巴塞罗那港。

2. 挂靠港与始发港

1）挂靠港

挂靠港是以挂靠航线为主的邮轮港口，接待邮轮停靠，满足游客上下船以及上岸观光的一般港口，是邮轮旅游的目的地。在挂靠港，游客可在港口城市进行短暂参观游览与购物休闲，并可以通过交通连接深入腹地进行旅游观光；同时邮轮在挂靠港可进行一定的补给、补充和废物处理。游览结束后，游客登船继续开展邮轮航行。邮轮在挂靠港停留的时间一般比较短，不超过1天。

由于邮轮旅游的核心产品是航线而非目的地（Rodrigue and Notteboom，2013），挂靠港的选择在邮轮航线规划中显得尤为重要。挂靠港是以吸引游客为基本出发点的，多分布在旅游资源丰富的城市或岛屿。挂靠港往往成为拉动腹地旅游消费的重要源头。

挂靠港的布局或选择往往符合如下条件。

（1）港口城市及临近地区具备较高的旅游吸引力，包括较高的城市知名度、独特的文化资源、旅游景观资源、特色休闲娱乐设施与特色消费区域、异国情调。这是挂靠港吸引邮轮靠泊和游客的主要动力。

（2）该港口需要足够的水深条件与水域条件，具备大型邮轮靠泊、旅客上下船的基本港口功能，同时具备一定的综合服务功能及相应的配套设施。

（3）具备一定的地理位置优势，靠近主要航行区域或邮轮旅游市场，与主要客源地有较强的联系（McCalla，1998），容易纳入邮轮航线。

需要关注的是，部分学者认为挂靠港分为目的地型与转运型两种类型。目的地型挂靠港位于旅游目的地，世界多数挂靠港属于此类型。转运型挂靠港本身并非旅游目的地，而是靠近旅游目的地的港口。如东南亚航线停靠泰国林查班港，是为了前往100千米外的曼谷进行游览观光；太平洋航线停靠天津港，主要是为了前往150千米外的北京进行游览观光（陈有文和赵彬彬，2012）。

在邮轮母港与挂靠港之外，还存在诸如私属岛屿等在内的特殊旅游目的地，同样可以为游客提供岛上观光休闲旅游等功能。

2）始发港

始发港是以始发航线为主，兼顾挂靠航线的邮轮港口。始发港是邮轮旅游航线开启或中止的港口节点，具备邮轮补给、垃圾污水处理、旅客通关、行李托送、旅游服务、船员服务等功能。始发港以吸引腹地游客为主，多分布在腹地人口稠密、经济发展水平较高、交通便捷的港口城市。母港的基本类型为始发港，是航线航班更为密集、地位更为重要、功能更为完善的始发港。

二、港口职能的判别模型

1. 概念差异

本研究对邮轮港口职能的判别，主要是基于不同邮轮港口在邮轮航线中的功能分工与规模等级两个维度，进而识别出母港、始发港和挂靠港三种主要职能类型。

母港与始发港在邮轮航线上，具有相似的节点功能，是两类关系密切的职能类型。在航线节点中，两类港口均承担着乘客的集散功能。但从港口设施、规模、服务能力等方面来看，母港是层次更高的职能类型。从航线航班的视角看，母港是始发港的更高发展阶段和形态，而始发港的航线、航班组织规模与母港相比更小。因此，始发港与母港可通过航班组织规模来区分。

除了母港与始发港之外，邮轮港口还有挂靠港、特殊旅游目的地等职能类型。其中，挂靠港是航线中为船舶提供中转和停留功能的港口，通常位于母港或始发港的中间航线位置，是旅游目的地。特殊旅游目的地港可以视为是一种特殊的挂靠港，其所在城市及后方腹地往往提供极具吸引力的内陆旅游线路，或提供时间较长的岛屿休闲度假等。本研究暂不对特殊旅游目的地港口进行单独分析，统一纳入挂靠港的识别范围。

2. 识别方法

基于上文论述，本研究构建了港口职能判别的模型，如图4-8所示。

第一步：统计2018年5月~2019年4月的所有邮轮航线数据，从中筛选出航线始发的港口，界定为始发港。

第二步：计算港口的航班组织规模，借鉴上文港口航班组织模型，结合当前全球邮轮港口航班组织的规模差异，以分层抽样的形式分别对三种职能类型的港口进行抽样比较，最终确定母港与始发港航班差异的平均水平。设定100次/年的航班量作为区分始发港与母港的阈值，将航班组织规模超过100次/年（包含100次/年）的港口划分为母港，航班组织规模小于100次/年的港口界定为始发港。

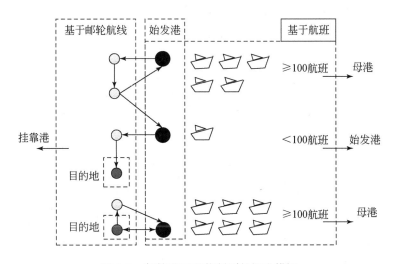

图 4-8　邮轮港口职能判别的概念模型

$$N_i = \sum_{j=1}^{k-1} n_{ij}$$

$$N_{ij} = \sum_{i=1}^{m-1} n_i$$

$$N_a = \sum_{I=1}^{n} N_{ij} \geqslant 100, N_b = \sum_{I=1}^{n} N_{ij} < 100$$

式中，N_i 为邮轮港 i 的航班量；n_{ij} 为邮轮港 i 和 j 之间的航班量；N_a 为母港 i 的航班量；N_b 为始发港 i 的航班量。

第三步：在航线航班覆盖的港口中，除母港和始发港以外的港口，均界定为挂靠港。

三、邮轮港口职能的判别结果

1. 数量结构

基于上述方法，本研究对 789 个邮轮港口样本进行了识别。结果显示，全球共有 89 个母港、94 个始发港和 606 个挂靠港。其中，母港的数量最少，仅占邮轮港口总量的 11.3%。始发港的数量也比较少，其数量比重仅为 11.9%，仅比母港多 5 个。但挂靠港的数量最多，其数量比重最高，达到 76.8%，超过 3/4，成为邮轮港口中的主流类型。母港、始发港和挂靠港大致形成 1∶1∶6 的比例结构。母港或始发港与挂靠港之间具有一对多的数量关系。这符合邮轮行业的发展规律，母港和始发港主要是集散客源，是面向客源腹地，而挂靠港是旅游目的地。

2. 空间分异

在全球范围内，三种职能类型的港口分布格局主要呈现出如下特征。

1）邮轮母港

母港的分布呈现出显著的区域差异特征。母港主要集中在北半球。北半球分布有81个母港，南半球仅分布有里约热内卢、桑托斯、悉尼、墨尔本、奥克兰、布里斯班和乌斯怀亚等8个母港。母港的分布具有明显的空间集聚特征，北美洲、欧洲和亚洲的中纬度地区（30°N至60°N之间）是母港分布的主要集中区域，其次是在美墨西海岸、阿拉斯加、东南亚、澳新地区。其中，欧洲与北美洲的母港数量分别为38个和32个，亚洲有上海、横滨、香港、新加坡等11个母港；非洲尚没有达到100次/年航班规模的母港。

从国家尺度来看，89个母港分布在40个国家和地区。其中，数量位居前十位的国家分别是美国（19.10%）、意大利（8.99%）、西班牙（6.74%）、中国（5.62%）、德国（4.49%）、澳大利亚（3.37%）、法国（3.37%）、日本（3.37%）、希腊（3.37%）和巴西（2.25%）（表4-7）。除中国与巴西属于发展中国家外，其余均为发达国家。这验证了邮轮旅游与居民收入的基本关系。

表4-7 主要国家的邮轮母港分布数量及比重

国家	母港数量/个	母港比重/%	国家	母港数量/个	母港比重/%
美国	17	19.10	希腊	3	3.37
意大利	8	8.99	巴西	2	2.25
西班牙	6	6.74	荷兰	2	2.25
中国	5	5.62	加拿大	2	2.25
德国	4	4.49	墨西哥	2	2.25
澳大利亚	3	3.37	西班牙	2	2.25
法国	3	3.37	葡萄牙	2	2.25
日本	3	3.37	英国	2	2.25

母港比始发港具有规模更大的航班组织，其重要原因是港口往往依附于发达的港口城市，拥有客源充足的广阔内陆腹地，同时港口的集疏运系统发达。根据模型识别出的部分母港分布在海洋岛屿。这些岛屿型的母港虽然不具备上述条

件，但港口所在区域通常是著名的旅游胜地，如夏威夷、马尔代夫、复活节岛等。同时，这些港口附近均具备发达的航空运输条件，有便捷的航线、航班连接大陆与这些岛屿，形成母港的"飞邮"客源组织模式。此外，从这些岛屿型的港口始发，在有限的时间范围内，可以达到海洋中的多个岛屿，形成更具有特色的邮轮航线或邮轮旅游产品。

2) 邮轮始发港

始发港的数量虽然与母港数量相近，但其空间分布相对均衡。94 个始发港散布在各大洲区域，且不同始发港之间的距离要明显大于母港间的距离，这与母港相对集中的分布格局具有较大的差异。从区位看，始发港的空间可选择性比母港更大。始发港不仅分布在大陆沿岸，而且分布在海洋岛屿甚至内河沿岸。

例如巴西玛瑙斯始发港。该港口虽然位于亚马逊河流的中上游，而且港口至河流入海口距离超过了 1500 千米，但是作为世界流量最大、流域面积最广的河流，亚马孙河玛瑙斯港至下游河段可通航 3 万~5 万吨级海轮。因此，5 万吨级以内的豪华邮轮由此港口始发可航行至大海，实现江海航线的组织。

与玛瑙斯港相似的是位于北美五大湖及圣劳伦斯河流域的部分河港，如芝加哥、蒙特利尔、魁北克。其中，五大湖拥有 11000 英里（1 英里≈1.61 千米）的海岸线，且有岛屿分布其中，被称为北美大陆的地中海。圣劳伦斯河以魁北克以下为下游，魁北克至蒙特利尔为中游，蒙特利尔以上为上游，其中下游长 700 多千米，河面展宽，水深为 10~30 米。中游和上游河段经过人工整治，形成一条8.2 米深的航道，海轮可从河口上溯至加拿大内地和美国中西部港口。该航行条件会吸引吨位较小的邮轮前来挂靠沿线港口，并作为始发港。

3) 空间组合关系

母港或始发港均与挂靠港具有天然的空间组合关系，这归因于其与挂靠港的功能差异。在母港、始发港的临近区域均分布有一定数量的挂靠港，形成母港-挂靠港、始发港-挂靠港相伴分布的组合特征，同时形成"客源地-旅游目的地"的市场供需空间关系。母港、始发港与挂靠港的临近分布，不仅由港口地理区位决定，也受邮轮航线布局原则的影响。从航线的基本特征和邮轮乘客的休闲时间偏好来看，短航线是最受欢迎的航线类型，无论是单向行程还是往返行程，均要求船舶在有限的航行时间范围内可以到达不同地方。在此影响下，挂靠港需要分布在距离母港或始发港相对较近的区域范围内。

母港与挂靠港的空间分布关系不仅体现在距离上，也表现在数量上。区域内的母港、始发港数量一般与挂靠港的数量成正比。母港和始发港密集分布的区域，挂靠港也会呈现密集分布；反之，母港、始发港较少的区域，挂靠港的数量也较少。如欧洲母港和始发港的数量是 64 个，而挂靠港达到 267 个。加勒比海-墨西哥湾的母港和始发港有 27 个，挂靠港有 32 个。赤道以南非洲区域的始发港仅有6 个，挂靠港为 15 个。南亚区域的始发港有 4 个，挂靠港仅有 6 个（图 4-9）。

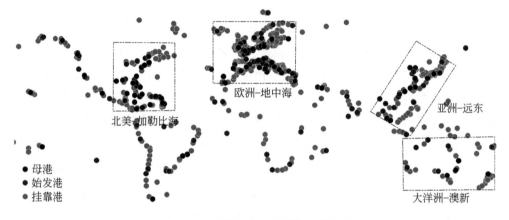

图 4-9　全球邮轮港口的职能分异格局

第四节　邮轮港口职能分布体系

邮轮母港、始发港与挂靠港的分异不仅体现在内生的结构属性层面，还表现在外生变量，如船舶挂靠影响层面。通过剥离母港、始发港、挂靠港的邮轮航线和航班的组织规模，可进一步分析同类职能港口之间的空间分异。

一、邮轮母港的空间分异

1. 空间分异

从航线组织能力来看，母港的航线数量最低为 3 条/年，最高为 75 条/年，形成了较大的差距跨度。除少数港口的航线数量低于 10 条/年以外，94.4% 的港口航线数量均大于 10 条/年。航线组织能力较高的母港多位于港口密集分布的区域，这成为一般性的空间规律。在航线组织能力前十位的母港中，有 9 个聚集在欧洲，仅横滨港分布在亚洲，这说明欧洲母港的航线组织数量相对更多。这些母港主要是位于西欧、西南欧及地中海，分别属于 7 个国家；其中，南安普敦港的航线组织能力最高，数量达到了 75 条/年（图 4-10）。这些母港具有较高的航线组织能力的主要原因是欧洲分布有大量的挂靠港即旅游目的地可供母港进行连接和组织航线。与此相似，在横滨母港分布的东亚区域内，尤其是日本，同样分布着大量的挂靠港与旅游目的地。这些挂靠港与母港的组合，可以形成更多差异化的航线，提高了母港航线的组织能力与旅游产品的供给能力。

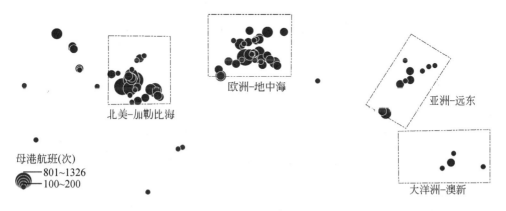

图 4-10　全球邮轮母港航班组织的空间分异格局

从航班组织来看，航班数量较多、航班频率较高的母港具有集聚分布的特征。在加勒比海，迈阿密、科苏梅尔、拿骚港的航班数量高于 1000 次/年，是全球航班组织能力最高的 3 个母港。在欧洲，航班组织能力较高的母港主要是巴塞罗那、奇维塔韦基亚、菲利普斯堡、帕尔马、南安普敦港等，航班数量均高于 500 次/年。在亚洲，新加坡、上海、基隆、香港等母港的航班组织能力较强，均超过了 250 次/年。在阿拉斯加，主要是朱诺、温哥华和西雅图等港口，航班组织能力均在 200 次/年以上。澳新地区主要是悉尼、奥克兰、墨尔本等港口，航线组织能力超过 100 次/年。除此之外，少量零散分布的母港，包括火奴鲁鲁、帕皮提、乌斯怀亚、里约热内卢等港口，航班组织能力均低于 150 次/年。

2. 等级体系

为了区分母港的等级体系，本研究以母港航线组织的均值与航班组织的均值水平为分界线，构建四象限图（图 4-11）。邮轮母港的平均航班组织数量为 305 次/年，航线平均组织数量为 26 次/年。根据航线、航班的四象限图，可将母港分为以下四种类型。

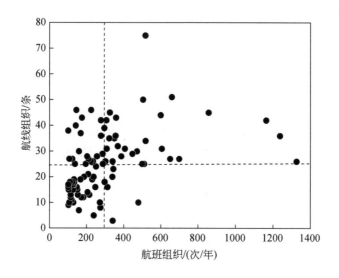

图 4-11　全球邮轮母港等级划分的象限图

（1）Ⅰ类母港：主要是指航线组织与航班组织频率均高于均值的母港，是等级最高的母港。其中，迈阿密、拿骚、巴塞罗那等 25 个母港的等级最高，其数量占母港总数的 28.1%。这些母港均分布在邮轮港口密集的区域，而且全年提供邮轮服务，尤其是在加勒比海与地中海分布更为集中，占比达到 22.5%。迈阿密港被称为"世界邮轮之都"。在亚洲仅有上海和新加坡港。该类母港组织了全球 26.9% 的航班量和 12.9% 的航线数量，在全球邮轮航运网络中占据核心地位。

（2）Ⅱ类母港：主要是指航线组织规模小于均值但航班组织频率大于均值的母港。该类母港的航线组织规模较低，但集聚了大量的航班资源。这部分母港的数量较少，仅有朱诺、悉尼、圣彼得堡、斯德哥尔摩、劳德代尔堡、西棕榈滩、卡斯利特等 7 个，占母港总量的 8%。朱诺、悉尼等母港的共同特点是均位于季节性的邮轮区域，如朱诺位于阿拉斯加，圣彼得堡和斯德哥尔摩位于波罗的海，悉尼位于澳大利亚，这些区域的港口仅在夏季提供邮轮服务，为季节型母港。劳德代尔堡、西棕榈滩与卡斯利特分别位于佛罗里达半岛和加勒比海。这些母港与迈阿密、拿骚等Ⅰ类母港在空间上是临近的，港口间的竞争关系突出。

（3）Ⅲ类母港：主要是指航线组织规模大于均值但航班组织规模低于均值的母港。该类母港的航线资源较多，但航班组织频率较低。该类港口数量相对较少，达到 18 个，占比达到 20.2%，典型母港有基尔、卑尔根、香港、横滨等。从区位来看，母港的临近区域内均分布有大量的挂靠港，为其多样化的航线组织创造了条件。但这些母港尚没有吸引足够的邮轮前来挂靠。

（4）Ⅳ类母港：主要是指航线组织规模小于均值而且航班组织频率也小于均值的母港。热那亚、西雅图、伊拉克里翁、萨沃纳瓦多等39个母港的航班与航线规模相对较小，均位于平均水平以下。这些港口处于母港体系中的最低等级，但不能说明没有发展潜力。

综合来看，不同区位的母港等级较低的成因是不同的。北美西海岸的温哥华、维多利亚、西雅图等母港，空间临近性和腹地重叠加剧了港口之间的客源与航班竞争；同时，航线组织方向仅有北向阿拉斯加、西向夏威夷、南向墨西哥，区域内的港口分布相对较少，这导致母港规模普遍偏小且存在竞争。假如该区域仅布局有一个母港，其航班组织量可以加总为697次/年，达到了Ⅰ类母港卡纳维拉尔港的航班组织水平，而且是Ⅱ类母港朱诺港的1.5倍。中国沿海的天津、厦门港虽然拥有不同的客源市场，但受制于发展阶段和区域政策等原因，尚未形成足够大的航线和航班组织规模。

3. 母港-城市-区域综合体

在微观尺度上，邮轮母港不是一个单纯的概念，不仅仅包括邮轮靠泊的港口或码头，还包括邮轮港口或码头所处的周围一部分区域，更是一个空间综合体。

1）母港要素构成

母港是一个空间综合体或地域系统，其空间及关联空间的要素组成较为综合和复杂。根据与邮轮码头的距离及邮轮产业链紧密程度，可将该地域系统解构为邮轮码头、邮轮母港城、邮轮经济都市、邮轮经济腹地（图4-12）。每个邮轮空间范围内，分别形成了不同类型的邮轮关联要素与邮轮旅游功能，但相互间的融合与协作，形成了完整的邮轮旅游产业链条。该地域系统的产生原因主要是邮轮产业链牵引。

（1）邮轮码头：指邮轮码头区，主要是邮轮泊位、上下船设施、出入境设施、物资补给等，拥有规模较大的码头和客运楼，其覆盖范围约为离岸线500米的空间地域，为邮轮母港地域系统的核心区。

（2）邮轮母港城：该地域空间与邮轮码头的距离约为1千米，为母港地域系统的核心配套区。主要空间要素包括购物中心、娱乐表演设施、停车场、会议设施、星级酒店、餐饮、邮轮总部、行政办公等。

（3）邮轮经济都市：该地域空间与邮轮码头的距离约为10~30千米，为母港地域系统的关联产业区，为间接影响区。相关要素重点包括旅游景区、后勤物资生产、度假酒店、金融保险、高尔夫球场等。

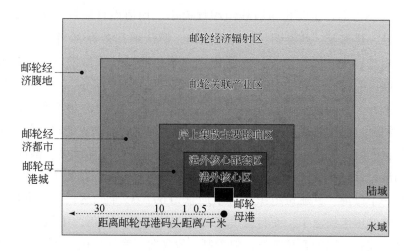

图 4-12 邮轮母港地域系统的空间尺度结构

（4）邮轮经济腹地：该地域空间与邮轮码头的距离超过 30 千米，为母港地域系统的辐射区域，为间接影响区。相关要素重点包括后勤物资生产、邮轮制造、技术研发、人口与客源、经济产业等。

2）母港区位类型

邮轮码头与城市的微观区位关系形成了三种主要类型，每种类型有着不同建设内容与发展情景。具体特征如下所示。

（1）城市市区型：母港位居城市中心区，多为港口老港区。该类母港多与城市融为一体，共享城市的基础设施与市政设施，共享城市各类功能，并将城市作为直接的旅游目的地。该类母港多为城市的功能板块，其建设成本和运营成本比较低，也是当前发展最为成熟与最成功的邮轮母港类型。该类母港的典型代表有温哥华、香港等。

（2）城市近郊型：该类母港主要分布在城市边缘地区或远郊区，可共享部分城市功能，但仍需要建设大量的基础设施与市政设施，需要加强与城市的交通连接。该类母港的建设和运营成本较高，但多形成城市综合体，容易形成新的城市开发空间，对促进城市拓展空间与扩大城市规模即促进城镇化建设具有增长极功能。该类母港的典型代表有"世界邮轮之都"迈阿密港。

（3）城市远郊型：母港码头与依托城市的距离较远，相关设施与集疏运系统需要新建，各类功能需要单独配置，形成相对完整的功能系统。该类母港与依托城市未能形成共享共建共促，未能形成融合发展，未来发展的潜力也存在较大的不确定性。邮轮码头的建设成本与运营成本较高。典型的港口有广州南沙国际邮轮码头，距离广州市中心 50 千米。

二、邮轮始发港的空间分异

1. 空间分异

各始发港有着不同的航班和航线组织能力，由此塑造了这些港口在全球邮轮航运网络中的地位和职能差异。

从航线组织能力看，航线数量最低为 1 条，而最多为 31 条，各始发港间形成了较大的差距。航线组织能力较高的始发港集中分布在欧洲，尤其是北大西洋、西欧、北欧及东地中海。雷克雅未克、伦敦、蓬塔德尔加达、奥斯陆、雷克索斯、利马索尔等始发港均高于 20 条/年；旧金山、鹿特丹、伯诺阿、海法、大阪、大连等 36 个始发港介于 10~20 条/年。此外，蒙特利尔、圣托马斯、胡志明市、开普敦、马累等 52 个始发港较低，航线数量均低于 10 条/年。

航班数量较高的始发港具有多区域分布的特征。航班频率高于 50 次/年的始发港中，除布宜诺斯艾利斯、蒙得维的亚、德班、凯恩斯、萨尔瓦多以外，其余 28 个港口，包括奥斯陆、海法、魁北克、雷克雅未克等均分布在北半球，占始发港数量的 30%。航班频率介于 10~50 次/年的始发港，散布在各大洲及大洋岛屿，包括塔拉戈纳、蒙特利尔、伯诺阿、名古屋、达尔文、多哈、开普敦、圣安东尼奥等，数量占比达到 44.7%。肯布兰、圣马洛、塔尔卡瓦诺等港口的航班组织能力较低，均低于 10 次/年。这部分始发港既包括新建成并投入使用的港口，如中国舟山、广州南沙等，也包括内河始发港，如芝加哥、蒙特利尔港等（图 4-13）。

2. 等级体系

邮轮始发港的平均航班数量为 41 次/年，航线平均数量为 10 次/年。根据始发港航线航班的象限图，可对始发港进行划分，具体分为四个等级类型（图 4-14）。

（1）Ⅰ类始发港：主要是指航线组织规模高于均值，而且航班频率高于均值的始发港。该类港口的数量较多，达到 31 个，典型港口有奥斯陆、海法、德班、孟买等，航线与航班资源的组织能力较强。虽然与母港存在差距，但是这部分始发港是未来最有可能成为母港的港口。

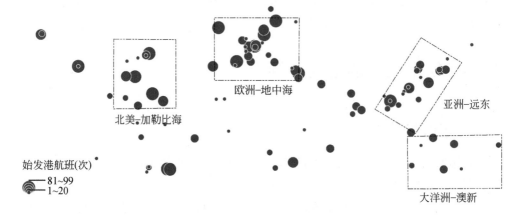

图 4-13 全球邮轮挂靠港航班组织的分布格局

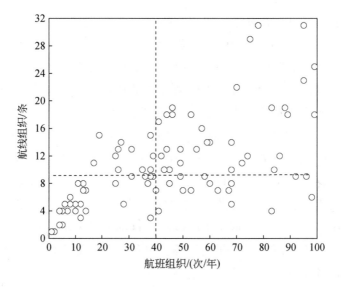

图 4-14 全球邮轮始发港的等级划分

邮轮航运网络的空间模式与发展机理

（2）Ⅱ类始发港：主要是指航线组织规模低于均值，但航班频率高于均值的始发港。该类始发港的数量相对较少，有 15 个，典型港口有布宜诺斯艾利斯、魁北克、多哈、巴拿马。这些始发港虽然航线组织水平较低，但集聚了一定数量的始发邮轮靠泊，这反映了其始发航线的吸引力较高。值得关注的是，这些始发港的地理区位较好，如巴拿马港是大西洋通往太平洋的要冲，亚喀巴港临近苏伊士运河，多哈港临近霍尔木兹海峡，凯恩斯港临近马来群岛。

（3）Ⅲ类始发港：主要是指航线组织规模高于均值但航班频率低于均值的

始发港。该类始发港数量较少，有 11 个，占比为 11.7%，典型港口有马尼拉、劳托卡、弗里曼特尔。该类港口具有一定的航线资源，但航班资源的集聚尚未形成规模。

（4）Ⅳ类始发港：主要是指航线组织规模低于均值，而且航班频率低于均值的始发港。该类始发港的数量较多，达到 37 个，典型始发港有曼谷、布鲁姆、达喀尔等，航线与航班资源的配置能力均较低。该类始发港还涉及河湖型港口，而且部分港口处于发展的初期阶段，尚未形成相对稳定的航线和客源。

三、邮轮挂靠港的空间分异

1. 空间分异

挂靠港从本质上讲是邮轮旅游目的地，不仅需要具有良好的港口条件，而且具有良好的特色旅游吸引物。旅游资源包括历史文化、民俗风情、都市生活、自然气候与风光、体育休闲运动的游览与体验。邮轮旅游消费与服务具有全球性的特征，但旅客在旅游目的地的选择上仍具有区域倾向性特征。航线组织能力较高的挂靠港数量较少，这是因为挂靠港主要是旅游目的地而非客源地。但挂靠港的分布具有明显的地域集聚特征。北美和欧洲是世界邮轮旅游最成熟的地区，拥有众多的挂靠港和旅游目的地。其中，加勒比海、地中海的旅游资源丰富，是邮轮游客的首选目的地，尤其是巴哈马是加勒比海最具有吸引力的旅游目的地，而马耳他是地中海最著名的旅游目的地。超过 95% 的北美邮轮旅客选择以北美为旅游目的地的航线，80% 的欧洲邮轮旅客选择以欧洲为旅游目的地的航线（陈有文和赵彬彬，2012）。近年来，东北亚、东南亚也成为重要的目的地。须指出的是，许多母港本身也是挂靠港。

挂靠港航线组织能力较高的港口集中分布在加勒比海、欧洲及东亚（图 4-15）。邮轮旅游目的地普遍具有季节性特征，加勒比海具有全年旅游的气候适宜性，地中海在多数月份适合邮轮旅游，但波罗的海仅在夏季适合邮轮旅游。上述区域涉及巴里、博德、琥珀湾等 40 个港口，数量占比为 6.6%。在航线数量介于 10~20 条/年区段的挂靠港中，除达尼丁、惠灵顿、努美阿及维多利亚港以外，其余 93 个挂靠港均分布在北半球，数量占比达到 15.3%。多数挂靠港的航线组织能力较低，其中低于 10 条/年的港口数量占比达到 67%，尤其是 129 个挂靠港的航线组织仅为 1 条/年，但港口数量占比却高达 21.3%。这说明多数挂靠港在邮轮航运网络与邮轮旅游市场中的参与程度相对较低。

航班组织能力较高的挂靠港、母港、始发港三类港口具有临近性。这种临近性源于"客源地"和"旅游目的地"的供需市场距离关系。其中，埃弗格莱兹、自由港、凯奇坎等7个挂靠港的航班频率均高于370次/年，并主要分布在加勒比海与阿拉斯加。同时，这些挂靠港与航班组织能力较高的母港或始发港如迈阿密母港、朱诺母港是相互临近的。另外，航班频率介于100~300次/年的挂靠港也多分布在航班组织能力较高的母港或始发港的临近区位，这些港口集中在地中海、加勒比海、东亚、澳新地区。相反，航班频率较低的挂靠港通常与母港或始发港具有较远的空间关系，位居邮轮航运网络的"边缘"地带。

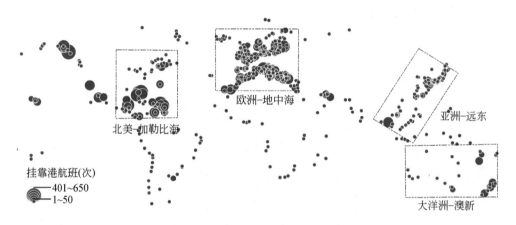

图4-15　全球挂靠港航班组织的空间分异格局

邮轮航运网络的空间模式与发展机理

2. 等级体系

挂靠港的平均航班频率为35次/年，航线平均数量为7次/年。由此，根据航线航班的象限图，可将挂靠港分为四个等级类型（图4-16）。每种等级类型的挂靠港有不同的数量结构与空间特征。

（1）Ⅰ类挂靠港：主要是指航线数量大于均值而且航班频率大于均值的挂靠港。该类型数量较多，达到131个，占挂靠港总量的21.6%。这些挂靠港除岘港、埃斯特角、科金博等14个以外，全部集中在欧洲、北美、东亚和澳新地区，地域集聚性高，均集中在旅游资源丰富地区。其中，埃弗格莱兹、自由港（巴哈马）、凯奇坎等12个挂靠港的航班达到了300次/年，甚至高于母港的航班规模。这些挂靠港有丰富的旅游资源，而且邻近等级较高的母港与始发港，近距离承接了大量母港或始发港驶出的邮轮航班。

（2）Ⅱ类挂靠港：主要是指航线数量小于均值但航班频率大于均值的挂靠

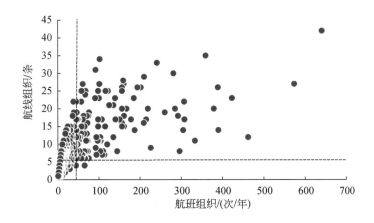

图4-16　全球挂靠港等级划分象限图

港。该类型港口数量极少，仅有9个，占比仅为1.5%，包括卡胡卢伊、圣约翰、夏洛特敦等港口。除了莫桑比克乌托普和日本的平凉外，其余港口均位于北美东海岸和欧洲。该类型港口虽然航线较少，但已形成一定规模的航班，且年度航班量介于40~80次/年，属于邮轮热线中的重要目的地。

（3）Ⅲ类挂靠港：主要是指航线数量大于均值但航班频率小于均值的挂靠港。该类型挂靠港的数量较多，达到87个，占比为14.4%。该类港口的分布相对分散，虽组织了部分航线，但尚未吸引更多的邮轮挂靠。

（4）Ⅳ类挂靠港：主要是指航线数量小于均值而且航班频率小于均值的挂靠港。该类型的港口数量较多，达到379个，占挂靠港数量的62.5%，占港口总量的48%。虽然该类挂靠港的航线、航班组织能力均较低，但在邮轮航运网络构建中发挥了重要作用，是丰富邮轮航线与旅游产品的重要力量。

第五章

全球邮轮航线特征与邮轮联系格局

邮轮航线既是邮轮航运网络的组成要素，同时也是邮轮旅游的核心产品，是旅游和航运的属性集成。邮轮航线具有复杂的属性与特征，既有持续时段的差异，也有旅程往返的差异，更有季节与月度的时间差异，形成"时间"与"空间"的复杂性叠合，比一般性运输网络的地理属性更为复杂。全球自然地理环境、人口及社会经济发展水平的分异，促使邮轮航线形成显著的差异，由此塑造了复杂的邮轮航运联系格局，形成全球化覆盖与局域性集聚的空间特征。邮轮港口的职能分异导致航线与航运联系更为复杂，凸显出邮轮旅游客源地与目的地的供需关系。

本章主要分析全球邮轮航线特征与邮轮航运联系格局。邮轮航线有着显著的地理特征。在航线时长方面形成了短程航线、中程航线、远程航线和环球航线的时长分异，短程航线和中程航线是主流类型，形成了"7天黄金周期"；形成单向航线与往返航线的旅程分异。邮轮航线具有广域性与全球化特征，集中在欧美地区。邮轮航运联系有着较为广泛的覆盖范围，但集中在部分港口间，具有近海集聚分布与弱全球性分布特征，表现出明显的距离衰减规律。母港成为邮轮航运联系的核心节点，始发港的航运联系相对较少。单体邮轮的航运网络形成主干网络与分支网络的空间分异。

第一节 全球邮轮航线的地理特征

一、航线时长周期与往返类型

1. 航线概念

世界各地水域受港湾、洋流、风向、水深及地球球面距离等自然条件的限制与约束，可供船舶航行的路线存在不同选择。航线是航运的路线，是船舶在两个或多个港口之间从事海上旅客和货物运输的线路，具体是指船舶从始发港到终到港所经历的挂靠港和航行轨迹的航行过程。航线是连接海运各要素和各国际贸易区的纽带，分布于各大洋之间、各航区之间。航线具有投资少、天然形成的特点，但容易受自然条件的影响和制约。

根据航经水域和航程远近，航线分为远洋航线、近洋航线、沿海航线、环球航线。根据运力、运程和运量，航线分为主干航线、分支航线，全球主干航线主要为欧洲—北美航线（大西洋航线）、远东—北美航线（太平洋航线）、远东—欧洲/地中海航线。根据组织形式，航线分为直达航线、中转航线。根据船舶运营方式和发船时间，航线分为定期航线和不定期航线，前者又称为班轮航线，是集装箱航运和邮轮航运的普遍采用模式。

2. 邮轮航线

邮轮航线是指邮轮从始发港经过一系列挂靠港直至终到港的航运线路，是由邮轮本身、港口（起止港口及中途停泊港口）、航行海域及服务设施等组成的相对稳定的空间系统。邮轮航线反映了一次邮轮旅游的航行方向、起止点和停靠点，反映了邮轮客源地、邮轮港口和邮轮目的地的组织关系，是邮轮航运网络组织的基础。

与传统航线不同的是，邮轮航线不仅是邮轮的航行轨迹，而且是邮轮旅游的核心产品（Rodrigue and Notteboom，2013）。邮轮就是旅游"目的地"，甚至在邮轮旅游过程中比挂靠港更具"目的地"的功能与地位，这促使邮轮兼具航运与休闲功能。邮轮航线的组成要素包括邮轮、母港、始发港和挂靠港；其中，挂靠港则是邮轮停靠的港口，往往与旅游目的地靠近。在邮轮航线系统中，最重要的组成部分是具有体验价值的邮轮和航行海域，也是用于区别各邮轮航线的关键所在。不同配置和功能各异的邮轮、不同的挂靠港的空间组合则促使航线成为旅游产品。

邮轮航线可以划分为单向航线、双程航线、环形航线及组合型航线。邮轮航线的空间划分主要是根据航线巡航跨度，分为区域航线、跨区域航线、越洋航线。根据目的地情况，邮轮航线可分为无目的地航线和目的地航线。受自然地理环境和气候条件的影响，邮轮航线分为季节性航线和常年航线，前者多在中高纬度地区，后者多分布在低纬度地区。

全球各航区的主要邮轮航线如表 5-1 所示。

表 5-1　全球各航区的主要邮轮航线

目的地	邮轮航线	时间
北美洲	阿拉斯加（温哥华、西雅图/安克雷奇冰川航线）	5~10月
	北美东北部（纽约—蒙特利尔间的北美航线）	4~11月
	墨西哥太平洋西岸（洛杉矶/圣地亚哥/阿卡普尔科航线）	冬季/全年
	加勒比海	全年
欧洲	西地中海（巴塞罗那/佛罗伦萨/直布罗陀海峡沿途群岛）	5~9月
	东地中海（威尼斯/伊斯坦布尔/希腊各岛/以色列/埃及）	5~9月
	大西洋沿岸（马拉加/里斯本/波尔多/伦敦/阿弗尔）	5~9月
	爱尔兰/英国/北海（伦敦/阿姆斯特丹/汉堡/哥本哈根）	5~9月
	波罗的海（汉堡/斯德哥尔摩/圣彼得堡/波罗的海三国）	5~9月
中南美洲	南美大西洋地区（圣胡安/里约热内卢/萨尔瓦多/玛瑙斯）	10~次年4月
	南美太平洋地区（里约热内卢/圣地亚哥/利马港）	10~次年4月
	南极航线	12~次年2月
太平洋	南太平洋岛屿（斐济/塔希提/库尔群岛等南太岛屿）	11~次年4月
	澳大利亚东海岸、新西兰	11~次年4月
	夏威夷航线	全年
亚洲	印度尼西亚、菲律宾、马来西亚岛屿航线	全年
	中国内地及中国香港、中国台湾航线	4~11月
	越南、泰国、新加坡航线	全年
	印度、斯里兰卡、马尔代夫航线	全年
	日本、韩国航线	5~11月
非洲	北非航线（突尼斯、摩洛哥、加那利群岛及马德拉群岛）	5~10月
	非洲西海岸航线	11~次年3月
	非洲东海岸航线（蒙巴萨/马达加斯加/毛里求斯等印度洋岛屿）	11~次年3月
	尼罗河航线（阿斯旺/卢克索）	全年

二、航线时长周期与往返类型

1. 航线时长

邮轮航线作为游客出行选择的休闲产品，是构成邮轮航运网络的核心要素（Vogel and Oschmann，2012；Rodrigue and Notteboom，2013）。邮轮航线不仅是一个地理概念，同时也是一个时间概念，包括母港、始发港、挂靠港、上下船时间、出发时间、到港时间、在港时间、航行持续时间等。以邮轮游客从母港或始发港登船始发，到返回母港或始发港，或到达其他母港或始发港下船离港为原则，界定为一条独立的邮轮航线。差异化的航线不仅表现为航程中的挂靠港口区位与航行海域的不同，而且表现为航程时间长度的分异。一般而言，航线的时长周期受邮轮游客可用时间与休闲度假模式的影响（Marianna，2017）。

部分学者根据航程时间的长短，将航线分为短航线、长航线和环球航线（Pallis，2015；Marianna，2017）。本研究对航线时长周期进行了细致的统计，并据此将航线分为短程航线、中程航线、远程航线、超长航线或环球航线等四种类型（表 5-2）。

表 5-2 不同时长邮轮航线的特征

特征指标	短程航线	中程航线	远程航线	超长航线/环球航线
时长	1～7 天	8～14 天	15～30 天	30～180 天
航行距离	较短	较长	长	超长
抵达国家	少	较多	多	很多
靠泊港口	少	较多	多	很多
地理范围	海湾、近海、近洋	近洋	远洋	全球范围
游客要求	普通居民	游客有较高收入、较多闲暇时间	游客要收入高、闲暇时间多	收入高，闲暇时间充裕

（1）短程航线：主要是指航行持续时间在一周以内的邮轮航线，时长介于 1～7 天。该类航线主要运营在海湾之内、沿海或近洋范围之内，航行距离较短，抵达国家港口较少，靠岸目的地港较少，多在一个海域内。该类航线对游客的要求较低，多数居民能够满足该类航线的时间要求与成本支出，由此成为邮轮市场中的主流类型。值得关注的是，许多短程航线为无目的地航线（cruise to nowhere），邮轮并不靠岸而仅在海上巡游，多为 2～3 天航程，多分布在较为成熟的邮轮航区。代表性的无目的地航线有佛罗里达的"1 日"航线、香港的 1～2 天航程的"周末"航线（陈有文和赵彬彬，2012）。

（2）中程航线：一般是指航行时长周期大于 1 周但不超过 2 周的航线，时长介于 8～14 天。该类航线一般为近洋航线，航行距离较长，靠泊旅游目的地较多，但多限定在一个自然地理区域，部分航线跨越不同自然地理区域。该类航线对游客的要求开始提高。多数邮轮航运圈内的航线为中程航线。

（3）远程航线：主要是指航行时长超过 2 周但不超过 1 个月的航线，时长介于 15~30 天。该类航线多跨越了不同的自然地理区域，尤其是跨越了不同的气候带。该类航线对游客的要求较高，尤其是闲暇时间和收入方面的要求较高。远程航线的典型案例是跨大西洋航线和跨太平洋航线。

（4）超长航线/环球航线：主要是指持续航行时间在 1 个月以上的航线，最长可超过 180 天。该类航线多为环球航线或连通不同大洋的航线，穿越了不同的自然地理区域，包括海域与气候带。该类航线对游客的要求较高，要有较高的收入水平和充足的闲暇时间，并有较高的邮轮休闲文化素养。全球航线横跨几个大洲，航程一般在 100 天左右，占全球邮轮市场的比重很小。

2. 航线类型与时长

经过对 17 328 条邮轮航线的量化统计，本研究发现航线的时长周期形成了 1~196 天的时间跨度，说明不同航线间形成了显著的时长差异。这充分体现了邮轮航线的多样性特征和邮轮产品的丰富化。最长的航线与最短的航线有近 200 倍的跨度，航线的时长周期有 116 种。航线时长周期与对应航线的数量关系大致显示出如下基本特征。

（1）随着航线时长的增加，航线数量呈现出明显减少的变化趋势。短程航线、中程航线的时长周期类型更多、分异更为明显，而远程航线、超长航线或环球航线的时长周期类型更少。这是形成 116 种时长周期而不是 196 种的主要原因。

（2）从航线数量看，短程航线和中程航线是主要的航线类型。其中，短程航线数量最多，占比达到 56.7%，属于主流类型。其次是中程航线，占比为 28.1%，是短程航线数量的一半。长程航线的数量占比仅为 9.9%，超长航线和环球航线的数量相对较低，不足 2%，占比分别为 1.5% 和 0.8%。由此可见，随着时长周期的增加，邮轮航线的数量具有逐渐减少的变化特征。

（3）在短程航线类型中，数量占比最多的是以 7 天为周期的航线，比例达到 36.7%，超过三分之一。其次是时长为 4 天和 3 天航程的航线，数量占比分别为 7.7% 和 4.4%（图 5-1）。由此可见，以 7 天为周期的航线最普遍，是最受欢迎的短程航线（Pallis，2015）。而且，邮轮航线的发展形成短程化与近岸化的趋势。

（4）在中程航线类型中，以 14 天为周期的航线为主，数量占比为 10.8%。其次是持续时间为 10 天和 12 天航程的航线，占比分别为 4.5% 和 3.4%（图 5-1）。持续时间为两周航程的航线是除一周短程航线以外的另一重要航线类型。

（5）在远程航线中，不同时长周期的航线占比均低于 2%。相对而言，21 天航程的航线略多，占比为 1.5%，其次是 15 天和 16 天航程的航线，占比分别为 1.3% 和 1%，其余均低于 1%（图 5-1）。

邮轮航运网络的空间模式与发展机理

（6）超长航线或环球航线的时间周期长，但数量少，处于航线类型中的数量边缘，但其时间连续性更能体现邮轮的全球化特征，而且可以为游客提供类型多样、体验差异显著的邮轮旅游产品，极大地满足其猎奇偏好（Wood，2000；Li et al.，2020）。因此，该类航线是不容忽视的类型。

综合来看，不同类型的航线数量表现出明显的"7倍定律"或"7天黄金周期"，即航线时长周期是7天、14天及21天的行程，分别在短程航线、中程航线和远程航线中的数量最多，具有重要地位。这反映了邮轮航线组织的共性特征和内在联系，但形成这种规律的原因是多方面、多维度的。仅从市场选择的角度来看，邮轮企业和游客之间的供需平衡是重要影响因素。尽管学者们认为邮轮市场是由供给所决定的，尤其是邮轮航线产品的供给（Rodrigue 和 Notteboom，2013），但游客需求及游客属性发挥重要作用，尤其是游客的可用时间与休闲度假模式有重要影响。因此，航线时长周期的分布及数量差异实际是供需均衡的结果。

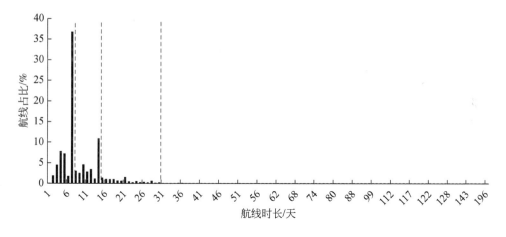

图 5-1 全球邮轮航线的时长周期结构

3. 航线往返类型

科学的航线布局是邮轮航运网络组织的基础（孙晓东等，2015），对邮轮旅游的持续健康发展至关重要（Rodrigue and Notteboom，2013；Marianna，2017）。但由于不同区域各职能港口的异质性，形成了不同的航线结构。总体上，邮轮航线形成了单向航线和往返航线两种类型。

类型Ⅰ：始发港与终止港是同一个港口。邮轮乘客从始发港口 A 登船出发，沿途可能靠泊多个挂靠港，甚至拓展到陆上腹地旅游环节，最后返回始发港 A 并下船离港。该类航线是闭环式的环线，可称为"环路式航线"或"往返航线"（round-trip）。

类型Ⅱ：始发港与终止港不是同一个港口。邮轮乘客从始发港口 A 登船出发，沿途可能靠泊一个或多个挂靠港，甚至拓展到陆上腹地旅游环节，最后从终止港 D 下船离港。该类航线是开放式的、单向的，可称为"开放式航线"或"单向航线"（one-way）（Pallis，2015）。

往返航线与单向航线在异质性的地理时空范围中为乘客提供了差异化的邮轮体验。两类航线主要有如下特征。

（1）往返航线与单向航线的数量比约为 3∶1。这说明在全球邮轮航运网络中，往返航线的数量更多，是主流的航线类型。

（2）在邮轮企业层面，两类航线的数量关系存在明显差异，不同邮轮企业往往有不同的航线组织特征。例如，公主邮轮运营的航线有 201 条，其中往返航线有 136 条，单向航线有 65 条，两者数量比为 2.1∶1，而冠达邮轮的往返航线与单向航线的数量关系为 1∶1.6。

（3）航线空间组织与航线时长存在一定的耦合关系。单向航线更多地集中在较长的航程中，尤其是 10 天以上航程中，单向航线数量相对更多。而往返航线的时长周期多在两周之内。此外，时长超过三个月的超长航线或环球航线，往返航线与单向航线均有，尽管数量相对较少。

三、邮轮的"航线组"特征

一般情况下，就单体邮轮而言，任意两条航线之间是相对独立的。即使是两条相邻的航线，也仅在某港口（母港或始发港）存在相交关系，但非重叠关系。如假设邮轮从港口 A 始发，航行至港口 B，并最终在港口 C 终止，由此构成了一条完整的邮轮航线。而港口 C 往往会成为下一条航线的始发港。但从研究样本发现，邮轮航线还存在一种类型且数量占比较高。单体邮轮航线之间形成了包含与被包含、相交与重叠等多重空间关系。这类航线的组织，可以称为"航线组"。这种"航线组"在全球航线组织中更为普遍。

具体来看，"航线组"的特征主要表现为三个方面。

（1）登船港口相同，但离船港口不同。从同一母港或始发港登船的游客，最终会在不同港口下船离港，结束该航线行程。但是先下船离港的行程是在后下船离港的航程之中。即短的航程是长的航程的一部分（图 5-2）。

（2）登船港口不同，但离船港口相同。从两个及以上不同的母港或始发港登船的乘客，最终可能会在相同的港口终止行程。这种情况下，后登船的乘客的航程是被包含在先登船游客的航程行程之中的。

（3）登船港口不同且离船港口不同。从两个及以上不同的母港或始发港登船的游客，最终可能会在不同的港口终止航程。具体又形成两种情况，一是航线之间是相交关系，二是航线之间是包含与被包含的重叠关系。

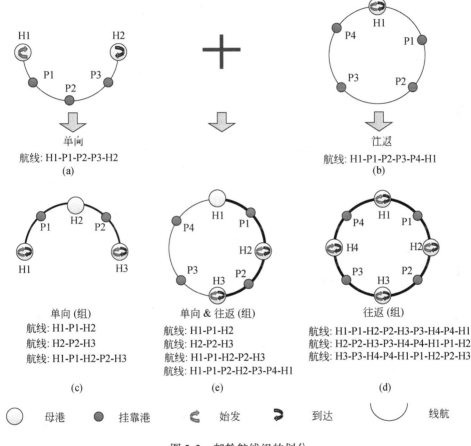

图 5-2　邮轮航线组的划分

航线组类比公交乘车，从同一站点上车的乘客可能会在相同或不同的地点下车，同时在不同站点上车的乘客也有可能会在相同或不同的站点下车。因此，"航线组"具有"类公交"特点。航线组形成的主要原因在于原本单一的航线被分割后形成了若干条更短的航线。如远程航线被细分成了短程航线与中程航线，而超长航线、环球航线被拆解为远程航线、中程航线和短程航线。航线被分割之后，形成了若干组起始港口相同或不同，终止港相同或不同的航线。远程航线之所以可以被细分为航程时间更短的不同航线组，关键原因是位于远程航线内，有一个或多个母港或始发港可以作为细分航线的起止港，为游客提供便捷、多样化的登船和离船条件。航线组的设置促使航线的多样性增加，也反映了航线的灵活性特征。这种航线设置更好地满足了游客的差异化需求和偏好。

四、邮轮航线的分布特征

本研究对全球邮轮港口之间的航线联系进行了统计。借助 ArcGIS 软件绘制可视化图。邮轮航线的分布格局主要呈现如下特征（图 5-3）。

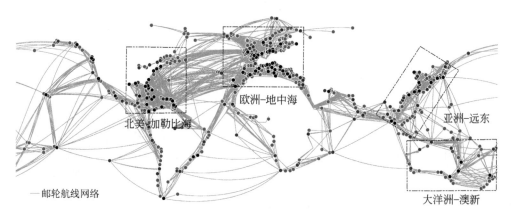

图 5-3　全球邮轮航线的分布格局

（1）邮轮航线的分布具有广域性和全球化特征，但在不同区域内的分布具有明显的非均衡性。邮轮航线在大西洋、印度洋、太平洋和北冰洋及海域均有分布，这说明邮轮航线覆盖区域相当广阔（Wood，2000；Vogel and Oschmann，2012），具有分布的广域性。邮轮航线集中在 75°N ~ 60°S 的地理空间范围内，尤其是北大西洋区域，航线密集分布，占比达到 57.4%。其次是太平洋，航线数量占比约 37%，但主要集中在东南亚、东亚、阿拉斯加、澳新等附近的海域。印度洋的航线数量较少，占比仅为 5.3%，且主要分布在北印度洋。北冰洋的航线分布极少，以分布在斯瓦尔巴群岛以南海域为主。

（2）邮轮航线主要集中在欧洲及北美地区，尤其是加勒比海和地中海成为邮轮航线最密集、邮轮配置最集中的地区。欧美地区仍是全球邮轮旅游的重心所在。但随着亚洲邮轮航线的不断拓展与加密，世界邮轮航运网络的重心逐步东移。

（3）错综复杂的邮轮航线不仅连接了不同的海域、大洋，甚至形成了大陆内河与海洋间的空间联系。如玛瑙斯→帕林廷斯→圣塔伦→法属圭亚那→布里奇顿→法兰西堡→圣约翰岛→圣胡安→迈阿密（16 天单向）航线，由南美亚马孙河中上游港口始发，途经大西洋、加勒比海到达佛罗里达迈阿密港。另外，还有北美圣劳伦斯河向上游延伸至北美五大湖的航线，向下游延伸至北大西洋的航线，分别连接了内陆湖泊、大陆内河与海洋。

（4）邮轮航线的覆盖区域与航线的时长成正比。短程航线倾向于集中在同一海域，且多为近海区域，如巴塞罗那→帕尔马→拉斯佩齐亚→罗马→马赛→巴萨罗那（7 天往返）航线，集中在地中海。但南安普敦→纽约航线（7 天单向），却跨越了北大西洋。中程航线、远程航线的联系范围往往是跨区域的。如罗马→阿里坎特→直布罗陀→拿骚→加尔维斯顿（15 天单向）航线，跨越了大西洋，连接了地中海与加勒比海。再如香港→马尼拉→长滩岛→巴拉望→婆罗洲→曼谷→新加坡（13 天单向）航线连接了中国南海、马六甲海峡等海域。超长航线或环球航线通常跨越多个大洋。如纽约→南安普敦→加那利群岛→开普敦→伊丽莎白→德班→路易港→珀斯→玛格丽特→阿德莱德→墨尔本→悉尼（49 天单向）航线，从大西洋到印度洋再到太平洋，形成了全球范围的航线联系。

第二节　全球邮轮港口航运联系格局

一、航运联系与研究方法

航线和航班是邮轮港口联系的两种主要类型，在地理空间层面具有相似性。本研究认为航线和航班更多表现为质和量的关系，前者强调航运联系的是否存在，后者强调航运联系的强度。航班是建立在航线基础上的实际航运联系。在空间尺度上，航班涵盖了航线的部分内容，且航班的数量可以反映所在航线的重要程度。因此，本研究主要采用航班数据来分析全球邮轮港口的航运联系格局。

1）联系矩阵

借鉴集装箱航运联系的研究范式（王成金，2012），简化港口之间的航班联系，以任意港口对的航班数量来反映港口间的航运联系。根据 64 家邮轮企业旗下船舶的年度航班时刻表，对不同船舶的航班、港口等文本数据进行整理和转化，形成了所有港口的完全联系矩阵 M，其中 M_L 代表港口间的航线联系矩阵，

M_N 代表港口间的航班联系矩阵：

$$M_N = [R_{ij}]_{n \times n}$$

式中，R_{ij} 为邮轮港 i 和 j 之间的邮轮联系总量。

2）港口核心联系识别

航班的频率高低可反映港口节点间的联系强度，进而体现航线的重要程度。在港口航班联系的基础上，结合研究样本的实际航班数量，通过设定港口间的航班联系数量阈值，以任意两港口之间的航班联系数量 10 次/年为基线，来判断港口之间的核心联系。如公式所示，若 N_{ij} 大于等于 10 次/年，则港口 i 与港口 j 之间的联系强度较高，被视为是核心联系，而该航班所在的航线属于重要的航线。若 N_{ij} 小于 10 次/年，则港口 i 与港口 j 之间的联系强度较低，被视为是普通联系，该航班所在的航线属于普通航线。

$$N_{ij} = \sum_{i=1}^{m-1} n_i (N_{ij} \geqslant 10)$$

$$N_{ij} = \sum_{i=1}^{m-1} n_i (N_{ij} < 10)$$

式中，N_{ij} 为邮轮港口 i 和 j 之间的联系，n_i 为邮轮港 i 和其他邮轮港联系的总量。

二、港口航运联系格局

1. 航运联系格局

为了进一步考察两港口之间的航班连接强度，本研究计算了任意两港口之间的有向航班数量，并分析其空间分异特征。邮轮航班在全球港口之间的联系分布具有明显的差异。

（1）按照前文模型，789 个港口理论上可以形成 622 521 对港口联系，但实际上仅形成了 52 394 对港口联系，剔除港口间的重复联系对，仅形成了 7214 个港口联系对。这说明大部分港口之间是不存在航班联系的，从侧面反映出邮轮航班联系主要集中在少数港口之间。

（2）在 7214 个港口联系对中，港口间的航班联系差异显著，并形成了 1 ~ 380 次/年的区间跨度。介于 1 ~ 5 次/年的航班联系对有 5544 对，占比为 76.9%；介于 6 ~ 10 次/年的航班联系对有 642 对，占比为 8.9%；介于 11 ~ 100 次/年的航班联系对有 971 对，占比为 13.5%；介于 101 ~ 380 次/年的航班联系对有 61 对，占比为 0.8%。这说明多数港口间的航班联系强度不高，仅有少数港口间形成了紧密的航班联系。

（3）母港或始发港通常会与多个港口形成航班联系，但密集的航班仅集中在少数港口之间。如迈阿密母港与巴尔的摩、拿骚、科夫、伯利兹等 42 个港口形成了航班联系，但航班联系高于 200 次/年的仅有迈阿密→拿骚（380 次/年），另外迈阿密→基维斯特（161 次/年）、迈阿密→乔治城（144 次/年）较高；高于 50 次/年的有迈阿密→屠宰（85 次/年）、迈阿密→比格克里克（63 次/年）、迈阿密→哈瓦那（63 次/年）、迈阿密→圣胡安（66 次/年）。这部分航班合计占迈阿密港口航班总量的 82.7%。再如，奥勒松与阿库雷里、卑尔根、不莱梅哈芬、哥本哈根等 25 个港口存在航班联系，航班高于 10 次/年的仅有奥勒松→卑尔根（44 次/年）和奥勒松→特隆赫姆（10 次/年），而且占比较高，约为 47%。这反映了邮轮航班在港口之间的集聚性和非均衡性特征。

2. 核心航运联系

航班频率的高低是航线重要程度的客观反映，可揭示邮轮航运网络的主要组织区域和联系港口。通过统计航班联系在 10 次/年以上的样本，判断邮轮航运网络的核心区域（图 5-4）。

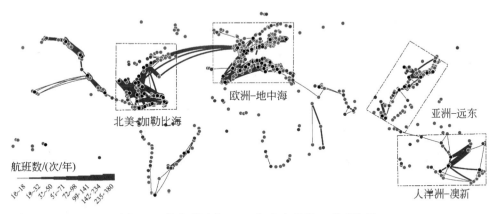

图 5-4　航班联系大于 10 次/年邮轮港口联系格局

（1）核心航运联系具有显著的近海分布特征。阿拉斯加、墨西哥西岸、加勒比海、波罗的海、西欧、地中海、东亚、东南亚、大洋洲东海岸、南美及东亚的近海区域的港口间均形成了 10 次/年以上航班联系。

（2）核心航运联系同时具有弱全球性特征或大洋性特征。除了近海区域以外，在北大西洋区域，位于英国的南安普敦母港与美国东部的纽约母港、波士顿母港及百慕大挂靠港，形成了 10 次/年以上的航班联系。例如，南安普敦到纽约跨大西洋航班超过了 20 次/年；另外，在太平洋区域，洛杉矶母港到火奴鲁鲁母港及希洛挂靠港，恩塞纳挂靠港与火奴鲁鲁母港的航班联系均超过了 10 次/年。这说明跨大西洋航线、夏威夷航线均是重要的邮轮航线。

（3）邮轮港口间的航运联系表现出明显的距离衰减规律。距离较近的港口间的航班联系往往较高，而随着航行距离的增加，航班联系规模逐步降低甚至无联系。核心联系多集中在同一个区域或邻近区域的港口间，如航运联系高于 50 次/年的港间联系多集中在近海区域。除了跨大西洋航线、夏威夷航线的航运联系高于 10 次/年但低于 30 次/年，其余跨航洋港口间的航运联系均低于 10 次/年。另外，距离较远的港口间多未能形成航运联系。

三、职能港口的航运联系结构

邮轮航班沿着既定的航线，通常从母港或始发港开始，中间挂靠多个挂靠港，并在母港或始发港终止，由此形成职能港口的航班组合。理论上，邮轮航班连接不同类型的职能港口，可以形成母港→挂靠港、始发港→母港、始发港→挂靠港、挂靠港→母港、挂靠港→始发港、挂靠港→挂靠港等 5 种港口联系对，但实际形成了母港→母港、母港→始发港、母港→挂靠港、始发港→母港、始发港→始发港、始发港→挂靠港、挂靠港→母港、挂靠港→始发港、挂靠港→挂靠港等 9 种航班联系对，并呈现出如下特征。

（1）母港→母港、母港→始发港、始发港→母港、始发港→始发港之间的航班联系，表明部分始发港与母港在实际的航班联系中，不仅作为航班始发的港口节点，同时还发挥挂靠港的停靠职能。这种现象揭示了在母港、始发港和挂靠港之外，还存在一种转换职能的港口（Marianna，2017）。或者说，母港或始发港在航班联系中存在职能"转化"的现象，这反映出母港、始发港在邮轮航运网络中的职能可变性（图 5-5）。

（2）母港是邮轮航运联系的核心。在所有的港口航班联系中，与母港形成航班的数量占航班总量的 77%。其中，母港→母港的航班联系数量最多，占比为 26.94%，邮轮航班组织主要是母港与母港之间的联系。其次，母港→挂靠港、挂靠港→母港之间的航班联系比重也较高，分别为 22.62% 和 22.59%。不仅如此，母港→母港的航班联系的最高值达到 380 次/年（如迈阿密→拿骚）。挂靠港→母港的航班联系的最高值达到 390 次/年，母港→挂靠港航班联系最大值为 340 次/年（如棕榈滩→自由港），挂靠港→母港航班联系最大值为 339 次/年（如自

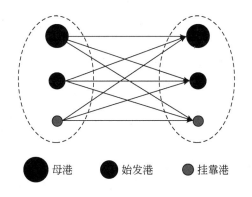

● 母港　　● 始发港　　● 挂靠港

图 5-5　职能港口间的航班联系类型

由港→棕榈滩)。这说明邮轮航运网络主要是以母港为中心进行构建，客源是邮轮航运网络的核心形成动力。

（3）职能不同的港口间的航运联系具有对称性。母港→挂靠港与挂靠港→母港之间的航班联系数量非常接近，分别占航班总量的比例为 22.62% 和 22.59%。始发港→挂靠港、挂靠港→始发港之间的航班联系数量基本相同，分别占比 3.62% 和 3.61%。始发港→母港之间的航班联系与母港→始发港的航班联系数量也非常接近，占比分别为 2.41% 和 2.46%（表 5-3）。不同职能港口之间的航班数量所表现出来的对称性格局是邮轮航运联系的重要规律。

表 5-3　职能分异下的港口航运联系差异

港口职能	比重/%	最大/次
母港→母港	26.94	380
母港→始发港	2.46	62
母港→挂靠港	22.62	340
挂靠港→母港	22.59	339
挂靠港→始发港	3.61	36
始发港→母港	2.41	80
始发港→始发港	1.37	43
始发港→挂靠港	3.62	48
挂靠港→挂靠港	14.39	116

（4）在所有的航班联系对中，母港和挂靠港形成的 4 种航班联系是主要的组成部分。始发港与母港在航线中的作用虽然相同，但航班数量明显偏低。这反映出不同职能港口间航班联系的差异性。

第六章

全球邮轮航运系统与空间组织模式

　　任何地理要素的空间分布和组合都具有内在规律和外在形态，空间组织是人类按照其意愿与情景目标对地理要素进行空间布局排序、功能赋予及发展时序的积极主观能动行为。任何要素的地理组织都遵循一般性的空间规律与特殊性的要素属性规律。点线网/面是地理学开展研究的基本方式与理念，也是地理要素进行空间组织的基本形态类型，邮轮航运可以解构为点状港口、线状航线与面状地域系统。邮轮航运兼具"航运属性"与"休闲属性"，其空间组织与发展遵循港口航运和休闲旅游的一般性规律与地理模式。各区域的自然地理环境、社会经济差异又塑造了独特的区域性邮轮航运网络，形成了特殊的发展模式。

　　本章主要分析全球邮轮航运网络的区域系统和空间组织模式。港口布局模式可从距离视角进行划分，形成母港–母港邻近模式、母港–始发港邻近模式和始发港–始发港邻近模式；从航线联系角度，可形成单点挂靠模式、多点挂靠模式、职能转换模式与重复挂靠模式。航班运营形成了区域定班模式、环球远洋模式和极地探险模式。各母港系统有着不同的覆盖范围和港口数量，任何航区的邮轮组织都不是均衡性的，往往形成"一主多辅"空间组织格局；始发港系统形成了区域的分散性和非均衡性，但其复杂性反映了区域客源地的分割性与旅游目的地的地域集聚性。全球形成了 32 个邮轮航运圈，大西洋海域和北美洲分布最多，地中海、东亚和西欧等邮轮圈覆盖港口最多，加勒比海、阿拉斯加邮轮圈的航班密度最高，多数邮轮圈具有典型的近岸特征。

第一节　邮轮航运网络空间组织模式

　　地理空间由地理区位几何要素及其构建的区位地理实体组成（杨吾扬和梁进社，1997）。港口节点、航线航班、航区系统分别对应区位几何要素的点、线和面。邮轮航运网络表现在港口节点上具有等级、职能差异，表现在航线航班上具有规模、类型差异，表现在航区系统上具有结构、区域差异。

一、基于距离的港口布局模式

母港或始发港作为邮轮航线、航班的始发节点，因为功能相同或相似，在空间上通常表现为竞争关系，因此多数母港或始发港间的直线距离超过了100千米。但从全球范围来看，两类职能港口在某些情况下是空间临近的。一方面受港口间自然距离的客观影响，另一方面取决于港口城市及内陆腹地客源的规模。本研究根据职能港口间的空间临近情况，归纳为三种模式（图6-1）。

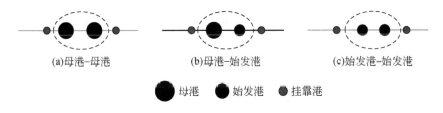

图 6-1　基于布局距离的港口节点布局模式

1. 母港–母港临近模式

该模式是指两个母港甚至多个母港间的区位临近，具备相近甚至相同的腹地客源市场。该模式的形成通常具备一些特定的区域条件，包括区域内分布着大量的挂靠港，区域航线的吸引力高，腹地客源市场庞大。如迈阿密、劳德代尔堡、西棕榈滩港等3个母港，均分布在佛罗里达半岛；迈阿密与劳德代尔堡的直线距离为38千米，劳德代尔堡与西棕榈滩的直线距离为65千米。三个母港具有相同的北美大陆客源腹地，且客源市场庞大。这些港口成为全球航线最密集、航班最频繁、游客吞吐量最高的邮轮母港，经这些母港始发的加勒比海航线是全球最繁忙的邮轮航线。此外，地中海的热那亚与萨沃纳瓦多母港，直线距离35千米，热那亚与拉斯佩齐亚母港间的直线距离为77千米，摩纳哥与戛纳的直线距离也为35千米。西欧航区的不莱梅哈芬与汉堡母港间的直线距离为94千米，另外汉堡到基尔母港的直线距离为83千米。

2. 母港–始发港临近模式

该模式是指母港与始发港在空间上非常接近，而且具备相近甚至相同的腹地客源市场。这类临近的港口多属于同一个国家或地区，腹地的客源市场相同且客源规模较大，但不同区域具有差异化的诱发因素。香港母港与深圳太子湾始发港的直线距离仅为 36 千米，香港作为母港的历史悠久，而深圳太子湾港为后起之秀；深圳太子湾开港之前，香港母港的客源市场不仅包括香港本地，还包括深圳、广州等内地游客；深圳太子湾开港后满足了深圳及内陆腹地客源的邮轮出行需求。横滨母港与东京始发港的直线距离为 24 千米，虽然东京港靠近客源腹地，但邮轮接待能力有限，因此横滨港成为东京港的替代港口而承担更多的邮轮始发和挂靠服务。此外，神户母港与大阪始发港的直线距离为 22 千米；艾默伊登母港到鹿特丹始发港的直线距离为 60 千米，到阿姆斯特丹始发港的直线距离为 23 千米；悉尼母港与肯布拉始发港的直线距离为 75 千米；巴拿马母港与科隆始发港的直线距离为 58 千米。

3. 始发港–始发港临近模式

该模式主要是指始发港与始发港在空间上非常接近，而且具备相近甚至相同的腹地客源市场。该模式下的港口多属于同一个国家或地区。如深圳太子湾始发港和广州南沙始发港的直线距离为 46 千米；两个始发港所在的港口城市分别为珠三角城市群的核心城市深圳和广州，城市间距离较近，但内陆腹地客源相同。由于两个邮轮港口的开通时间较短，航线数量较少，尚未形成大量的航班资源，当前尚处于始发港等级。此外，泰国形成了曼谷与林查班两个始发港，直线距离约 80 千米；智利形成了瓦尔帕莱索与圣安东尼奥两个始发港，两港口之间的直线距离为 57 千米；美国阿拉斯加形成了惠蒂尔与西沃德两个始发港，两港口间直线距离为 84 千米。

二、基于航线联系的组织模式

航线是邮轮企业的战略核心，被认为是影响顾客选择邮轮出行的关键因素（Barron and Greenwood，2006；Gibson，2006）。本研究总结了四种主要的航线组织模式（图 6-2）。

1. 单点挂靠模式

单点挂靠模式是指邮轮只在一个母港或始发港将全部游客接上船，在完成该航次境外海上航行后，将同批次游客送回登船的母港或始发港。在该种航线组织模式下，游客与邮轮形成了隐形的捆绑关系，遵循"船走人走"的原则（李绪茂和王成金，2020）。因此，游客的自主性很小。在东亚航区，由于港口城市海关部门未能实现出入境管理的联网和信息共享，以中国港口为母港或始发港的航

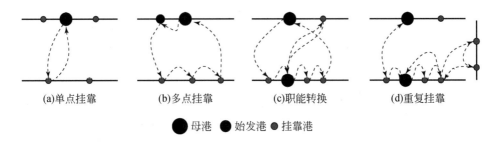

(a)单点挂靠　　　(b)多点挂靠　　　(c)职能转换　　　(d)重复挂靠

● 母港　● 始发港　● 挂靠港

图 6-2　基于港口节点航线联系的组织模式

线多为单点挂靠模式,这降低了同区域港口间的合作,也促使航线类型较为单一。同时,该模式不利于国际游客通过邮轮方式深入一国内陆开展入境陆上旅游。

2. 多点挂靠模式

多点挂靠模式是指邮轮从 A 国的港口始发,在一个国际航线中,无论是去程还是返程,均可挂靠 A 国的多个港口,且船上游客可选择在不同的港口离港。换言之,游客可以选择在始发港口以外的其他港口下船离港,结束行程。该模式与单点挂靠模式相比,邮轮游客的自主性大大提高,实现了"船走人留"。因此,游客可以拥有充足的时间在入境国家开展观光、休闲等活动。在该模式下,游客可以在不同的港口进港登船或下船离港,因此航线多为单向航线。多点挂靠模式在西欧、地中海等欧洲航区较为盛行,如德国汉堡港始发的 4 天或 6 天航线,靠泊挪威的斯塔万格等挂靠港后,最终在德国的基尔港结束行程。

同时还存在"准多点挂靠模式"。这类模式尚不能称为完全意义上的多点挂靠模式,主要原因是在一个国际航线中,邮轮虽然可以挂靠 A 国的多个港口,但最后游客还是只能从始发港口下船离港,结束行程。因此,游客仍只能遵循"船走人走"的原则。这种准多点挂靠模式,仅仅增加了同一国家港口的停靠数量,但未能真正改变港口与游客之间的关系。

3. 职能转换模式

职能转换模式是指在一条国际航线中,A 港口作为母港或始发港,但在另一条航线中 A 港口可能就成为了中间挂靠港。因此,港口职能并非是固定不变的,会根据所处航线的位置,如起点、中间、终点的变化而发生变化,这体现了港口职能的转换属性和灵活性特征。职能转换模式可将区域内相同职能港口的竞争关系转化为合作关系,提高邮轮港口的运营效率与经营效益。该模式在北美、欧洲及大洋洲的邮轮航区应用较多。以地中海为例，在奇维塔韦基亚（母港）、马赛（母港）、萨沃纳（母港）、巴塞罗那（母港）、马略卡岛帕尔马（挂靠港）、西西里岛巴勒莫（挂靠港）6个港口组成的往返航线中，每个母港都是乘客的始发航线的起点和行程结束的终点，同时每个母港又都是其他母港航线中的挂靠港，由此形成了4条实际航线。这在没有增加港口数量的前提下，增加了航线的多样性。

4. 重复挂靠模式

重复挂靠模式是指在一条国际航线中，邮轮船舶在去程和返程中均会挂靠同一个港口。这类重复挂靠的港口通常情况下为母港或始发港。因为这两类职能港口既可以满足船上乘客的下船离港，也可以实现另一批次邮轮乘客的登船。该条航线可以被分解为两条或两条以上的航线，而这些航线通常是被分解为单向航线和往返航线，且两种航线是前后衔接的。该模式的航线多集中在美洲、欧洲、大洋洲及非洲航区。由于被拆分，航线的多样性会大大增加，有利于吸引更多乘客，增加邮轮的入住率（Li et al., 2020）。

三、港口职能与区域组合模式

邮轮港口的职能分异是航线规划、航班组织的基础，也是邮轮航运网络形成的关键。母港、始发港与挂靠港作为三种主要的职能类型，在区域性邮轮航运网络中形成了差异化的组合模式（图6-3）。

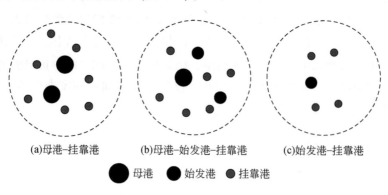

(a)母港-挂靠港　　(b)母港-始发港-挂靠港　　(c)始发港-挂靠港

● 母港　　● 始发港　　● 挂靠港

图6-3　邮轮港口的区域组合模式

1. 母港–挂靠港的区域组合模式

该模式是指主要依靠母港和挂靠港两种职能港口来构建邮轮航线航班。该模式的航线多为往返短程航线或中程航线，且多为定期邮轮航班。该模式在全球分布相对广泛，在北美东海岸、波罗的海、夏威夷、大溪地、非洲西北海岸、东加勒比海、西地中海等航区较为普遍。这些航区主要是海洋型航区和近岸型航区。分别以近岸型航区–北美东海岸航区和海洋型航区–大溪地航区为例，分析该模式下的港口航线组合。

（1）北美东海岸航区：该航区分布有波士顿、纽约、查尔斯顿、巴尔的摩等4个母港，并分布有纽波特、汉普顿、哈利法克斯等12个挂靠港。该航区的区域性网络主要围绕4个母港形成，如从纽约母港始发，途经波特兰、巴尔、圣约翰及哈利法克斯，最后返回纽约，形成7天往返航线。再如，由纽约母港始发，仅停靠百慕大国王港口的7天往返航线。

（2）大溪地航区：该航区分布有帕皮提母港，和阿皮亚、内亚富等7个挂靠港。该区域性邮轮网络主要围绕帕皮提母港形成，挂靠花因岛、塔哈岛、波拉波拉岛及摩尔岛，最后返回帕皮提母港，形成7天往返航线。

2. 始发港–挂靠港的区域组合模式

该模式是指主要依靠始发港和挂靠港两种职能港口来构建邮轮航线航班。该模式既形成往返航线也形成单向航线，而单向航线构成了邮轮重配网络。该港口组合模式分布在五大湖–圣劳伦斯河、亚马孙河、非洲南海岸、南亚、冰岛–巴芬湾等14个航区（表6-1）。以非洲南海岸为例，该航区通常以德班、开普敦或沃尔维斯湾为始发港形成往返航线或单向航线，但定期航班数量较少。航线主要是从开普敦始发，途经伊丽莎白港到达德班的单向航线；或为从开普敦始发，经沃尔维斯湾、伊丽莎白、德班、理查德兹湾，最终返回开普敦的往返航线。

表6-1 始发港与挂靠港组合模式的分布

类型	邮轮航区	数量
近岸型	澳洲西、澳洲南、俄罗斯东、俄罗斯北、非洲南航区、南亚航区、南美东航区、非洲西航区、非洲东航区、非洲新岸航区	10
海洋型	冰岛–巴芬湾航区、亚速尔群岛航区	2
其他型	五大湖–圣劳伦斯河航区、亚马孙河航区	2

3. 母港–始发港–挂靠港的区域组合模式

该模式是指邮轮同时靠泊母港、始发港和挂靠港三种职能港口，组织航线航班，以此形成区域性邮轮航运网络。该模式下所形成的邮轮航运网络主要集中在加勒比海–墨西哥湾、地中海、西欧、东南亚、东亚、澳新地区等航区。这些航区的共同特点是邮轮航班密度均较高，是邮轮航运网络组织的主要航区或核心区域。以西欧航区为例，该航区分布有南安普敦、都柏林、勒阿弗尔等6个母港，鹿特丹、安特卫普等8个始发港和67个挂靠港；以6个母港或始发港形成的邮轮航线最短仅有2天，最长超过了30天。南安普敦到汉堡的2天单向航线，是从南安普敦港始发，途经科克、贝尔法斯、特勒阿弗尔等8个港口，最终返回南安普敦的环岛航线。

四、邮轮航线运营模式

邮轮航线很大程度上决定了邮轮企业的网络差异化和盈利能力（Marianna，2017）。根据邮轮航线的结构差异，本研究归纳了三种主要的航线组织模式，包括区域定班模式、环球远洋模式和极地探险模式，分别反映了航班固定性、航程远程性和旅游主题性（表6-2）。

表6-2 邮轮航线的代表性组织模式

航线特征	区域定班模式	环球远洋模式	极地探险模式
覆盖范围	特定地域，重点是加勒比海、地中海、东北亚、东南亚	全球范围	特定地域，重点是阿拉斯加
邮轮吨位	大型或巨型，>10万吨级	中型或小型，<10万吨级	小型，<5万吨级
航程距离	较短	超长	较短
时长范围	4~7天	60~180天	7天左右
适宜季节	四季适宜	四季适宜	夏季
游客要求	要求较低	要求较高，收入水平高，闲暇时间充裕	特定消费群体
企业类型	大众化企业	高端邮轮企业	特殊邮轮
代表企业	歌诗达邮轮、嘉年华邮轮、皇家加勒比邮轮、爱达邮轮、星梦邮轮、诺唯真邮轮、途易邮轮、荷美邮轮	冠达邮轮、丽星七海邮轮、公主邮轮、水晶邮轮、大洋邮轮	加拿大探险、北方航道、莫波特、水族探险
代表邮轮	皇家加勒比邮轮"海洋交响乐号"	丽星七海邮轮"探索者号"	

1. 区域定班模式

区域定班模式是指邮轮企业多采用定期航班的形式，在某个区域或几个区域内，以相对固定的港口为母港或始发港组织邮轮航线航班。此模式为交通运输行业中的典型组织模式，例如集装箱航运中的"五定班列"。

此模式多限于特定地区，例如加勒比海、地中海、东南亚、东北亚，由此形成典型的邮轮旅游圈，并塑造了邮轮航运组织的"区域化"规律。此模式所配置的邮轮多为大型或巨型邮轮，总吨位通常在 10 万吨以上，星级在 3 星至 4 星之间，航线时长以 7 天左右为主，航程较短且多为往返行程。此模式的港口主要由母港和挂靠港所组成，形成邮轮航运的腹地"客源地"与旅游"目的地"的空间稳定组合。

采取该模式的邮轮企业主要包括歌诗达邮轮、嘉年华邮轮、皇家加勒比邮轮、爱达邮轮、星梦邮轮、诺唯真邮轮、途易邮轮、荷美邮轮等，多为大中型邮轮企业。面向的游客多为普通居民，对游客的收入和闲暇时间充裕性的要求相对较低。"海洋交响乐号"是世界最大的邮轮之一，属于皇家加勒比邮轮的绿洲系列，总吨位为 22.8 万吨，设有 2759 间客房，最多可载运 6680 位游客。该邮轮在 2018 年 3 月下水首航。该邮轮在一个年度周期内，始终在加勒比海—墨西哥湾进行航行，以迈阿密港为母港，提供航程 7 天的西加勒比海往返航班和东加勒比海往返航班，体现了典型的加勒比海"地域性"，"区域化"规律显著。其中，西加勒比海航线主要挂靠圣胡安、圣托马斯、巴哈马、菲利普斯堡等港口，东加勒比海航线主要挂靠科苏梅尔、卡斯塔玛雅、巴哈马等港口。

2. 环球远洋模式

环球远洋模式是指邮轮企业采用定期或非定期的航班形式，利用全球范围内的邮轮港口在不同航区进行巡航，由此形成全球性邮轮网络。该模式配置的邮轮多为中型或小型邮轮，总吨位通常在 10 万吨以内，星级在 4 星之上。该模式多为单向航线，航程除海上航行部分，还往往包括往返机票。因此，该模式形成了独特的"飞邮组合"（fly-cruise）（徐杏等，2020）。

采用该模式的邮轮企业包括冠达邮轮、丽星七海邮轮、公主邮轮、水晶邮轮、大洋邮轮等，多以高端邮轮企业为主。以丽星七海邮轮"探索者号"为例，该邮轮在 2016 年下水启航，吨位为 5.4 万吨，有 375 个房间，可搭载 750 名乘客和 552 名船员，为六星级邮轮，为世界顶级豪华邮轮之一。"探索者号"在年度周期内，由巴塞罗那母港始发，沿途停靠 121 个港口，途经挪威、智利、巴西等

49 个国家，抵达 16 个航区，连通欧洲、南北美洲、非洲、亚洲及大洋洲，跨越了大西洋、太平洋、印度洋，形成了环球邮轮航运网络。

3. 极地探险模式

极地探险模式是指邮轮企业专注组织极地或海洋探险的航线，以探索更多未知的目的地为目标。该模式为特殊区域的邮轮航运网络组织模式，为主题性、区域化与特殊性的组织模式。该模式的邮轮通常较小，吨位一般在 5 万吨以内，载客能力往往不超过千人。该模式下的邮轮企业主要有加拿大探险、北方航道、莫波特、水族探险等公司。极地探险模式所形成的邮轮航运网络往往具有显著的季节性特征。在南北极区域，邮轮仅在极地处于相对温暖的时期提供航班。

（1）在北半球的 6~8 月，探险邮轮以斯瓦尔巴群岛朗伊尔比根为始发港，沿途停靠巴伦支堡等港口，形成 5~14 天往返航线；或以摩尔曼斯克为始发港，沿途停靠新地岛等目的地，形成 2~3 周的往返航线。

（2）在南半球的 1~2 月，探险邮轮多以布宜诺斯艾利斯作为母港，沿途停靠乌斯怀亚港，经过德雷克海峡，到达南极半岛再原路返回，形成为期 2 周的极地往返航线。

五、邮轮航区组织模式

全球邮轮在一个年度周期内，形成了单区循环、跨区重配和多区环球三种主要的巡航模式（图 6-4）。这反映了宏观尺度下的邮轮航行规律。邮轮季节性地从一个航区航行到另一个航区，被认为是邮轮企业成功的关键因素（Charlier and Mccalla, 2006）。

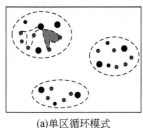 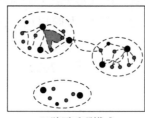 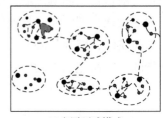

(a)单区循环模式　　　　(b)跨区重配模式　　　　(c)多区环球模式

● 母港　● 始发港　• 挂靠港

图 6-4　基于航区空间关系的邮轮网络组织模式

1. 单区循环模式

单区循环模式是指邮轮船舶在一个年度周期内，始终在同一个航区，以相对固定的邮轮港口作为母港或始发港，提供定期航班。该模式为典型的区域性邮轮航运网络，"区域化"特征显著。该模式在加勒比海–墨西哥湾、地中海、东亚航区较为常见。因为这些航区的特殊地理区位，区域温度变化相对较小，属于四季型航区。该类型的邮轮航线时长较短且多为往返行程。采用该模式的邮轮企业多以大众邮轮为主，如嘉年华邮轮、诺唯真邮轮、地中海邮轮、歌诗达邮轮、丽星邮轮等，邮轮吨位一般较大，载客数量较多，星级层次多为中等星级。

2. 跨区重配模式

跨区重配模式是指邮轮船舶在一个年度周期范围内，会在少数航区内提供邮轮航班，航区数量多在 5 个以内。跨区重配的目的主要是降低单航区的季节性影响，以提高邮轮的利用率。该模式的邮轮会在每个航区持续航行一段时间，通常是该航区的旺季或适宜季节；当旺季逐渐转为淡季时，邮轮会航行至另一个处于旺季的航区以继续提供航班服务。因此，该模式下的不同航区间表现为季节互补关系，但始终占据邮轮旺季的市场优势。该模式在全球邮轮运营与邮轮航运网络组织中普遍存在，为主流模式。

3. 多区环球模式

多区环球模式是指邮轮在一个年度周期范围内，在全球内的多个航区（5 个及以上的航区）实施航线组织并提供航班服务。该模式的邮轮航运网络是全球化的，覆盖许多航区，连接多个大洲或跨越多个大洋。多区环球模式与跨区重配模式具有相似性，在航区间的移动均遵循航区季节性的原则（Li et al., 2020）。采用多区环球模式的邮轮通常组织远程航线或超长航线，船体总吨位通常不超过10 万吨，且在跨洋航行方面具有优势。该类型主要是全球性邮轮企业的组织模式，如冠达邮轮、丽星七海邮轮、公主邮轮、世邦邮轮等。

第二节　全球邮轮网络空间系统

一、划分方法

1. 邮轮航运系统

在全球航运网络的研究中，空间系统被认为是构成航运网络的骨架，这充分反映了空间系统在港口地理研究中的重要地位（王成金，2008；吴旗韬等，2011；潘坤友和曹有挥，2014）。空间系统的研究重在刻画不同职能港口的空间联系及空间格局（Notteboom and Rodrigue，2005；王成金，2012）。通常情况下，货运网络的空间系统被认为是在一定空间尺度下，拥有紧密联系的港口组合（王成金，2008）。这种紧密联系是喂给港对枢纽港的货源喂给与集散关系（王成金，2012）。

邮轮航运网络的空间系统主要体现在两个方面。首先，挂靠港口的邮轮具有特殊性，不仅具有基本的交通运输功能，还具有休闲娱乐、住宿餐饮等旅游功能（Dowling，2006）。这促使邮轮航运网络的形成和发展不仅依赖运输关系，还受休闲、旅游因素的影响，受客源地与旅游目的地的空间约束。其次，邮轮港口以母港、始发港、挂靠港等职能形式存在（Pallis，2015），分别反映了客源地、旅游目的地的大致对应关系。因此，邮轮航运网络是由更加复杂的空间系统构成，不同职能港口的关系不仅受地理因素的影响，还离不开旅游地理因素的作用。

Rodrigue 和 Notteboom（2013）认为邮轮航运网络的空间模式和辐射范围同样依赖于关键港口的约束作用。从港口间关系看，母港作为客源港，既是邮轮航线、航班组织的起点，又是终点。而挂靠港作为目的港，需要依靠母港输送游客，是游客的目的地。因此，港口间的紧密联系表现为母港对挂靠港的喂给。而母港不再强调中转运输作用，而更多的是客源输出或集散作用。始发港与母港相比，邮轮航线相对较少、航班组织规模偏低，但作为另一种形式的客源港，在航线中的节点功能与母港相同。因此，始发港与挂靠港的空间关系类同于母港与挂靠港（图6-5）。

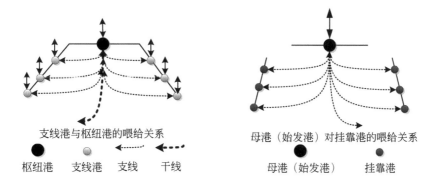

支线港与枢纽港的喂给关系

母港（始发港）对挂靠港的喂给关系

枢纽港　支线港　支线　干线

母港（始发港）　挂靠港

图 6-5　货运港间关系与邮轮港间关系的比较

2. 划分方法

对邮轮航运网络的空间系统划分，确定关键性的港口节点和节点联系是两个重要问题。

（1）基于邮轮母港和始发港在航线组织、航班设置中的作用和地位，本研究将母港和始发港作为两类港口节点。

（2）节点联系规则的制定，目的在于考察母港或始发港所辐射的挂靠港，确定关键港口辐射的空间范围。

考虑到港口间的航班联系的有向性（董观志，2006），将母港或始发港形成联系的航班分为去向和返向两种情况。因此，关键港口的辐射实际包含两个方向。①外向辐射：从母港或始发港出发的邮轮，经过海上航行到达其他港口，形成去向的航班联系。②内向辐射：从其他港口驶离的邮轮，经过海上航行，再次到达母港或始发港，形成返向的航班联系。这种去向和返向的航班，包含了与母港或始发港产生航班联系的所有挂靠港。

具体划分方法可通过如下公式进行表达。

$$\mathrm{HL}_i = \sum_{j=1}^{n} h_i p_j \tag{6-1}$$

$$\mathrm{SL}_i = \sum_{j=1}^{n} s_i p_j \tag{6-2}$$

其中，HL_i 表示母港 h_i 与挂靠港 p_j 形成的以母港为核心的空间系统。与此类似，SL_i 表示始发港 s_i 与挂靠港 p_j 形成的以始发港为核心的空间系统，具体如图 6-6 所示。

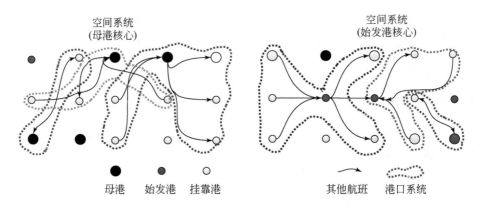

图 6-6　基于航运联系的邮轮航运网络空间系统划分

二、母港系统

1. 总体格局

在所有港口的航班联系对中，与 89 个母港产生直接航班联系的港口对有 2494 对。根据上述划分方法，以母港为核心，共形成了 89 个母港系统，辐射 452 个挂靠港。因为挂靠港的数量众多，分布广泛，与母港的航班联系极为复杂。为了清晰识别母港系统的主要结构，本研究将航班大于 10 次/年的母港与挂靠港联系进行显示，以此凸显职能港口间的主要联系（图 6-7）。

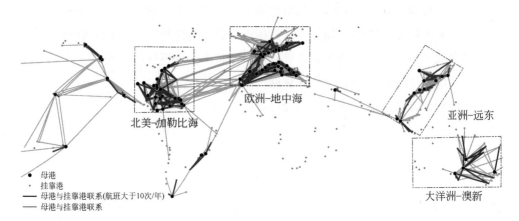

图 6-7　全球母港空间系统的分布格局

（1）89个母港系统分布在18个差异化的区域。其中，北美东海岸、加勒比海–墨西哥湾、西欧、挪威–斯瓦尔巴群岛、波罗的海、地中海、西南欧、非洲西北海岸、东亚、阿拉斯加和澳新地区等11个区域的母港系统数量较多，占比达到87.4%，形成明显的区域化分布特征。

（2）不同区域的母港系统数量和规模存在显著差异。加勒比海–墨西哥湾、地中海的母港系统数量较多，分别达到22个和19个，成为主要的集聚地域，"集聚性"突出。其次是东亚、西欧、美墨西海岸、北美东海岸、澳新地区和阿拉斯加等8个区域，有着一定数量的母港系统。另外，南美东南海岸、东南亚、西南欧、南美东海岸等8个区域的母港系统数量较少，仅有1个或2个母港系统，"覆盖性"突出。多母港系统区域因客源重叠、航线相似、旅游主题重复等因素，各母港系统间往往形成较强的客源竞争格局。

2. 母港系统差异

母港系统的联系港口数量反映了母港的辐射能力，而辐射能力的大小可以判断航运系统的地位与重要性。在全球范围内，各母港系统有着不同的覆盖范围与联系港口数量。

南安普敦系统是西欧的核心航运系统，竞争力最强，形成了覆盖44个港口的母港系统，也是全球辐射能力最高的母港系统。比雷埃夫斯港系统仅次于南安普敦系统，也是地中海的核心系统，辐射36个挂靠港。另外，东亚的核心系统是横滨系统，辐射32个挂靠港；波罗的海的核心系统是哥本哈根系统，辐射26个挂靠港；阿拉斯加的核心系统是温哥华系统，辐射17个挂靠港；澳新区域的核心系统是悉尼系统，辐射15个挂靠港（表6-3）。这表明任何航区的邮轮组织都不是均衡性的，而是形成"一主多辅"的空间组织格局，某个空间系统往往占据主导地位。

表6-3　全球各区域的母港系统数量与核心系统

区域及系统数量	核心系统	区域及系统数量	核心系统
加勒比海–墨西哥湾（22）	迈阿密（21）	非洲西北（3）	帕尔马（23）
地中海（19）	比雷埃夫斯港（36）	南美东南（2）	里约热内卢（5）
东亚（8）	横滨（32）	东南亚（2）	新加坡（17）
西欧（7）	南安普敦（44）	挪威–斯瓦尔巴群岛（1）	卑尔根（23）
波罗的海（5）	哥本哈根（26）	西南欧（1）	里斯本（29）
阿拉斯加（4）	温哥华（17）	南美南（1）	乌斯怀亚（5）

区域及系统数量	核心系统	区域及系统数量	核心系统
澳新（4）	悉尼（15）	西亚阿拉伯半岛（1）	阿布扎比（8）
北美东（4）	波士顿（10）	夏威夷（1）	火奴鲁鲁（8）
美墨西（3）	洛杉矶（10）	大溪地（1）	帕皮提（10）

89 个母港系统平均辐射的港口数量为 14 个。加勒比海-墨西哥湾、地中海、西欧、东亚均拥有多个母港系统，但母港系统间的差异显著。在地中海，辐射能力在均值以上或以下的母港系统数量各占 50%。西欧的母港系统均具有较高的辐射能力。加勒比海-墨西哥湾的母港系统除迈阿密系统外，辐射能力普遍较低。地中海辐射能力较高的母港系统，包括比雷埃夫斯系统、巴萨罗那系统、瓦莱塔系统、马赛系统、奇维塔韦基亚系统等，分散在东地中海、中地中海和西地中海不同区域，空间上相互较远；而辐射能力较低的母港系统，多与辐射能力较高的母港系统在空间上邻近，如瓦莱塔系统临近巴勒莫系统，比雷埃夫斯系统临近伊拉克利翁系统，巴塞罗那系统临近巴伦西亚系统。东亚与地中海相比，辐射能力较高的母港系统，除上海系统的母港分布在中国以外，横滨系统、神户系统、鹿儿岛系统等的母港均集中在日本。

三、始发港系统

1. 总体分布格局

始发港系统有 94 个，共辐射 382 个挂靠港。由于始发港与母港在空间上具有不同的分布规律，这促使始发港系统在全球尺度上的布局更加分散，分布在 30 个不同的区域。

因客源市场、旅游目的地等属性要素的空间差异，不同航区形成了数量不一的航运系统。除东亚以外，其余 27 个区域的始发港系统数量均在 1～7 个，形成区域的分散性与非均衡性。始发港航运系统的复杂性反映了区域客源地的分割性，也反映了旅游目的地的地域性与集聚性（图 6-8）。

高度复杂航区：主要是指始发系统数量多、地理属性极为复杂的区域。该类区域以东亚为代表。东亚航区的航运系统最复杂，共形成了 12 个始发港航运系统，数量最多。这是由中国纬度跨度大、气候差异显著等各种原因所决定的。

较为复杂航区：主要是指始发港系统数量较多、分布较为复杂的航区。该类

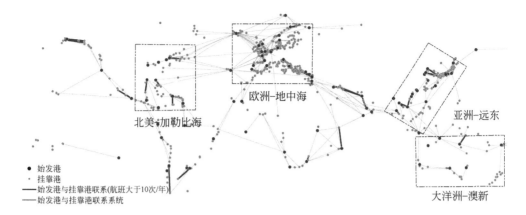

图 6-8 始发港系统的分布格局

航区数量较少。东南亚和西欧 2 个航区的航运系统较为复杂，均分别形成了 7 个始发港航运系统。上述航区是世界主要的邮轮旅游圈。地中海、加勒比海-墨西哥湾的航运系统较为复杂，均形成 6 个始发港航运系统。上述两个航区是世界著名的区域性邮轮旅游圈。南美南海岸和南亚两个航区分别拥有 5 个和 4 个始发港航运系统，形成了相对复杂的航运格局。五大湖-圣劳伦斯河、澳新地区、美墨西海岸、澳洲西海岸、非洲南海岸、挪威-斯瓦尔巴群岛均分别形成 3 个始发港航运系统。上述航区的航运系统略微复杂。

相对简单航区：该类航区主要是指始发港系统数量较少、分布较为简单的航区，多介于 1~2 个航运系统。该类航区的数量较多。南美西海岸、俄罗斯东海岸、西南欧、阿拉斯加、波罗的海、非洲东海岸、西亚阿拉伯半岛等 7 个航区均分别形成 2 个始发港航运系统。上述航区的航运系统较为简单。冰岛-巴芬湾、俄罗斯北海岸、澳洲南海岸、非洲西南海岸、非洲西海岸、亚马孙河、南美东南海岸、亚速尔群岛等 8 个航区仅有 1 个始发港系统。上述航区的航运系统相对单一。

2. 航运系统差异

始发港系统的港口规模、辐射范围比母港系统明显缩小。始发港的辐射港口数量平均为 6 个，远低于母港系统的辐射能力。冰岛-巴芬湾的核心始发港系统是雷克雅未克系统，覆盖了 25 个挂靠港，也是辐射能力最大的始发港系统。西欧航区的核心系统是伦敦系统，覆盖 18 个挂靠港；亚速尔群岛的核心系统是蓬塔德尔加达系统，辐射了 17 个挂靠港；地中海的核心系统是利马索尔系统，辐射 16 个港口。其他区域的始发港系统的辐射港口数量多不足 15 个（表 6-4）。

表 6-4　各区域的始发港系统数量与核心系统

区域及系统数量	核心系统	区域及系统数量	核心系统
加勒比海-墨西哥湾（6）	金斯顿等（6）	阿拉斯加（2）	苏沃德（5）
南美西（2）	卡亚俄（8）	澳新（3）	劳卡托（9）
东亚（12）	名古屋（12）	美墨西（3）	旧金山（9）
俄罗斯东（2）	小樽（7）	波罗的海（2）	奥斯陆（16）
东南亚（7）	伯阿诺（10）	亚速尔群岛（1）	蓬塔德尔加达（17）
西欧（7）	伦敦（18）	非洲西（1）	达喀尔（4）
南美东南（1）	萨尔瓦多（3）	非洲西南（1）	乔治城（1）
南亚（4）	孟买（9）	非洲南（3）	德班（7）
南美南（5）	蒙得维的亚（4）	非洲东（2）	路易港（4）
澳洲西（3）	达尔文（7）	澳洲南（1）	阿德莱德（6）
地中海（6）	利马索尔（16）	西亚阿拉伯半岛（2）	亚喀巴（7）
五大湖-圣劳伦斯河（3）	魁北克（7）	挪威-斯瓦尔巴群岛（3）	特罗姆瑟（11）
亚马孙河（1）	玛瑙斯（5）	俄罗斯北（1）	摩尔曼斯克（4）
西南欧（2）	雷克索斯（12）	冰岛-巴芬湾（1）	雷克雅未克（25）

四、空间系统分异

从邮轮网络系统的分布形态来看，主要形成了扇形系统、带状系统、马蹄状系统等三种类型，每种类型具有不同的空间组织规律、机制及分布特征（表 6-5）。

表 6-5　邮轮网络空间系统的分布形态

类型	母港系统/个	始发港系统/个	主要分布区域
扇形	82	81	地中海、西欧、波罗的海、东亚、东南亚、澳新、加勒比海-墨西哥湾
带状	6	10	阿拉斯加、美墨西、南美东南、南美西、澳洲西、澳洲南
马蹄状	1	3	南非、南美

1）扇形系统

扇形系统主要是指母港或始发港与分布在四周的挂靠港形成密切的航班联系，并由此形成辐射扇形的航运系统。该类型的港口系统最为普遍且分布广泛，尤其在地中海、西欧、波罗的海、东亚、东南亚、澳新、加勒比海-墨西哥湾分布较多。该类空间系统的数量较多，包括 82 个母港和 81 个始发港系统，成为主流空间形态，包括西欧的南安普敦系统、都柏林系统，地中海的比雷埃夫斯港系统、巴塞罗那系统、热那亚系统。另外，如夏威夷的火奴鲁鲁系统，冰岛–巴芬湾的雷克雅未克系统、亚速尔群岛的蓬塔德尔加达系统等也属于扇形系统。

扇形航运系统的形成，一方面是因为母港或始发港与挂靠港的区位分布相对分散和无序；另一方面是因为母港或始发港的辐射能力较强。这类形态的系统主要有两类，一类是位于大陆沿海的母港或始发港对大陆沿海港口、海洋（河、湖）岛屿港口的辐射；另一类是位于海洋岛屿的母港或始发港对大陆沿海港口或海洋岛屿港口的辐射。

2）带状系统

带状系统是指母港或始发港沿着狭长的海岸带辐射沿岸其他挂靠港，形成的条带状空间系统。这种航运系统的形成主要受线性海岸的空间约束与影响，数量较多，分布范围较广，主要包括 6 个母港系统和 10 个始发港系统。带状系统多分布在阿拉斯加、美墨西海岸、南美东南海岸、南美西海岸、澳大利亚西海岸、澳大利亚南海岸等航区，如朱诺系统、里约热内卢系统、桑托斯系统、摩尔曼斯克系统等。这些系统的特点是母港或始发港的辐射能力相对较低，辐射的挂靠港多分布在大陆沿海地区。

3）马蹄状系统

马蹄状系统是指由于特殊的海陆格局，母港或始发港与辐射港口构成 U 形的空间系统。此类形态的空间系统数量不多，主要有 1 个母港系统和 3 个始发港系统。该类系统辐射的港口数量较少，覆盖范围较小。代表性的航运系统包括非洲南海岸的德班系统、南美南海岸的乌斯怀亚系统。

第三节　全球邮轮航运圈格局

一、邮轮航运圈分布

1. 邮轮航运圈

研究表明，母港系统或始发港系统不仅在港口数量上明显不同，在空间形态上也表现出一定的差异性，但覆盖的港口多集中在母港或始发港毗邻地区，呈现出区域集聚的特征。这种区域化的邮轮航运组织与资源配置形成邮轮航运圈的空间基础。

本研究以母港系统和始发港系统的分布为前提，确定邮轮航运圈划分的准则。①以母港或始发港为邮轮航运圈的核心节点。②以母港或始发港辐射的挂靠港作为延伸的空间区域。③对于同时归属于不同母港系统或始发港系统的挂靠港，以挂靠港与母港或始发港间的航班量来确定挂靠港的归属。④突出客源地与旅游目的地的同一地域性。

为了保证邮轮航运圈的相对独立性和邮轮港口的航区唯一性，对于上述准则下仍无法判断航区范围的情况，本研究参考既有案例研究（Miller and Grazer，2006；Lundgren，2006；Wilkinson，2006；Ringer，2006），以邮轮港口所处的自然地理区域为基础，最终确定港口的归属和邮轮圈的空间范围。

在上述判定原则下，本研究共划分出了 32 个邮轮航运圈。具体包括阿拉斯加、美墨西海岸、夏威夷、南美西海岸、东亚、俄罗斯东海岸、东南亚海岸、澳新地区、大溪地、西欧、西南欧、波罗的海、亚速尔群岛、非洲西北海岸、非洲西海岸、非洲西南海岸、非洲南海岸、加勒比海–墨西哥湾、北美东海岸、南美东南海岸、南美南海岸、南亚、西亚阿拉伯半岛、非洲东海岸、澳大利亚西海岸、澳大利亚南海岸、挪威–斯瓦尔巴群岛、俄罗斯北海岸、冰岛–巴芬湾、地中海、五大湖–圣劳伦斯河、亚马孙河等邮轮航运圈（表 6-6）。

表 6-6　全球邮轮航运圈概况

大洋	数量/个	区域	邮轮航运圈
太平洋	3	北美区域	阿拉斯加、美墨西海岸、夏威夷
	1	南美区域	南美西海岸
	3	亚洲区域	东亚、俄罗斯东海岸、东南亚海岸
	2	大洋洲区域	澳新地区、大溪地
大西洋	4	欧洲区域	西欧、西南欧、波罗的海、亚速尔群岛
	4	非洲区域	非洲西北海岸、非洲西海岸、非洲西南海岸、非洲南海岸
	2	北美区域	加勒比海–墨西哥湾、北美东海岸
	2	南美区域	南美东南海岸、南美南海岸
印度洋	2	亚洲区域	南亚、西亚阿拉伯半岛
	1	非洲区域	非洲东海岸
	2	大洋洲区域	澳大利亚西海岸、澳大利亚南海岸

大洋	数量/个	区域	邮轮航运圈
北冰洋	3	欧洲区域	挪威–斯瓦尔巴群岛、俄罗斯北部海岸、冰岛–巴芬湾
其他	3	其他区域	地中海、五大湖–圣劳伦斯河、亚马孙河

2. 航运圈分布

邮轮航运圈的分布覆盖了不同的大洋海域与大洲，形成了不同的空间集散性（图6-9）。这反映出邮轮航运圈在全球范围内分布的空间异质性，也反映了各区域邮轮旅游市场的复杂性。

- 始发港
- 母港
- 挂靠港　　邮轮航区

图6-9　全球邮轮航运圈的分布格局

1）海域分布

太平洋和大西洋是邮轮航运圈分布的主要海域，而印度洋、北冰洋及内河是邮轮旅游圈的稀疏分布地域。

（1）太平洋：太平洋范围广阔，涉及纬度和经度跨度大，覆盖了不同的气候带，形成了丰富的邮轮旅游资源和庞大的旅游客源市场。太平洋覆盖的邮轮航运圈数量较多，达到9个，占全球邮轮航运圈总量的28.1%。这包括阿拉斯加、美墨西海岸、夏威夷、南美西海岸、东亚、俄罗斯东海岸、东南亚、澳新地区、大溪地等航运圈。

（2）大西洋：大西洋覆盖范围广阔，是发达国家经济圈，两岸均为发达国家，是传统的国际客运和邮轮旅游的发源地，也是邮轮文化的成熟地区。大西洋覆盖的邮轮航运圈数量最多，达到12个，比重达到37.5%。具体包括西欧、西南欧、波罗的海、亚速尔群岛、非洲西北海岸、非洲西海岸、非洲西南海岸、非洲南海岸、加勒比海-墨西哥湾、北美东海岸、南美东南海岸、南美南海岸等邮轮航运圈。

（3）印度洋：印度洋与大西洋、太平洋形成较大的差异，邮轮客源市场相对较小，多为邮轮目的地。印度洋覆盖的邮轮航运圈相对较少，仅有5个，数量占比为15.6%。印度洋具体覆盖了南亚、西亚阿拉伯半岛、非洲东海岸、澳大利亚西海岸、澳大利亚南海岸等5个邮轮航运圈。

（4）北冰洋：北冰洋适宜人类活动的范围有限，形成的邮轮航运圈较少，但邮轮主题突出、特色显著，吸引了部分游客的青睐。北冰洋沿岸分布有3个邮轮航运圈，具体包括挪威-斯瓦尔巴群岛、俄罗斯北海岸、冰岛-巴芬湾等邮轮航运圈，其数量占比仅为9.4%。

（5）其他海域：在非大洋范围内还有内海、内河湖库航区。邮轮航运圈还涉及了部分内海和内河系统。这包括地中海、五大湖-圣劳伦斯河、亚马孙河等3个航运圈，其数量占比仅为9.4%，形成相对的空间封闭性或狭长的线性分布。

2）大洲分布

邮轮航运圈在不同大陆形成了不同的数量与覆盖水平。其中，欧洲所形成的邮轮航运数量最多，达到8个，数量比重达到25%。北美洲沿岸的邮轮航运圈数量较多，形成了6个。亚洲和非洲的邮轮航运圈数量分别达到5个，而南美洲和大洋洲分别有4个邮轮航运圈。

二、邮轮航运圈差异

1. 覆盖港口差异

按照航运圈的划分和邮轮港口的归属，可以发现如下特征。

（1）邮轮航运圈覆盖的港口数量差异显著。覆盖港口最多的航运圈是地中海，港口数量达到了127个，占比达到16.1%。相反，亚速尔群岛覆盖的港口数量最少，仅有3个。两个航运圈覆盖港口数量相差40倍。这说明邮轮航运圈的港口覆盖数量与分布极不均衡。

（2）少数航运圈的港口集聚性明显，不到2%的航运圈覆盖了接近60%的港口。其中，地中海、东亚和西欧等3个航运圈覆盖港口的数量较多，合计占比达到39.6%。此外，加勒比海-墨西哥湾、波罗的海、东南亚的港口数量，分别占港口总量的7.7%、6.3%和5.1%，比重较高。6个航运圈共集聚了463个港口，数量占比达到58.7%，地域集聚性显著。其余26个航运圈的港口数量占比不足50%。

（3）航运圈覆盖的港口数量差距较小。53%的航运圈覆盖的港口数量比重在1%~3%。这些航运圈包括美墨西海岸、北美东海岸、西亚阿拉伯半岛、西南欧等17个。另外，澳洲南海岸、非洲西海岸、夏威夷、俄罗斯北海岸等7个航运圈的港口数量，均不足港口总量的1%。

2. 航班密度差异

邮轮航运圈作为航班组织的空间地域，不仅在区位、地理环境、旅游资源等方面存在差异，而且在航班组织上也明显不同（图6-10）。

（1）邮轮航班密度在航运圈内部呈现明显的梯度差异。根据测算，全球邮轮航班密度最高达到11 854次/年，位于加勒比海–墨西哥湾，而该航运圈的航班密度最低为3015次/年。阿拉斯加的航班密度最高达到2500次/年，而最低为1108次/年。西南欧、波罗的海和西欧航运圈的航班密度，最高均超过了2000次/年，但最低航班密度分别为1580次/年、1006次/年和1102次/年。

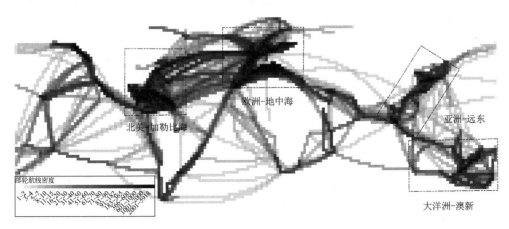

图6-10　全球邮轮航班密度的分布格局

（2）北半球的航运圈拥有更高的航班密度。加勒比海–墨西哥湾、地中海、美加东海岸等航运圈具有较高的航班密度，且最低航班密度也高于1000次/年，这部分航运圈均位于北半球。澳新地区是南半球航班密度最高的航运圈，但最高航班密度仍不足1000次/年，仅为814次/年。

（3）多数航运圈的航班密度较低。在32个航运圈中，有22个航运圈的最高航班密度低于 1000 次/年，数量占比为 68.8%。西亚阿拉伯半岛、夏威夷的最高航班密度为 709 次/年，冰岛–巴芬湾、南美东南海岸的最高航班密度则仅有 468 次/年。

三、航运圈等级类型

1. 航班密度与航运圈等级

基于邮轮航班在不同航运圈的密度值差异，本研究分别设定 3000 次/年、1000 次/年、500 次/年和 100 次/年作为阈值，对邮轮航运圈进行等级分类。研究显示，32 个邮轮航运圈可划分为高密度航运圈、较高密度航运圈、中密度航运圈、一般密度航运圈和低密度航运圈等 5 个等级。每个等级覆盖的航运圈数量差异较为明显；其中，高密度航运圈有 2 个，较高密度航运圈有 9 个，中密度航运圈有 5 个，一般密度航运圈有 10 个，另外还有 6 个低密度航运圈（表 6-7）。这种密度差异反映了全球邮轮航运网络的"核心"与"边缘"分异。

表 6-7　全球邮轮航运圈的等级结构

等级	数量/个	密度/（次/年）	邮轮航运圈
高密度航区	2	$D \geqslant 3000$	加勒比海–墨西哥湾、地中海
较高密度航区	9	$3000 > D \geqslant 1000$	西欧、西南欧、北美东海岸、阿拉斯加、美墨西海岸、东亚、东南亚、非洲西北、波罗的海
中密度航区	5	$1000 > D \geqslant 500$	澳新、夏威夷、西亚阿拉伯半岛、挪威–斯瓦尔巴群岛、南美东南
一般密度航区	10	$500 > D \geqslant 100$	冰岛–巴芬湾、大溪地、南美西海岸、非洲南部、南美南部、亚速尔群岛、澳大利亚南海岸、非洲西海岸、南亚、非洲东海岸
低密度航区	6	$100 > D$	俄罗斯北、五大湖–圣劳伦斯河、亚马孙河、非洲西南、俄罗斯东、澳大利亚西海岸

注：D 表示邮轮航班密度（次/年）。

（1）高密度航区：主要是指航班组织密度很高，超过 3000 次/年的航运圈。该类航运圈的数量较少，仅有 2 个，具体包括加勒比海–墨西哥湾和地中海。两个航运圈分别位于南北美大陆之间和亚欧非大陆之间，纬度范围在 12°N ~ 45°N。地中海、加勒比海–墨西哥湾为全球邮轮航运网络的核心部分，也是全球最重要的邮轮市场，分别是世界邮轮旅游发展的发源地与鼎盛之地。

（2）较高密度航区：主要是指航班组织密度较高，总体介于1000～3000次/年的航运圈。该类航运圈数量较多，达到9个，占比为28.1%。具体包括西欧、西南欧、北美东海岸、阿拉斯加、美墨西海岸、东亚、东南亚、非洲西北海岸、波罗的海等航运圈。多数航运圈分布在北半球，以北美和欧洲的航运圈居多，达到6个，占比为18.8%。这些航运圈在全球邮轮航运网络与市场格局中具有很重要的地位，是"核心"部分。

（3）中密度航区：主要是指航班组织密度较高，介于500～1000次/年的邮轮航运圈。该类航运圈的数量较多，达到5个；具体包括澳新地区、夏威夷、西亚阿拉伯半岛、挪威–斯瓦尔巴群岛、南美东南海岸等航运圈。除南美南海岸以外，其他航运圈均分布在北半球。这些航运圈在全球邮轮航运网络与邮轮旅游市场格局中具有较为重要的地位。

（4）一般密度航区：主要是指航班组织密度相对较低，但大于100次/年而小于500次/年的航运圈。该类航运圈的数量最多，达到10个，占比为31.3%。具体包括冰岛–巴芬湾、大溪地、南美西海岸、非洲南海岸、南美南海岸、亚速尔群岛、澳大利亚南海岸、非洲西海岸、南亚、非洲东海岸等航运圈。上述航运圈主要分布在人口稀疏地区，多为旅游目的地，为全球邮轮航运网络的"边缘"地域。

（5）低密度航运圈：是指航班组织频率稀疏的航运圈，航班密度小于100次/年。该类航运圈覆盖了6个，数量较多。具体包括俄罗斯北海岸、五大湖–圣劳伦斯河、亚马孙河、非洲西南海岸、俄罗斯东海岸、澳大利亚西海岸等航运圈。这些航运圈多位居内河流域或人口分布稀疏地区，为全球邮轮航运网络的"边缘"地区或"稀薄"地区。

2. 航运圈类型分异

1）港口系统与航运圈

各航运圈由不同的母港、始发港和挂靠港组成。港口职能结构的差异，反映了航运圈的地理属性差异（表6-8）。

（1）母港系统型航运圈：主要是指仅以母港为核心的航运圈。该类型的航运圈数量较少，仅有3个，数量占比仅为9.4%。具体包括夏威夷、北美东海岸和非洲西北海岸。

（2）始发港系统型航运圈：主要是指仅存在始发港的航运圈。该类型的航运圈数量较多，达到14个，数量占比为43.8%。典型航运圈包括南美西海岸、非洲西海岸、非洲西南海岸、南亚、澳大利亚南海岸等。

（3）母港-始发港型航运圈：主要是指同时包括以母港为核心的港口系统和以始发港为核心的港口系统。该类型的航运圈数量较多，达到 15 个，数量比重达到 46.9%，为主流类型。典型航运圈包括阿拉斯加、美墨西海岸、地中海、西欧、东亚和波罗的海等。该类航运圈有较为复杂的地理属性，包括客源地、旅游资源等，而且国家数量较多，地理范围较广。

表 6-8　基于空间系统的邮轮航运圈分异

类型	数量	邮轮航运圈
母港系统型	3	夏威夷、非洲西北、北美东
始发港系统型	14	南美西海岸、五大湖-圣劳伦斯河、亚马孙河、非洲西海岸、非洲西南、非洲南部、非洲东海岸、亚速尔群岛、冰岛-巴芬湾、俄罗斯北部海岸、南亚、俄罗斯东、澳大利亚西部海岸、澳大利亚南部海岸
母港与始发港组合型	15	阿拉斯加、美墨西海岸、加勒比海-墨西哥湾、南美南部、南美东南部海岸、地中海、西欧、挪威-斯瓦尔巴群岛、波罗的海、西亚-阿拉伯半岛、东南亚、东亚、澳新地区、西南欧、大溪地

2）海陆区位与航运圈

根据海陆区位的空间差异与地理属性，可将航运圈大致分为近岸型、海洋型和其他类型（表 6-9）。每类航运圈有着不同的地理环境。

（1）近岸型航运圈：主要是指分布在靠近大陆的海洋区域内，是海洋、陆地和岛屿的空间集合体。该类航运圈数量最多，达到 25 个，占比为 78.1%，成为主流类型。典型航运圈包括阿拉斯加、美墨西海岸、南美西海岸、东亚、加勒比海-墨西哥湾。该类航运圈具有相对稳定的海洋环境，形成客源地与旅游目的地的共存性。

（2）海洋型航运圈：主要是指分布在海洋中的航运圈，多为岛屿型航运圈。该类航运圈覆盖地域的人口较少，但旅游资源丰富或旅游资源特色突出，是典型的旅游目的地。该类航运圈数量较少，仅有 4 个，具体包括夏威夷、大溪地、冰岛-巴芬湾、亚速尔群岛。

（3）其他类型航运圈：主要是指邮轮航运圈位于大陆内部或大陆之间的内河湖库区域，具有相对的封闭性。该类航运圈数量较少，仅有 3 个，具体包括地中海、北美五大湖-圣劳伦斯河、亚马孙河。

邮轮航运网络的空间模式与发展机理

表 6-9　基于海陆区位的邮轮航运圈分异

类型	数量	航区
近岸型航运圈	25	北美东海岸、南美西海岸、非洲西海岸、非洲西南海岸、非洲南部、非洲东海岸、俄罗斯北部海岸、南亚、俄罗斯东海岸、澳大利亚西海岸、澳大利亚南海岸、阿拉斯加、美墨西海岸、加勒比海–墨西哥湾、南美南、南美东南、西欧、挪威–斯瓦尔巴群岛、波罗的海、西亚–阿拉伯半岛、东南亚、东亚、澳新、非洲西北、西南欧
海洋型航运圈	4	夏威夷、亚速尔群岛、冰岛–巴芬湾、大溪地
其他类型航运圈	3	地中海、五大湖–圣劳伦斯河、亚马孙河

第四节　单体邮轮的航运网络

一、分析框架

由于季节变化、市场淡旺季及企业资源的战略配置等原因，同艘邮轮的航行区域或海域并不是固定的，而是持续变化的或局部调整的。这需要考察单体邮轮在一定时间周期内的地理移动规律。基于此，本研究以案例分析的方式，借助单体邮轮的年度轨迹变化来分析邮轮航运网络的地理规律。单体邮轮的研究需要考虑样本案例的代表性。本研究从《伯利兹邮轮指南》的邮轮案例中，确定了样本选择的四个要素：完整性、稳定性、全球性和多样性。

（1）完整性：单体邮轮轨迹的完整性表现为船舶在一个时间周期持续航行。周期通常是一年，周期划分通常不是一年的 1 月到 12 月，而是 4 月或 5 月到次年的 4 月到 5 月（Charlier and McCalla，2006）。

（2）稳定性：邮轮的灵活性促使航行轨迹在不同周期内会发生变化，这对分析单体邮轮网络的季节性产生影响。因此，选择年度轨迹相对稳定的邮轮作为研究对象非常重要（Marti，2004）。

（3）全球性：注重强调邮轮轨迹的覆盖范围。邮轮应在全球范围内航行，停靠更多的港口，而不仅仅集中在少数区域。全球性的邮轮轨迹提供了分析不同区域季节性差异的空间基础。因此，邮轮应尽可能是环球航行的巨型邮轮（Charlier and McCalla，2006）。

（4）多样性：重点突出邮轮轨迹覆盖区域的差异。邮轮轨迹的分布区域应尽可能覆盖南北半球，覆盖不同经度和不同维度的航区（Marti，1990；Wood，2000；Rodrigue and Notteboom，2013）。

基于以上标准，本研究首先确定了邮轮运营商和相关船舶，包括公主邮轮、冠达邮轮、丽晶七海邮轮、P&O邮轮、世鹏邮轮、Azamara邮轮、银海邮轮的26艘船舶。其次，比较了近年内不同邮轮的轨迹数据，来确定哪些邮轮的年度轨迹更加稳定。经过筛选，最终确定了冠达邮轮旗下的"伊丽莎白女王号"为研究样本。该邮轮于2010年正式取代"伊丽莎白女王二世号"邮轮，成为海上连续航行超过360天的邮轮。"伊丽莎白女王号"的航行周期一般开始于每年的4~5月，结束于次年的4~5月。因此，本研究选择2019年4月中旬至2020年4月中旬作为一个完整的航行周期。

二、网络划分

"伊丽莎白女王号"邮轮于2018年4月从温哥华母港出发，历时一年环球航行，途经107个港口，次年4月返回温哥华。其中，年度轨迹覆盖了南半球的31个港口和北半球的76个港口，南半球与北半球的港口数量比例为1：2.5。邮轮连接了北美洲、欧洲、非洲、大洋洲、亚洲，横跨了大西洋、印度洋和太平洋，途经了阿拉斯加、加勒比海–墨西哥湾、西欧、波罗的海、非洲南海岸、东南亚等17个航区，但不涉及地中海、南美南海岸、西亚阿拉伯半岛等15个航区。主要航线包括29条，分别是阿拉斯加航线、北欧–波罗的海航线、澳大利亚–新西兰航线等（图6-11）。这反映了"伊丽莎白女王号"邮轮年度航行的全球化、覆盖区域的多样化特点。

1. 主干网络

"伊丽莎白女王号"邮轮的轨迹网络可分为主干网络和分支网络（Marti，2004；McCalla and Charlier，2006）。这表明单体邮轮的航运网络是存在主要航行路径和经营区域的，分支网络多为旅游目的地或区域性邮轮旅游圈，而主干网络串联这些不同的区域性邮轮旅游圈（图6-12）。

（1）南北半球比较：主干网络由53个港口组成，占轨迹网络覆盖港口总量的50%。主干网络在南北半球之间形成了覆盖港口数量的差异，其中南半球覆盖了15个港口，北半球覆盖了38个港口，南北半球的港口数量比例约为1：2.5，形成以北半球为主要停靠或旅游目的地的网络设置规则。这种格局与全球

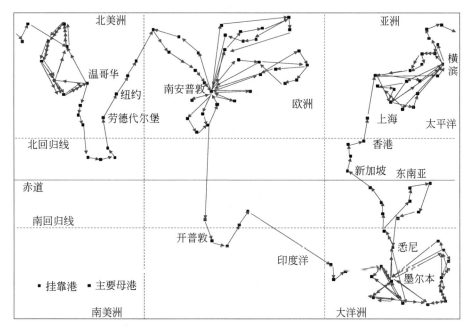

图 6-11 "伊丽莎白女王号"邮轮的年度轨迹网络

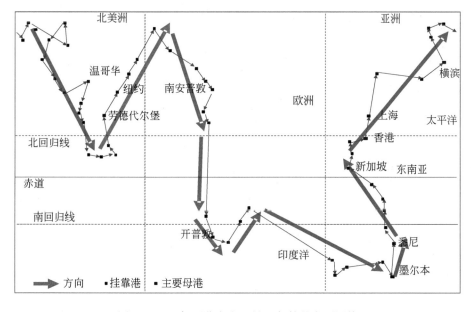

图 6-12 "伊丽莎白女王号"邮轮的主干网络

人口和经济分布格局大体相吻合。

（2）V形航运格局："伊丽莎白女王号"邮轮在全球范围内的移动，形成了由北半球到南半球、再由南半球到北半球的 V 形格局，南北跨度为 69°N ~ 45°S。这种曲折的移动路线与直线相比，体现了航行轨迹的多样性。从经度方向看，邮轮是自西向东航行，与地球自转方向一致。

（3）区段性航段：主干网络严格上说是主要的"线性"航行轨迹，"网络性"的空间内涵较弱，但"区段性"较为显著。根据海陆格局，主干网络大致形成北美西海岸、北美东海岸、西欧-非洲西部海岸、澳大利亚海岸、东南亚海岸等五个连续的航行区段。以此，主干网络实现了连通北美洲、欧洲、非洲、大洋洲和亚洲等五个大洲，跨越了大西洋、印度洋和太平洋等三个大洋。

2. 分支网络

"伊丽莎白女王号"邮轮的年度轨迹形成了 4 个分支网络。分支网络一般多为重要的邮轮目的地。其中，3 个分支网络分布在北半球，1 个分支网络分布在南半球，每个分支网络都具有典型的地域性。4 个分支网络的空间形态与组织模式具有显著的差异，充分表明了邮轮在不同区域轨迹网络的多样性（图 6-13）。

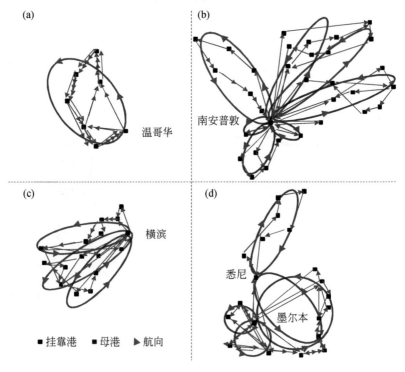

图 6-13　"伊丽莎白女王号"邮轮的分支网络

邮轮航运网络的空间模式与发展机理

（1）单核心循环网络：主要是指邮轮以单一母港为中心形成的循环轨迹网络。该分支网络主要位于北美的阿拉斯加航区，航程持续时间为 40 天。邮轮从母港温哥华出发，通过 7 个停靠港北向航行，最后返回温哥华，往返行程约 7 天。该分支网络具有典型的极地旅游特色，为阿拉斯加邮轮旅游圈，高纬度寒地与冰雪是旅游主题。

（2）单核心辐射网络：主要是指邮轮以一个母港为中心，停靠大量的挂靠港，形成多个由中心外向辐射的区域网络。该分支网络主要分布在欧洲，航行持续时间较长，达到 87 天。邮轮以英国南安普敦母港为中心，停靠了 31 个挂靠港，形成了 9 条差异化的往返航线。每条航线的平均时间是 5 天左右。该分支网络具有典型的温带性特色，为西欧邮轮旅游圈。

（3）单核心扇形网络：主要是指邮轮以一个母港为中心，外向辐射形成的扇形网络。该网络主要分布在东亚航区，持续时间为 35 天。邮轮以日本横滨为母港，停靠 16 个挂靠港，形成 6 条往返航线。横滨港位于日本本州岛东海岸，与西北或西南方向的其他邮轮港口形成航线联系，这是该区域网络呈现扇形的主要原因。该分支网络具有典型的温带性特色，为东亚邮轮旅游圈。

（4）多核心扩展网络：主要是指邮轮以区域内的多个母港为中心，停靠区域内的多个挂靠港，形成多核心分支网络。该网络主要分布在澳新航区，航行持续时间为 81 天。邮轮以悉尼、墨尔本为母港，形成了 17 条往返航线。该分支网络具有典型的多气候性和跨自然区域性，是一个主题多元化、体验丰富化的邮轮旅游圈，为澳新邮轮旅游圈。

三、航运网络与气候带

1. 气候带分布

根据全球气候带的分布，本研究将邮轮轨迹网络所覆盖的港口划分至相应的气候带，分析轨迹网络与气候带的空间关系。"伊丽莎白女王号"邮轮的年度轨迹网络分布在 10 个气候带内，包括温带海洋性气候带、地中海气候带、温带大陆性气候带、温带季风气候带、亚热带季风性湿润气候带、热带雨林气候带、热带季风气候带、热带草原气候带、热带沙漠气候带和极地气候带。

各气候带内的邮轮港口数量不同。"伊丽莎白女王号"邮轮在温带海洋气候带内停靠的港口数量最多，达到了 45 个，占港口总数的 42.1%。分布在亚热带季风湿润气候带内港口有 20 个，占比为 8.7%。地中海气候带内有 14 个港口，占比 13.1%。上述 4 个气候带所覆盖的邮轮港口数量占港口总数的 63.9%，这表明"舒适的温度"是邮轮旅游的自然属性，邮轮航运网络具有自然地理特性。

邮轮轨迹网络虽然经过了 10 个不同的气候带，但有 5 个气候带属于温带气候带，包括温带海洋气候带、地中海气候带、温带大陆性气候带、温带季风性气候带和亚热带季风性湿润气候带。这些气候带内的港口数量占比达到了 81.3%。另外，热带雨林气候带、热带季风气候带、热带草原气候带和热带沙漠气候带 4 个气候带属于热带气候带，同时还有一个极地气候带（图 6-14）。这些气候带内的港口数量仅占港口总数的 18.7%。由此可见，"伊丽莎白女王号"邮轮的轨迹网络虽然涉及多气候带，但主要集中在温带气候带。

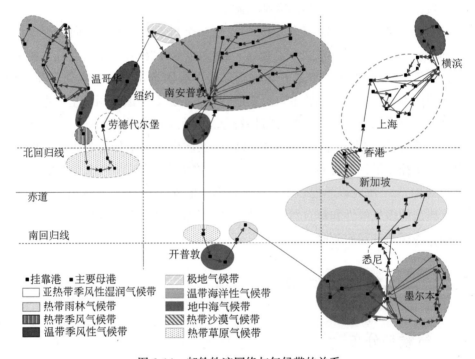

图 6-14 邮轮轨迹网络与气候带的关系

2. 气候带差异

根据"伊丽莎白女王号"邮轮在不同气候带内航行的季节、月份及持续时间，本研究进一步将 10 种气候带划分为 3 种类型（表 6-10）。

（1）主要气候带：主要是指邮轮停留时间较长的气候带。温带海洋性气候带、亚热带季风性湿润气候带和地中海气候带是邮轮停留时间较长的 3 个气候带，特别是温带海洋性气候，持续了 6 个月的时间。"伊丽莎白女王号"在这些

邮
轮
航
运
网
络
的
空
间
模
式
与
发
展
机
理

气候带内停留的时间占到了航行总时长的 70%，并形成了 4 个区域性的分支网络。

表 6-10 邮轮轨迹网络分别与气候带、季节、月份的对应关系

网络	气候带	季节属性	月份属性	港口	类型
支线	温带海洋性气候带	春、夏、秋	5、6、8、9、12、1、2	45	主要
	亚热带季风性湿润气候带带	春、夏	2、3、4、5、7	20	
	地中海气候带	夏、秋	6、9、11、12、1	14	
干支线	热带雨林气候带	夏	2、3、11	11	过渡
干线	温带大陆性气候带	夏	7	5	次要
	热带季风气候带	夏	3	2	
	温带季风气候带	春	5	3	
	热带草原气候带	夏	7 或 11	5	
	极地气候带	夏、秋	7 或 8	2	
	热带沙漠气候带	夏	7	1	

（2）次要气候带：主要是指邮轮停留时间较短的气候带。这些气候带主要是热带和极地气候带，包括热带季风气候带、热带草原气候带、极地气候带、热带沙漠气候带、温带季风气候带和温带大陆性气候带。邮轮多在夏季通过这些气候带，且停留时间较短，一般少于 1 个月，在每个气候带内停靠港口的数量通常为 2～3 个。

（3）过渡气候带：主要是介于主要气候带和次要气候带之间的类型。该类型的气候带主要是印度尼西亚的热带雨林气候带。这里气温高，常年皆夏。邮轮在南北半球之间航行时，必然要经过这个气候带，但它不会在该气候带内停留很长时间。因此，热带雨林气候带是一种必要的过渡类型。

第七章
邮轮航运网络形成发展的影响因素

任何地理格局、地理规律与地理模式的形成与发展都具有特殊的机理机制。机理是指事物变化的理由或道理，是为实现某一特定功能，一定的系统结构中各要素的内在工作方式及诸要素在一定环境条件下相互联系、相互作用的运行规则和原理。因素是影响甚至决定邮轮航运网络产生、发展及运行的原因或条件。影响因素是一个复杂的体系，覆盖各领域、各尺度，其作用方式、强度及实施途径也形成显著差异。各要素分别自成系统，都有特定的运行机制，影响地理系统的性质、功能及格局。邮轮航运网络组织必须建立在各种因素的综合作用上，以一定的运作方式把邮轮港口、邮轮航线和邮轮企业等各部分联系起来。

本章主要分析邮轮航运网络形成发展的主要影响因素。影响邮轮航运网络形成、发展的因素具有多样性、复杂性和综合性特征，分为海向因素和陆向因素，同时形成宏观、中观和微观等尺度上的分异。这些因素以独立或相互作用的形式，从不同的要素维度、空间尺度对邮轮航运网络产生促进或限制等驱动作用。自然地理环境涉及了气温、季节、旅游资源和岸线岛屿；港航设施因素覆盖港口泊位、航道水深、城市交通与游客集散、区域交通网络与客源腹地；技术进步则涉及了邮轮大型化、邮轮企业与资源整合等。政治制度因素包括地缘政治关系、出入境便利性；经济发展因素包括区域经济总量与居民收入、客源腹地与依托城市、码头与城市区位、综合配套与功能；邮轮文化因素包括旅游文化、休假时间；航运规则包括夜行昼泊规则与方便旗制度等。新冠疫情是近年内的突发性因素，对邮轮航运网络组织形成巨大冲击。

第一节 邮轮网络的影响因素

一、影响因素的构成

以休闲服务为核心的邮轮航运网络融合了航运、旅游、港口等多重属性（孙晓东和冯学钢，2012；孙晓东，2014），这促使其形成和发展的驱动因素更加复杂多样。

邮轮航运网络是由港口、航线及航运联系构成。McCalla（1998）指出，影响邮轮航运网络的因素大致包括位置和区位两种，位置主要是指港口条件和港口基础设施方面，而区位则是包括潜在游客市场、目的地和游客吸引物等。Jordan（2013）将影响因素分为四个维度，分别是港口服务和水运基础设施，旅游产品、服务和旅游基础设施，目的地基础设施，政策条件。作为一种运输网络，邮轮航运网络与集装箱、干散货等货运网络相比，有共性的影响因素，包括港口水深、港口集疏运条件、港城关系、技术规范等（王成金，2008；郭建科和韩增林，2010；王列辉等，2019）。但自身特殊性与多重交叉属性，又决定了邮轮航运网络受气候、海域条件、腹地经济发展水平、陆岛港口、运营企业、航线组织、环境约束、政策制度、地缘文化等一系列因素的影响（李豫新和工笛旭，2014）。

通过上述分析与总结，本研究认为影响邮轮航运网络形成、发展的因素具有多样性、复杂性和综合性。这些因素归纳起来主要包括：自然环境、航线组织、港口组合、海陆格局、邮轮企业、港口设施、港口管理、港口城市、腹地经济、客源市场、消费者偏好、港口集疏运、旅游资源、地缘政治、政策规制、区域文化、技术支撑、环境约束等。这些因素以独立或相互作用的形式，从不同的要素维度、空间尺度对邮轮网络产生促进或限制等驱动作用（图7-1）。

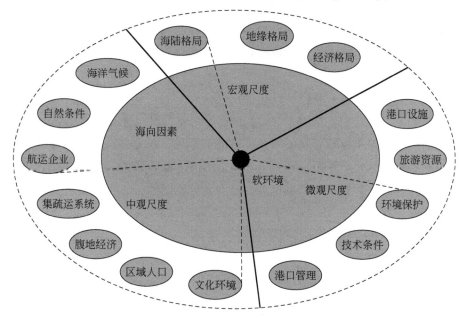

图 7-1　邮轮航运网络的影响因素框架

部分因素在各类航运网络的形成发展中均发挥重要作用，为一般性因素，如经济格局、港口设施、航运企业、基础设施等。影响邮轮航运网络的特殊因素主要包括人口格局、旅游资源、港口气候、文化环境等，基于其特殊属性，通过影响游客的旅游需求、景点的吸引力和可进入性等作用于邮轮航运网络格局及组织模式。特殊因素在海陆向属性和空间尺度上也形成了一定的逻辑规律。

二、影响因素分类

1. 空间属性

邮轮航运网络同时涉及港口腹地、港口的陆域范围及海洋。按照空间属性，借鉴 Hoyle（1989）的理念，邮轮港口和邮轮航运网络形成发展的影响因素分为海向因素和陆向因素。由于邮轮港口是海陆交汇区域的空间实体（王成金，2012），海陆双向的空间属性要素是围绕港口节点这个中心展开，并主要包括海陆两个方面。

（1）海向因素：主要是在海域空间内对邮轮港口和邮轮航运网络组织发挥作用的因素，重点包括海洋气候、洋流、航道等自然环境，以及港口组合、海陆格局、邮轮企业等要素。

（2）陆向因素：主要是在陆域空间内对邮轮港口和邮轮航运网络产生作用的因素，重点包括港口设施、港口管理、港口城市、腹地经济、客源市场、消费偏好、港口集疏运、旅游资源、地缘政治、政策规制、区域文化、技术支撑、环境约束等。

2. 尺度划分

空间尺度是界定地理要素空间系统边界的标尺，是人文地理学解释问题、分析成因不可或缺的科学手段。同一个地理现象或科学问题在不同尺度的解构下，会具有差异化的主导因素和影响机理。结合各因素的特征，本研究将其归为 3 个空间尺度（图 7-2）。

（1）宏观尺度：主要包括海陆格局、地缘政治、自然环境、政策规制、区域文化、环境约束等。这些因素主要从全球尺度、洲际尺度对邮轮港口布局建设和邮轮航运网络组织格局的形成发展发挥作用。

（2）中观尺度：主要包括港口组合、航线组织、港口城市、腹地经济、客源市场、消费者偏好、陆路集疏运、旅游资源、邮轮企业等因素。这些因素主要从国家尺度或区域尺度对邮轮港口建设与邮轮航运网络组织产生影响。

（3）微观尺度：主要在邮轮码头地域内产生影响的因素。重点包括技术支撑、港口设施、港口管理、邮轮船舶等因素。这些因素在港口、邮轮船舶及运营管理层面形成了关键性的作用。

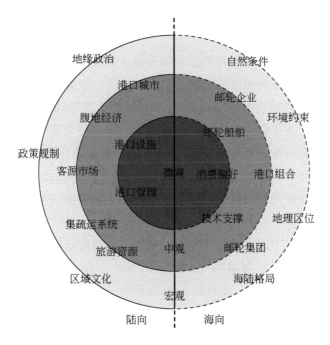

图 7-2　邮轮网络的驱动因素划分

第二节　地理环境与港口设施

一、自然地理环境

1. 海洋气候环境

海洋气候环境主要是指海洋的自然气候及其动态变化情况，包括气温、季节、风带等（唐涛和吴晓，2006），成为影响航运条件的重要因素。

1）气温

邮轮航运网络在不同海域的分布具有明显的非均衡性，而且存在显著的时空变化规律。这种空间尺度上的静态和动态变化，最核心的因素是气候与气温，因为气候与气温是造成人体舒适度变化的关键变量（曹永强等，2016；孔钦钦等，2015；孙美淑和李山，2015）。

丰富的气候类型带来不同自然景观的形成，是区域旅游资源异质性产生的基础。良好的气候条件成为重要的旅游吸引力，热带、亚热带气候条件更加适合邮轮旅游活动，这是加勒比海和地中海成为世界邮轮旅游活动密集地区的重要原因。加勒比海属于热带海洋性气候，全年高温，这促使加勒比海成为北半球冬季主要的旅游和度假胜地。地中海为地中海气候，夏季炎热干燥，冬季温和多雨，适合全年旅行。适合一年四季邮轮旅游活动的气候还有新加坡所处的东南亚热带多雨气候。各地气候互补提供了适宜邮轮航游的全年环境，促使不同时段的邮轮活动密集区发生转移。

由于地球形状、不同海域自然地理的差异，各海域间的温度差异显著。中低纬度地区尤其是赤道附近海域的气温可达到 30℃，而靠近两极的高纬度区域低于 0℃。除极地探险邮轮外，多数邮轮航班集中分布在 10～28℃温度的海域内。该温度范围的邮轮航运网络有随时间变化而在空间上不断迁移的特征。可见，舒适的温度是邮轮航班组织的前提条件。

2）季节

季节是邮轮航运网络的特殊影响因素，不同季节旅游舒适度、景观和景点可进入性均会存在差异。邮轮旅游受季节的影响显著，季节寒冷或炎热都会对邮轮航线组织和航班设置产生影响。对于区域性邮轮航运网络，邮轮旅游随季节变化而形成旺季与淡季的分异，邮轮航线因此而进行调整。冬季是加勒比海邮轮旅游的旺季，而夏季是地中海邮轮旅游的旺季。依赖自然旅游资源吸引游客的国家和地区，旅游接待量的季节性波动较大；主要依靠人文旅游资源吸引游客的国家和地区，旅游接待量的季节性波动较小。四季分明的国家和地区，接待游客的波动量比较大；四季不太分明的国家和地区，接待游客量较为稳定。

2. 旅游资源分布

1）旅游资源

丰富的旅游资源是吸引游客的最大因素，也是发展邮轮航运必须考虑的因素。旅游资源主要是指港口所在城市及腹地的历史遗迹、自然景观、岸上娱乐项目等资源（Dowling and Mao，2017）。旅游资源对邮轮航运网络的影响主要通过提升邮轮目的地的吸引力，来增加邮轮的靠泊数量、游客游览量及滞留时间，从而影响邮轮航运网络结构（Chen et al.，2015）。这种吸引力的形成主要来自于腹地旅游资源的分布格局、数量、质量及到港口的距离。尤其是挂靠港所在地区往往旅游资源丰富、人文风光独特。世界遗产地、国家级风景名胜区、历史文化名城等往往有较高的吸引力，对邮轮旅游有重要的推动作用。母港与挂靠港的景观差异越大，对游客的吸引力越大，对航运联系的正向促进作用越强。如澳大利亚的温德姆、格莱斯顿、杰拉尔顿，新西兰的布拉夫、纳皮尔，巴西的图巴朗、马塞约、纳塔尔，智利的科金博、伊基克等。

根据与港口码头之间的距离，可以将旅游资源分为近港型、港口城市型和内陆腹地型。

（1）近港型：主要是指旅游资源分布在邮轮码头附近，通常在2千米范围内，不需要借助交通工具即可到达。许多邮轮港口有着大量的近港型旅游设施，尤其是母港更如此。成熟母港的岸上普遍分布着200~400个风景文化设施点和3~4个风景文化设施聚集中心，纽约曼哈顿母港的风景文化设施数量达768个，巴塞罗那母港达到637个，迈阿密母港形成7个设施聚集中心。如上海吴淞口邮轮港附近的吴淞炮台湾湿地森林公园、宝山湿地公园、淞沪抗战纪念馆等；上海国客码头附近的外滩景点、黄浦公园、东方明珠等。

（2）港口城市型：主要是指旅游资源分布在港口城市，通常需要借助公共交通作为集疏工具。邮轮靠港后，有8个小时的陆上观光时间，形成陆上一日旅游线路。长崎港靠港后，有10个小时的岸上旅游时间，到达景点包括长崎市内的平和公园、眼镜桥景点及部分购物商场。

（3）内陆腹地型：主要是指旅游资源分布在港口腹地，需要借助长途汽车甚至铁路才能到达景点。在阿拉斯加的安克雷奇港，有1周时间可进行腹地深度旅游，前往麦金利山、丹奈利并北上到费尔班克斯。这类航线在西欧、地中海、东亚、澳新等航区均有分布。

2）海滩岛屿

漫长的海岸线是发展邮轮旅游的加分项，也是邮轮港口建设的有利条件之一。在国家海岸线长度中，印度尼西亚的海岸线总长 8.1 万千米。许多邮轮港口城市往往有着漫长的海岸线，尤其有着优质的沙滩。迈阿密母港周边有世界著名的迈阿密南海滩，巴塞罗那母港周边拥有景色秀丽的金色海岸，悉尼母港周边具有世界著名的邦迪海滩，这是邮轮旅游开展的重要资源基础。

海域分布有众多的岛屿、群岛和岛链，有利于塑造更多的邮轮目的地。连续分布的岛链或群岛为邮轮航行提供了更多可靠泊的港口，为邮轮旅游提供了多样化的旅游资源，促进了邮轮航运网络的复杂性与邮轮市场的繁荣性。巴利阿里群岛和加那利群岛是欧洲顶级的邮轮旅游目的地，加勒比海的岛屿也分布着热门的邮轮挂靠港。岛屿对邮轮业的重要性导致大型邮轮公司购买加勒比地区的私属岛屿（Weaver，2005）。

二、港航设施

1. 港口基础设施

1）港口泊位

码头条件是邮轮港口基础设施的关键部分，包括泊位等级与水深、停泊设施、加油和供水设施等（Dowling and Mao，2017）。港口码头的自然条件与技术设施水平一定程度上决定了邮轮港口的竞争力。码头设施越完善，港口竞争力越高，对邮轮和游客及邮轮企业的吸引力也就越大，入驻的邮轮企业会更多，靠泊的邮轮数量就会增加，港口的邮轮航线更加多元化，从而影响邮轮航运网络的空间格局。

港口码头条件与港口的职能类型具有一定的对应关系。母港和始发港的码头设施相对完善，除岸前水深、航道等水域条件以外，通常具有满足大型甚至巨型邮轮的靠泊后所必需的乘客集散、能源和物料供给等设施条件与功能。建设国际化的母港需要设立专门的邮轮码头，通常需要建设超过 1000 米的完整岸线，提供 3～5 个或以上的邮轮泊位。而挂靠港通常无法满足这些技术和条件。

泊位数量决定了港口同时处理多艘邮轮靠泊的能力（Marti，1990）。泊位数量越多，可同时靠泊邮轮的数量也会越多，港口更容易成为邮轮航运网络的关键节点。从港口职能类型看，母港的泊位数量更多，始发港和挂靠港较少（图 7-3）。在本研究中，平均母港的邮轮码头为 2.4 个，平均泊位数量为 5.8 个，有 12 个母港的泊位超过 10 个；其中，迈阿密、劳德代尔堡港的泊位超过了 20 个，巴塞罗那港有 9 个泊位，新加坡滨海湾母港有 8 个。始发港的平均码头数量为 1.3 个，仅有 25 个始发港超过 2 个，占始发港总量的 26.6%；平均泊位数量不足 2 个，约为 1.9 个。除个别港口以外，多数挂靠港的码头和泊位数量相对较少。

从岸线的角度来看，目前世界最大的邮轮"海洋和悦号"长度为 362 米，随着邮轮大型化，太小的泊位逐渐被淘汰，母港至少配置一个 400~450 米的泊位，以满足全球最大邮轮的停靠，此外还需要 300~400 米的泊位满足其他长度的邮轮。

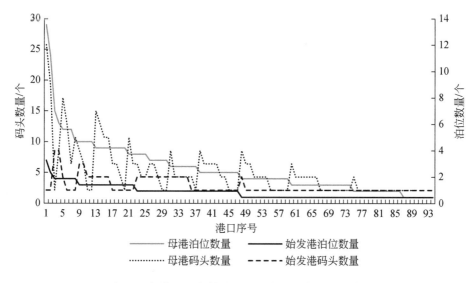

图 7-3　邮轮母港与始发港的码头和对应泊位的数量

2）泊位航道水深

水深条件是邮轮港口发展的重要基础（Dowling and Mao，2017），包括泊位前沿水深和航道水深。20 世纪以来，邮轮平均尺寸呈现指数式增长，对港口水深提出了一定的要求，当前邮轮吃水深度介于 5~10 米，"玛丽皇后 2 号"吃水深度最大，为 10.3 米。母港的最大泊位水深适宜为 12~13 米，北美地区常见泊位水深有 12 米左右（表 7-1）。码头还需要留出一定的安全裕度，因此最小水深比实际挂靠船舶吃水更大。亚太地区 70% 的邮轮吃水在 7~9 米。多数邮轮母港具有良好的水深条件，注重容纳巨型邮轮的码头建设，平均深度达到 11 米。中国邮轮母港的泊位等级多在 10 万吨以上，最大停泊能力达 22.7 万吨级，上海吴淞口、广州南沙、深圳蛇口、青岛、大连、三亚凤凰岛、连云港等邮轮港均建有 20 万吨级以上的邮轮码头。邮轮在挂靠港则容易受到水深限制，如马来西亚的古晋港和新西兰的岛屿湾等，部分大型邮轮需要在港口外停靠下锚，通过摆渡船将游客运送到港口。

表 7-1　北美地区主要邮轮母港水深情况

港口	水深/米	港口	水深/米
迈阿密	12.80	纽约	12.20
埃佛格雷兹	12.80	巴尔的摩	15.20
卡纳维拉尔	11.89	波士顿	10.67
坦帕	12.50	加尔维斯敦	13.70
杰克逊维尔	11.60	休斯敦	11.89
洛杉矶	13.70	新奥尔良	12.20
长滩	12.80	费城	12.20
圣地亚哥	12.10	西雅图	21.00
旧金山	12.20	温哥华	18.00

2. 集疏运可达性

完善的交通网络是邮轮港口发展的重要基础，这取决于连接港口的铁路、公路、地铁和航空等交通状况（夏海斌等，2006）。乘客到母港或始发港的交通便利性，主要区分本地乘客和外地乘客两类，前者主要依靠公路、轨道交通等近距离运输方式，而后者通常需要铁路或飞机等长距离运输方式（图 7-4）。

1) 城市交通与游客集散

这主要是指邮轮港口与城市内部的交通联系。成熟的母港往往紧挨或靠近市中心，游客在 4 千米（6 分钟车程）内快速到达周边的各类服务中心，在 8 千米（15 分钟车程）内快速到达周边最大的公共服务中心，8 小时内逛完城市大部分景点和购物娱乐场所。欧美邮轮港口往往具有完善且多样化的集疏运条件，包括公路、城市铁路等，交通工具包括大型巴士、出租车和地铁等，以公共交通为主，兼顾个体交通和其他交通。尤其是母港周边往往有密集的道路网。国际上成熟母港的交通接驳方式普遍为 6~11 个，实现游客在邮轮港口、市区及对外交通枢纽的连通与集散。值得关注的是，中国邮轮港口多处于城市新城区，交通设施

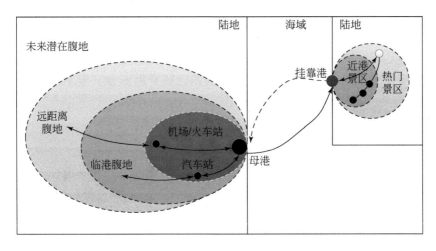

图 7-4　邮轮母港及挂靠港的集疏运过程

普遍不完善（图 7-5）。

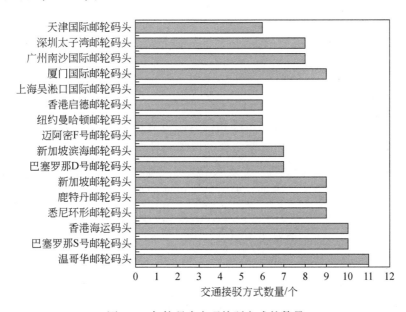

图 7-5　邮轮码头交通接驳方式的数量

（1）地铁-邮轮模式：通过快速大容量的地铁或轻轨连接邮轮港口。悉尼、鹿特丹、巴塞罗那 S 号、新加坡、厦门、深圳、广州等地的邮轮码头 1 千米内分布有 1~3 个地铁站点，鹿特丹、悉尼、温哥华、厦门等地邮轮码头与最近地铁站的距离在 0.4 千米内，实现了"邮轮+地铁"的无缝衔接。

（2）公交-邮轮模式：公交站点数量多在一定程度上反映了周边拥有更丰富

的公交线路，方便到达城市的各区域。大众化公共交通是发达国家邮轮港口的重要集散方式，围绕邮轮港口尤其是码头布局许多公交站点。有的邮轮码头 1 千米内分布有 11~20 个公交站点，鹿特丹母港 1 千米内分布有 12 个有轨电车站点，有的邮轮码头拥有 30 个以上公交站点，例如巴塞罗那 S 号、温哥华、悉尼和纽约等邮轮码头，香港海运码头高达 42 个。

2）区域交通与客源腹地

母港与其他地区形成综合性的交通网络，包括铁路、公路及航空。始发港也具备较好的集疏运条件，但便利性不及母港（表7-2）。邮轮港口与航空、高铁、地铁等运输方式的无缝衔接，可有效扩大港口的客源腹地范围，增强港口辐射能力，提高邮轮航线、航班资源的吸引能力。根据其他交通方式与邮轮港口的衔接差异，可大致分为如下类型。

表7-2　不同职能港口的集疏运系统

港口	城市轨道	公路	高速公路	铁路	航空
母港	√	√	√	√	√
始发港	√	√	√		√
挂靠港		√		√	

（1）航空–邮轮模式：迈阿密邮轮码头附近有两大机场，是美国连接拉丁美洲、欧洲的重要枢纽；樟宜机场距离新加坡邮轮母港 23 千米，是亚洲重要的航空枢纽，每星期有近 7400 次航班。上述城市实现"邮轮+飞机"的衔接组织模式。

（2）高铁–邮轮模式：香港、鹿特丹、巴塞罗那、厦门等地的邮轮码头距离最近的主要高铁站不到 10 千米，其中香港海运码头离西九龙高铁站只有 1.4 千米，实现"邮轮+高铁"衔接组织模式。

（3）铁路–邮轮模式：部分邮轮码头与火车站的距离在 10 千米范围之内，香港（旧港）、温哥华、纽约、迈阿密、巴塞罗那 S 号、鹿特丹、悉尼等邮轮码头离火车站不到 5 千米，实现"邮轮+火车"的衔接组织模式。

三、技术进步

1. 交通技术革新

邮轮是集交通运输、休闲娱乐、酒店住宿等于一身的综合体（Dowling，

2006；Dowling and Mao，2017）。随着技术进步，邮轮各项性能均显著提高，形成巨型化、功能多样化、主题化等发展趋势，邮轮成为高技术、高附加值、高可靠性的"三高"船舶，代表了造船业的最高水平（Ioannis，2017）。技术进步对邮轮航运网络的影响主要体现在两方面。

（1）船舶技术的快速发展促使邮轮动力系统的不断升级，这提高了航行速度，拓展了航线行使里程。2000 年之前建造的邮轮航行速度一般为 35～37 千米/小时，如"AIDAcara 号"的最大航行速度为 37 千米/小时；2000～2010 年建造的邮轮航行速度一般为 40 千米/小时；2010 年之后建造的邮轮，航行速度 43～44 千米/小时。在既定时长下，航行速度提高可以促使邮轮航行至更远的港口，改变航线中的港口组合和邮轮航运网络结构。

（2）技术发展的另一个表现是邮轮大型化。邮轮平均吨位从 1987 年的 1.61 万吨增长到 2016 年 6.25 万吨，最大邮轮吨位已经达到 22.5 万吨，承载能力与吃水深度不断提高。10 万吨级邮轮的旅客和员工人数分别为 2600 人和 1100 人，而 22.5 万吨级邮轮的旅客和员工人数分别为 5500 人和 3200 人。船舶大型化影响了船舶的挂靠港选择、航线长度、组织模式及航运区域选择等行为，促使航运网络不断演化。大型邮轮更适合在大陆近洋甚至远洋航行，可以跨越大洋连通不同区域的航运网络。随着大型邮轮、超大型邮轮数量的增长，邮轮航运网络在近洋海域的集聚格局会进一步增强。邮轮大型化对港口码头、航道及水深等方面的要求会提高；对于中小型泊位，大型邮轮无法靠泊，导致邮轮网络格局变化。值得的关注的是，邮轮大型化为离大陆较远的岛屿的挂靠提供了条件，例如法属波利尼西亚和夏威夷群岛等岛屿因此而成为特色邮轮目的地。邮轮大型化增加了船上的空间，有利于布置更多的客房和充足的公共场所，塑造更高的邮轮吸引力（Dowling and Vasudavan，2000）。

2. 邮轮企业与资源整合

1）横向规模扩张

邮轮船队的规模化主要通过两个方式来实现。一是自购新船，邮轮企业在原船队的基础上，订造新的邮轮，以扩充船队。二是实施横向一体化，邮轮企业通过资本运作，兼并、收购其他邮轮企业，获得更多的邮轮运力资源。该方法可在短期内快速扩大船队规模，并构建起邮轮航运网络，形成邮轮行业的垄断格局。两种方式在邮轮行业均被采用。以兼并、收购形式的船队规模化发展集中发生在20 世纪末到 21 世纪初，形成了嘉年华集团、皇家加勒比集团、诺唯真集团等邮轮集团。船队规模的扩大可让邮轮企业在全球不同航区进行扩张，建立覆盖范围更广的邮轮航运网络，丰富了航线旅游产品，实现了范围经济。

2）纵向资源整合

邮轮企业为了建立更加高效的邮轮航运网络，向产业上游或下游延伸，包括港口服务、目的地旅游、航空交通等，提供多样化的服务，以获得更高的收益。

（1）港航游模式：部分邮轮企业开始将航运、码头经营与目的地经营相整合起来，形成港航游模式。嘉年华邮轮、皇家加勒比邮轮等在加勒比海购买或租赁了私属岛屿，建造专用码头为自有邮轮提供挂靠服务，建设休闲娱乐、餐饮住宿等设施，实现"港航游一体化"发展。嘉年华公司在玛雅港、大特克岛、桃花心湾（洪都拉斯）、琥珀湾（多米尼加）、长滩（美国）及半月礁和公主礁经营专属码头。

（2）飞航模式：许多邮轮企业将服务网络延伸到客源地。通过提供旅游机票，以较低价格的机票吸引距离母港或始发港更远腹地的乘客体验邮轮游。这种绑定机票与船票的形式，形成了"飞航模式"。该模式促进了邮轮长航线、单向航线的发展。

第三节　政治制度与经济因素

一、政治因素与制度约束

1. 地缘政治关系

邮轮作为一种特殊的国际旅游形式，在国家层面必然受到地缘政治因素的影响。国家间的友好关系与开放程度是影响邮轮航运网络布局的重要因素。

（1）基于地理性、共同利益和政治背景而形成的区域性合作组织、国家联盟提高了国家间互利互惠水平和开放程度，为区域性邮轮航运网络构建奠定了良好基础。从全球来看，区域性的国家联盟、合作组织包括欧盟、美洲国家组织、东盟、南亚区域合作联盟、阿拉伯合作委员会、南部非洲共同体、加勒比国家联盟等（表7-3）。这些联盟或组织对营造和维系区域性的国家间友好关系提供了制度框架（张毓诗，2007）。

表 7-3　部分区域性的国家联盟与合作组织

名称	国家	航运圈网络
美洲国家组织	美国、墨西哥、加拿大、巴巴多斯、巴哈马等34个	北美东海岸、美墨西海岸等
欧洲联盟	德国、法国、意大利、希腊、西班牙等27个	西欧、地中海等
东南亚国家联盟	新加坡、柬埔寨、越南、马来西亚、菲律宾等10个	东南亚
南亚区域合作联盟	印度、马尔代夫、斯里兰卡、巴基斯坦等8个	南亚
阿拉伯合作委员会	埃及、约旦、伊拉克、也门4个	西亚-阿拉伯半岛
南部非洲共同体	南非、莫桑比克、安哥拉、马达加斯加等16个	非洲南海岸、非洲东海岸
加勒比国家联盟	安提瓜和巴布达、巴巴多斯、伯利兹、古巴等25个	加勒比海-墨西哥湾

（2）国家间紧张的双边关系甚至对立冲突等，阻碍了邮轮航运网络的构建。美国与古巴自 1961 年因政治危机而断交，长期以来加勒比海邮轮网络缺少美国到古巴港口的航线；2014 年 12 月，美国恢复与古巴的外交关系，2016 年美国批准嘉年华公司可以提供美国到古巴的邮轮旅行，哈瓦那成为加勒比海-墨西哥湾的母港和停靠港。

（3）国家间的特殊关系，对少数国家主导的区域性邮轮网络产生了重要影响。加勒比海-墨西哥湾的邮轮航运网络最为典型。在该航区，大部分岛屿国家（地区）与美国形成了特殊的伙伴关系。美国与该区域的岛屿国家（地区）的特殊地缘关系（江时学，1992），为美国在该区域的邮轮航运网络构建提供了主导性。

2. 出入境便利性

通关政策指的是国际邮轮游客进出境联检手续的办理政策，如免签、落地签、电子签证、过境免签等。邮轮旅游被认为是旅游全球化的典型代表。无论是航程较长的环球航线，还是集中在某一区域的短航线，多数邮轮航线都意味着地理边界、国家边界的跨境问题。因此，邮轮乘客的岸上活动与港口国家的出入境管理密切相关。

出入境管理在不同国家或地区会由不同部门或单位负责（Testa，2002）。由于国家间的互惠程度不同，一国对其他国家的签证政策形成了较大的差异性，这使得本国居民进入他国和他国居民进入本国的便利性可能不同。便捷的签证政策是邮轮在不同国家港口的靠泊及乘客入境的基础。从邮轮航运网络覆盖的国家来看，多数国家的出入境实行免签或落地签两种方式。日本、新加坡、德国和韩国等发达国家的居民，通过免签或落地签的方式可以去全球 77% 以上国家，但这些国家对其他国家的入境免签政策却显著不同，如入境日本可以免签的国家仅有67个；入境美国可免签的国家包括韩国、新加坡、英国及申根国家（波兰除外）等共38个；入境英国可免签的国家包括欧盟国家及美国、新加坡等39个；入境加拿大可获得免签的国家包括西班牙、德国、美国等56个（表7-4）。这种签证便利化的非对称格局与母港（客源地）、挂靠港（目的地）在不同发展水平国家间的分布格局形成了明显的对应关系。

表7-4　2019年部分国家的免签或落地签情况

国家	入境免签国家	国家	入境免签国家数量	国家	入境免签国家
日本	191	丹麦	187	挪威	185
新加坡	190	法国	186	美国	184
德国	189	爱尔兰	186	英国	184
韩国	189	荷兰	186	加拿大	183
芬兰	188	葡萄牙	186	澳大利亚	183
意大利	188	瑞典	186	新西兰	183
西班牙	188	比利时	185	中国	74

加勒比海邮轮航运网络规模大、航班密度高的重要原因在于多数岛屿国家对美欧国家的邮轮乘客实行免签或落地签，尤其是对美国持开放政策。多数国家对美国有一定时长的免签政策，持美国护照最长免签时长可达180天（表7-5）。在免签政策的保障下，美国游客前往加勒比海各国旅游的程序简单便利，这促进了邮轮出行需求的增长。相反，阿拉伯半岛航区的邮轮航运网络单一，重要原因就是国家出入境管理的烦琐与非便利性，申请该区域国家签证需要较高的时间成本和经济成本。

表7-5　加勒比海地区对美免签国家

免签国家（地区）	国家数/个	免签时长
库拉索、古巴、博内尔、波多黎各	4	不免签
墨西哥	1	180天
危地马拉、哥斯达黎加、哥伦比亚、伯利兹	4	90天
牙买加、开曼群岛、多米尼加共和国、巴拿马	4	30天
圣基茨和尼维斯	1	14天
特立尼达、圣马丁岛、马提尼克、洪都拉斯、瓜德罗普、格林纳达和多巴哥、巴哈马、阿鲁巴	8	3个月

邮轮航运网络的空间模式与发展机理

免签国家（地区）	国家数/个	免签时长
圣文森特和格林纳丁斯、安提瓜	2	1 个月
圣卢西亚	1	6 周

二、经济发展与腹地城市

经济地理条件及区位是影响邮轮港口分布与航线组织的决定性因素。只有区域的经济发展、居民收入达到一定水平且人口基数较大，才会形成较大的邮轮旅游需求与繁盛的邮轮旅游市场。

1. 区域经济与居民收入

经济发展和居民收入对旅游消费具有重要影响，是人们开展邮轮出行的物质基础（董观志，2006）。长期以来，邮轮出行方式被认为是富裕阶层或精英们的专属休闲方式。近年来，邮轮乘客大众化的趋势越来越明显，但邮轮旅游仍是消费水平较高的经济行为。

母港的分布与腹地经济发展水平密不可分。母港集中在经济总量大、人均国内生产总值较高的国家，往往有发达的腹地经济。2018 年，母港城市或都市区的 GDP 普遍达到 1 万亿元以上，部分城市达到 2 万~3 万亿元及以上。城市或都市区的人均 GDP 普遍达到 10 万元以上，国外大城市可达到 20 万~40 万元甚至更高，国内城市多为 10 万元以上。拥有母港数量排名前 14 位的国家中，除中国、巴西和墨西哥以外，均为发达国家（表 7-6）。如美国 GDP 居世界首位，达到 21.37 万亿美元，母港数量最多，达到 17 个。日本 GDP 为 5.08 万亿美元，拥有横滨、神户、长崎 3 个母港；德国 GDP 为 3.84 万亿美元，拥有基尔、汉堡等母港；意大利 GDP 为 2 万亿美元，拥有热那亚、那不勒斯等母港；加拿大的 GDP 为 1.74 万亿美元，拥有温哥华、维多利亚 2 个母港。西班牙 GDP 为 1.39 万亿美元，拥有巴塞罗那、马赛等母港。

表 7-6　部分国家的经济发展水平与母港分布

国家	GDP/万亿美元	收入水平	数量	母港
美国	21.43	高收入国家	17	迈阿密、纽约、西雅图等
意大利	2.00	高收入国家	8	热那亚、那不勒斯等

国家	GDP/万亿美元	收入水平	数量	母港
西班牙	1.39	高收入国家	6	巴塞罗那等
中国	14.34	中等收入国家	5	上海、天津、香港等
德国	3.85	高收入国家	4	基尔等
日本	5.08	高收入国家	3	横滨、神户等
法国	2.72	高收入国家	3	马赛等
澳大利亚	1.39	高收入国家	3	悉尼、墨尔本等
希腊	0.21	高收入国家	3	比港等
英国	2.83	高收入国家	2	南安普敦等
巴西	1.84	中等收入国家	2	桑托斯、里约
加拿大	1.74	高收入国家	2	温哥华等
墨西哥	1.26	中等收入国家	2	墨西哥
荷兰	0.91	高收入国家	2	荷兰
葡萄牙	0.24	高收入国家	2	葡萄牙

中国、巴西、墨西哥虽然属于中等收入国家，但 GDP 总量较大，分别达到 14.34 万亿美元、1.84 万亿美元和 1.26 万亿美元，也有母港分布，尤其是中国母港达到 5 个。除此之外，加勒比海-墨西哥湾航区的部分岛国也分布有一定数量的母港，这些国家的经济总量虽然很低，但人均 GDP 高，同样是高收入国家，包括巴哈马（3.29 万/人）、波多黎各（3.29 万/人）、巴巴多斯（1.81 万/人）等。

人均 GDP 是衡量各国居民生活水平的重要标准。根据国际经验，只有达到一定的经济水平才会产生旅游消费的动机，当人均 GDP 达到 3000 美元以时就会产生出境旅游的需求；当人均 GDP 达到 6000～8000 美元时就具备了邮轮旅游快速发展的条件，人均 GDP 达到 1 万～2.5 万美元时，邮轮旅游有旺盛的出行需求（潘勤奋，2007）。

2. 客源腹地与依托城市

邮轮运输的客体是旅客，人口决定了邮轮旅游需求的基数，成为邮轮港口布局与邮轮航运网络组织的重要影响因素。在收入水平一定的情况下，腹地人口多少决定着邮轮市场规模的大小。母港发展的基础是腹地拥有庞大的人口基数，尤其是经济发达地区、拥有大城市或城市群的腹地。

区域人口为邮轮旅游提供巨大的客源市场，决定了母港潜在发展空间。全球邮轮市场"东移"的重要原因就是亚洲客源市场的人口基数巨大，中国近年来邮轮旅游的快速发展得益于人口基数所塑造的"庞大的客源市场"。邮轮港口尤其是母港一般位居重要的沿海城市群。迈阿密母港分布在全美第四大及东南部最大的南佛罗里达州城市群，温哥华母港位居美国和加拿大之间的卡斯卡迪亚城市群；而中国母港主要布局在粤港澳大湾区城市群、长江三角洲城市群、环渤海城市群和海峡西岸城市群，上海吴淞口邮轮港的游客主要来自江浙沪地区。在加勒比海地区，美国拥有巨大的经济体量和人口基数，是邮轮旅游市场的主要客源地和消费市场（图 7-6）。

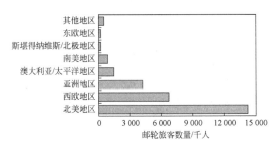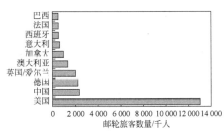

图 7-6   2018 年全球邮轮旅游客源地域与国家分布

母港或始发港所在城市通常是经济发达、人口规模较大的城市，也包括许多国家的首都。纽约是美国重要的母港，2018 年纽约人口约 862 万人，地区生产总值约 8017 亿美元。悉尼港是澳大利亚最繁华的邮轮港，而悉尼是澳大利亚人口最多的港口城市，被誉为南半球的"纽约"。汉堡港是德国最重要的港口，所在城市汉堡是德国三大城市之一，也是欧洲最富裕的城市之一。这类似于货运枢纽港与港口城市、内陆货源腹地的空间关系（王成金，2012），因为经济发达的港口城市、范围广阔的腹地通常会培育出邮轮母港。

3. 邮轮码头与城市区位

根据邮轮港口与所在城市的区位关系，可总结形成不同的港城布局模式（李鑫，2016）。本文将邮轮港与主城区的空间关系分为港城融合型、港城毗邻型和港城分离型（表 7-7 和图 7-7）。

（1）港城融合型：该类型主要是指邮轮港口位于港口城市的中心城区，拥有成熟的邮轮旅游服务及交通配套体系，形成了较好的港城一体化。此类港口有鹿特丹邮轮母港、纽约曼哈顿邮轮母港和香港海运大厦邮轮母港。

表 7-7　邮轮母港与所在城市的距离关系

母港名称	港城距离	港城位置关系	港城形态
香港海运大厦邮轮母港	0.5 千米内	港口在紧挨主城区的海内岸边	港城融合型
鹿特丹邮轮母港	1 千米内	港口在紧挨主城区的河内岸边	
纽约曼哈顿邮轮母港	约 1 千米	港口在紧挨主城区的河内岸边	
迈阿密邮轮母港	约 1.5 千米	港口在靠近主城区的海岛上	
香港启德邮轮母港	约 3 千米	港口在靠近主城区的海内岸边	
厦门国际邮轮母港	约 3 千米	港口在靠近主城区的海内岸边	
温哥华邮轮母港	0.5 千米内	港口在紧挨主城区的出海口处	港城毗邻型
悉尼邮轮母港	0.5 千米内	港口在紧挨主城区的出海口处	
巴塞罗那邮轮母港	1 千米内	港口在紧挨主城区的海岸边	
新加坡滨海湾邮轮母港	约 1.5 千米内	港口在靠近主城区的海岸边	
秦皇岛国际邮轮母港	约 3.5 千米	港口在靠近主城区的海岸边	
深圳太子湾邮轮母港	约 15 千米	港口在非主城区的出海口处	港城分离型
上海吴淞口国际邮轮母港	约 18 千米	港口在非主城区的出海口处	
广州南沙国际邮轮母港	约 45 千米	港口在郊区/新区的出海口处	
天津国际邮轮母港	约 50 千米	港口在郊区/新区的海岸边	

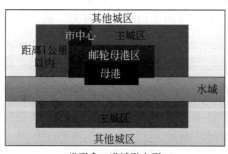
类型Ⅰ：港城融合型

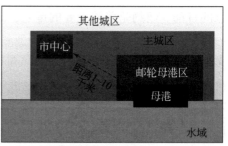
类型Ⅱ：港城毗邻型

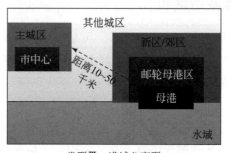
类型Ⅲ：港城分离型

图 7-7　邮轮港口与城区的空间关系类型

（2）港城毗邻型：该类型指邮轮港口是基于旧港区而建立的新型港口，距离市中心较近，拥有成熟的岸上配套设施和优越的出海优势。代表性的邮轮港口有新加坡滨海湾邮轮母港等。研究发现，许多母港与所在城市中心的距离在 3 千米以内。

（3）港城分离型：该类型主要是指邮轮港口远离城市主城区。为了靠近出海口或连通深水航道，港口选址往往远离主城区而在郊区、新区进行新建。代表性的港口有上海吴淞口国际邮轮港、天津国际邮轮母港、深圳太子湾邮轮母港、广州南沙国际邮轮母港等。该类邮轮港口往往缺乏配套条件。

城市的配套设施、公共服务和后勤保障水平等对港口发展具有重要影响。欧美邮轮港口多靠近市中心，可依靠主城区成熟的服务配套设施及交通集疏运体系。建设复合多元的功能区是国际邮轮母港及周边地区的共同特点，主要功能包括邮轮旅游、综合商业、文化休闲、居住服务等，承担了城市功能的一部分，邮轮码头片区成为城市功能分区的重要板块。其中，综合商业功能包括购物、美食餐饮、酒店住宿、商务会议等，文化休闲功能包括文化体验、体育运动、公园广场、康体娱乐等。三亚凤凰国际旅游岛在 40.5 万平方米建筑面积中，邮轮联检楼、游艇俱乐部占4%，会议中心、体育娱乐、商业街、度假酒店和酒店式公寓占96%。

三、邮轮文化与休假时间

1. 旅游文化传统

邮轮旅游起源于欧洲地区，鼎盛于北美地区。邮轮出现在 19 世纪 30 年代，20 世纪 60 年代之前主要作为交通工具，20 世纪 80 年代开始逐步深入欧美居民的日常生活。目前，邮轮旅游已发展为以大型豪华游船为载体，以海上巡游为主要形式，以船上活动和岸上休闲旅游为主要内容的大众化旅游活动。邮轮旅游在欧洲和北美地区已有100多年的发展历史，形成了成熟的邮轮旅游消费文化。

邮轮文化成为欧美"蓝色海洋文化"的重要内容。邮轮文化是以深度休闲、重过程的享受式为主的旅行理念，渗透到欧美普通居民的生活中。邮轮被称为"海上度假村"，形成了典型的"国际小社会"，有着国际化的礼貌礼仪、衣着规范、行为习惯等，是高品质、慢生活的休闲旅游方式。邮轮旅游已成为北美和欧洲居民普遍接受的综合性度假旅游产品，有着较高的渗透率。北美和欧洲的邮轮旅游市场渗透率分别为3.2%和2%，而中国尚不足0.05%（赵善梅等，2012）。

2. 休假时间差异

邮轮旅游是具有较大尺度空间移动性质的消费行为，具有明显的异地性特征（厉新建，2009），游客充足的时间是邮轮出行的基础。出行周期是指一次完整的邮轮旅游的时间，主要是反映邮轮航线的长短。国际上最受欢迎的邮轮产品航期为6~8天，1980年世界邮轮旅游出行时间在6~8天的游客比例达到59.1%，2010年该比例仍达到51.2%，而9~17天航程的游客比重由15.4%增长到17.3%。

中青年人尤其是工薪阶层的闲暇时间受制于国家的假期制度。各国家的假期制度具有显著的差异（表7-8），这影响了邮轮航运网络的基本结构。欧美国家的假期时间长或休假灵活，这促使西欧、西南欧、地中海等形成了航程较长的航线。对于超长航线或环球航线，欧美国家的乘客占比较高。相反，亚洲国家的假期时间较短，这导致东亚、东南亚的邮轮航线一般为短航线或中航线。

表 7-8　部分国家的休假制度一览表

国家	带薪休假	法定	补充说明
丹麦	35 天左右	10	—
德国	35~45 天	11	错时放假，时间自主，善于调整
意大利	35~45 天	9	—
法国	30 天左右	11	每工作一个月，可获得 2.5 天带薪假期；工作满一年，那么全年带薪假期为 30 个非假日。每周工作超过 35 小时的部分，都可以转换成假期
巴西	30 天左右	15	—
西班牙	30 天左右	11	—
阿根廷	28 天左右	11	—
俄罗斯	28 天以上	8	80 多个节日，非常重视假期
美国	25 天左右	9	休假自由，休假时间比较充沛
荷兰	24~35 天	10	不同工种休假不同，鼓励休假，还可以获得更多薪资
澳大利亚	20 天左右	11	假期天数与工作年限。假多期短，但部分假日只有 1 天，没有长假制度
中国	20 天左右	7	有黄金周，实际长假较少。根据工龄计算，因企业而异
韩国	15~25 天	14	韩国全年法定节假日共有 16 天，假期较少
英国	15~20 天	8	假期不长，但相对灵活

国家	带薪休假	法定	补充说明
加拿大	14~28 天	12	假期天数与工作年限有关，6~9 月度假黄金期
日本	10~20 天	13	假期天数与工作年限相关，有黄金周，实际长假较少

注："一"表示信息缺失。

（1）德国、法国、巴西、西班牙等国家的法定节假日的数量超过 10 个/年，意大利、中国、美国等国家的法定节假日的数量低于 10 个。欧美国家的带薪假期更长，而且灵活性高。丹麦、德国、意大利等国家的带薪休假天数均大于 30 天/年。这保证了假期的时间长度和连续性。亚洲、澳洲等区域的国家带薪休假时间相对短一些，中国、日本、韩国、澳大利亚等国家一般不超过 20 天/年。因此，欧美国家的假期制度更容易催生邮轮需求。

（2）各国家对假期选择的偏好表现出差异性。加拿人、俄罗斯等高纬度国家的居民将北半球的夏秋季节尤其是 6~9 月期间，视为度假的黄金时间。这些国家居民倾向于在该时间段集中休假。这促使北半球阿拉斯加、冰岛、波罗的海等形成明显的邮轮网络季节性。

（3）受中国带薪休假制度及法定休假时间所限，中国邮轮旅游航程往往较短，多为 3~5 天的短途航线，而且邮轮目的地多为日韩两国。

四、航运规则与船舶挂旗

1. 夜行昼泊原则

旅游可以抽象为人的移动（陈海波，2018）。因此，旅游与移动是共生关系。从空间上看，旅游通常需要游客从客源地向目的地移动，而客源地、通道和目的地构成了一个完整的旅游空间（张凌云，2008）。尽管邮轮作为移动的目的地打破了传统旅游目的地与交通运输的"二元论"，但船舶在移动过程中仍遵循一定的时间原则。

"夜行昼泊"是指邮轮船舶在一段完整的行程中，通常是在夜间航行，白昼靠泊码头。对于邮轮行程，一般包括到港时间、在港时间、航行时间和离港时间四个组成部分（Marianna，2017）。全球 280 艘邮轮的航班时刻表反映出邮轮的到港时间与离港时间的分布差异（图 7-8）。其中，91% 的邮轮离港的时间区间为下午 1 点至晚上 11 点之间（北京时间），尤其是下午 3 点至傍晚 7 点之间，航班比例达到 63.8%。91.4% 的航班到港的时间区间为凌晨 3 点至上午 11 点之间（北京时间），尤其是早上 5 点至 8 点之间，占比达到 61.5%。

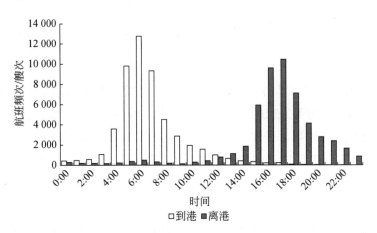

图 7-8　全球邮轮到港时间与离港时间的区段分布

"夜行昼泊"成为邮轮航线组织的依据。在 20~40 千米/小时航速范围内，当以一夜（12 个小时）为海上夜行时间行程时，两个港口间的航段距离在 240~480 千米，如马赛到巴塞罗那的单向航线；当海上航行时间为 3 夜 2 昼时，两港口之间的航段距离为 1200~2400 千米，如迈阿密到百慕大的单向航线。当海上航行时间为 5 夜 4 昼时，两港口间的航段距离为 2160~4320 千米，如长滩到希洛的单向航线等（表 7-9）。由此可见，两港口间的航线设置与航班联系格局受"夜行昼泊"的影响。

表 7-9　夜行昼泊原则下的两港口间距离

时间	航行速度 / （千米/小时）	两港距离/千米	代表航线	距离/千米
1 夜 0 昼	20~40	240~480	马赛→巴塞罗那	340
2 夜 1 昼	20~40	720~1440	南安普敦→汉堡	930
3 夜 2 昼	20~40	1200~2400	迈阿密→百慕大	1800
4 夜 3 昼	20~40	1680~3360	乌斯怀亚→埃斯特角	2600
5 夜 4 昼	20~40	2160~4320	长滩→希洛	4000

2. 方便旗制度

挂方便旗（flag of convenience）是航运业的通常做法（William and Terry,

2017)，是一国的商船不在本国而在他国注册，不悬挂本国旗而悬挂注册国国旗。邮轮船舶经常更换旗帜，以克服国际政治或经济性质的障碍或限制。方便旗制度起源于 20 世纪 20 年代，第二次世界大战结束之后迅速发展。全球有 27 个方便旗国。当前，邮轮企业使用的船旗国（地区）主要有巴哈马、巴拿马、百慕大、马耳他、意大利、荷兰、利比里亚、开曼群岛、塞浦路斯、直布罗陀等；登记船舶的多是美国、中国香港、希腊、日本、挪威、德国、意大利、瑞士、荷兰和韩国等发达国家和地区的航运企业。60% 以上的邮轮以巴哈马、巴拿马或利比里亚为注册地，尽管这些邮轮的总部是在美国（程爵浩，2006）。仅悬挂巴哈马船旗的邮轮公司达到 17 家，占比约 26.6%；嘉年华邮轮、地中海邮轮挂巴拿马旗，P&O 邮轮、公主邮轮和丘纳德邮轮挂百慕大旗，歌诗达邮轮和阿依达邮轮挂意大利旗，精致邮轮、途易邮轮、星瀚邮轮挂马耳他旗，荷美邮轮挂荷兰旗。嘉年华邮轮集团将邮轮分为巴拿马和巴哈马两个方便旗，而其他邮轮企业通常使用一个方便旗。

借助方便旗制度，邮轮企业可有效适应地方监管、国际监管，形成区域性的特色航线。例如，在欧美国家的禁酒令期间，悬挂方便旗的邮轮可提供特殊航线—"酒游"。东亚及其他区域的高额进口关税，导致"购物游"的特色邮轮航线组织，这在中国母港出发前往日韩、东南亚的航线中尤为典型。

第四节　新冠疫情与邮轮航运

旅游业是易受突发事件冲击和影响的敏感产业（孙根年，2008）。突发事件会演变成旅游危机，产生重大冲击和负面影响（Day et al.，2004；朱力，2007；侯国林，2005；马丽君，2012）。近 20 年来，邮轮业应对了 2001 年"9·11"恐怖袭击、2003 年 Sars 疫情、2008 年全球金融危机、2009 年甲型 H1N1 流感大流行等突发事件的冲击，但迄今为止对全球邮轮旅游影响最严重的是新冠肺炎疫情。

一、新冠疫情与邮轮停航

1. 邮轮感染事件

2020 年初，新冠疫情暴发，随着疫情在全球的快速扩散，病毒蔓延到许多邮轮。"钻石公主号"（Diamond Princess）是第一艘发生重大疫情的邮轮。2020年1月20日开始，该邮轮执行横滨—鹿儿岛—香港—岘港—下龙湾—基隆—那霸—横滨航线，搭载2508名游客和1063名船员。2月1日，1名搭载"钻石公主号"的香港老人确诊感染新冠病毒。2月4日起，"钻石公主号"停留在横滨港大黑埠头，进行为期14天的舱房隔离（图7-9）。截至5月16日，该邮轮已有734人确诊，14人死亡；美国、韩国、中国香港、中国台湾等国家和地区先后派出专机接乘客返程。在整个过程中，新冠病毒形成了8代传播。"钻石公主号"在5月16日离开横滨并不载客前往马来西亚，在10月1日前没有安排任何载客航程。

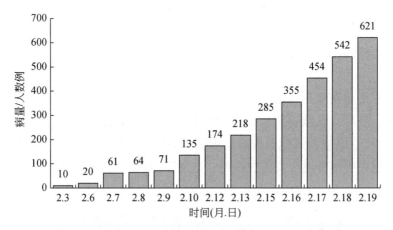

图7-9　"钻石公主号"的新冠病毒感染人数变化（2020年）

截至2020年4月24日，"威士特丹号""至尊公主号""魔幻号""维斯塔号"等30多艘邮轮确认旅客感染新冠病毒；截至2020年10月，全球有99艘邮轮暴发过疫情，有3908例确诊病例和111例死亡病例。许多邮轮延迟通关或被拒绝进入港口，共有124艘邮轮和多家邮轮企业受到影响。新冠病毒在邮轮上的传播风险大，导致邮轮检疫压力前所未有，大量乘客被封锁在船上隔离检疫。2020年3月14日，美国疾病控制和预防中心（CDC）对邮轮发了禁航令并即日生效，全球邮轮市场大规模停摆。

2. 邮轮停航

各国政府和港口采取应变措施，禁止邮轮靠泊并建议人们避免搭乘邮轮旅行。2020年3月13日，新加坡停止所有邮轮停靠，禁止近期有意大利、法国、西班牙和德国旅游史的游客入境和过境。加拿大宣布在7月前禁止载客超过500

人的船舶停靠。马达加斯加、澳大利亚、新加坡、柬埔寨、摩纳哥、印度、意大利、马来西亚等多个国家明确拒绝非本国邮轮的停靠。主要邮轮企业在2020年1月下旬已暂停了中国邮轮业务。3月，世界卫生组织宣布新冠疫情全球大流行，随后国际邮轮协会（CLIA）宣布自愿暂停运营30天；3月13日，嘉年华邮轮、皇家加勒比邮轮、挪威邮轮和地中海邮轮四大集团宣布了最新政策，暂停了全球或部分地区的运营，涉及全球邮轮运力的一半以上（图7-10）。

（1）诺唯真邮轮：3月13日，诺唯真邮轮集团暂停旗下诺唯真游轮、大洋游轮和丽晶七海游轮等三个品牌于3月13日至4月11日出发的所有航班，计划从4月12日开始重新出发并进行登船。

（2）嘉年华邮轮：3月14日开始，嘉年华邮轮暂停邮轮航运30天，暂停3月14日至4月9日离开北美地区的所有邮轮航班。

（3）皇家加勒比邮轮：3月14日，皇家加勒比邮轮宣布暂停美国的邮轮航线；3月16日，皇家加勒比邮轮连发两条通知，暂停运营4月4日至4月28日出发的所有"海洋光谱号"航班，以及4月4日至4月30日出发的所有"海洋量子号"航班，皇家加勒比邮轮将其暂停运营的范围扩大到全球航线，并预计4月11日起恢复。

（4）冠达邮轮：3月17日，冠达邮轮宣布暂停旗下所有邮轮新的航班至4月11日。

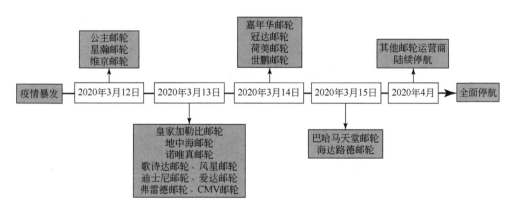

图7-10　全球邮轮运营商的停运时间表

（5）地中海邮轮：3月19日，地中海邮轮宣布旗下所有尚未出发的美国航线暂停运营45天，直至4月30日；停止新冠病毒高风险地区的业务，包括地中海、海湾地区和亚洲；南美洲区域将继续运营，而南非的航次运营将在当前航线结束后中止。

（6）公主邮轮：公主邮轮宣布停运旗下18艘邮轮航线2个月的运营，包括3月12日起至5月10日期间的所有航线。

（7）歌诗达邮轮：歌诗达邮轮在中国的业务已于1月25日暂停，3月13日宣布即日起至4月3日暂停其全球航线的运营。

皇家加勒比邮轮、歌诗达邮轮、公主邮轮、地中海邮轮、诺唯真邮轮、迪士尼邮轮、嘉年华邮轮、水晶邮轮等多家企业宣布开启暂时停运，但各家企业暂停运营的时间长短不一，有的企业是在全球范围的航线暂停，有的企业是区域性停运。世界邮轮航运从2020年初开始暂停运营，并持续到2021年6月。邮轮业历经近200年历史，2020年成为第二次世界大战后首次全球范围内邮轮停航的一年，2020年6月全球超过200艘邮轮处于停运状态。

3. 疫情与航运网络

新冠疫情对全球邮轮业冲击严重。2018年全球邮轮游客量为2820万人次，2019年为3000万人次。2020年全球邮轮游客量原本可达到3200万人次，但自2020年3月起全球大部分邮轮停运，邮轮挂靠量断崖式下滑，较之疫情前减少80%~90%；2020年10月，全球近300多艘邮轮处于停航状态。2020年仅600万乘客搭乘邮轮，且大部分集中于2020年3月中旬前。日本神户夜光邮轮在2020年3月初宣告破产，成为疫情中"倒下"的第一家邮轮公司。随后，西班牙的普尔曼邮轮、瑞典的Birka邮轮、英国的CMV邮轮、德国的FTI邮轮等邮轮公司相继破产（表7-10）。

表7-10　2020年破产的邮轮企业信息统计

公司名称	宣布时间	母公司	邮轮	航线特点
瑞典Birka邮轮	7月6日	芬兰Eckero Line	比尔卡斯德哥尔摩	芬兰阿兰群岛短途旅行
德国FTI邮轮	7月28日	德国FTI集团	柏林号	面向德语市场，部署在加勒比海、地中海和欧洲
英国CMV邮轮	7月20日	英国南岸码头旅游休闲有限公司	阿斯托利亚、阿斯特、瓦斯科达伽马、哥伦布、马加伦、马可波罗	购买中小型二手邮轮快速扩张成为全球邮轮航运市场第二梯队的最大的邮轮企业
西班牙普尔曼邮轮	6月22日	邮轮投资控股和皇家加勒比的合资公司	地平线、君主、主权	面向西班牙、葡萄牙和拉丁美洲的线路游客

2020 年 2 月～2020 年 8 月为疫情初期，邮轮被迫停航。该阶段，全球邮轮停航，邮轮网络发生了根本性变化，邮轮无法运营区域内或跨区域的航线，邮轮航运网络呈现点状分布的静态格局。290 艘邮轮在全球呈点状而非网状的分布格局，分布在各地区的沿海或岛屿附近。邮轮停靠在 90 个港口，其中 83.2% 的邮轮停靠在母港或附近海域。值得关注是，中国沿海港口均无邮轮靠泊，一直处于邮轮航运网络的空白。

各邮轮企业、旅行社、邮轮平台和港口运营企业损失惨重，邮轮业迎来断崖式下降（图 7-11）。2019 年，全球邮轮业收入超过 270 亿美元，2020 年受疫情影响下降 88%。美国、德国、英国、中国、意大利、加拿大等的邮轮业收入均出现了巨额亏损，美国市场的总收入从 2019 年 133 亿美元降到 2020 年的 12 亿美元，2021 年有小幅增长。2020 年嘉年华集团净亏损 102 亿美元，2021 年略降至 95 亿美元。2020 年皇家加勒比邮轮净亏损 58 亿美元，2021 年略降至 53 亿美元。2020 年诺唯真邮轮净亏损 40 亿美元，2021 年略降至 45 亿美元。2020 年，云顶集团净亏损 17.16 亿美元。

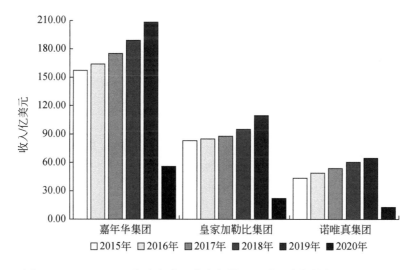

图 7-11　2015～2020 年嘉年华、皇家加勒比和诺唯真邮轮集团收入变化

二、全球邮轮航运复航

新冠疫情一波一波暴发，"禁航令"一再延长，邮轮迟迟不能复航。在停航时期，邮轮企业对船期表的安排形成了两个主要的复航时段。

1. 第一阶段复航

第一阶段的复航时间集中在 2020 年 8~9 月（表 7-11）。8 月后，欧洲国家疫情趋于稳定，出入境管理政策逐步放宽并允许邮轮进港停靠，部分邮轮企业进行尝试性复航。皇家加勒比邮轮、精致邮轮、途易邮轮、诺唯真邮轮、歌诗达邮轮、公主邮轮、爱达邮轮属于激进型运营商，确定的复航时间大约在 7 月之前。歌诗达"唯美号"、歌诗达"皇冠号"和地中海"宏伟号"邮轮分别以热那亚、奇维塔韦基亚等港口为始发港，开展 7 天无目的地航线。10 月后，病毒变异增加了疫情防控难度，欧洲许多国家再次采取严格措施，恢复了港口城市封锁。已复航的地中海邮轮和歌诗达邮轮等企业再次停航。

表 7-11　部分邮轮运营商的计划复航时间

邮轮公司	2020 年复航计划	实际复航时间	2021 年复航计划
嘉年华邮轮	8 月 1 日	—	3 月 31 日后
皇家加勒比	6 月 12 日	—	2 月 28 日后，澳洲区域 4 月 30 日
地中海邮轮	7 月 10 日后	8 月短暂复航	1 月 24 日，美国区域 2 月 28 日
诺唯真邮轮	7 月初	—	3 月后
歌诗达邮轮	7 月初	9 月短暂复航	2 月后
公主邮轮	7 月	—	进一步推迟，时间未定
爱达邮轮	7 月	10 月 17 日短暂复航	1 月 23 日
精致邮轮	6 月 11 日后	—	3 月后
荷美邮轮	10 月 3 日	—	4 月后，阿拉斯加与地中海 6 月初
途易邮轮	6 月 11 日后	7~8 月短暂复航	待定
海达路德	6 月 16 日	6 月 16 日短暂复航	待定
精钻邮轮	待定	—	3 月 20 日后

注：数据来源于 Cruise Industry News。

2. 第二阶段复航

第二阶段的复航集中在 2021 年，为大面积复航阶段。2021 年 5 月前，13 家邮轮品牌重启航线运营，累计 23 条邮轮复航，占全球邮轮运力的 8.7%，集中在新加坡、台湾及地中海等国家和地区。2021 年 8 月，欧美国家逐渐开放港口、撤销旅游禁令，或有限开放邮轮访问，亚洲的日本、新加坡、土耳其、阿联酋等国家不同程度地开放邮轮航线，大部分南北美洲及非洲国家已开放邮轮访问，大洋洲国家复航相对缓慢。复航企业主要包括皇家加勒比邮轮、嘉年华邮轮、诺唯真邮轮等 13 家，覆盖了近 90 艘邮轮（表7-12）。

表7-12　截至2021年8月全球邮轮企业复航情况

企业	船舶	复航邮轮	企业	船舶	复航邮轮
嘉年华邮轮	26	8	赫伯罗特	5	5
皇家加勒比邮轮	26	13	凤凰邮轮	5	2
地中海邮轮	18	10	世鹏邮轮	5	1
公主邮轮	18	3	迪斯尼邮轮	4	2
诺唯真邮轮	17	3	丽星七海邮轮	4	1
海达路德邮轮	15	3	精钻邮轮	3	1
爱达邮轮	14	6	冠达邮轮	3	1
精致邮轮	12	8	撒加邮轮	1	1
荷美邮轮	11	2	水晶邮轮	2	1
P&O邮轮	10	3	途易邮轮	7	6
银海邮轮	10	3	马尼拉邮轮	6	2
歌诗达邮轮	9	4	维京邮轮	6	1
庞洛邮轮	9	1			

注："–"表示复航未知。数据来源于 Cruise Industry News。

根据 Cruise Industry News 数据，截至2021年8月31日，嘉年华集团旗下9个邮轮品牌中有8个已恢复运营，占其运力的35%。截至2021年12月，全球68个品牌有239艘邮轮投入运营，占全球邮轮总数的58%。但恢复较好的市场集中在邮轮企业总部所在区域，如地中海邮轮、歌诗达邮轮等欧洲市场。截止2022年底，86%的邮轮复航，涉及85个邮轮品牌的375艘邮轮（图7-12）。

三、新冠疫情与中国邮轮航运

1. 中国邮轮停航

中国高度重视新冠疫情。2020年1月24日，文化和旅游部发布《关于全力做好新型冠状病毒感染的肺炎疫情防控工作暂停旅游企业经营活动的紧急通知》，要求全国旅行社及在线旅游企业暂停经营团队旅游及"机票+酒店"旅游产品；1月27日，停止所有出境旅游团。2020年1月25日，广州南沙国际邮轮港发布《关于广州南沙国际邮轮港暂停运营的公告》；深圳蛇口邮轮母港暂停了邮轮停靠。同天，"地中海辉煌号"取消了航程，2艘邮轮紧急停航。歌诗达邮轮是第

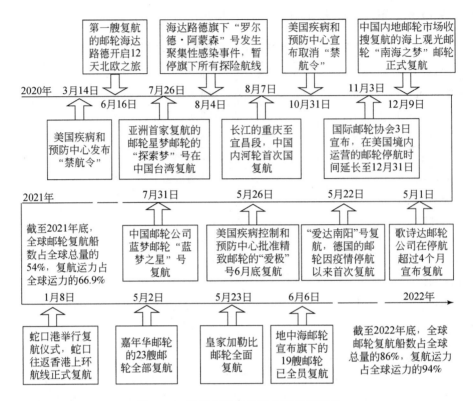

图 7-12　世界邮轮复航的主要时间节点

一个宣布取消春节期间所有航次的企业，暂停"赛琳娜号""新浪漫号""威尼斯号"等邮轮在中国的运营，其他企业陆续跟进。

2020 年 1 月 29 日起，中国港口始发的国际邮轮全部停发，涉及 7 家邮轮企业。1 月 30 日，国际邮轮协会发布声明，暂停从中国出发的船员往来，禁止过去 14 天内从中国出发或途经中国的任何个人登船。2 月 7 日，皇家加勒比邮轮宣布暂时禁止持中国内地、中国香港或中国澳门护照的游客登船，直至 2 月底为止。挪威邮轮则规定 30 日内到过这三地的任何国籍人士都不准登船。随后，国际邮轮协会宣布旗下所有邮轮全面禁止 14 日内到过中国内地、中国香港和中国澳门的游客登船。地中海邮轮和皇家加勒比邮轮取消停靠上海的行程。新冠肺炎疫情对访问邮轮造成影响，诺唯真游轮取消"诺唯真之勇号"从 4 月 15 日到 12 月 7 日在亚洲的所有航班；荷美邮轮宣布在 3 月 28 日前，所有停靠中国的航班全部取消。截至 2020 年 2 月底，各邮轮公司约 50 个航班被取消，邮轮港口暂停营运（图 7-13）。

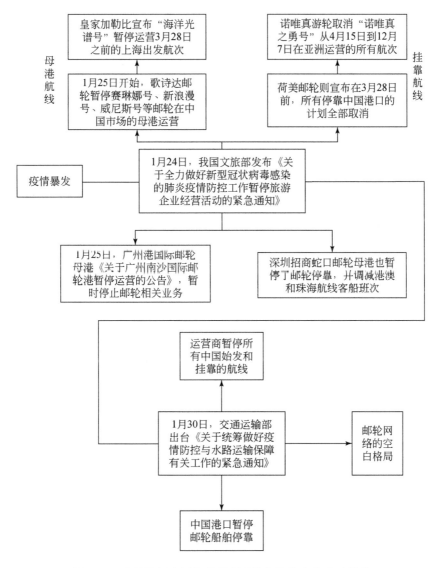

图 7-13　疫情期间中国邮轮管理政策与港航企业应对措施

2. 邮轮航运冲击

　　新冠疫情出现以来，中国持续推动邮轮疫情防控建设，制定一系列工作指南及指导意见。2020 年 3 月，海事局出台《船舶船员新冠肺炎疫情防控操作指南》，交通运输部出台《港口及一线人员新冠肺炎疫情防控工作指南》，4 月交通运输部、外交部及国家卫生健康委等六部门联合印发了《关于精准做好国际航行船舶船员疫情防控工作的通知》。2020年2月，文化和旅游部出台《关于暂退部分旅游服务质量保证金支持旅行社应对经营困难的通知》，4月印发《关于用好货币政策工具做好中小微文化和旅游企业帮扶工作的通知》等。作为全球第二大邮轮客源国，2020年中国邮轮港口累计接待出入境旅客仅为24.5万人次，比2019年下降了94.1%。截至2023年，中国跨境邮轮旅行尚未恢复，对中国邮轮行业造成的损失大约10亿元。2020年7月21日，交通运输部批准内河邮轮复航，从防疫角度提出了一系列限制条件。上海宝山区出台《关于加快邮轮经济发展的实施意见》，海南省推进邮轮游艇产业发展领导小组办公室印发了《2020年海南省邮轮游艇产业工作要点》。2020年8月上旬，重庆至宜昌段的长江河轮复航，但在中国邮轮航运市场中的份额较低。

第八章

基于企业维度的邮轮航运网络比较

　　企业及企业网络是地理学的重要研究对象。企业是区域经济活动的具体执行者，企业航运网络是全球邮轮航运网络的具体组成子网络。企业是一个经济要素与经济活动的综合性集体，形成子公司、公司和集团等各种层级概念，相互间有着不同的成长路径、扩张模式及服务群体，这促使企业航运网络的范围层级、重点区域、职能分工等更加精细化与差异化。而企业母国、运力构成、经营策略等因素的差异，也促使各邮轮企业布局了差异显著的邮轮航运网络，形成了不同的覆盖范围、网络密度、航线类型。这种差异赋予各邮轮企业的典型地理性或空间性，形成全球化、区域化和本地化的分异。各邮轮企业的航运网络虽有显著差异，但相互间的空间叠合、功能互补及竞争合作，共同构成了全球邮轮航运网络。

　　本章分析了邮轮企业的航运网络模式及差异。全球邮轮企业形成了邮轮公司和邮轮集团的分化，形成了五大邮轮集团的主导优势格局；邮轮企业存在专业化型、分化型、拓展型、转型型等成长类型，形成收购、合并、更名、港航游合一等资源整合模式。19世纪以来，全球邮轮企业形成了复杂的演变图谱，形成了传统客运、转型发展和集团竞争等历史分期。邮轮企业形成了区域性与单航区集聚、区域性与多航区集聚、全球性与单区域集聚、全球性与多区域集聚、探险性与极地性等类型分异。五大集团垄断了主要的邮轮市场，但在各航区形成了不同的覆盖率，尤其是嘉年华集团、皇家加勒比集团和诺唯真集团有较高的港口连通水平、航班组织频率，港口也形成了多集团共享型、双集团主导型与单一集团专用型。

第一节　全球邮轮企业及演变过程

一、邮轮企业概况

1. 邮轮企业情况

邮轮企业是一个较为宽泛的概念，泛指从事邮轮领域关联行业的各类企业组织，是邮轮旅游最重要的市场主体。广义上，邮轮产业是指以大型豪华海上游船为运载依托，以跨国旅行为核心，以众多的旅游产品吸引游客，以开展航线经营为手段，以海上观光旅游为具体内容，由交通运输、船舶制造、港口服务、旅游观光、餐饮、购物和银行保险等行业组合而成的复合型产业。狭义上，邮轮产业是指邮轮抵达之前、抵达、靠泊、离开码头所引发的系列产品和服务（俞斯佳和孙姗，2005）。按广义产业链，邮轮企业包括邮轮制造企业、邮轮航运企业、邮轮码头企业及邮轮旅游企业等主要类型，并包括邮轮物料供给企业、邮轮金融保险企业、邮轮维修企业等关联类型。本研究主要是指邮轮航运企业，是邮轮航线的组织者、邮轮船队的拥有者与运营者、邮轮航运的供应方，在邮轮旅游市场中承担旅游产品供给者的地位与职能。

企业是各种独立的、营利性的组织，大致分为公司和非公司企业。从邮轮企业的组织形式来看，主要分为邮轮公司和邮轮集团两种基本形式。两种形式之间为包括关系或隶属关系。

（1）邮轮公司：公司是以营利为目的独立的社团法人或企业组织形式（赵旭东等，2012）。邮轮公司则是指通过提供邮轮度假相关服务，而获得经济收益的组织实体。本研究的邮轮公司主要是指邮轮运营商，是邮轮船舶的运营管理企业。例如，典型的邮轮公司是荷美邮轮、冠达邮轮等。目前，全球有各类大小邮轮公司近百家，在国际企业协会登记的有 60 多家。

（2）邮轮集团：企业集团是现代企业的高级组织形式，是以一个或多个实力强大的大型企业为核心，以若干个在资产、资本、技术上有密切联系的企业为外围层，通过产权安排、人事控制、商务协作等纽带所形成的一个稳定的多层次经济组织。邮轮集团是一个商业组织，是由多家同系的邮轮公司组成，一般包含若干家邮轮公司或拥有数量较多的邮轮。典型的邮轮集团包括皇家加勒比邮轮集团、嘉年华邮轮集团、诺唯真邮轮集团、地中海邮轮集团、云顶香港邮轮集团。不同邮轮公司的关系是母公司与所持股的子公司及交叉持股的兄弟姊妹公司关系。例如，嘉年华邮轮集团是世界最大的邮轮集团，拥有歌诗达邮轮、冠达邮轮、荷美邮轮等 10 个邮轮企业，共计 105 艘邮轮。

2. 邮轮企业类型

邮轮企业有着各种类型，根据不同的划分标准，邮轮企业大致形成以下几种类型。

（1）按照公司属性，邮轮企业可以分为邮轮有限责任公司和邮轮股份有限公司。例如，名人邮轮、大洋邮轮、丽星七海邮轮等邮轮企业属于有限责任公司，日本邮船、马诺海事等邮轮企业属于股份有限公司。

（2）按照市场定位，邮轮企业可分为尊贵型、豪华型、时尚型、特殊型等类型（表 8-1）。不同的邮轮企业，其邮轮配置有不同的档次与尺寸大小，其航线有着不同的组织特点和经营区域，提供特色差异化显著的邮轮旅游产品。其中，冠达邮轮、世邦邮轮、丽星七海邮轮、银海邮轮、水晶邮轮等企业属于奢华型邮轮企业，荷美邮轮、公主邮轮、大洋邮轮等企业属于高质型邮轮企业，嘉年华邮轮、皇家加勒比邮轮、迪士尼邮轮等企业属于大众型邮轮企业，海达路德邮轮、风星邮轮、林德布拉德邮轮等企业属于专业型邮轮企业（董观志，2006；Pallis，2015）。

（3）按企业拥有的资产规模，邮轮企业可分为大型、中型和小型企业三种类型。嘉年华邮轮、皇家加勒比邮轮分别拥有 25 艘和 27 艘邮轮，邮轮总吨位居前两位，分别为 270.6 万吨和 350.1 万吨，属于大型邮轮企业。银海邮轮、精钻邮轮等企业属于中型邮轮企业；水晶邮轮仅有 2 艘邮轮，渤海邮轮仅有 1 艘邮轮，属于小型邮轮企业。拥有邮轮船舶数量的多少及吨位的大小，决定了各邮轮企业的航运网络有着不同的覆盖范围与承运能力，形成了不同的市场份额与竞争力。

（4）从企业总部所在地与主要经营地域来看，欧美国家的邮轮企业数量较多。北美地区有 25 家邮轮企业，经营 185 艘邮轮；其中，24 家邮轮公司总部设在美国。欧洲有 42 家邮轮企业，其中 12 家是欧洲邮轮协会的会员；总部设在英格兰东南沿海的邮轮企业有 6 家，设在地中海的邮轮企业有 4 家。

表 8-1　总部设在北美和欧洲的邮轮企业

公司名称	总部	产品类型	邮轮数量/艘	公司名称	总部	产品类型	邮轮数量/艘
皇家加勒比邮轮	迈阿密	尊贵型	21	迪士尼邮轮	博伟湖	时尚型	2
嘉年华邮轮	迈阿密	时尚型	23	荷美邮轮	西雅图	尊贵型	15
精致邮轮	迈阿密	尊贵型	9	风星邮轮	西雅图	豪华型	3
阿兹玛拉	迈阿密	豪华型	2	歌诗达邮轮	好莱坞	时尚型	14
大洋洲邮轮	迈阿密	豪华型	2	海洋村邮轮	南安普敦	豪华型	2
世鹏邮轮	迈阿密	豪华型	5	铁行邮轮	南安普敦	尊贵型	7
美国邮轮	吉尔福特	特殊型	4	天鹅·海伦尼克邮轮	南安普敦	特殊型	1
银海邮轮	劳德代尔堡	豪华型	6	地中海邮轮	那不勒斯	尊贵型	10
地中海邮轮	劳德代尔堡	尊贵型	11	海岛邮轮	南安普敦	时尚型	2
丽晶七海	劳德代尔堡	豪华型	4	汤姆逊邮轮	曼彻斯特	尊贵型	5
公主邮轮	圣塔克拉瑞塔	尊贵型	8	歌诗达邮轮	热那亚	时尚型	15

公司名称	总部	产品类型	邮轮数量/艘	公司名称	总部	产品类型	邮轮数量/艘
水晶邮轮	圣塔克拉瑞塔	尊贵型	2	经典国际邮轮	里斯本	尊贵型	4
冠达邮轮	圣塔克拉瑞塔	豪华型	3	阿依达邮轮	罗斯托克	尊贵型	5
弗雷德.奥申	伊普斯威奇	特殊型	5	路易斯邮轮	利马索尔	尊贵型	

二、邮轮企业整合模式

1. 企业成长模式

全球邮轮企业有着较长的发展历史，并经历了复杂的资源整合过程，包括企业功能、企业名称及内部组织结构等。根据企业的成长源头，可以将邮轮企业分为专业化邮轮企业、衍生型邮轮企业、转型邮轮企业等模式。每种模式企业的创建初期与前期功能存在较大差异，在不同历史时期所采用模式也有所差异。

（1）专业化邮轮企业：主要是指为专门从事邮轮航运而设立的新企业。该模式的企业数量较多，是邮轮企业的主流发展模式。该模式主要发生在第二次世界大战结束之后。代表性的企业有公主邮轮、挪威邮轮、途易邮轮、皇家加勒比邮轮。

（2）分化型邮轮企业：主要是指邮轮企业因发展专业化、特色化或高端化邮轮服务而新设立的子公司或子品牌。该类邮轮企业有一定数量，而且多发生在近几年内，尤其是面向特殊邮轮客源群体或特殊需求而成立的。代表性企业是星梦邮轮，其母公司是丽星邮轮；精钻邮轮是皇家加勒比邮轮成立的高端子品牌。

（3）拓展型邮轮企业：主要是指由邮轮产业链其他环节企业向邮轮航运领域进行拓展而产生的邮轮企业。该类企业往往是某集团所隶属的专业化邮轮服务商，仅承担集团综合功能中的邮轮航运功能，形成了"+邮轮"的拓展模式。代表性的企业有地中海邮轮、海航邮轮、迪士尼邮轮、渤海邮轮、中船邮轮、天海邮轮、星旅远洋等。其中，中船邮轮是中国船舶集团在拥有邮轮设计、建造能力的前提下成立的补充性邮轮公司。地中海邮轮是世界第二大航运公司地中海航运的业务补充。迪士尼邮轮是迪士尼公司休闲娱乐板块的扩张。庞洛邮轮是 Groupe Artemis 家族在豪华旅游市场的拓展。

（4）转型型邮轮企业：主要是指前身企业并不是邮轮航运但是从事关联业

务的企业，这些前身企业从原企业功能转向专业化邮轮航运。该类邮轮企业的数量相对较多，而且往往有悠久的经营历史。目前，邮轮航运领域内具有竞争优势的企业多属于此类。代表性的企业有冠达邮轮、P&O 邮轮、荷美邮轮、海达路德邮轮。

2. 资源整合模式

20 世纪 90 年代以来，邮轮企业启动了相互间的资源整合。这种资源整合包括纵向整合和横向整合，前者是指对产业链上中下游的企业进行资源整合，以形成综合性企业；后者是指对同类企业进行整合，以提高企业在本领域内的市场份额和竞争力。本研究主要关注第二种类型。通过梳理，本研究认为邮轮企业的横向整合主要采用了收购、兼并、参股、合并及更名等模式。以下重点分析收购、合并、更名、港航游合一等四种类型。

（1）收购：该模式是指一家企业用现金或有价证券购买另一家企业的股票或资产，以获得对该企业的全部资产或某项资产的所有权，或对该企业的控制权，是 21 世纪以来普遍采用的模式。1947 年，冠达航运收购白星公司 1/3 的股份。嘉年华邮轮自 1987 年以来，先后收购了一批不同国家的邮轮企业，1989 年收购荷美邮轮，2003 年收购公主邮轮。2000 年，丽星邮轮收购了诺唯真邮轮，2015 年收购水晶邮轮，通过对不同国家或地区的邮轮企业收购实现了各区域邮轮航运市场和各国家邮轮客源市场的拓展。收购可以帮助邮轮企业在全球范围内迅速拓展航运邮轮网络、旅游目的地。

（2）合并：该模式是指两个或两个以上的企业合并成为一个新的企业，合并完成后，多个法人变成一个法人。该模式采用较少，但也有部分案例。1977 年，皇家加勒比邮轮与极致邮轮合并。

（3）更名：部分企业因主营业务内容变更或扩展，或追求品牌效应，或为了改善企业形象与市场地位，对企业名称进行更换。此类模式的案例较多，而且相关企业往往有悠久的发展历史。例如，1950 年冠达航运更名为冠达邮轮，2000 年 P&O 航运更名为 P&O 公主邮轮，荷美汽船更名为荷美邮轮，挪威邮轮更名为诺唯真邮轮。

（4）港航游合一：主要是指邮轮航运企业从"航运"领域向"码头"领域进行拓展，参与邮轮码头甚至母港城的建设与经营。该模式实现了"航运""码头""城市""产业"等不同环节资源的整合，有利于降低企业经营成本和提高综合实力。例如，嘉年华邮轮集团包含邮轮运营、旅行社、码头管理等业务，参与特克斯和凯科斯群岛的大特克邮轮中心、墨西哥普尔塔玛雅岛的开发与建设。

许多邮轮企业购置了私属岛屿。

三、邮轮企业整合路线图

邮轮企业演变是一个动态过程。通过梳理邮轮行业的发展脉络，追溯邮轮企业的创建时间、转型前身，绘制其路线图（图8-1）。在19世纪至今的200年发展历史中，既有传统航运公司的转型之路，也有新邮轮企业的从无到有，同时伴随着部分邮轮企业的破产倒闭，新的邮轮企业壮大等不同发展形式。从宏观维度，世界邮轮企业的发展过程大致分为三个主要阶段，具体包括：19世纪的传统客运阶段、20世纪的转型发展阶段、20世纪末至21世纪初的集团竞争阶段。

1. 传统客运阶段

1800~1850年，白星航运、冠达航运、半岛东方航运等航运企业已存在。这些航运公司作为日后邮轮企业的前身，在该时期主要是提供海上客运服务。半岛东方航运（P&O）成立于1837年，全名"半岛和东方蒸汽航运公司"，是英国最古老的航运企业，总部位于南安普敦。该公司曾拥有世界第一艘大型客轮，后被嘉年华邮轮收购，成为了英美邮轮服务商，主要服务于英国乘客，服务区域分欧洲和大洋洲两部分。冠达航运成立于1840年，最初提供横跨大西洋的远程客运服务，是一家"英国和北美皇家邮政邮包公司"，主要经营英国—加拿大—美国跨大西洋航线、利物浦—哈利法克斯—波士顿航线。白星航运最初是经营英国与澳大利亚之间的海运服务，破产重组后转变为邮轮企业，曾是"泰坦尼克号"豪华客轮的运营商。

1850~1900年，海达路德、荷美公司和歌诗达邮轮三家邮轮企业相继创建。荷美公司成立于1873年，全名"荷美汽船公司"，总部设在鹿特丹，最初是一家荷兰邮船、货运和客运公司，定期在荷兰、欧洲与北美、南美之间开展跨越大西洋航运业务，1873~1989年主要开展旅客、货物、邮件服务，包括15天鹿特丹–纽约跨洋航线。海达路德公司在1893年建立，目的是改善挪威漫长海岸线而交通不便问题。这些企业均分布在欧洲，具体属于西班牙、荷兰、英国、德国、意大利等国家，表现出以欧洲为中心的典型区域化特征。

综合上述分析可发现，早在19世纪，部分航运公司，作为后来邮轮公司的前身，已经存在并逐步发展，而且是该时期提供客运、货运或邮件服务的主要运营商。

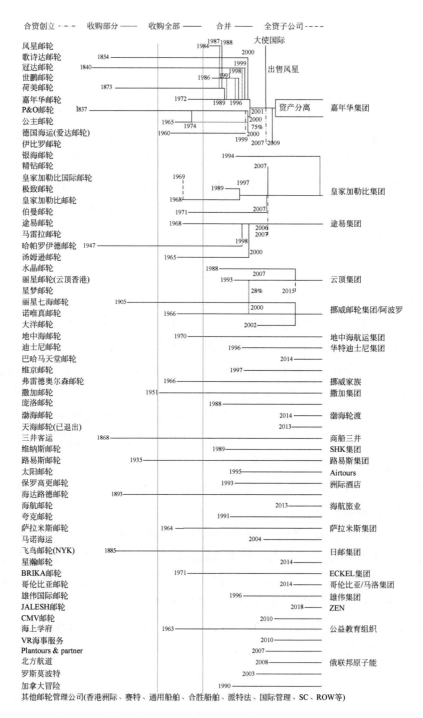

图 8-1　全球邮轮公司的资源整合路线图

2. 转型发展阶段

20 世纪以来，尤其是第二次世界大战结束后，航空运输在客运方面表现出来的便捷性、安全性优势，对海上客运服务形成了冲击。海上客运公司纷纷退出客运业务，寻求其他发展路径。冠达航运在 1947 年购买了白星公司三分之一的股份，并于 1950 年更名为"冠达公司"（Cunard Line），试图通过与白星航运合并，来提升竞争力；1968 年，冠达公司取消了跨洋客运服务，专注为度假者提供休闲和夏季跨大西洋旅游服务，正式转型为邮轮运营商。同时，德国海运于 1960 年左右开始由传统航运业务转型从事邮轮业务，形成了爱达邮轮。20 世纪 80 年代，海达路德航运公司开始转型，将重点放在旅游业，实现了客运业务向邮轮业务的转型。

1951～1980 年，在传统航运公司转型之外，一批新兴邮轮企业迅速崛起。该期间，新诞生的邮轮企业超过了 15 家；1965 年公主邮轮创建，1966 年挪威邮轮（后更名诺唯真邮轮）创建，1968 年皇家加勒比邮轮、途易邮轮创建，1970 年创建地中海邮轮，1972 年嘉年华邮轮成立。新诞生邮轮企业的注册地主要在美国，逐渐形成由美国邮轮企业引领的现代邮轮发展格局。

3. 集团竞争阶段

20 世纪 80 年代以来，随着邮轮企业数量的快速增加，全球邮轮旅游与邮轮航运的竞争不断加剧。为了获得更大的市场份额和更高的行业地位，部分邮轮企业走向兼并、收购形式的集团化、联盟化之路。嘉年华邮轮从 1980 年以后，通过股权收购、兼并等形式先后获得近十个邮轮企业；1988 年并购英国的 P&O 邮轮，1989 年以 5.3 亿欧元收购荷美邮轮；1998 年和 1999 年份两次完成冠达邮轮的收购；1991 年、1996 年和 1997 年份三次完成世鹏邮轮的收购；2000 年收购歌诗达邮轮；2003 年收购公主邮轮。经过持续的兼并收购，嘉年华邮轮逐渐组成了全球最大的邮轮运营集团—嘉年华邮轮集团。截至 2019 年，嘉年华邮轮集团旗下的邮轮公司有 10 家，包括嘉年华邮轮、公主邮轮、荷美邮轮、歌诗达邮轮、爱达邮轮、P&O 邮轮、世鹏邮轮、冠达邮轮，成为全球规模最大、品牌最全的邮轮运营集团。

1968 年诞生的皇家加勒比邮轮公司，在 1977 年与极致邮轮合并，1988 年并购了埃米德诺邮轮，1997 年兼并名人邮轮，并在 2007 年自创高端品牌精钻邮轮，逐渐形成皇家加勒比邮轮集团。丽星邮轮在 1993 年创建之后，也实行了集团化发展路径，2000 年收购诺唯真邮轮，2018 年出让诺唯真邮轮股份，2015 年收购水晶邮轮，2016年新建高端品牌——星梦邮轮，组建成为云顶香港集团。

除了大型邮轮集团以外，还形成了一批中小规模邮轮企业。这部分邮轮企业的数量接近20家，包括1996年诞生的迪斯尼邮轮，1997年诞生的维京邮轮，2013年创建的海航邮轮、天海邮轮，2014年创建的渤海邮轮。

第二节　企业视角的邮轮航运网络分异

一、邮轮企业的运力比较

1. 邮轮企业运力类型

邮轮企业是邮轮船舶的直接运营主体。通过梳理邮轮企业档案数据发现，2019年全球共有64家在营的邮轮企业，包括歌诗达邮轮、冠达邮轮、世鹏邮轮、荷美邮轮、公主邮轮、爱达邮轮、银海邮轮、精钻邮轮等（表8-2）。然而，邮轮企业的发展演变是动态变化的过程，如2020年疫情的波及，部分邮轮企业破产重组，如伯曼邮轮（Pullmantur）、海上航行（Cruise & Maritime Voyages）。从总部来看，邮轮企业主要集中在欧美地区，发达国家集中了主要的邮轮企业。从市场参与来看，北美地区的邮轮企业数量较多，其数量达到26家，经营航线也最为丰富，配置邮轮达到226艘；欧洲地区的邮轮企业最多，达到50多家，配置邮轮130多艘；而亚洲地区的邮轮企业较少。

邮轮业经营的基础是拥有邮轮，邮轮企业的船舶数量是影响邮轮航运网络规模与范围的重要因素。全球在运营的各种型号的邮轮有300多艘，分属于64家邮轮企业。大型企业拥有船舶可达到20艘，如嘉年华邮轮公司拥有26艘邮轮，荷美邮轮、歌诗达邮轮分别拥有15艘邮轮。小型公司仅有1艘邮轮，如渤海邮轮、Jalesh邮轮。这种船舶数量的差异导致企业尺度的邮轮航运网络在规模、覆盖范围等方面存在显著差异。

2. 主要邮轮企业概况

表征邮轮企业的大小及强弱有各种指标，包括邮轮数量、床位、载客量、净收入等指标。根据一般性的做法，主要介绍世界前10位邮轮企业。

表 8-2　世界各大邮轮公司及旗下品牌基本信息

邮轮集团	旗下品牌	邮轮类型	目标市场
嘉年华集团	嘉年华邮轮	现代型	北美市场
	公主邮轮	高级型	北美市场
	荷美邮轮	高级型	北美市场
	世邦邮轮	豪华型	北美市场
	冠达邮轮	高级型	欧洲尤其英国市场
	阿依达邮轮	现代型	德语市场
	歌诗达邮轮	现代型	欧洲及南美市场
	Ibero Cruceros	经济型	西班牙语、葡萄牙语市场
	P&O 邮轮	高级型	英国市场
	P&O 澳大利亚邮轮	经济型/现代型	澳大利亚、新西兰
皇家加勒比邮轮集团	皇家加勒比国际邮轮	现代型	北美市场
	名人邮轮	高级型	北美及欧洲市场
	精钻邮轮	豪华型	北美市场
	Pullmantour	经济型	西班牙市场
	CDF（Croisiere de France）	现代型	法语市场
	TUR 邮轮	经济型	德语市场
	岛屿邮轮	经济型	英国市场
云顶香港集团	丽星邮轮	现代型/经济型	亚洲市场
	挪威邮轮	现代型	北美市场
	NCL 美国	现代型	北美市场
	东方邮轮	现代型	欧洲市场

（1）皇家加勒比国际游轮（Royal Caribbean International）：成立于 1969 年，总部位于美国迈阿密，已连续十一年在 *Travel Weekly* 期刊读者投票中蝉联 "最佳游轮公司" 大奖（杜志传，2016）。皇家加勒比国际游轮旗下拥有绿洲、自由、航行者、灿烂、梦幻、君主 6 个船系的 29 艘邮轮，提供 200 多条航线，畅游全球近 300 个旅游目的地，遍及加勒比海、欧洲、阿拉斯加、南美、远东、澳新地区。拥有世界最大的两艘邮轮 "海洋绿洲号"（Oasis of the Seas）和 "海洋魅力号"（Allure of the Seas），吨位达到 22.5 万吨级。该企业控制了世界邮轮市场 23.2% 的占有率。

（2）嘉年华邮轮：成立于 1972 年，总部位于美国迈阿密。嘉年华邮轮现有

24 艘 8 万~12 万吨大型豪华邮轮，形成最为庞大的豪华邮轮船队。嘉年华邮轮的航线广布加勒比海、阿拉斯加、夏威夷等地区。目前，嘉年华邮轮已成为全球第一的超级豪华邮轮企业，拥有 2.8 万名船员和 5000 名员工，被誉为"邮轮之王"（杨平，2014）。

（3）公主邮轮（Princess Cruises）：是定位北美市场的至尊邮轮品牌。该企业创建于 1965 年，总部设于美国加利福尼亚州圣塔克拉利塔。公主邮轮旗下拥有 21 艘豪华邮轮，多为 10 万吨级别以上的巨型邮轮，提供 150 多条独特的航线，停靠 350 多个港口；游客量达到 170 多万人次/年，95% 以上的游客来自美国、加拿大及欧洲国家。

（4）荷美邮轮（Holland America Line）：创立于 1831 年，总部在美国西雅图。该企业旗下拥有 15 艘邮轮，布设了 500 多条航线，在全世界 320 多个港口、旅游胜地停靠。

（5）极致邮轮（Celebrity Cruises）：又称为名人邮轮或精致邮轮，致力于为乘客提供高雅而精致的航行体验。1989 年该企业成立。2014 年 11 月，精致游轮中文名变更为极致游轮。极致邮轮拥有 12 艘邮轮，形成千禧系列、极致系列、远征系列和优越系列，航行于美国、欧洲、跨大西洋及太平洋海岸等。精致邮轮标志性的"X"已成为现代奢华的标志。

（6）爱达邮轮（AIDA Cruises）：1960 年，位于德国罗斯托克的德国邮轮公司进入邮轮业。爱达邮轮有 14 艘船舶，负责欧洲板块的业务，邮轮航程覆盖 60 多万海里，航行区域覆盖波罗的海、加那利群岛、地中海、东亚、东南亚、加勒比海。

（7）诺唯真邮轮（Norwegian Cruise Line）：成立于 1966 年，总部设于美国迈阿密。2016 年 2 月底，"挪威邮轮"更名为"诺唯真游轮"。该企业主要服务对象是中产阶级游客，客户群集中在美国和加拿大。目前，该企业拥有 14 艘五星级豪华邮轮，航线遍及阿拉斯加、加勒比海、地中海、北欧、夏威夷、南美洲等地区。

（8）歌诗达（Costa Cruises）：是欧洲及南美地区的知名邮轮公司，成立于 1854 年。该企业总部在意大利的热那亚，旗下有 13 艘邮轮，主要为意大利风格邮轮。代表性邮轮"有大西洋号""赛琳娜号""幸运号"。

（9）地中海邮轮（MSC Cruises）：成立于 1970 年，总部设在意大利那不勒斯。2003 年该企业旗下仅有 3 艘邮轮，目前拥有 12 艘邮轮，乘客人数已突破 170 万人次，成为地中海、南非、南美邮轮市场的领导者。地中海邮轮在地中海区域全年有航程覆盖。

（10）银海邮轮（Silversea Luxury Cruises）：是专注最高端邮轮服务及体验的邮轮企业，2014年荣膺"最佳小型豪华邮轮"。该企业创建于1994年，旗下有8艘邮轮，包括5艘超豪华邮轮和3艘超豪华探险邮轮，具体为"银云号"、"银风号"、"银影号"和"银啸号"、"银海缪斯号"、"银海探索号"、"银海发现号"、"银海加拉帕戈号"。该企业是目的地最多的邮轮公司，航线连通800个旅游目的地。

二、邮轮企业的网络特征

全球64家邮轮公司在邮轮部署、服务区域、港口选择、航线布设与航班组织等方面形成了显著的差异。这种差异在空间上形成了多样化的邮轮航运网络格局与地理模式，并促使邮轮企业形成了类型分异，既表现为市场类型差异，也表现为空间类型分异。

1. 区域性与单航区集聚

单一的邮轮企业将邮轮集中在某个区域，组织航线和航班的部署，形成了区域性的邮轮网络，由此赋予邮轮企业以"区域化"或"地域化"符号。此类邮轮企业数量较多，包括保罗高更邮轮、Eurack邮轮、渤海邮轮、P&O澳大利亚邮轮、马诺海事邮轮、萨拉米斯邮轮、通用船舶、合胜邮轮、洲际邮轮、北方航道、莫波特邮轮、邮轮国际、天堂邮轮、Birka邮轮等14家，企业数量占全球邮轮企业总量的21.9%（表8-3）。

（1）此类企业的邮轮数量一般较少，而且多以中小型邮轮居多，尤其是5万吨以内的小型邮轮较多，船舶总体平均总吨位在10万吨以下。这些企业的邮轮对挂靠港口条件的要求较低，一般性的邮轮港口都能够满足邮轮靠泊。

（2）由于船体较小、灵活性大，邮轮能够停靠小型码头。邮轮企业可以把邮轮部署到大型邮轮无法到达的港口或区域，如俄罗斯北航区。除此之外，邮轮企业在核心航区、主要航区提供服务，尤其是东南亚和地中海，其次是澳新地区、加勒比海–墨西哥湾、波罗的海等航区。

（3）邮轮航运网络在区域尺度、港口尺度上均具有明显的集聚性。马诺海事、萨拉米斯邮轮、邮轮国际、赛特邮轮的航运网络虽然分布在地中海，但仅集中在西地中海，尤其是集中挂靠意大利和希腊港口；其中，母港主要有比雷埃夫斯、伊拉克利翁，始发港有以色列的海法、塞浦路斯的利马索尔，挂靠港以分布在爱琴海的岛屿型港口为主，包括罗兹、切什梅等。

表 8-3 单航区–区域性的企业邮轮网络

邮轮运营商	服务航区网络	主要母港、始发港
马诺海事	东地中海	比雷埃夫斯、伊拉克利翁、海法
萨拉米斯邮轮	东地中海	比雷埃夫斯、伊拉克利翁
邮轮国际	东地中海	比雷埃夫斯
赛特邮轮	东地中海	比雷埃夫斯
通用船舶	东南亚	普吉岛、槟城
合胜邮轮	东南亚	香港
洲际邮轮	东南亚	香港
北方航道	俄罗斯北	摩尔曼斯克
莫波特邮轮	俄罗斯海岸	摩尔曼斯克
保罗高跟邮轮	大溪地	帕皮提
Birka 邮轮	波罗的海	斯德哥尔摩
渤海邮轮	东亚	天津、大连、青岛
P&O 澳大利亚邮轮	澳新地区	布里斯班、悉尼
天堂邮轮	加勒比海–墨西哥湾	棕榈滩、自由港

（4）邮轮企业对航区的选择与企业总部所在地或企业母国密切相关。合胜邮轮与洲际船舶的总部均位于中国香港，其母港均为香港；北方航道与莫波特邮轮的总部均位于俄罗斯，而其选择的始发港均为摩尔曼斯克港。渤海邮轮的总部位于中国烟台，其母港分别为大连、青岛和天津港。

2. 区域性与多航区集聚

邮轮企业将邮轮船舶部署在两个以上的航区，但邮轮航运网络也具有明显的区域集聚性。该类邮轮企业的数量较多，达到 16 家，占全球邮轮企业总量的23.4%，具体包括日本邮轮、三井客运、星瀚邮轮、星梦邮轮、丽星邮轮、迪士尼邮轮、VR 海事、贾利什、帕特法、雄伟国际、撒加邮轮、水族探险、伯曼邮轮、服务运输、风星邮轮、SCHM 等（表 8-4）。这些邮轮企业的总部主要分布在欧洲和东亚地区。星梦邮轮、迪士尼邮轮拥有大型邮轮，吨位在 8 万吨以上，吃水超过 8m。大部分企业的船舶尺寸较小，数量较少，5 万吨以内的邮轮船型居多，吃水一般在 7m 以内。

表 8-4　多航区-区域性的企业邮轮网络

邮轮公司	主要航区	次要航区
日本邮轮	东亚（日）	东亚北部、东南亚、
三井客运	东亚（日）	东南亚、澳洲北
星瀚邮轮	地中海（西）、东亚	东南亚
星梦邮轮	东亚、东南亚	
丽星邮轮	东亚、东南亚	西欧、波罗的海
迪士尼邮轮	加勒比海-墨西哥湾、阿拉斯加	西欧、地中海等
VR 海事	地中海、非洲西北	西亚阿拉伯半岛、南亚
SCHM	西欧、波罗的海、挪威-斯瓦尔巴群岛	冰岛、北美北等
贾利什	澳新	南亚、东南亚、澳洲北
帕特法	南美南	
雄伟国际	西欧、地中海、波罗的海	冰岛、西南欧等
撒加邮轮	西欧、西南欧、波罗的海、地中海	北美东、冰岛等
水族探险	西欧、西南欧、非洲西北	冰岛、波罗的海
伯曼邮轮	地中海、加勒比海-墨西哥湾	西欧
服务运输	地中海、加勒比海-墨西哥湾	西南欧
风星邮轮	地中海	加勒比海-墨西哥湾

多数企业的邮轮网络可分为主要网络和重配网络两部分。水族探险的邮轮网络主要分布在欧洲，尤其是西欧、波罗的海、地中海，重配网络涉及非洲西海岸、非洲南海岸。贾利什邮轮在澳新航区的网络规模较大，占比超过 50%，主要母港包括墨尔本和布里斯班，重配网络覆盖南亚、东南亚航区。VR 海事的邮轮网络主要分布在地中海，以巴塞罗那、马赛等母港为中心，而重配网络分布在西亚阿拉伯半岛等航区。迪斯尼邮轮以温哥华、卡纳维拉尔、圣胡安、多佛、南安普敦等为母港，主要网络覆盖加勒比海-墨西哥湾，同时覆盖阿拉斯加、美墨西海岸、西欧、地中海等航区。与此类似，日本邮轮与三井客运分别以横滨和神户为母港，覆盖东亚和东南亚航区，但集中在日本附近海域，而东南亚属于重配网络。这主要受日本邮轮企业的传统航线布局影响。星瀚邮轮的航运网络集聚在地中海和东亚航区，以比雷埃夫斯、伊拉克利翁、上海等为母港组织航线航班。

3. 全球性与单区域集聚

邮轮企业通常以某个区域为中心集中部署邮轮网络，并在某些时段内开展全球范围内的邮轮巡航。该类邮轮企业的数量较多，达到 8 家，比重为 12.5%，具体包括飞鸟邮轮、海上学府、海事控股、赫尔伯特邮轮、爱琴海邮轮、陆权邮轮、哥伦比亚邮轮、P&P 邮轮等企业（表 8-5）。该类企业均分别拥有 1 艘邮轮，多为小型邮轮，吨位在 4 万吨以内，运力资源极为有限。

表 8-5　全球性单区域集聚的企业邮轮网络

邮轮公司	主要航区网络	主要母港
海事控股	东亚、东南亚	横滨、神户、新加坡
飞鸟邮轮	东亚（日）	横滨、神户
赫尔伯特邮轮	地中海、西南欧	汉堡、基尔
海上学府	西欧、波罗的海	不莱梅哈芬
爱琴海邮轮	西欧、地中海	比港、伊拉克利翁
陆权邮轮	地中海	巴塞罗那
哥伦比亚邮轮	地中海、西欧	帕尔马、汉堡
P&P 邮轮	西欧、波罗的海	汉堡、不莱梅哈芬、都柏林等

这些企业的共同特点是形成一个主要的服务区域，同时还形成环球航行的邮轮航运网络。值得关注是，企业注册国与航运网络形成较好的空间耦合，形成了较好的"母国性"或"属地性"。海事控股的服务区域是东亚和东南亚航区，母港包括横滨、神户及新加坡。飞鸟邮轮以横滨和神户为母港，服务东亚航区，尤其集中在日本海域。赫尔伯特的邮轮网络主要分布在地中海和西南欧航区，以汉堡和基尔为母港。海上学府的航运网络集中在西欧和波罗的海航区，以莱梅哈芬为母港。爱琴海邮轮以比雷埃夫斯、伊拉克利翁为母港，航运网络主要集中在西欧和地中海航区。陆权邮轮主要以巴塞罗那为母港，形成覆盖地中海的航运网络。哥伦比亚邮轮主要以帕尔马、汉堡为母港，形成覆盖地中海、西欧航区的航运网络。P&P 邮轮则以汉堡、不莱梅哈芬、都柏林为母港，在西欧、波罗的海航区构建邮轮航运网络。在这些区域性的邮轮网络之外，8 家企业还在特定的时间尤其是主要服务航区进入淡季的时期，组织开展其他航区的航运活动，在全球范围内形成了环球航行网络。以此，缓解原航区季节性的负面影响，增加邮轮航线、航班的多样性。

4. 全球性与多区域集聚

多数邮轮企业拥有多艘邮轮，能够将不同邮轮分别部署在多个区域，形成覆盖全球的邮轮航运网络，以此提高航运网络竞争力与企业竞争力。该类企业的数量最多，达到 24 家，比重达到 37.5%，是世界邮轮企业的主流类型。该类企业具体包括马雷拉邮轮、地中海邮轮、凤凰邮轮、庞洛邮轮、爱达邮轮、歌诗达邮轮、荷美邮轮、皇家加勒比邮轮等（表8-6）。从邮轮航运网络的形态看，该类邮轮企业又分为两种差异化类型。

表8-6　全球性多区域集聚的企业邮轮网络

邮轮公司	主要服务航区
爱达邮轮	地中海、西欧、波罗的海、加勒比海–墨西哥湾等
歌诗达邮轮	地中海、西欧、波罗的海、加勒比海–墨西哥湾等
荷美邮轮	加勒比海–墨西哥湾、阿拉斯加、美加西、美墨西、地中海、西欧、波罗的海、东亚、澳新、南美西等
皇家加勒比邮轮	加勒比海–墨西哥湾、北美东、地中海、西欧、波罗的海、东亚、澳新等
地中海邮轮	地中海、非洲西北、西欧、加勒比海–墨西哥湾等
诺唯真邮轮	加勒比海–墨西哥湾、阿拉斯加、北美东、地中海、西欧、东亚
极致邮轮	加勒比海–墨西哥湾、阿拉斯加、地中海、西欧、波罗的海、东亚、澳新南美西南等
嘉年华邮轮	加勒比海–墨西哥湾、阿拉斯加、澳新等
P&O 邮轮	地中海、西欧、西南欧、非洲西北、波罗的海、加勒比海–墨西哥湾等
公主邮轮	加勒比海–墨西哥湾、阿拉斯加、美墨西、地中海、西欧、波罗的海、东亚、澳新等
维京邮轮	地中海、西欧、加勒比海–墨西哥湾、挪威–斯瓦尔巴群岛等
海上航行	西欧、波罗的海、西南欧等
马雷拉邮轮	地中海、非洲西北、加勒比海–墨西哥湾等
途易邮轮	地中海、西欧、非洲西北、波罗的海等
精钻邮轮	地中海、南美东南
庞洛邮轮	地中海、西欧、南美南
丽星七海邮轮	加勒比海–墨西哥湾、阿拉斯加、地中海、非洲西北等
水晶邮轮	加勒比海–墨西哥湾、阿拉斯加、地中海、西欧、波罗的海等
大洋邮轮	地中海、西欧、波罗的海、加勒比海–墨西哥湾等
冠达邮轮	地中海、西欧、波罗的海、加勒比海–墨西哥湾、北美东、澳新
世邦邮轮	地中海、西欧、非洲西北、波罗的海等
银海邮轮	地中海、西欧、北美东、加勒比海–墨西哥湾、挪威–斯瓦尔巴群岛、东南亚等
凤凰邮轮	地中海、西欧、波罗的海、加勒比海–墨西哥湾等
费雷德奥尔森邮轮	地中海、西欧、波罗的海、西南欧、非洲西北等

（1）短航线、往返航线为主的邮轮网络。该类型覆盖16家邮轮企业，拥有

134 艘邮轮，邮轮数量占比达到 47.9%，包括 48 艘大型邮轮。规模较大的邮轮企业拥有 7 艘以上的船舶数量，船舶吨位较大，平均吨位超过 10 万吨，适于在近海海域提供邮轮服务。规模较小的企业包括途易邮轮、维京邮轮、精钻邮轮等 6 家，每家企业的船舶在 3~5 艘，企业吨位多在 7 万吨以内。邮轮航运网络均呈现欧洲和北美洲集聚的特征，尤其是集中在地中海、加勒比海–墨西哥湾、西欧航区。这反映出邮轮企业在区域化网络布局上的趋同性，同时反映了全球邮轮市场的地域集中性。港口码头、泊位资源的有限性和排他性，促使不同企业形成了差异化的港口选择。在地中海航区，爱达邮轮的主要母港有巴塞罗那、瓦莱塔，而地中海邮轮的母港还包括热那亚、奇维塔韦基亚、威尼斯。在非洲西北航区，诺唯真邮轮、途易邮轮的母港主要是帕尔马和丰沙尔，而地中海邮轮和嘉年华邮轮的母港还有圣克鲁斯。南美南航区仅有乌斯怀亚母港，荷美邮轮、诺唯真邮轮、极致邮轮等企业只使用该母港。维京邮轮在西欧的母港主要是南安普敦，在加勒比海–墨西哥湾的母港主要是迈阿密。航区或区域间的网络联系，通常是以重配网络的形式存在，目的是避免地理季节性的影响。

（2）长航线、单向航线为主的邮轮网络。该类企业主要包括丽星七海邮轮、水晶邮轮、大洋邮轮、冠达邮轮等 8 家，企业数量占比为 12.5%。这类企业的共同特点是提供环球航行。该类企业的邮轮船舶数量在 3~5 艘，航运网络形态相对简单。除了冠达邮轮"玛丽女王 2 号"超过 10 万吨以外，其余均低于 10 万吨，平均吨位在 4.5 万吨左右。欧洲区域是该类邮轮企业的交集航区，尤其是地中海、西欧及波罗的海航区，母港主要包括巴塞罗那、南安普敦、里斯本等。另外，丽星七海邮轮、水晶邮轮、大洋邮轮、冠达邮轮、银海邮轮和凤凰邮轮在北美尤其是加勒比海–墨西哥湾形成了规模较大的航运网络，母港包括迈阿密、拿骚、圣胡安、菲利普斯堡等。水晶邮轮、冠达邮轮、丽星七海邮轮在阿拉斯加形成了密集的航运网络，而东南亚航区仅有银海邮轮的航运网络较为密集。这说明邮轮企业的网络布局同时具有区域化和全球化的特点（Li et al., 2020）。

5. 探险性与极地性

该类邮轮企业仅有 2 家，具体为 SAM（Silver Arrows Marine）和加拿大探险，企业数量占比仅为 4.7%。从定位来看，该类企业主要是提供探险性质的邮轮航线与航班，尤其是跨洋探险和极地探险。这两家邮轮企业的船舶体型较小，吨位在 2 万吨以下，吃水深度约为 5 米。

（1）SAM（Silver Arrows Marine）：邮轮航运网络主要覆盖西南欧、加勒比海–墨西哥湾航区，主要是以巴拿马和直布罗陀海峡附近的邮轮港口为中心，包括科隆、直布罗陀等港口，提供穿越海峡和跨大西洋的邮轮体验。

（2）加拿大探险邮轮（Adventure Canada）：该企业的邮轮航运网络主要覆盖冰岛等欧洲近北极地区，包括苏格兰、冰岛、法罗群岛、格陵兰和南极洲，以雷克雅未克、蒙得维的亚港口为始发港，形成了纵向的穿越大西洋南北的邮轮网络，同时深入南北极，为乘客提供极地体验。

第三节　邮轮集团与邮轮市场竞争

一、邮轮集团市场特征

1. 总体特征

为了占有更大的市场并掌握主导权，邮轮企业通过收购、兼并等形式，完成资源整合，形成规模庞大的邮轮集团，实现对多航区甚至全球的邮轮航运网络覆盖。从当前邮轮行业的组织结构来看，全球形成 5 大邮轮集团，控制着近80%的邮轮运力，其余中小邮轮企业的市场份额不足 20%。五大邮轮集团具体包括嘉年华集团、皇家加勒比集团、诺唯真集团、地中海集团及云顶香港集团（表 8-7）。2019 年，嘉年华集团（Carnival Corporation & Plc）、皇家加勒比集团（Royal Caribbean Cruises）、诺唯真集团（Norwegian Cruise Line）、地中海集团（MSC Cruises）的市场份额分别为 39.08%、20.5%、12.1%和6.7%（表 8-8）；运力比重分别为 34.89%、30.12%、7.86%和7.61%（表 8-9）。

表 8-7　世界四大邮轮集团主要指标

邮轮集团	年份	总营运收入/亿美元	净利润/亿美元	乘客邮轮天数/万天	运力（仓位＊运营天数）ALBDS/万	满舱率/%
嘉年华集团	2021	19.08	−95.01	81.8	1460.3	56
	2020	55.95	−102.36	2647.8	2611.7	101
	2019	208.25	29.90	9336.9	8742.4	106.8
皇家加勒比集团	2021	15.32	−52.61	580.3	1176.7	49.3
	2020	22.09	−57.75	869.8	854	101.9
	2019	109.51	19.08	4480.4	4143.2	108.1

邮轮集团	年份	总营运收入/亿美元	净利润/亿美元	乘客邮轮天数/万天	运力（仓位＊运营天数）ALBDS/万	满舱率/%
诺唯真集团	2021	6.48	-45.07	177.9	337.7	52.7
	2020	12.80	-40.13	427.9	412.4	103.8
	2019	64.62	9.30	2063.8	1923.3	107.3
地中海集团	2021	8.98	-10.65	447.4	828.5	54
	2020	8.55	-11.37	477.1	501.2	95.2
	2019	35.91	4.50	1951.8	1738	112.3

表 8-8　2019 年世界主要邮轮集团市场格局

邮轮集团		市场占有率/%	运力/人	比重/%
嘉年华集团		39.08	17 080	34.89
皇家加勒比集团		20.50	14 744	30.12
地中海集团		6.70	3 724	7.61
诺唯真集团		12.10	3 850	7.86
其他	合计	21.50	—	—
	云顶香港	—	6 758	13.80
	渤海轮渡	—	1 000	2.04
	星旅远洋	—	1 800	3.68

表 8-9　五大邮轮集团旗下的运营商与邮轮船舶

邮轮集团	运营商	邮轮数量/艘	比重/%
嘉年华集团	歌诗达邮轮（意大利）、冠达邮轮（英国）、荷美邮轮（美国）、爱达（德国）、嘉年华邮轮（美国）、公主邮轮（美国）、铁行邮轮（英国）、澳大利亚铁行邮轮、伊比罗邮轮（西班牙）、海洋村邮轮、玺宝邮轮	105	37.5%
皇家加勒比集团	皇家加勒比邮轮、极致邮轮、精钻邮轮、途易邮轮、阿扎马拉邮轮、银海邮轮	63	22.5%
诺唯真集团	诺唯真邮轮、丽星七海邮轮和大洋邮轮	27	9.6%
地中海集团	地中海邮轮	17	6.1%
云顶香港集团	丽星邮轮、星梦邮轮、挪威邮轮和水晶邮轮	9	3.2%

邮轮航运网络的空间模式与发展机理

1）嘉年华集团

嘉年华集团是世界最大的休闲旅游公司，也是全球最大的邮轮运营商。该集团的总部位于美国迈阿密。截至 2019 年，该集团拥有歌诗达邮轮、冠达邮轮、荷美邮轮、爱达邮轮、嘉年华邮轮、公主邮轮、伊比罗邮轮、玺宝邮轮、海洋村邮轮、澳大利亚铁行邮轮、铁行邮轮等 11 个品牌。1972 年，嘉年华公司成立嘉年华邮轮，之后通过收购合并等途径进入邮轮旅游的各细分市场（韩宏涛，2006）。1988 年并购英国 P&O 公主邮轮，1989 年收购了荷美邮轮、风星邮轮、HAL 邮轮、Home 邮轮等企业，1992 年兼并世邦邮轮并购买了海云邮轮 50% 的股份，1997 年兼并意大利海岸邮轮并购买了歌诗达邮轮 50% 的股份，1998 年收购冠达邮轮，1999 年购买阿依达邮轮 51% 的股份，2000 年又购买了歌诗达邮轮 50% 的剩余股份，2003 年收购了铁行邮轮，2007 年将星风邮轮出售给大使集团。该集团共拥有 105 艘邮轮，占全球邮轮总量的 37.5%。该集团提供多样化的邮轮航线和休闲设施，每年吸引近 1300 万名游客，市场占有率达 49.2%。该集团拥有超过 15 万名员工，2019 年总收入为 208 亿美元，为财富 500 强企业前 160 位。2021 年，嘉年华集团总收入为 19.08 亿美元，净亏损 95.01 亿美元。

2）皇家加勒比集团（Royal Caribbean）

全称为皇家加勒比海邮轮公司，是全球第二大邮轮集团。该集团最早于 1969 年在挪威成立，1988 年并购了成立于 1986 年的埃德米诺邮轮；1997 年，与 1997 年成立的精致邮轮合并，公司名称 Royal Caribbean Cruise Line 更名为 Royal Caribbean International；分别在 2007 年和 2009 年创建了精钻邮轮和途易邮轮。该集团旗下拥有皇家加勒比国际邮轮（Royal Caribbean International）、精致邮轮（Celebrity Cruises）、精钻邮轮（Azamara Club Cruises）、银海邮轮等全资品牌，和途易邮轮、普尔曼邮轮（Pullmantur）等 2 个合资品牌。2021 年，该集团出售了精钻邮轮。皇家加勒比集团注册的总吨位数份额从 1996 年的 11.2% 增长至 2008 年的 23.6%。该集团共拥有 62 艘船舶，占全球邮轮总量的 22.5%，总床位达到 14.09 万张；在全球布设了 460 个多样化航线，连通全球近 300 个旅游目的地，遍布 70 多个国家和地区。1987 年开始，该集团的船名均有"海洋"二字。其中，精钻邮轮拥有 3 艘船舶，途易邮轮拥有 6 艘船舶，银海邮轮拥有 4 艘船舶。2021 年，皇家加勒比邮轮集团总收入达 15.32 亿美元，净亏损 52.6 亿美元。

3）诺唯真集团（Norwegian Cruise Line）

诺唯真集团是世界第三大邮轮运营商。该集团原名为挪威邮轮，成立于1966年；2000年被丽星邮轮收购。该集团拥有诺唯真邮轮、丽星七海邮轮和大洋邮轮等3个品牌，截至2020年共拥有28艘邮轮，占全球邮轮总量的9.6%，共有5.92万个床位。其中，诺唯真邮轮运营17艘邮轮。该集团的总部设立于美国佛罗里达州戴德县，主要股东为云顶香港集团、Apollo Global Management和TPG资本。目前，诺唯真集团共有员工3.43万名。2021年，诺唯真集团总收入达到6.48亿美元，净亏损45.07亿美元。

4）地中海集团（MSC Cruise）

该集团位列第四大邮轮运营商，属于传统航运企业地中海航运的分支部门，是地中海邮轮市场的领导者。该集团只拥有1个邮轮品牌，拥有19艘船舶，占全球邮轮总量的6.1%，总计6.35万个床位。该集团的前身Lauro Lines，是意大利全资拥有企业，成立于1960年；1989年地中海航运收购了Lauro Lines，1995年命名为地中海邮轮。该集团的总部位于瑞士日内瓦，在全球45个国家开设办事处，2017年拥有员工2.35万名。2017年，地中海邮轮的游客量达到130万人次，占全球的7.2%。2021年，地中海邮轮总收入为8.98亿美元，净亏损10.65亿美元。

5）云顶香港集团

云顶香港集团是全球第五大运营商，属于云顶集团的下属企业。云顶香港集团前身为丽星邮轮，1993年云顶集团成立丽星邮轮，在亚洲经营邮轮旅游，是亚洲邮轮航运的先驱；2000年丽星邮轮收购了诺唯真邮轮，2007年出售了诺唯真邮轮；2009年11月改为云顶香港集团。水晶邮轮成立于1988年，由日本邮船经营，2015年被云顶香港集团收购。2015年，该集团创建了星梦邮轮。目前，该集团拥有丽星邮轮、星梦邮轮、水晶邮轮3个品牌，拥有挪威邮轮50%的股权，2016年收购了德国邮轮游艇制造商Lloyd Werft造船厂和德国MV Werften造船集团。该集团共有12艘邮轮，仅占全球邮轮总量的3.2%，共拥有3.9万个标准床位；其中，丽星邮轮有7艘船舶，星梦邮轮拥有3艘船舶，水晶邮轮拥有2艘船舶。该集团的邮轮航线遍布全球200多个目的地，主要以新加坡、马来西亚和中国等国家的港口为母港，提供东亚和东南亚为主的航线。2020年，云顶香港集团净亏损17.16亿美元，2022年1月19日向百慕大最高法院提交清盘呈请，三大邮轮品牌相继清盘。

不同集团的邮轮航运网络在空间上既有相似性，也有差异性。前三位的邮轮集团在职能港口、中心航区的选择上，均以加勒比海-墨西哥湾为重点，以迈阿密、科苏梅尔等港口为主组织航线航班。各集团的船舶数量多，其邮轮航运网络具有显著的全球性特征。规模相对较小的地中海集团和云顶香港集团的邮轮航运网络具有更强的区域性特征，分别主要集聚在地中海和东亚航区。

2. 航区覆盖率

全球邮轮旅游有着不同的发展水平，各邮轮集团有着不同的市场定位，这促使各集团在各航区的邮轮资源配置存在差异，形成了不同的覆盖率与覆盖强度。

（1）嘉年华集团的邮轮航运网络覆盖了31个航区，但各航区存在显著差异，形成了不同的覆盖强度。邮轮网络规模最大的航区是加勒比海-墨西哥湾，其次是美墨西海岸、阿拉斯加、地中海、西欧、波罗的海、非洲西北海岸，再次是北美东海岸、东亚、澳新航区。此外，东南亚、夏威夷、挪威-斯瓦尔巴群岛、南亚、西亚阿拉伯半岛、非洲东海岸等航区的网络规模较小。因此，嘉年华集团的邮轮航运网络基本实现了全球性覆盖，但形成了核心航区和主要航区，塑造了全球性与优势区的共存格局［图8-2（a）］。

（2）皇家加勒比集团的邮轮航运网络覆盖了31个航区，航区数量较多，但航运网络规模较高的航区较少。其中，网络规模较大的航区有加勒比海-墨西哥湾、地中海、非洲西北海岸，再次是北美东海岸、阿拉斯加、西欧、波罗的海、东亚等航区。除此之外，还包括东南亚、澳新航区、夏威夷、挪威-斯瓦尔巴群岛、南亚、西亚阿拉伯半岛等22个航区，但网络规模较小［图8-2（b）］。

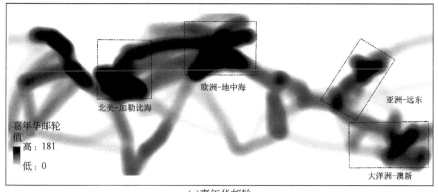

(a)嘉年华邮轮

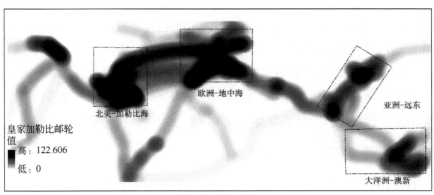

(b)皇家加勒比邮轮

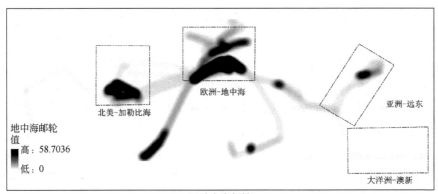

(c)地中海邮轮

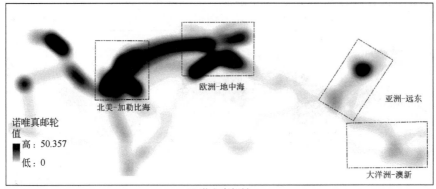

(d)诺唯真邮轮

邮轮航运网络的空间模式与发展机理

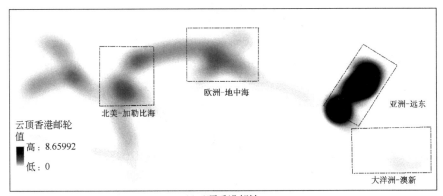

(e) 云顶香港邮轮

图 8-2　五大集团邮轮航运网络的热点分布格局

（3）诺唯真集团的邮轮航运网络覆盖了 31 个航区，航区数量较多。但邮轮规模最大的航区仅有加勒比海—墨西哥湾，其次是北美东海岸、阿拉斯加、地中海、西欧、波罗的海、非洲西北海岸、东亚和夏威夷等航区。其他航区被该集团的大洋邮轮、丽星七海邮轮的环球网络所途经，但航运资源较少 [图 8-2（c）]。

（4）地中海集团除地中海航区以外，邮轮航运网络集中的区域还包括加勒比海—墨西哥湾、非洲西北海岸、波罗的海、东亚及南美东南海岸等航区，但覆盖强度较低，形成了显著的地中海"区域性" [图 8-2（d）]。

专栏 8-2　云顶香港集团破产

　　2000 年丽星邮轮在香港（易）上市，2009 年更名为云顶香港。为了实现全球扩张，2015 年和 2016 年云顶香港分别以 1750 万欧元和 2.31 亿欧元，先后收购了德国 Lloyd Werft 造船厂和 MV Werften 造船集团，为旗下丽星邮轮、星梦邮轮、水晶邮轮建造新船。云顶香港在开启全球扩张计划时，业绩不断下滑。2016～2019 年受邮轮及造船厂的额外折旧、摊销、市场推广成本开支及市场竞争等影响，云顶香港处于亏损状态，合计年度亏损超过 11.2 亿美元。疫情时期，云顶香港推出"自愿减薪计划"；2020 年 9 月起，频繁出售非核心资产；2020 年 7 月，星梦邮轮"探索梦号"率先复航。但上述努力仍未能挽救业绩，2020 年云顶香港营业收入由 2019 年的 15.61 亿美元骤减至 3.67 亿美元；综合亏损净额由 1.59 亿美元扩至

17.16 亿美元。2022 年 1 月，德国 MV 造船集团和 Lloyd Werft 船厂同日申请破产，触发云顶香港 27.77 亿美元融资交叉违约。2022 年 1 月 18 日，云顶香港向百慕大最高法院提交清盘申请，随后旗下三大品牌相继停运。云顶香港旗下的 17 艘邮轮全部被出售或报废拆解。三大邮轮品牌只有水晶邮轮得以延续，但不再属于云顶集团。2022 年 6 月，雅趣旅游集团收购了水晶邮轮的"水晶合韵号"和"水晶尚宁号"；"环球梦号"由迪士尼邮轮收购，2023 年 4 月"世界梦号"出售给沙特邮轮。2023 年 5 月 16 日，云顶香港的上市地位被取消。但云顶香港的创始人林国泰并未放弃邮轮事业，在宣布云顶香港清盘后，在新加坡推出了新的邮轮品牌名胜世界邮轮（Resorts World Cruises）。名胜世界邮轮于 2021 年 3 月 9 日在新加坡注册成立，星梦邮轮运营的"探索梦号"和"云顶梦号"分别被该公司收购及租赁。

（5）云顶集团航运网络覆盖的航区数量较多，达到 28 个，但主要集中在东亚和东南亚，区域性特征显著。此外，加勒比海-墨西哥湾、美墨西海岸、美加西海岸、阿拉斯加、地中海、西南欧、西欧、波罗的海、南美西海岸等航区均为该集团水晶邮轮环球航线的途经航区，但航运资源配置很少［图 8-2（e）］。

3. 港口连通率

将空间分析进一步细化尺度，将港口作为研究样本。研究发现，五大集团有着不同的港口连通率（表 8-10）。

表 8-10　全球五大集团的港口连通率

类型		嘉年华集团	皇家加勒比集团	诺唯真集团	地中海集团	云顶香港集团
港口	数量/个	532	492	401	193	220
	比重/%	67.4	62.4	50.8	24.5	27.9
母港	数量/个	89	89	83	60	58
	比重/%	100	100	93.3	67.4	65.2
始发港	数量/个	76	73	60	31	48
	比重/%	80.9	77.7	63.8	33	51.1
挂靠港	数量/个	367	330	258	102	114
	比重/%	60.6	54.5	42.6	16.8	18.8

（1）嘉年华集团的港口覆盖率最高。该集团连通港口数量达到532个，占邮轮港口总量的67.4%，超过2/3，有着最高的连通率。从港口职能结构看，该集团连通所有母港，数量达到89个；连通始发港76个，占始发港总量的80.9%；连通挂靠港数量达到367个，占挂靠港总量的60.6%。

（2）皇家加勒比集团的邮轮航运网络规模、港口连通率仅次于嘉年华集团。该集团连通的港口数量较多，达到492个，占比为62.4%。其中，该集团连通了所有母港，和73个始发港及330个挂靠港。由此可见，皇家加勒比集团在全球范围内具有较高的港口连通率。

（3）诺唯真集团连通的邮轮港口较多，其数量达到401个，比重为50.8%，覆盖了全球一半的邮轮港口。这些港口具体包括83个母港、60个始发港和258个挂靠港，其中挂靠港的数量相对较少，旅游目的地的连通率较低。

（4）地中海集团的邮轮航运网络表现出较强的区域性特征。该集团连通港口的数量较少，仅为193个，比重仅为24.5%。该集团连通了60个母港，占母港总量的67.4%；连通31个始发港，占始发港总量的33%；连通了102个挂靠港，占挂靠港总量的16.8%，旅游目的地的覆盖率很低。

（5）云顶香港集团连通的港口数量较少，达到220个，比重为27.9%。其中，该集团连通的母港有58个，占母港总量的65.2%，该比重较高；连通的始发港数量较多，达到48个，占始发港总量的51.1%。但云顶香港集团连通的挂靠港数量较少，仅为114个，占挂靠港总量的18.8%，旅游目的地的覆盖率较低。

4. 邮轮挂靠频次

由于客源地与旅游资源的差异性，各集团在不同邮轮港口间的靠泊频次存在显著差异，由此塑造了邮轮航运网络的空间分异与重点经营区域。

（1）嘉年华集团旗下邮轮的挂靠总频次达到20 496次，占全球邮轮挂靠频次的39.1%，有很高的市场拥有率。该集团挂靠频次高于300次/年的港口包括科苏梅尔、自由港、拿骚、迈阿密、乔治城、棕榈滩、埃弗格莱兹、巴塞罗那、南安普敦，数量达到9个。这些港口有显著的地域集中性，77.8%集中在加勒比海–墨西哥湾。同时，这些港口有明显的母港性，除埃弗格莱兹、自由港属于挂靠港以外，其余均为母港。因此，嘉年华集团在港口层面有显著的地域集中性，加勒比海–墨西哥湾成为其重点运营的航区。

（2）皇家加勒比集团的船舶总挂靠频次达到了11 661次，占比为22.3%。挂靠频次较高的港口数量较多，其中挂靠频次高于200次/年的港口有7个，包括拿骚、科苏梅尔、迈阿密、埃弗格莱兹、菲利普斯堡、巴塞罗那、圣胡安。除巴塞罗那以外，其余均分布在加勒比海–墨西哥湾，该航区为皇家加勒比集团的重点经营区域。除埃弗格莱兹港属于挂靠港以外，其余均为母港，这与嘉年华集团存在较高的相似性。

（3）诺唯真集团挂靠频次高于 100 次/年的港口有迈阿密、拿骚、比格克里克、纽约、卡纳维拉尔、科苏梅尔等，数量达到 7 个。其中，超过 300 次/年的港口仅有迈阿密，其余均低于 200 次/年。除比格克里克属于挂靠港以外，其余均为母港，且均分布在加勒比海–墨西哥湾。这说明诺唯真集团的邮轮航运网络在港口层面具有较高的集聚性，而且与嘉年华集团、皇家加勒比集团在港口选择上具有相似性，加勒比海–墨西哥湾是共同的重点经营区域。

（4）地中海集团挂靠频次高于 100 次/年的港口数量较少，达到 5 个，具体包括热那亚、巴塞罗那、威尼斯、马赛、帕尔马。这些港口均为母港，且集中在地中海。挂靠频次最高的港口是热那亚，达到 197 次/年。这表明地中海是地中海邮轮集团的重点经营区域。

（5）云顶香港集团挂靠频次超过 100 次/年的港口更少，仅有基隆、新加坡和香港。三个港口均为母港，分布在东亚和东南亚，有显著的远东地域性，与企业属地有较好的空间耦合。挂靠频次最高的始发港为那霸港，但航班组织仅为 24 次/年，这表明日韩航线是云顶香港集团的重要经营航线。使用频率较高的挂靠港包括威斯马、槟城、平良港，挂靠频次在 30 ~ 50 次之间。

二、邮轮集团与港口竞争

各邮轮集团的航运网络分布具有相似性，主要表现为全球性，这反映出邮轮集团间的竞争关系。这种竞争表现为港口资源的使用、母港客源市场的争夺等方面。研究单一航区内的职能港口结构，可以揭示邮轮集团在航区、港口上的竞争力。

1. 总体格局

在一个周期内（通常是一年），某邮轮集团的船舶对某港口的挂靠频次占该港口总挂靠频次的比率，可反映各集团在该港口的市场占有率。从港口尺度来看，五大集团使用的港口总量达到 640 个，占邮轮港口总量的 81.1%。完全没有使用的港口数量为 149 个，占比为 18.9%。这说明五大邮轮集团在全球尺度上具有非常高的港口覆盖率。五大集团完全占用的港口数量达到 104 个，占港口总量的13.2%。不同占有率的港口数量存在显著差异，基本呈现随占用率降低而港口数量递减的变化趋势。其中，占用率介于90%~99%的港口数量有118个，占邮轮港口总量的15.1%。占用率介于80%~89%的港口数量有73个，比重为13%；占用率介于70%~79%的港口数量有62个，比重为10.9%，而占有率介于60%~69%的港口数量有56个，比重为7.1%。这说明不同集团对港口资源的使用具有较高的相似性。

从分布来看，五大集团完全占用的港口，分布在除挪威–斯瓦尔巴群岛、俄罗斯北海岸、亚速尔群岛、冰岛–巴芬湾、亚马孙河、南非南海岸以外的航区（表8-11）。其中，阿拉斯加、地中海、加勒比海–墨西哥湾、东南亚和东亚航区，所覆盖的邮轮港口数量较多，均超过8个。相反，澳大利亚南海岸、澳大利亚西海岸、五大湖–圣劳伦斯河等8个航区覆盖的港口数量极少，仅有1个港口。这反映出核心航区、主要航区有更多的港口被五大集团完全占用。

表8-11　五大邮轮集团完全占用的港口在不同航区的分布结构

航区	比重/%	航区	比重/%
阿拉斯加	11	非洲西海岸	1
澳新地区	6	非洲西北海岸	1
澳大利亚南海岸地区	1	非洲西南海岸	3
澳大利亚西海岸地区	1	加勒比海–墨西哥湾	9
五大湖–圣劳伦斯河	1	美洲东海岸	4
波罗的海	5	南美东南海岸	3
大溪地	1	南美西海岸	2
地中海	12	南亚	1
东南亚	10	西南欧	2
东亚	8	西欧	4
俄罗斯东海岸	1	夏威夷	3
非洲东海岸	3	中东	3

完全占用的港口主要分为两类。一类是多集团共享港口，数量相对较少，达到38个，占比为36.5%。另一类为单一集团绝对占用型港口，数量较多，达到66个，占比为63.5%，这类港口充分体现了邮轮港口的专用性特征。不同集团占用港口的数量不同，嘉年华集团和皇家加勒比集团分别有29个和26个，占有

明显的优势；诺唯真集团和地中海集团分别为 9 个和 2 个港口，而云顶香港集团没有绝对专用的邮轮港口。这充分说明邮轮集团专用港口的数量规模与集团的规模成正比，且这种专用性主要反映在挂靠港上。

2. 集团格局

不同邮轮集团对专用型港口的占有水平存在显著差异，包括港口数量与空间分布等方面。

（1）嘉年华集团：该集团专用的港口数量最多，有 29 个，包括 1 个母港（棕榈滩）、2 个始发港（杰克逊维尔和莫比尔）及 26 个挂靠港。该集团的专用型港口在分布上具有全球性。除了 1 个母港和 2 始发港分布在加勒比海-墨西哥湾外，其余挂靠港分布在波罗的海、地中海、东南亚、东亚、非洲东等 15 个航区，且加勒比海-墨西哥湾、东南亚的专用挂靠港数量最多。巴厘岛、安汶、坤甸、萨邦和民都鲁集中在印度尼西亚，可与东南亚及澳新航区的母港组成邮轮航线。澳新航区有 4 个挂靠港，其中 2 个分布在新西兰。这反映出嘉年华集团专用挂靠港的布局保证了该集团可以在超过 45% 的航区内提供稳定的邮轮航线航班。

（2）皇家加勒比集团：该集团专用的港口较多，达到 26 个；其中，除 2 个母港［奥克兰（美）和里斯本］、2 个始发港（肯布兰和安塔利亚）以外，其余 22 个港口均为挂靠港。该集团占用港口具有全球性、多航区的特点，分布在地中海、东南亚、东亚、非洲西海岸等 14 个航区。2 个专用型母港分别分布在美墨西海岸和地中海，1 个始发港分布在东地中海；在挂靠港中，有 7 个集中在地中海。另外在澳新地区、波罗的海、东南亚、东亚及非洲西南航区均分布有 2 ~ 3 个专用型挂靠港，而北美东海岸、美墨西海岸、南美南海岸等 8 个航区分别仅有 1 个专用型挂靠港。

（3）诺唯真集团：该集团专用的邮轮港口较少，仅有 9 个，均为挂靠港与旅游目的地。这些港口主要分布在澳洲南海岸、加勒比海-墨西哥湾、南美东南海岸、南美西海岸，但在亚洲未能形成专用型港口。

（4）地中海集团：该集团的专用港口极少，仅有 2 个，也均为挂靠港。2 个港口分别位于巴西和丹麦。

（5）云顶香港集团：该集团未能形成绝对专用的邮轮港口，但存在少量占用率较高的港口。其中，云顶香港集团使用占比最高的是波罗的海的威斯马挂靠港，其占用率达 84.9%。

邮轮航运网络的空间模式与发展机理

三、邮轮集团与航区竞争

1. 邮轮航区的集团结构

研究发现，全球 36 个航区不存在由单一集团完全垄断的情况，各集团在各航区的市场份额均未能突破 70%，多数航区的集团占有率低于 30%，绝对的区域性垄断尚未形成。但不同集团在各航区的市场占有比例反映了航区层面的邮轮集团竞争格局。

（1）嘉年华集团的航运网络覆盖 36 个航区，覆盖率达到 100%，实现了全球全覆盖。占有率超过 10% 的航区数量达到 33 个，形成了显著的金字塔形"全域性覆盖"。这种金字塔形塑造了优势区域与覆盖区域的差异。其中，占有率超过 50% 的航区有美墨西海岸、阿拉斯加、澳洲西海岸、澳新地区等 4 个航区，集中在北美洲和大洋洲区域，尤其是美墨西海岸的占有比率最高，达到 64%。这是嘉年华集团的优势区域或主导区域。占有率介于 30%～50% 的航区有澳洲西海岸、非洲东海岸、北美东海岸等 12 个，占比达到 1/3，76.5% 的航区集中在北美洲、大洋洲和亚洲。占有率介于 20%～30% 的航区有东南亚、俄罗斯远东、大溪地等 16 个，占比达到 50%，其中 61.5% 的航区集中在北美、大洋洲和亚洲。嘉年华集团仅在 3 个航区的市场占有率较低，不足 10%。由此可见，嘉年华集团在北美洲、大洋洲及亚洲航区的竞争力更强。

（2）皇家加勒比集团的航运网络覆盖 36 个航区，实现了全球全覆盖。市场占有比率超过了 10% 的航区数量较多，达到 23 个，占航区总量的 69.4%。占有率超过 30% 的航区仅有非洲西南海岸、非洲西海岸、非洲西北海岸 3 个，均位于非洲区域。非洲西南海岸的占有比率最高，达到 46%，形成较高水平的垄断性，成为皇家加勒比集团的优势区域。占有率介于 20%～30% 的航区有东南亚、地中海、夏威夷航区等 8 个，数量较多；占有率低于 10% 的航区数量达到 13 个，数量较多。皇家加勒比集团实现了全覆盖与优势区域的空间特征，是较高水平的全球性。

（3）诺唯真集团的航运网络覆盖 36 个航区，实现了全球全覆盖。诺唯真集团在多数航区的占有率低于 10%，其数量达到 20 个。但占有比率超过 10% 的航区量达到 16 个，占航区总量的 44.4%，有着较高的覆盖水平。其中，占有率超过 30% 的航区仅有夏威夷航区，诺唯真集团的市场份额达到 50%，形成了唯一的优势区域。占有率介于 20%～30% 的航区有南美西、阿拉斯加等 5 个，集中在美洲西太平洋沿岸。占有率介于 10% ~ 20% 的航区数量达到 10 个。这表明诺唯真集团航运网络在全球形成"全域覆盖但水平较低"的市场特征,未能形成广域性的优势区域,在全球邮轮航运市场中的优势是低水平的。

(4) 地中海集团的航运网络同样覆盖 36 个航区,实现了全球全覆盖。但地中海集团在各航区的市场占有率普遍较低,多数航区不足 10%,其数量达到 34 个。占有比率超过 10% 的航区数量很少,仅有 2 个,占航区总量的 5.5%。占有率超过 20% 的航区有南美东南海岸,地中海邮轮仅在南美东南海岸具有一定优势且高于嘉年华集团的 13% 份额,低于皇家加勒比集团的 27% 份额。这表明尽管地中海邮轮在全球范围内布局邮轮航运网络,但与其他集团相比,这种全球性是低层次、低强度的"全域覆盖",未能形成优势区域。

(5) 云顶香港集团航运网络覆盖全球 36 个航区,实现了全覆盖,但在各航区的市场占有率均低于 10%,形成低水平的"全域性覆盖"。云顶集团在各航区的垄断水平均较低,仅是参与性。虽然东南亚是云顶香港集团航运网络最集中的航区,但市场占有率也仅为 7%,是嘉年华集团占有率的 1/5。因此在全球范围内,云顶香港集团在各航区的竞争优势均不明显,未能形成优势运营航区,其全球性是低水平的覆盖性。

2. 核心航区的集团结构

邮轮集团在航区尺度上的垄断集中程度具有相似性,但在港口尺度却差异显著。根据单个集团对某港口的占用比例,借鉴采用比例结构的类型划分方法(李绪茂和王成金,2020),将港口分为单集团专用型、单集团主导型、双集团主导型、三集团共享型、多集团均衡型。单集团专用型是指单一集团对某港口的使用频次占比达到 100%。单集团主导型指单一集团对某港口的使用频率占比超过 50%。双集团主导型是指两个集团对某港口的使用频次之和占比超过 60%,且每个集团的占比高于 20%。三集团共享型是指三个集团对某港口的使用频率之和占比超过 70%,且每个集团的占比高于 15%。多集团共享型是指四个集团对某港口的使用频率之和占比超过了 80%,或五个集团占比达到 90%,且每个集团的占比高于 10%。其他类型是指除上述类型以外,非五大集团的其他企业对港口的使用频率总和较高,且比例超过 25%。

1) 加勒比海–墨西哥湾

该航区的 61 个港口形成单集团专用型、单集团主导型等 10 种类型。每种类型有着不同的港口数量,各企业或各集团的占有水平或作用地位有所差异(表8-12)。

表 8-12　加勒比海–墨西哥湾的邮轮港口结构

集团与组合	单集团专用型	单集团主导型	双集团主导型	三集团共享型	多集团共享型	其他类型
嘉年华集团	4	7	—	—	—	—
皇家加勒比集团	—	5	—	—	—	—
诺唯真集团	1	3	—	—	—	—
嘉年华+皇家加勒比集团	—	—	24	—	—	—
嘉年华集团+诺唯真集团	—	—	1	—	—	—
嘉年华集团+地中海集团	—	—	1	—	—	—
皇家加勒比集团+诺唯真集团	—	—	3	—	—	—
嘉年华集团+皇家加勒比集团+诺唯真集团	—	—	—	8	—	—
嘉年华集团+皇家加勒比集团+地中海集团	—	—	—	1	—	—
其他	—	—	—	—	0	3
总和	5	15	29	9	0	3

（1）嘉年华集团和诺唯真集团存在专用型港口。其中，嘉年华集团的专用型港口包括 1 个母港、2 个始发港和 1 个挂靠港，而诺唯真集团仅有 1 个挂靠港。嘉年华集团的专用港口集中在佛罗里达半岛和密西西比河河口，诺唯真集团的专用港口分布在加勒比海北部。

（2）单集团主导型的港口数量较多，达到 15 个，占比为 24.5%。这些港口的主导集团存在差异，主要是嘉年华集团，其次是皇家加勒比集团和诺唯真集团。嘉年华集团的主导型港口在加勒比海—墨西哥湾分布较为广泛，但未能覆盖古巴和南加勒比海。皇家加勒比集团的主导型港口集中在佛罗里达半岛、巴哈马及东加勒比海。诺唯真集团的主导型港口主要位于古巴。

（3）双集团主导型的港口最多，达到 29 个，占比为 47.5%。尤其是嘉年华集团和皇家加勒比集团双集团主导型成为主流，覆盖港口数量占比达到 39.3%。嘉年华集团和皇家加勒比集团双集团主导的港口广泛分布在加勒比海—墨西哥湾。

（4）三集团共享型的港口有 9 个，数量相对较少，占比达到 14.8%。这些港口主要为嘉年华集团、皇家加勒比集团和诺唯真集团的共享，但共享也反映了竞争。这些共享型港口主要分布在佛罗里达半岛及加勒比海北岸和西加勒比海。

（5）有 3 个港口属于其他类型。这些港口被其他单体邮轮企业所使用。

2) 地中海航区

该航区有 127 个邮轮港口，形成单集团专用型、单集团主导型、双集团主导型等 12 种类型。每种类型的港口数量、分布及主导企业分别具有不同的特征（表8-13）。

表 8-13 地中海的邮轮港口结构

数量	单集团专用型	单集团主导型	双集团主导型	三集团共享型	多集团共享型	其他类型
嘉年华集团	2	8	—	—	—	—
皇家加勒比集团	7	12	—	—	—	—
诺唯真集团	—	2	—	—	—	—
地中海集团	—	5	—	—	—	—
云顶香港集团	—	1	—	—	—	—
嘉年华集团+皇家加勒比集团	—	—	11	—	—	—
嘉年华集团+地中海集团	—	—	2	—	—	—
嘉年华集团+诺唯真集团	—	—	—	3	—	—
嘉年华集团+皇家加勒比集团+地中海集团	—	—	—	9	—	—
皇家加勒比集团+诺唯真集团+地中海集团	—	—	—	2	—	—
嘉年华集团+皇家加勒比集团+诺唯真集团+地中海集团	—	—	—	—	3	—
其他	—	—	—	—	—	60
总和	9	28	13	14	3	60

（1）地中海仅有嘉年华集团和皇家加勒比集团存在专用型的港口，其数量较少，达到 9 个。其中，嘉年华集团的专用型港口包括萨沃纳瓦多、雷吉奥卡拉布里亚 2 个挂靠港，集中在意大利南部。而皇家加勒比集团拥有 6 个专用挂靠港和 1 个专用始发港，广泛分布在地中海北岸及岛屿。

（2）单集团主导型的港口最多，达到 28 个，占比为 22%。其中，加勒比集团对该类港口的主导性占有较高的优势，其主导的港口达到 12 个，其次是嘉年华集团的主导港口有 8 个，再次是地中海集团的主导港口有 5 个。嘉年华集团、皇家加勒比集团主导的港口均广泛分布在地中海北岸国家，而地中海集团主导的港口集中在意大利。

（3）双集团主导型的港口数量较多，有13个，占比为10.2%。各主导企业存在显著的差异性，嘉年华集团和皇家加勒比集团主导型占据主流地位，涉及港口数量比重达到8.7%。该类港口在该航区的分布具有广泛性。

（4）三集团共享型的港口数量较多，达到14个，占比为11%，主要为嘉年华集团、皇家加勒比集团和地中海集团共享。这些港口主要分布在地中海的中北部，尤其是亚得里亚海沿岸港口较多。

（5）那不勒斯、奇维塔韦基亚、科托尔港等3个港口为嘉年华集团、加勒比集团、地中海集团和诺唯真集团共享。

（6）有47.2%的港口属于其他类型，如克罗托内、阿尔盖罗港。这些港口的共同特点是五大集团外的邮轮企业使用频次较高。

邮轮集团在加勒比海–墨西哥湾和地中海航区的港口结构类型具有显著的差异，间接反映出邮轮集团在航区内的市场份额大小。其中，嘉年华集团在加勒比海—墨西哥湾的市场份额最大，而皇家加勒比集团在地中海的市场份额更大。

第九章
加勒比海邮轮航运网络格局与模式

任何区域都是独立的地理系统，同时是更大空间地域的子系统。多数区域有着不同的地理要素及相互作用系统，塑造了该区域的独特地理属性。区域自然地理环境与社会经济发展往往决定了该地区的基本发展格局与交流网络，其地理相对独立性往往塑造了相对独立的邮轮航运网络与邮轮旅游市场，形成了显著的"区域化"。区域邮轮航运组织是"区域化"与"全球化"的空间叠合，是全球一般性规律与区域特殊性机制的交织地区。加勒比海是现代邮轮航运组织与邮轮旅游发展的繁盛之地，地理空间相对封闭，有着"一强众弱"的地缘环境，免签政策流行，社会经济发展呈现"核心–边缘"结构而梯度差异显著，形成了理想的邮轮旅游客源地与目的地供需系统，成为邮轮航运网络组织与邮轮旅游的典型区域化地域，为探索其特殊性发展规律与机理机制提供了理想地域。

本章主要是分析加勒比海的邮轮航运网络格局与地理模式。加勒比海邮轮旅游的发展可追溯到 19 世纪晚期，20 世纪 80 年代以来快速发展。邮轮港口覆盖国家数量众多，但集中分布在美国，海岸港与岛屿港分布相对均衡，形成佛罗里达半岛、墨西哥湾、东加勒比海、西加勒比海、南加勒比海五大地区。邮轮港口发展极不平衡，大型邮轮港口较少，多数港口规模较小。综合性母港与一般性始发港数量很少。母港集中分布在美国，形成以美国为核心集中分布的格局。邮轮航线以环状航线为主，尤其是 7 晚航线为主。邮轮航运联系以美国为主，巴哈马和墨西哥为辅，其他国家较少且相对均匀，形成了"一核心两走廊三组团"、纵向联系为主的空间格局，塑造了显著的"客源地"和"目的地"的邮轮旅游供需格局。佛罗里达半岛–西加勒比海、佛罗里达半岛–东加勒比海–南加勒比海成为两大邮轮航运走廊，科苏梅尔、拿骚和迈阿密成为航运联系最高的港口。邮轮航运网络呈现多点集聚、多组团、多层级的空间模式。邮轮航运组织以美国企业为主，嘉年华集团有着最广和最密的邮轮组织。

第一节 邮轮港口分布格局

一、加勒比海地区

1. 加勒比海地区

加勒比海地区地处南北美洲交界处，连接南北美洲，沟通太平洋与大西洋，包括加勒比海、墨西哥湾、佛罗里达半岛、东部安的列斯群岛的沿岸和海域。加勒比海地区大部分位于北纬 10°~20°，属于热带气候，全年盛行东北风，高温潮湿，冬夏季温度变幅小，保持在 25.6~28.9℃（图9-1）。加勒比海是沿岸国家最多的海域之一，共有 20 个国家，包括中美洲的危地马拉、洪都拉斯、尼加拉瓜、哥斯达黎加、巴拿马、哥伦比亚、委内瑞拉、古巴、海地、多米尼加、安提瓜和巴布达、多米尼加联邦、特立尼达和多巴哥等。这些国家曾是殖民地，保留土著和原始的风貌文化，这是加勒比海重要的旅游资源。加勒比海地区的自然地理结构相对封闭，形成相对完整和独立的区域，区域内部联系紧密。

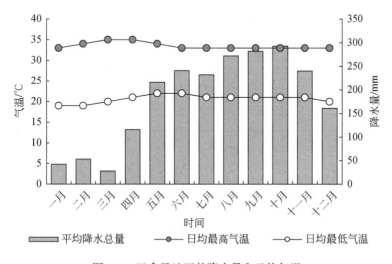

图 9-1　巴拿马地区的降水量和日均气温

2. 区域特殊性

1) 地缘政治环境和签证

加勒比海西侧有中美洲陆地，东侧有安的列斯群岛岛链，北侧是美国，南侧是南美大陆，是一个相对封闭的空间系统，具有相对稳定的地缘政治关系。在该地区，美国是唯一的强国大国，有着主导性的优势地位。美国从门罗主义到睦邻政策，一直是以各种形式对美洲各国施加影响，加勒比海各国对美国多采取合作与服从的态度，促使该地区形成"一强众弱"的地缘政治格局。加勒比海地区虽然有多个国家，但其外交政策较为统一，均对美国持开放政策。多数国家对美国有一定时长的免签政策，持美国护照最长免签时长可达 180 天（表 9-1）。较为稳定的地缘政治关系、"一强众弱"的地缘政治格局、较长的免签时长为该地区的邮轮旅游发展与邮轮航运组织提供了基础。

表 9-1　加勒比海地区对美免签国家

免签国家（地区）	国家数量/个	免签时长
库拉索、古巴、博内尔、波多黎各	4	不免签
墨西哥	1	180 天
危地马拉、哥斯达黎加、哥伦比亚、伯利兹	4	90 天
牙买加、开曼群岛、多米尼加共和国、巴拿马	4	30 天
圣基茨和尼维斯	1	14 天
特立尼达和多巴哥、圣马丁岛、马提尼克、洪都拉斯、瓜德罗普、格林纳达、巴哈马、阿鲁巴	8	3 个月
圣文森特和格林纳丁斯、安提瓜和巴布达	2	1 个月
圣卢西亚	1	6 周

2) 经济格局与差异

加勒比海地区呈现出巨大的人口经济差距，形成"核心-边缘"结构。人口经济主要分布在美国，而各岛屿和半岛地区的人口数量与经济规模均比较小。美国是该地区的核心国家，拥有巨大的经济体量和人口规模，是邮轮旅游市场的主要客源地和消费市场。其他国家和地区的人口数量较少，经济较为落后，但岛屿众多，具有原始的生态环境与社会文化习俗，自然景观类型丰富，玛雅文化、岛屿风光形成了较好的空间互补，旅游资源极为丰富，是邮轮旅游市场的目的地。

邮轮航运网络的空间模式与发展机理

尤其是连续分布的岛链为邮轮线性航行提供了多样化的港口挂靠与旅游吸引物，塑造了邮轮航线的多样性。这形成了以美国为客源、以加勒比海为旅游目的地的邮轮旅游市场，并形成以美国港口为母港、以加勒比海港口为挂靠港的邮轮航运网络。

北美游客理想邮轮度假目的地包括加勒比海、阿拉斯加、夏威夷、百慕大群岛等地。其中，加勒比海是世界著名邮轮旅游目的地，北美游客在该地区进行旅游的比例高达 40% 以上，尤其是 2005 年和 2006 年的比重超过 46%（表 9-2）。

表 9-2　北美游客的邮轮旅游目的地构成比例　　　　　（单位:%）

地区	2005 年	2007 年	2009 年	2010 年
加勒比海/巴哈马	46.4	42.2	37.0	40.5
地中海	12.6	16.5	18.2	17.8
欧洲/斯堪的纳维亚	7.1	7.6	9.1	8.7
阿拉斯加	8.3	7.7	7.1	5.7
墨西哥湾	7.5	6.6	5.7	4.8
南美/南极洲	2.0	2.7	3.7	2.5
巴拿马运河	3.5	3.0	3.6	3.0
亚洲	0.9	1.6	2.5	2.5
加拿大/新英格兰	1.5	1.8	1.9	1.8
夏威夷	3.7	4.3	1.9	1.7
百慕大群岛	1.7	1.4	1.3	1.4
其他	4.6	4.7	7.8	9.6
总床天数/万	7723	8971	9627	10411

3. 邮轮旅游发展历史

加勒比海邮轮旅游与邮轮航运组织大致形成了如下三个阶段。

1）起步阶段

该发展阶段主要是指 20 世纪 60 年代之前。加勒比海的旅游发展可以追溯至 19 世纪晚期。20 世纪 60 年代，随着喷气式发动机技术在民用客机上的广泛应用，跨大西洋轮船客运量开始下降，跨洋客运班轮企业转型探寻新的经营方式（王胜等，2019）。1966 年，迈阿密的挪威邮轮公司以海上休闲旅游为理念，率先投入"向日号"开展邮轮旅游，标志着加勒比海邮轮旅游与邮轮航运诞生。

2) 发展壮大阶段

该阶段主要是指 20 世纪 70~80 年代。20 世纪 70 年代初，皇家加勒比邮轮、嘉年华邮轮等邮轮公司开始组建邮轮船队，并在迈阿密设立总部，加入加勒比海邮轮旅游市场的竞争与拓展。通过"飞机+邮轮"旅游模式、上市引资购入批量二手改装船、参与开发新港口建设等途径，各邮轮公司均在加勒比海建立了各自的邮轮航运网络，加勒比海邮轮旅游圈与区域性邮轮航运网络初现。

3) 成熟繁荣阶段

20 世纪 80 年代以后，邮轮旅游快速发展，加勒比海成为全球邮轮旅游市场的核心地区。旅游交通、餐饮住宿、购物娱乐、会议商务等产业环节快速发展，综合性产业链形成，迈阿密成为加勒比海邮轮旅游中心与邮轮母港。1988~1998 年，加勒比海停靠的邮轮数量从 97 艘增加到 129 艘，床位数从 6.8 万张增长到 12.7 万张，1997 年加勒比海邮轮游客超过 1000 万。1985~1995 年，多米尼加邮轮游客从 0.6 万人猛增至 13 万人，过夜游客从 2 万人增加到 6 万人。阿鲁巴岛（Aruba）人口只有 11.3 万人，每年接待 72 万过夜游客和 23 万多邮轮游客。20 世纪 80 年代开始，旅游成为加勒比海地区的主要外汇来源。目前，加勒比海已形成了东加勒比海（从圣托马斯到安提瓜）、西加勒比海（从墨西哥到危地马拉）、南加勒比海（从多米尼加到哥斯达黎加）等邮轮航线（王胜等，2019）。

二、港口分布格局

1. 邮轮港口分布格局

加勒比海的邮轮港口受腹地人口与经济、旅游资源的影响，表现出国家和地区上的分布差异性。具体表现出以下特征。

（1）邮轮港口覆盖的全域性特征显著。加勒比地区多岛国，部分国家国土面积较小，但至少拥有一个邮轮港口。加勒比地区的邮轮港口共有 58 个，共覆盖了 30 个国家和地区，基本实现了国家和地区的全覆盖。

（2）邮轮港口集中分布于美国。港口分布表现为以美国为核心，其余各国相对均衡的格局，形成"一对多或一极独大"的空间格局。美国的邮轮港口最多，共有 11 个，所占比重为 17%。这是由于美国的经济发展水平极高，腹地辽阔，客源充足，大量游客集散的需求促进了美国邮轮母港的建设与壮大。

（3）邮轮港口均衡分布在美国以外的其他国家的和地区。除美国外，其余国家的邮轮港口数量相对均衡，且普遍数量较少。其中，巴拿马、巴哈马、古巴、多米尼加的邮轮港口各有 3 个，所占比重为 5.2%。其余国家均只有 1 个或 2 个邮轮港口（表 9-3）。

表 9-3　加勒比海的邮轮港口分布统计

国家（地区）	港口数	占比/%	国家（地区）	港口数	占比/%
安提瓜和巴布达	1	1.7	危地马拉	1	1.7
阿鲁巴	1	1.7	洪都拉斯	1	1.7
巴巴多斯	1	1.7	牙买加	2	3.4
巴哈马	3	5.2	马提尼克岛	1	1.7
伯利兹	2	3.4	墨西哥	2	3.4
博内尔	2	3.4	巴拿马	3	5.2
开曼群岛	2	3.4	波多黎各	2	3.4
哥伦比亚	2	3.4	圣基茨和尼维斯	1	1.7
哥斯达黎加	1	1.7	圣卢西亚岛	1	1.7
古巴	3	5.2	圣文森特和格林纳丁斯	1	1.7
库拉索岛	1	1.7	圣马丁（荷兰）	1	1.7
多米尼克	2	3.4	特立尼达和多巴哥	2	3.4
多米尼加共和国	3	5.2	美国	11	17.0
格林纳达	1	1.7	维尔京群岛（美国）	2	3.4
瓜德罗普岛	1	1.7	维尔京群岛（英国）	1	1.7

邮轮港口受大陆、海洋分布格局的影响，形成大陆海岸港与岛屿岸线港的自然分异，但数量接近。加勒比海共有 58 个邮轮港口，其中大陆海岸港有 26 个，数量占比为 44.8%；岛屿岸线港口有 32 个，占比为 55.2%，大陆海岸港和岛屿岸线港数量相当，差距相对较小。大陆海岸港位于南北美洲大陆沿岸，主要分布在美国佛罗里达州、墨西哥等沿岸地区；岛屿岸线港主要分布在大小岛屿，在巴哈马群岛、安的列斯群岛均有分布（表 9-4）。

2. 邮轮港口地域集群

加勒比邮轮港口分布表现出一定的区域差异，部分地区的港口分布集中度较高。港口分布形成五大分区。邮轮航运网络在空间范围和航运联系上具有区域差异，促使港口分布形成地域集群。根据空间范围的邻近性和航运联系的紧密程度，可将加勒比海地区大致划分为 5 个分区，具体包括佛罗里达半岛、墨西哥湾、东加勒比海、西加勒比海、南加勒比海（图 9-2）。邮轮港口分布不均，各地区存在较大差异。

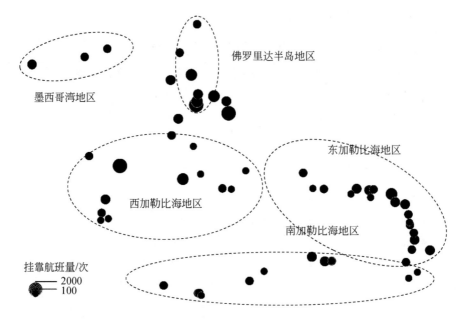

图 9-2　加勒比海邮轮港口分布的地域集群

（1）佛罗里达半岛：位于美国本土，是邮轮始发港和母港的聚集地，是美国居民赴加勒比海旅游的上船之处。佛罗里达半岛的邮轮港口有 7 个，占加勒比海邮轮港口总量的 12.1%。邮轮港口分布最为密集，呈现聚集分布的格局，代表性港口有迈阿密港。

（2）墨西哥湾：主要是指墨西哥湾北部，是西侧邮轮始发港的集中地。墨西哥湾的邮轮港口数量较少，有 3 个，占比为 5.2%。邮轮港口分布相对分散，覆盖美国南部海岸线，包括加尔维斯顿、莫比尔、新奥尔良。

（3）东加勒比海：该区域紧邻佛罗里达半岛，是邮轮短程航线的主要目的地。东加勒比海有 4 个邮轮港口，占比为 8.2.%。主要港口有拿骚、哈瓦那等港口。

（4）西加勒比海：主要覆盖墨西哥东侧、古巴南侧、牙买加等地，是旅游资源的富集地区。西加勒比海有 13 个邮轮港口，占比为 22.4%；邮轮港口沿海岸线分布较为均匀，包括科苏梅尔、伯利兹城、乔治城等港口。

（5）南加勒比海：主要覆盖安的列斯群岛、加勒比海南岸和南美北部，是邮轮挂靠港分布最多的地区，覆盖地域范围较大，旅游资源丰富，旅游目的地较多。南加勒比海的邮轮港口数量最多，有 31 个，占比为 53.4%。但港口分布差异较大，沿小安的列斯群岛呈现串珠状分布，南美大陆沿岸港口分布相对较少。

表 9-4   加勒比邮轮港口分布的地域统计

地区	港口名称	数量/个	比重/%	特大型/个	大型/个	中型/个	小型/个
佛罗里达半岛	杰克逊维尔，迈阿密，棕榈滩，卡纳维拉尔港，埃弗格莱兹港，坦帕，查尔斯顿	7	12.1	3	1	0	3
墨西哥湾地区	加尔维斯顿，莫比尔，新奥尔良	3	5.2	0	2	0	1
东加勒比海地区	自由港（巴哈马），哈瓦那，基韦斯特，拿骚	4	6.9	1	0	2	1
西加勒比海地区	伯利兹城，开曼布拉克岛，西恩富戈斯，科苏梅尔，乔治城（开曼群岛）等	13	22.4	1	1	0	11
南加勒比海地区	琥珀湾，巴斯特尔，卡塔赫纳（哥伦比亚），卡斯特里，法兰西堡等	31	53.4	0	2	5	24

3. 吞吐量分布格局

加勒比海邮轮港口的吞吐量差异较大。按照吞吐量，将港口分为四类：吞吐量高于 300 万人次/年以上的为特大港口；吞吐量介于 100 万~300 万人次/年的为大型港口；吞吐量在 50 万~100 万人次/年的为中型港口，小于 50 万人次/年的为小型港口。不同类型的港口数量差距较大，小型港口数量较多，有 39 个，占比为 67.2%；特大型、大型和中型港口数量较少，分别为 5 个、6 个和 7 个，占比分别为 8.6%、10.3% 和 12.1%。不同类型的港口分布存在差异，特大型港口的分布较为集中，主要分布在佛罗里达半岛，数量达到 3 个；大型港口在各区域形成分散分布，而中小型港口主要分布在西加勒比海和南加勒比海。大中型港口各有 5 个和 8 个分布在美国及小安的列斯群岛，呈现区域性集中的特征。其他类型的港口数量较多，广泛地分布在各区域。

第二节　邮轮挂靠与母港分布

一、港口挂靠格局

1. 港口挂靠航班数量

受旅游资源数量与品质、港口区位、基础设施条件等因素的影响，各港口挂靠邮轮的航班数量明显不同。加勒比海共涉及邮轮航班 14 643 班次，各港口挂靠航班如表 9-5 所示。

表 9-5　加勒比海主要港口挂靠邮轮航班数量与比重

港口名称	航班/艘次	比重/%	港口名称	航班/艘次	比重/%
科苏梅尔	2646	9.0	自由港	1061	3.6
拿骚	2361	8.1	圣胡安	999	3.4
迈阿密	2307	7.9	圣托马斯	834	2.8
卡纳维拉尔	1305	4.5	基韦斯特	774	2.6
乔治城	1293	4.4	巴斯特尔	750	2.6
埃弗格莱兹	1252	4.3	布里奇敦	730	2.5
菲利斯堡	1161	4.0			

各邮轮港口的挂靠航班量差异巨大，形成 22～2646 艘次的跨度。少数港口的挂靠航班量极高，最多的三个港口依次是科苏梅尔、拿骚、迈阿密，挂靠航班数分别为 2646 艘次、2361 艘次、2307 艘次，均高于 2300 艘次，占比分别为 9.0%、8.1%、7.9%，是加勒比海邮轮航运网络的极点。卡纳维拉尔、乔治城、埃弗格莱兹、菲利斯堡和自由港等港口的挂靠航班数量较高，分别为 1305 艘次、1293 艘次、1252 艘次、1161 艘次和 1061 艘次，但已与前三个港口形成较大的差距，占比分别为 4.5%、4.4%、4.3%、4.0% 和 3.6%。挂靠航班数大于 1000 艘次的港口多位于佛罗里达半岛，呈现地域集聚的特点，仅有少数港口位于西加勒比海。挂靠航班数小于 100 艘次的港口多分布在南加勒比海。加勒比海港口的邮轮挂靠航班极不均衡，呈现以佛罗里达半岛为核心、周边地区为边缘的"核心-边缘"分布结构。

邮轮航运网络的空间模式与发展机理

2. 港口层级结构

挂靠航班数量差距显示，港口存在一定的等级结构。根据挂靠航班量的多少，邮轮港口可分为不同的层级。每个层级有着不同数量的港口，并形成了不同的挂靠量（表9-6）。

表 9-6 加勒比海港口挂靠邮轮航班数量

挂靠航班数	港口	港口		航班	
		数量/个	占比/%	数量/艘次	占比/%
>2000	拿骚、科苏梅尔、迈阿密	3	5.2	7314	25.0
1000～2000	卡纳维拉尔港、乔治城、埃弗格莱兹港、自由港、菲利斯堡	5	8.6	6072	20.7
500～1000	圣胡安、圣托马斯、基韦斯特等	14	24.1	9590	32.7
100～500	哈瓦那、卡塔赫纳、路港等	21	36.2	5742	19.6
<100	奥乔里奥斯、圣托马斯德卡斯蒂利亚、巴拿马运河等	15	25.9	568	1.9

第一层级的邮轮港口有 3 个，数量较少，占比仅为 5.2%，但其挂靠航班之和较高，达到 7314 艘次，平均港口挂靠量为 2438 艘次，占加勒比海航班总量的 25%，形成"少数集聚"的结构特征。第二层级的港口有 5 个，占比为 8.6%，其挂靠航班之和较高，达到 6072 艘次，占总航班数的 20.7%；港口平均挂靠量为 1214 艘次。第三层级的港口数量相对较高，达到 14 个，数量占比为 24.1%，其挂靠航班之和最高，达到 9590 艘次，占总航班数的 32.7%，但港口平均挂靠数量较少，为 685 艘次。第四层级的港口数量较多，有 21 个，占比为 36.2%，其挂靠航班之和达到 5742 艘次，占总航班数的 19.6%，但港口平均挂靠数量较低，为 273 艘次。第五层级的港口有 15 个，占比为 25.9%，其挂靠航班之和很低，仅为 568 艘次，仅占总航班数的 1.9%，港口平均挂靠量仅为 38 艘次。港口数量和挂靠航班数量基本符合"位序–规模"法则。挂靠航班规模越大，邮轮港口的数量越少，五个层级的港口数量分布基本满足"金字塔形"（图 9-3）。

二、港口中心性

1. 评价方法

Jeon 等（2019）指出，度中心性和介中心性是确定枢纽港的重要指标。度中

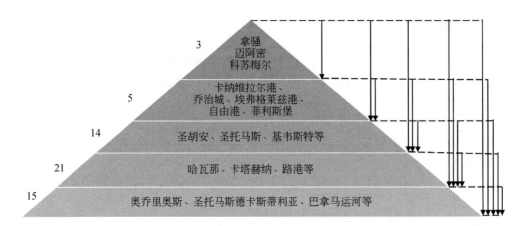

图9-3 加勒比海邮轮港口位序规模图

心性反映了节点与其他节点的联系情况，其计算公式如下：

$$C_{RD_i} = \frac{d(i)}{n-1}$$

其中，d 表示节点的度，n 为网络中节点的数量即与该点直接相连的点的数量。

介中心性反映某节点作为中间节点的中转能力，即媒介程度，其计算公式如下：

$$C_{RB_i} = \frac{2 \sum\limits_{j<k} \dfrac{g_{jk}(i)}{g_{jk}}}{(n-1)(n-2)}$$

其中，g_{jk} 表示节点 j 和 k 的连接的路径数，$g_{jk}(i)$ 表示其中经过节点 i 的路径数。

根据计算结果，各港口的度中心性和介中心性如表9-7所示。

表9-7 加勒比海主要邮轮港口的中心性

港口名称	度中心性	介中心性	港口名称	度中心性	介中心性
琥珀湾	0.12	0.23	奥兰耶斯塔德	0.22	0.77
巴斯特尔	0.30	0.27	菲利斯堡	0.43	0.64
伯利兹城	0.20	0.11	卡纳维拉尔	0.47	0.09
布里奇敦	0.26	0.25	埃弗格莱兹	0.45	1.00
卡塔赫纳	0.19	0.88	克拉伦代克	0.15	0.28
卡斯特里	0.25	0.15	迈阿密	0.86	0.91
西恩富戈斯	0.02	0.25	蒙特哥湾	0.13	0.39
科隆	0.14	0.14	拿骚	0.81	0.83

邮轮航运网络的空间模式与发展机理

港口名称	度中心性	介中心性	港口名称	度中心性	介中心性
科苏梅尔	1.00	0.62	哈瓦那	0.19	0.19
法兰西堡	0.13	0.31	圣约翰	0.24	0.24
自由港	0.33	0.62	圣托马斯	0.32	0.16
圣胡安	0.39	0.80	坦帕	0.23	0.10
圣多明各	0.02	0.27	威廉斯塔德	0.23	0.72
圣乔治	0.12	0.39	基韦斯特	0.38	0.33
加尔维斯顿	0.21	0.03	乔治城	0.52	0.59

2. 度中心性

度中心性反映邮轮港口和其他港口的联系,其值越高,港口与其他港口的连接作用越强,枢纽性也越高。母港是邮轮的基地和邮轮旅游的核心,是联系各邮轮港口的核心节点,往往具有较高的度中心性。部分挂靠港是重要的旅游目的地,也具有很高的度中心性。加勒比海港口的度中心性表现出"整体较低、两极分化"的特征。少数港口的度中心性极高,远高于其他港口,有 3 个港口高于 0.6,其余 55 个港口均低于 0.6;相当部分的港口度中心性极低,65.5% 的港口低于 0.2 以下,36.2% 的港口低于 0.1(图9-4)。空间分布相对均匀,个别港口较高,且分散分布于各地区。度中心性最高的 3 个港口分布在西加勒比海、佛罗

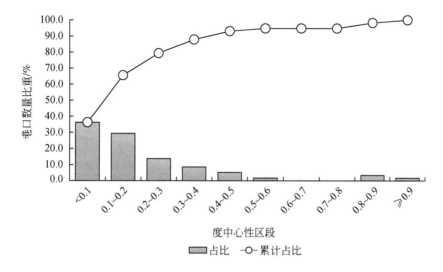

图9-4 加勒比海邮轮港口的度中心性结构

里达半岛、东加勒比海，成为各地区邮轮航运组织的关键节点。部分水平中等的港口分布在南加勒比海，成为该地区邮轮航运组织的重要节点。度中心性排名最高的前三位港口依次是科苏梅尔、迈阿密和拿骚。迈阿密是美国最重要的邮轮母港，是美国连接加勒比海的主要门户，母港地位显著。科苏梅尔是西加勒比海航线最重要的挂靠港和旅游目的地，有丰富的玛雅古迹旅游资源。拿骚则是东加勒比海的重要挂靠港与旅游目的地，是巴哈马的首都。

　　介中心性又被称为中间中心性，反映的是节点的"中介"功能，介中心性越高，港口作为途经节点的通达性越高。加勒比海港口的介中心性呈现出两极分化、中间得分较少且中间部分分布均匀的特征。部分港口得分很高，有8.6%的邮轮港口得分在0.8以上，前四位港口依次是埃弗格莱兹、迈阿密、卡塔赫纳和拿骚。相当部分的港口度中心性极低，有60.3%的港口低于0.2，有43.1%的港口在0.1以下（图9-5）。部分介中心性较高的港口形成集中分布的特征，3个介中心性在0.75以上的港口分布在佛罗里达半岛。

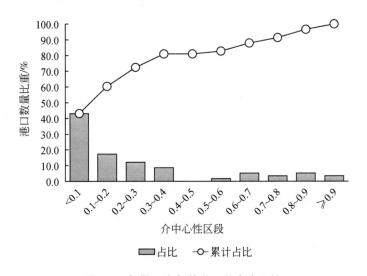

图9-5　加勒比海邮轮港口的介中心性

　　迈阿密的度中心性和介中心性均很高，在加勒比海邮轮航运网络中具有核心地位；埃弗格莱兹港的介中心性高而度中心性较高，在邮轮航运网络中具有重要的地位；卡塔赫纳港的介中心性高而度中心性较低，是南加勒比海邮轮航运组织的关键节点。

邮轮航运网络的空间模式与发展机理

三、邮轮母港

1. 母港识别

加勒比海共涉及始发港 20 个，数量相对较少（表 9-8）。邮轮母港是邮轮航运的基地，是始发港中具有一定规模，能够具备停靠多艘大型邮轮以及提供相关综合服务的港口（郑诗晴，2017）。邮轮母港首先应当是始发港，且在吞吐量规模、航班组织和港口区位方面处于优势地位。

表 9-8 加勒比海邮轮始发港中心性与吞吐量

港口名称	航班数	度中心性	介中心性	吞吐量得分	母港得分	港口名称	航班数	度中心性	介中心性	吞吐量得分	母港得分
布里奇敦	730	0.26	0.25	50	29.6	菲利斯堡	1161	0.43	0.64	75	59.4
查尔斯顿	169	0.05	0.00	25	1.9	皮特尔角	229	0.11	0.05	25	4.9
科隆	314	0.14	0.14	25	9.1	卡纳维拉尔	1305	0.47	0.09	100	56.7
克里斯托瓦尔	241	0.10	0.14	25	7.5	埃弗格莱兹	1252	0.45	1.00	100	82.2
加尔维斯顿	548	0.21	0.03	75	31.8	圣胡安	999	0.39	0.80	75	61.8
杰克逊维尔	164	0.06	0.00	25	1.9	圣多明各	41	0.02	0.27	25	7.9
拉罗马纳	174	0.09	0.11	25	5.8	圣约翰	656	0.24	0.24	50	28.4
迈阿密	2307	0.86	0.91	100	97.3	圣托马斯	834	0.32	0.16	50	29.0
莫比尔	135	0.05	0.00	25	1.8	坦帕	598	0.23	0.10	75	34.6
新奥尔良	362	0.14	0.07	75	29.8	威廉斯塔德	569	0.23	0.72	25	29.7

邮轮始发港间得分差异较大，呈现明显的断层式分布，分别在 56 分和 28 分附近出现断层。根据得分，可将邮轮始发港大致分为三类。加勒比海的邮轮母港有 12 个。

（1）综合性母港：主要是指得分超过 50 分的始发港。该类型母港的数量较少，仅有 5 个，具体包括迈阿密、埃弗格莱兹、圣胡安、菲利斯堡、卡纳维拉尔。该类型母港的航班挂靠量均超过 1000 艘次或接近 1000 艘次，旅客吞吐量超过 100 万人次，度中心性均高于 0.4 或接近 0.4。这五个港口是规模大、综合服务能力强的母港。其中，迈阿密和埃弗格莱兹是最重要的综合母港，得分超过 80 分，是加勒比海邮轮航运网络的关键节点。

（2）一般母港：主要是指得分介于 28 ~ 35 分的始发港。该类型母港的数量较少，包括坦帕、加尔维斯敦、新奥尔良、威廉斯塔德、布里奇敦、圣托马斯、圣约翰等港口。该类型港口的航班挂靠量多在 500 艘次以上，旅客吞吐量多在 50 万人次以上。这些港口是规模较大、具备综合服务能力的一般性母港。

（3）一般始发港：主要是指得分低于 5 分的始发港。该类型港口的数量较少，仅有 8 个。该类型始发港的航班挂靠量多在 300 艘次以下，旅客吞吐量较小，度中心性均低于 0.15。

2. 分布特征

母港是邮轮旅客的集散地，其分布规律受客源地的影响，表现出一定的空间规律。

（1）具体包括美国的迈阿密、埃弗格莱兹、卡纳维拉尔、坦帕、加尔维斯顿和新奥尔良港，波多黎各的圣胡安港，圣马丁的菲利斯堡港，库拉索岛的威廉斯塔德港，巴巴多斯的布里奇敦港，维尔京群岛（美）的圣托马斯、安提瓜港，巴布达的圣约翰港。

（2）母港主要集中分布于美国。加勒比海邮轮市场的客源主要来自美国，母港的分布呈现以美国为核心集中分布的格局。在 12 个邮轮母港中，有 6 个位居美国，数量占比达到 50%；其中，4 个母港位居佛罗里达半岛，2 个母港位于墨西哥湾北部沿岸。其余 6 个母港均分布在南加勒比海，其中 5 个母港位于安的列斯群岛，1 个位于南美沿岸。

（3）母港分布呈现"核心-外围"的空间结构。母港基本覆盖了美国南部海岸线和南加勒比海东侧。但在西加勒比海和南美地区，母港数量相对较少。挂靠港相对集聚分布在东加勒比海、西加勒比海、南加勒比海，形成了"核心-外围"空间结构。

第三节 邮轮航线组织格局

一、邮轮航线特征

1. 航线组织形态

根据 Cruisecritic 网站的邮轮航班预售数据，提取了 2021 年 12 月的共 414 趟航班，共包含了航线 366 条。对这些航线进行梳理，发现邮轮航线在空间上表现为不同的组织形态，大体形成环状航线和非环状航线两类（图 9-6）。总体上，邮轮航线以环状航线为主，形成"船去船回"的航行路径。

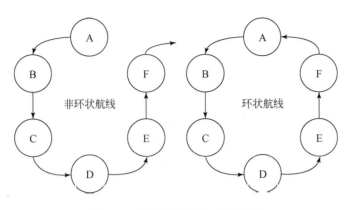

图 9-6　邮轮航线的基本组织形态

（1）环状航线：该类型航线是指始发港与终到港相同的航线，邮轮航行形成闭合航线。该类型航线主要包括由美国各大港口始发并最终回到始发港的航线。加勒比海的邮轮航线以环形航线为主，共有 327 条，占比为 89.3%，为主流航线。

（2）非环状航线：该类型航线是指始发港与终到港不一致的航线，邮轮航行未能形成闭合环线。该类型航线主要包括南加勒比海地区内部的部分航线。加勒比海的非环状航线数量较少，共有 39 条，占比仅为 10.7%，为非主流航线。

2. 航线时长结构

航线时长往往由出行周期决定，长短不一的出行需求决定了航线的时长具有一定的结构特征。加勒比海的空间范围有限，在港口数量和旅游资源数量的约束下，航行天数基本不超过一个月，受出行周期的影响，以中短航线为主，且表现为以一星期为出行周期的特点。加勒比海航线时长最短为 2 晚，最长 32 晚，大部分航线的时长不超过 14 晚。随着航行时长的延长，其航线数量不断减少。其中，时长为 7 晚的航线最多，数量占比为 29.2%，7 晚航程比较符合人类的出行心理特征。其次是 5 晚和 14 晚，航线数量占比分别为 10% 和 8%（图 9-7），仍分别属于 1 周和 2 周航班。时长为 7 晚和 14 晚的航线居多，反映了邮轮旅游出行以一周为周期的基本特点。根据航行时长，邮轮航线可分为短程航线（≤不超过 7 晚）、中程航线（8～14 晚）和远程航线（≥14 晚）。

（1）短程航线：短程航线居多，数量占比为53.8%，主要是连通东加勒比海和西加勒比海的航线，1周的出行规律有明显的体现。

（2）中程航线：中程航线数量位居其次，占比为36.9%。这些航线主要包括东加勒比海、西加勒比海的部分航线和南加勒比海的多数航线。

（3）远程航线：远程航线数量较少，所占比重为9.3%。这些航线主要是南加勒比海的部分航线和部分跨区域的航线。

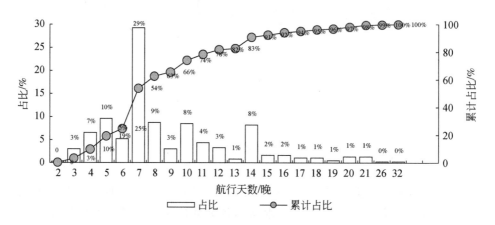

图9-7　加勒比海邮轮航线的时长分布结构

3. 港口分布结构

航线主要由始发港、挂靠港和终到港构成。航线串联港口数量的多少，反映了航程的长短和旅游资源的多少，也反映了邮轮旅游产品的丰富水平与吸引力。加勒比海邮轮航线串联的港口最少为3个，最多为19个，相互间的差异较大。航线的港口数量分布相对均匀，串联4个、5个和6个港口的航线数量较多，分别占15%左右。串联港口超过7个后，随港口数量的继续增加，航线数量呈现减少的趋势。串联港口为16个及以上的航线数量很少，其中串联港口数量为16个、17个、18个和19个的航线数量分别为2条、3条、2条和1条。基于航行天数与航线港口数量的差值，将航线分为三类。差值小于0的航线为港口主导型航线，差值大于5的航线为航行主导型航线，差值介于0至5之间的为常规航线。大部分航线为常规航线，占比为91.8%，港口主导型航线和航行主导型航线的数量均比较少，各占4.1%。这表明，邮轮航线基本按照一天一个港口设计，并有少数全天航行的天数。这符合游客的出行需求，既能保证岸上观光的时间，又能有丰富的邮轮航行体验。

二、邮轮航运联系格局

由于客源地、旅游目的地的分布差异，各地区的邮轮航运联系分布格局不同，表现出一定的差异性。

1. 航运联系的国家分布

加勒比海邮轮航运联系的国家分布表现为美国独大，巴哈马、墨西哥次之，其他国家较少且分布均匀的特点。加勒比海覆盖30个国家和地区，各国家和地区的挂靠航班数量差距较大，尤其是在客源地与目的地间形成较为显著的差异。其中，美国的邮轮挂靠航班量最多，达到8295艘次，占加勒比海邮轮航班总量的28.3%，是加勒比海邮轮旅游市场的最主要客源国，也是该地区邮轮航运网络的主导者。巴哈马和墨西哥的邮轮挂靠航班量较高，分别为3996艘次和2930艘次，比重分别为13.6%和10%，是加勒比海的重要旅游目的地。美国、巴哈马和墨西哥的航班量之和占52%，占加勒比海地区总航班量的一半以上，形成了显著的"客源地"和"目的地"的邮轮旅游供给与需求格局，架构起加勒比海邮轮旅游的主框架。其他国家的邮轮挂靠量较少，其中开曼群岛、圣马丁和波多黎各的邮轮挂靠量相对较高，其比重均在4%左右，均为重要的邮轮旅游目的地。

从区域角度来看，南加勒比海的邮轮航运联系最多，占比最大，墨西哥湾的航运联系占比最小，其余地区相对均衡。其中，南加勒比海的航运联系主要是内部联系，外部联系相对较少。佛罗里达半岛的航运联系主要是外部联系，与东加勒比海、西加勒比海、南加勒比海均有比较强的联系，形成客源地与目的地的空间对偶格局，也是加勒比海邮轮供给-需求市场的主骨架。东加勒比海的航运联系主要是连接佛罗里达半岛，而墨西哥湾主要和西加勒比海形成航运联系，西加勒比海则与各地区都有航运联系，但三分之一的航运联系为内部联系（图9-8）。

2. 航运联系分布格局

加勒比海邮轮航运联系的分布呈现以美国为核心连接各地，母港枢纽作用突出、主要廊道航线密集、网络完整而复杂的空间格局（图9-9）。具体的空间规律如下。

（1）港口间的邮轮航运联系呈现较大的差异。部分港口与其他港口的航运联系均密切，且航班数量较为均衡。科苏梅尔港的航运联系最多，几乎与各港口

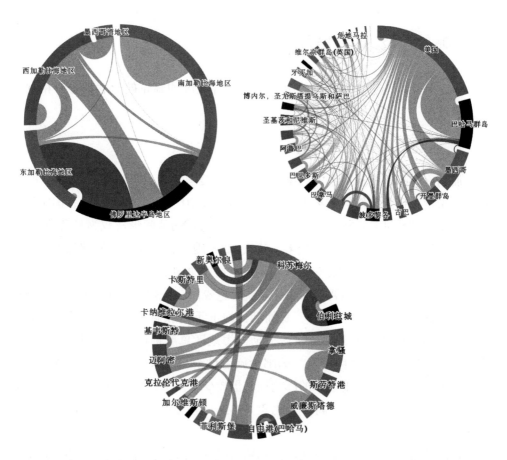

图 9-8　加勒比海区域间、国家（地区）间、港口间的邮轮航运复杂网络

都有一定的航运联系。迈阿密港与许多港口都有航运联系，而且规模大致均衡。部分港口与单一港口联系密切，与其他港口的航运联系较少。伯利兹港的航运联系对象主要是科苏梅尔港，斯特劳港的主要航运联系对象是拿骚港。

（2）形成"一核心两走廊三组团"格局。"一核心"是指佛罗里达半岛。航运联系主要集中在佛罗里达半岛，形成以迈阿密、埃弗格莱兹、坦帕等母港为核心的邮轮港口集中区，主要为美国港口。这充分反映了美国客源国的地位与影响。航运联系以佛罗里达半岛为核心，向东加勒比海、西加勒比海、南加勒比海延伸，形成了两条邮轮航运廊道。"两走廊"指佛罗里达半岛-西加勒比海走廊和佛罗里达半岛-东加勒比海-南加勒比海走廊。"三组团"主要是指旅游目的地和邮轮港口的组团式分布，形成了东加勒比海、西加勒比海、南加勒比海三个组团。东加勒比海是美国通往加勒比海的通道，有哈瓦那、拿骚等重要邮轮港口，邮轮航运联系整体较强。西加勒比海以科苏梅尔、伯利兹和乔治城为核心，各区

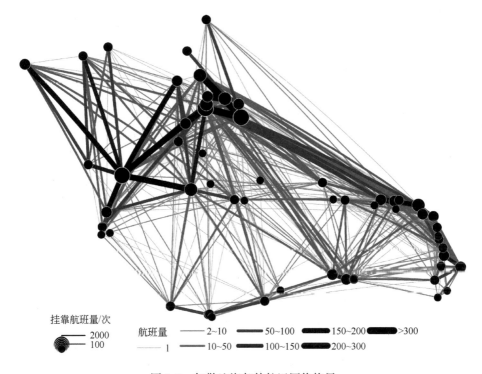

挂靠航班量/次

⬤ 2000
⬤ 100

航班量 ——— 2~10 ═══ 50~100 ▬▬ 150~200 ████ >300

——— 1 ═══ 10~50 ▬▬ 100~150 ████ 200~300

图 9-9 加勒比海邮轮航运网络格局

域间形成较为紧密的航运联系。南加勒比海以小安的列斯群岛的诸港口为骨架，形成了串珠状的邮轮航运网络。东加勒比海和南加勒比海相对独立，其邮轮航运联系相对较小。

（3）纵向联系为主，横向联系为辅。加勒比海的邮轮航运联系主要是从北部的美国向南部加勒比海航行的航运联系，大体格局是南北纵向的，充分反映了北部客源地、南部目的地的旅游市场格局。纵向邮轮航运联系包括东北–西南走向的佛罗里达半岛–西加勒比海联系、西北–东南走向的佛罗里达半岛–东加勒比海–南加勒比海联系及南北走向的墨西哥湾–西加勒比海联系，囊括了加勒比海的大部分邮轮航运联系，构成该地区邮轮航运网络的主骨架。横向邮轮航运联系相对较少，主要有东西走向的墨西哥湾–东加勒比海联系及西加勒比海–南加勒比海联系，是该地区邮轮航运网络的补充。

3. 邮轮航运走廊

邮轮航运走廊是指邮轮港口间形成的航线密集、航班频繁、航运联系紧密的地带，以航运通道为主轴，以各母港和重要挂靠港为依托而形成的条带状地域。

根据前文分析，加勒比海形成了两大航运走廊，包括"佛罗里达半岛-西加勒比海"航运走廊和"佛罗里达半岛-东加勒比海-南加勒比海"航运走廊。两大航运走廊覆盖了加勒比海75.9%的邮轮港口和70%的邮轮航运联系，覆盖了44个邮轮港口和10 253艘次航班，架构起了加勒比海邮轮航运网络的骨架（表9-9）。

表9-9 加勒比海邮轮航运走廊概况

航运走廊	邮轮港口		邮轮航班	
	数量/个	比重/%	数量/艘次	比重/%
佛罗里达半岛-西加勒比海	15	25.9	3557	24.3
佛罗里达半岛-东加勒比海-南加勒比海	29	50	6696	45.7
合计	44	75.9	10253	70.0

（1）佛罗里达半岛-西加勒比海航运走廊：主要是指佛罗里达半岛连接西加勒比海的邮轮航运走廊，呈现东北-西南走向。该走廊共覆盖15个邮轮港口，占加勒比海邮轮港口总量的25.9%；涉及邮轮航班达到3557艘次，占加勒比海邮轮航班总量的24.3%。其中，最重要的港口是科苏梅尔、迈阿密、埃弗格莱兹和坦帕，形成"客源地-玛雅文化旅游目的地"的邮轮旅游市场空间组合。科苏梅尔港是该邮轮航运走廊的核心港口，是加勒比海的重要邮轮目的地，向各方向联系各港口。迈阿密、埃弗格莱兹和坦帕是主要的母港，是西加勒比海多条航线的始发港，是美国客源登船的基地。

（2）佛罗里达半岛-东加勒比海-南加勒比海航运走廊：主要是指佛罗里达半岛连接东加勒比海、南加勒比海的邮轮航运走廊。该走廊沿着巴哈马群岛和安的列斯群岛岛链呈现西北-东南走向，形成了典型的"客源地-目的地"的邮轮旅游市场空间组合格局。该走廊覆盖邮轮港口较多，数量达到29个，比重为50%；形成了密集的邮轮航班组织，达到6696艘次，比重达到45.7%。其中，最重要的邮轮港口是拿骚、迈阿密、埃弗格莱兹、卡纳维拉尔和圣胡安，囊括了该地区最重要的邮轮母港与目的地港。

三、不同职能港口的航运联系

职能分工塑造了各港口在航运网络中的不同地位。按港口职能的不同，邮轮航运联系可分为母港-母港、母港-始发港、母港-挂靠港、挂靠港-始发港、始发港-始发港、挂靠港-挂靠港等6种类型。如表9-10所示，不同职能港口间的航运联系主要是母港与挂靠港的联系，共有7576艘次，占邮轮航运联系总量的51.7%，客源地与目的地的航运联系是主流。其次是挂靠港–挂靠港、母港–母港的联系，分别有3883艘次和1784艘次，占比分别达到26.5%和12.2%；前者是不同目的地间的联系，反映了邮轮旅游的线性组织特征。

表9-10　加勒比海不同职能港口间的邮轮航运联系

类型	航班数量/艘次	比重/%
母港–母港	1784	12.2
母港——般始发港	177	1.2
母港–挂靠港	7576	51.7
挂靠港–挂靠港	3883	26.5
挂靠港——般始发港	1156	7.9
一般始发港　一般始发港	67	0.5

1. 母港航运联系

母港往往是邮轮旅游的主要客源地，是邮轮航运网络的游客集散点和核心港口，往往有着较强的邮轮航运联系。根据港口职能，母港的联系分为母港–母港、母港–始发港和母港–挂靠港的邮轮航运联系。每种类型有着不同密集水平的航班频次和分布区域。

（1）母港–母港航运联系。母港与母港联系呈现同一区域内母港联系弱，跨区域母港联系强的格局，但总体上该类邮轮航运联系相对较少，其数量达到1784艘次，比重为12.2%。母港主要分布在佛罗里达半岛和南加勒比海，两个地区间的邮轮航运联系密切，形成了明显的廊道状结构，但仍反映了客源地与目的地的市场关系，母港之间互为目的地，但也反映了邮轮补给关系。同一区域内的不同母港服务于同一区域的客源，相互间为竞争关系，这导致邮轮航运联系相对较弱。

（2）母港–始发港航运联系。该类邮轮航运联系较为薄弱，其数量仅为177艘次，比重仅为1.2%。母港与始发港间未能形成规模性的互为目的地现象。值得关注的是，南加勒比海的母港与一般始发港联系相对较强，该地区的旅游资源丰富，其一般始发港也是邻近母港的重要目的地。

（3）母港–挂靠港航运联系。母港与挂靠港的航运联系较为复杂，但均为典型的客源地与目的地的市场关系。该类航运联系数量较多，达到7576艘次，所占比重为51.7%，为加勒比海邮轮航运网络的主体。部分母港位于邮轮航运网络的边缘，是重要的始发或终到港，只与部分港口有航运联系，但航班量较多，如加尔维斯顿、坦帕等。

2. 挂靠港航运联系

挂靠港是邮轮目的地或连通腹地旅游景区的登陆门户，数量众多且分布广泛。根据港口职能，可将挂靠港的航运联系分为挂靠港–挂靠港、始发港–挂靠港的联系。

（1）挂靠港–挂靠港航运联系。挂靠港与挂靠港的航运联系相对较强，多数挂靠港之间的航运联系低于5艘次，但总量较高，规模达到3883艘次，比重达到26.5%。科苏梅尔是邮轮航运网络的重要目的地，与其他挂靠港的联系十分密切，共同构成许多航线的目的地。其他挂靠港的航运联系多为与邻近的挂靠港的联系，是同一邮轮航线的先后目的地，如小安的列斯群岛的巴斯特尔、圣约翰、法兰西堡、金斯敦等港口。

（2）挂靠港–始发港航运联系。挂靠港与一般始发港的邮轮航运联系整体较弱，其数量为1156艘次，所占比重仅为7.9%。该类联系主要是满足其他地区游客进入加勒比海的需求，是对母港辐射薄弱地区的客源集散的补充。

在加勒比海的邮轮航运网络中，主要是母港和挂靠港之间的连接，各母港之间联系相对较弱，各挂靠港间虽有联系但数量不多。科苏梅尔是特殊的挂靠港，与其他港口联系极为紧密，甚至超过了其他母港，是加勒比海航运网络的核心目的地。

3. 主要港口的航运联系

主要港口的航运联系可反映该地区的航运网络骨架的情况。航运联系规模位居前三位的港口为科苏梅尔、拿骚和迈阿密，分别位于西加勒比海、东加勒比海和佛罗里达半岛，相互间形成三角形的空间结构。三个港口的邮轮航运联系均呈现放射状，与各地区的港口均有联系。其中，科苏梅尔港主要连通墨西哥湾北部、佛罗里达半岛和西加勒比海，航运联系呈现均衡的放射状格局。拿骚港主要连通东加勒比海、佛罗里达半岛和南加勒比海，航运联系呈现半圆形的放射状格局，且西北–东南方向的航运联系更为密切。迈阿密港因其美国核心母港的地位而与各地区均形成了较为密切的航运联系，并形成了均衡的放射状格局。

三个港口的航运联系基本构成了加勒比海邮轮航运网络的骨架。三个港口与

邮轮航运网络的空间模式与发展机理

美国连接的港口数量较少，但连接的航班数量极多，起到了集散美国游客的中介作用。三个港口始发邮轮并连接东加勒比海、西加勒比海、南加勒比海的港口数量众多，航班线路复杂，反映了游客前往旅游目的地的多样化航线选择。此外，迈阿密与拿骚港的航运联系最为密切，与科苏梅尔港的航运联系较为密切，科苏梅尔与拿骚港的连接相对稀疏，这反映了迈阿密的客源地职能、拿骚港和科苏梅尔港的目的地职能。由迈阿密沟通东加勒比海、西加勒比海的航线较多，而东加勒比海、西加勒比海因均为邮轮目的地且距离较远而相互间的航运联系相对较少。

四、航运网络模式

加勒比海的邮轮航运网络整体呈现多点集聚、多组团、多层级的空间模式。该模式形成了母港群、挂靠港群、航运干线及区域性航运网络的空间分异（图9-10）。具体呈现出如下特征。

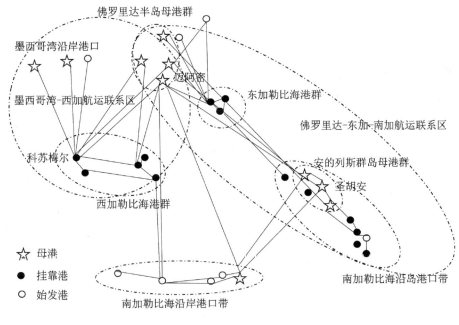

图9-10　加勒比海邮轮航运网络组织模式

（1）核心母港群有两处，分别是佛罗里达半岛母港群和南加勒比海母港带。挂靠港主要形成三个港群，分别是东加勒比海、西加勒比海和南加勒比海港口群。从佛罗里达半岛母港群出发，连接三个主要的挂靠港群，形成了加勒比海邮轮航运网络的核心骨架与邮轮旅游市场的主要供给–需求关系。

（2）在南加勒比海中，南美北岸地区有部分母港、挂靠港和始发港，形成了自成一体的南加勒比海邮轮航运网络，但与佛罗里达半岛母港群也有一定的航运联系，形成了一条航运联系干线。另外，位于美国南岸的墨西哥湾港口多与西加勒比海港群相连，形成了另一条航运联系干线。

（3）各独立的港口组团形成了一定的内部结构。在东加勒比海港群中，各港口同时作为挂靠港，互相连接。在西加勒比海港群中，科苏梅尔是最重要的港口，对内联系紧密，是该区域的核心港口，同时对外联系密切，是连接美国的重要港口；其余港口围绕科苏梅尔，作为挂靠港相连接。在南加勒比海沿岛港口带中，以圣胡安为中心的南加勒比海母港带是该区域邮轮航运网络的核心，与区内各港口联系紧密。在南加勒比海沿岸港口带中，也存在母港、一般始发港和挂靠港的分化，形成了局域性的邮轮航运网络。

（4）在功能相似的港口组团中，港口间的航运联系较少，且多为竞争关系。如佛罗里达半岛母港群中的迈阿密、埃弗格莱兹分别作为不同航线的始发港，存在竞争关系。墨西哥沿岸的新奥尔良和加尔维斯顿港，同样为美国南部前往西加勒比海航线的母港，也存在一定的竞争关系。

（5）部分始发港散布于区域周围，与邮轮母港有一定距离，是对邮轮母港游客集散作用相对薄弱的地区的补充。

第四节 企业邮轮航运网络

一、邮轮企业概况

1. 邮轮企业构成

邮轮企业是邮轮航运网络的具体组织者，也是邮轮旅游活动的具体执行者，掌控着邮轮船舶资源，决定着港口挂靠选择及次序、航程安排。加勒比海邮轮航运网络的具体组织涉及邮轮企业相对较多，共有 33 家邮轮企业（表9-11）。这些企业分别属于不同的国家和地区，共涉及 9 个国家。各国家的邮轮企业数量不同。

表 9-11　加勒比海邮轮航运网络的邮轮企业构成

国家	邮轮企业	数量/家
法国	庞洛邮轮、交通服务邮轮	2
德国	凤凰邮轮、爱达邮轮、途易邮轮、Plantours & Partner 邮轮	4
意大利	歌诗达邮轮	1
日本	日本邮船	1
挪威	奥尔森邮轮	1
西班牙	普尔曼邮轮	1
瑞士	地中海航运公司	1
英国	马雷拉邮轮、卫狮邮轮、撒加邮轮、CMV 邮轮、冠达邮轮	5
美国	嘉年华邮轮、巴哈马天堂邮轮、大洋邮轮、精致邮轮、荷美邮轮、水晶邮轮、公主邮轮、丽晶七海邮轮、挪威－巴哈马邮轮、世邦邮轮、皇家加勒比邮轮、精钻邮轮、银海邮轮、迪士尼邮轮、风星邮轮、MHG 邮轮、维京邮轮	17

（1）美国：美国的邮轮企业数量最多，有 17 家，占加勒比海邮轮企业数量的 51.2%。美国的邮轮企业有皇家加勒比邮轮、银海邮轮、迪士尼邮轮、嘉年华邮轮、风星邮轮、精钻邮轮、世邦邮轮、巴哈马天堂邮轮、大洋邮轮、精致邮轮、荷美邮轮、水晶邮轮、公主邮轮、丽晶七海邮轮、挪威邮轮、风星邮轮、维京邮轮及 MHG 邮轮。上述企业均为专业化邮轮企业。

（2）英国：邮轮企业数量较多，共有 5 家。这些邮轮企业包括马雷拉邮轮、卫狮邮轮、撒加邮轮、CMV 邮轮和冠达邮轮。

（3）德国：德国的邮轮企业数量有 4 家，分别为凤凰邮轮、爱达邮轮、途易邮轮和 Plantours & Partner 邮轮。

（4）法国：法国有 2 家邮轮企业，包括庞洛邮轮和交通服务邮轮。

（5）意大利、日本、西班牙、挪威、瑞士：这些国家各有 1 家邮轮企业。意大利为挪威邮轮，日本为日本邮船，挪威为奥尔森邮轮，西班牙为普尔曼邮轮，瑞士为地中海邮轮。

2. 企业航班构成

加勒比海邮轮航运网络共涉及 14 643 艘次的航班，不同企业的航班数量各不相同（表 9-12）。

（1）航班数量排在前三位的企业分别为嘉年华邮轮、皇家加勒比邮轮和挪威邮轮，其航班数分别为 4081 艘次、2979 艘次和 1371 艘次，占比分别为

27.9%、19.1%和9.4%。嘉年华邮轮、皇家加勒比邮轮和挪威邮轮覆盖了加勒比海地区56.4%的航班，是该地区邮轮航运网络的主导组织者，尤其是嘉年华邮轮具有垄断性优势。

（2）精致邮轮、歌诗达邮轮、地中海邮轮、荷美邮轮、公主邮轮、迪士尼邮轮等6家企业的航班数量介于530~760艘次，所占比重合计25.3%。

（3）其余32家邮轮企业共涉及航班2700艘次，占比为18.4%，每家企业的航班比重均比较低。

表9-12　加勒比海重点邮轮企业的航班

邮轮企业	航班数量/艘次	比重/%	主要靠泊港口
嘉年华邮轮	4081	27.9	迈阿密、科苏梅尔、卡纳维拉尔、拿骚
皇家加勒比邮轮	2797	19.1	迈阿密、大沼泽地、菲利普斯堡
诺唯真邮轮	1371	9.4	迈阿密、乔治敦城
精致邮轮	759	5.2	大沼泽地、迈阿密、圣胡安
歌诗达邮轮	637	4.4	法兰西宝、圣约翰斯（安提瓜）、皮特尔角
地中海邮轮	625	4.3	迈阿密，菲利普斯堡、科苏梅尔
荷美邮轮	572	3.9	大沼泽地、乔治敦城、基韦斯特
公主邮轮	571	3.9	大沼泽地、圣约翰斯（安提瓜）、圣托马斯
迪士尼邮轮	530	3.6	卡纳维拉尔、乔治敦城、圣胡安
其他邮轮企业	2700	18.4	—

二、企业邮轮航运网络

1. 邮轮集团航运网络

嘉年华集团是加勒比海邮轮航班数量最多的邮轮集团。邮轮航运网络格局呈现全覆盖、区域集中、网络连接复杂的特点。邮轮航运网络覆盖范围较广，覆盖了多数的邮轮港口，其母港主要分布在佛罗里达半岛，航运联系较为复杂，与墨西哥湾沿岸、南美沿岸均形成了一定的邮轮联系，基本实现了加勒比海的全覆盖。嘉年华航运网络形成了佛罗里达半岛-东加勒比海航运集中区，具有很高的航班核密度。此外，嘉年华集团在科苏梅尔港附近形成了局部的航运集中区，航班密度也很高。

皇家加勒比集团的航班数量仅次于嘉年华集团。该集团的航运网络呈现区域集中、航运廊道明显的特点，形成佛罗里达半岛–东加勒比海航运集中区，并形成佛罗里达–科苏梅尔与佛罗里达–安的列斯群岛两条航运廊道。航运网络整体呈倒 V 形，集中在东加勒比海、西加勒比海、佛罗里达半岛和安的列斯群岛，部分网络延伸至墨西哥湾和南美北岸。

诺唯真邮轮集团是航班数量位居第三的邮轮集团。该集团的邮轮航运网络相对简单，主要集中于佛罗里达半岛–东加勒比海航运集中区，并通过佛罗里达–科苏梅尔、佛罗里达–安的列斯群岛两条干线延伸至西加勒比海、南加勒比海。部分航运网络延伸至墨西哥湾沿岸和南美北部，形成小的邮轮支线。

2. 邮轮企业航运网络

各邮轮企业的航运网络覆盖范围存在差异。部分企业的航运网络覆盖整个加勒比海，而部分企业则涉及几个次地区，或仅限于较小的局部区域。不同企业在加勒比海的航行密度也各不相同。根据覆盖范围和密度，邮轮企业的航运网络可分为四种类型：局域低密度型、局域高密度型、全域低密度型和全域高密度型。其中，局域低密度型航运网络的企业数量最多，有 16 家企业，占比为 45.7%；其次是全域低密度型航运网络，涉及 12 家企业，占比为 34.3%；有 4 家企业形成了局域高密度航运网络，数量占比为 11.4%；有 3 家企业形成全域高密度航运网络，企业数量占比为 8.6%（表 9-13）。

表 9-13　加勒比海邮轮企业的航运网络类型

类型	邮轮公司	数量/家	比重/%
局域低密度	爱达邮轮、歌诗达邮轮、CMV 邮轮、奥尔森邮轮、奥尔森风力承运邮轮、海事控股、威仕船舶邮轮、日本邮轮、Plantours & Partner、精钻邮轮、庞洛邮轮、伯曼邮轮、撒加邮轮、冠达邮轮、交通服务邮轮、途易邮轮	16	45.7
局域高密度	巴哈马天堂邮轮、马雷拉邮轮、世邦邮轮、风星邮轮	4	11.4
全域高密度	嘉年华邮轮、挪威邮轮、皇家加勒比邮轮	3	8.6
全域低密度	水晶邮轮、迪士尼邮轮、凤凰邮轮、维京邮轮、精致邮轮、荷美邮轮、地中海邮轮、大洋邮轮、公主邮轮、丽晶七海邮轮、银海邮轮	12	34.3

全域高密度网络是大型邮轮企业的常见模式。这种模式展现了邮轮企业全面占据资源的能力，显著特征是在加勒比海的广泛覆盖。这种广泛的覆盖范围以众多航线为基础。典型企业为嘉年华邮轮、挪威邮轮和皇家加勒比邮轮。三家企业

分别是三大邮轮集团的最大子公司，这些企业利用市场进入较早、拥有大规模船队的资源建立竞争框架与竞争能力。该类型网络的布局特征相似，呈现由佛罗里达半岛连接西加勒比海、东加勒比海的"倒V形"格局。航运网络具有多核心的特点，围绕多个母港组织航线，网络形态呈复杂放射状。

全域低密度网络也是在全域布局运力的网络类型，但运力规模相对较小。部分全域低密度网络来自三大邮轮集团，其港口布局和网络结构与全域高密度型企业具有相似特征。其他的全域低密度网络包含部分大型合资公司和独资公司。全域低密度网络基本覆盖完整的加勒比海，但不一定形成密集的网络，表现出"环网形"格局。

局部网络呈现出加勒比海内的分散分布，在西加勒比海和东加勒比海分别形成不连通的次区域航运网络。局域高密度型企业呈现出高度的空间聚集性，往往在某条航线上布局大量的运力，专注于这条航线的市场经营。局域低密度型企业的运力相对分散，更关注旅游目的地的串联。这类网络多呈现"折线形"。值得注意的是，该类型网络促生了更全面的市场覆盖，将航运网络延伸至三大集团重点关注的"倒V形"区域之外。

3. 邮轮港口竞争

1）港口类型分异

各邮轮企业虽然有着不同规模与覆盖范围的航运网络，但航线组织和航班设置有着相对的集中性，少数港口有着突出的组织优势。前三位企业均将航班资源集中在迈阿密、大沼泽地、卡纳维拉尔等港口，圣胡安、拿骚、科苏梅尔、菲利普斯堡等也成为重要的航班资源配置港口。不同邮轮企业的航线航班资源配置差异，促使港口形成了不同的市场经营类型，大致分为垄断型、寡头型、竞争型和共占型等四种类型（表9-14）。

（1）垄断型港口：该类型的港口数量较多，共有18个，占加勒比海邮轮港口总量的31%，这表明邮轮航运组织的垄断性是普遍性特征。该类型港口主要分布在加勒比海北部，包括佛罗里达半岛、墨西哥湾和大安第列斯岛。

（2）寡头型港口：该类型港口数量最少，仅有7个，比重仅为12.1%。该类型港口主要呈现分散分布。该类型港口的分布较为分散。

（3）共占型港口：该类型的港口数量最多，达到24个，所占比重为41.4%。多数港口在邮轮航线组织中青睐于不同企业的共同参与。

（4）竞争型港口：该类型港口数量较少，达到9个，所占比重为15.5%。

该类型港口的地域集聚性较为明显，主要分布在大小安第列斯岛和南加勒比海。

表9-14　加勒比海邮轮港口的市场类型结构

市场类型	港口名称	港口数量/个	比重/%
垄断型	伯利兹、比格克里克，布拉克（开曼群岛）、西恩富戈斯、普罗格雷索、圣地亚哥（古巴）、斯洛特，安柏湾、弗雷德里克斯特德、蓬塞、朴次茅斯（多米尼加）、圣多明各、加尔维斯顿、莫比尔、新奥尔良、查尔斯顿、杰克逊维尔、棕榈滩	18	31.0
寡头型	科尔特斯、圣托马斯德卡斯蒂利亚、博培科、拉罗马纳、西班牙港、圣玛尔塔、坦帕	7	12.1
共占型	科苏梅尔、乔治城（开曼群岛）、蒙特哥湾、奥乔里奥斯、巴斯特尔、卡塔赫纳（哥伦比亚）、科隆，克里斯托瓦尔、金斯顿、克拉伦代克，普利普斯堡、皮特尔角、利蒙、圣胡安、斯卡博赫（特立尼达和多巴哥）、圣托马斯、威廉斯塔德、迈阿密、卡纳维拉尔、大沼泽地、自由港（巴哈马）、哈瓦那、基韦斯特、拿骚	24	41.4
竞争型	布列治敦，卡斯特里、法兰西堡、奥拉涅斯塔德（阿巴鲁）、巴拿马运河港、罗德、罗索、圣乔治（格林纳达）、圣约翰斯（安提瓜尔）	9	15.5

2）邮轮母港

邮轮企业航运网络的构建与母港密切相关。本研究选择美国的迈阿密、埃弗格莱兹、卡纳维拉尔、坦帕、加尔维斯顿和新奥尔良，波多黎各的圣胡安、圣马丁（荷兰）的菲利斯堡、库拉索岛的威廉斯塔德、巴巴多斯的布里奇敦、美属维尔京群岛的圣托马斯及安提瓜和巴布达的圣约翰，分析各邮轮企业在母港上的航线航班组织差异。

嘉年华邮轮注重客源地市场，将母港选择由佛罗里达半岛拓展至美国南海岸，在美国南海岸形成两个垄断型母港，分别是加尔维斯敦和新奥尔良。其中，嘉年华邮轮在加尔维斯敦母港的运力占比为71%，在新奥尔良母港为75%。此外，嘉年华邮轮与皇家加勒比邮轮共同竞争坦帕港，运力份额分别为45%和39%。由此，嘉年华邮轮形成了聚焦北美客源市场、连接加勒比海目的地的多起点网络，并形成通往西加勒比海更密集的航运网络，占据美国南海岸客源和西加勒比海旅游市场的较大份额。

皇家加勒比邮轮积极参与佛罗里达半岛和东加勒比海的母港竞争，尤其是在东加勒比海的各母港均布局较多的运力。皇家加勒比邮轮在菲利斯堡、圣约翰（安提瓜）和威廉斯塔德等母港的航班组织中均是占比最高的企业，均超过

20%。由此，皇家加勒比邮轮形成了以佛罗里达半岛为核心，以小安第列斯群岛为次核心，辐射周围的双核放射网络，并呈现以东加勒比海、西加勒比海为廊道的倒V形网络。

挪威邮轮对母港的竞争主要集中在佛罗里达半岛，在各母港均布局一定的运力，但在其他地区的母港拓展较少，尚未形成具有垄断性质的专属母港。

嘉年华集团的子公司荷美邮轮和歌诗达邮轮将运力集中于美国南岸及西加勒比海，并在集团垄断的坦帕和新奥尔良港布局大量运力，占比分别达10%和5%。皇家加勒比集团的精致邮轮将运力布局于佛罗里达半岛和东加勒比海母港，是埃弗格莱兹港的第四大公司，占比为15%；同时是圣胡安港的第三大邮轮企业，运力占12%。挪威邮轮的丽晶七海邮轮则集中运力于佛罗里达半岛，将迈阿密作为母港，运力占3%。

合资企业的策略则是避开佛罗里达半岛的激烈竞争，在东加勒比海聚焦部分母港建立竞争优势。地中海邮轮和维京邮轮的共同点是在佛罗里达半岛选择单一母港，而在东加勒比海选择多个母港；二者在佛罗里达半岛的母港均为迈阿密港，在东加勒比海的母港包括圣胡安、圣马丁和圣托马斯港。5家独资企业则表现出不一样的母港选择策略，但均选择佛罗里达半岛的港口为主要母港，建立在美国本土客源地的竞争优势。水晶邮轮选择迈阿密和新奥尔良为母港，由此形成环加勒比海的全域网络；迪士尼邮轮选择卡纳维拉尔和加尔维斯敦为母港；凤凰邮轮选择埃弗格莱兹、坦帕港为母港；大洋邮轮和银海邮轮均把迈阿密和圣胡安作为母港。

巴哈马天堂邮轮仅运营棕榈滩至自由港（巴哈马）的一条航线，形成了单线航运网络；在棕榈滩的运力占比达45%，在自由港（巴哈马）的运力占比达29%。马雷拉邮轮分别在西加勒比海和围绕安第列斯群岛形成了线簇状的航运网络，并以圣约翰（安提瓜）和圣托马斯为母港；在小安第列斯群岛的运力占比较高，在圣托马斯港的运力占比为16%，在圣约翰港的运力占比为9%。世邦邮轮和风星邮轮的运力相对较少，但集中在小安第列斯群岛，均围绕小安第列斯群岛形成线簇状网络。

局域低密度型企业整体形成了远离北部母港，以南部为重心的网络格局，运力表现出明显的南部集中，将更多运力布局于离美国本土遥远的南加勒比海，专注于南部相对边缘的邮轮市场。

邮轮航运网络的空间模式与发展机理

第十章

地中海邮轮航运网络格局与模式

　　自然地理环境对地理要素分布及地域系统的形成具有基础性的塑造作用。相对封闭的海陆格局对航运组织具有作用，形成相对独立的市场供需关系与相对闭合的邮轮航线，并在内部因其海陆细化分异而形成亚区域系统，这是区域海陆基础、发展分异及企业机制的空间响应。由此，自然地理基础、社会经济格局、航运组织形成空间耦合，区域化或地域性成为港口地理或航运组织研究的重要议题。地中海有着相对封闭的海陆格局，沿线地区有着不同的人口分布、历史文化、经济发展水平和旅游资源分布，相互间形成了旅游资源供给和消费关系，形成区域性的旅游市场。特别是，地中海与大西洋、印度洋仅通过狭窄的海峡运河进行连接沟通，这促使地中海形成独立的航海组织区域。地中海成为邮轮航运网络组织与邮轮旅游的典型区域化地域，这为探索其特殊性发展规律与机理机制提供了理想地域。

　　本章主要是分析地中海的邮轮航运网络格局与模式。地中海是欧洲邮轮市场的核心地区，为世界第二大邮轮区域。地中海内部形成了显著的差异，西地中海邮轮旅游规模较大，以意大利和西班牙为集聚国家，法国和希腊较为集聚。地中海邮轮港口众多，形成"北多南少，东多西少"分布格局，希腊基克拉泽斯群岛、意大利那不勒斯湾、法国蔚蓝海岸和克罗地亚亚得里亚海沿岸成为集聚区。各海湾或海域分别形成了地域性的邮轮港口，海域性明显。始发港数量少，挂靠港数量多。各港口的邮轮挂靠形成了显著的数量差异，挂靠数量较多的港口主要集中在巴利阿里海、利古里亚海、第勒尼安海、爱琴海，巴塞罗那、奇维塔韦基亚、帕尔马港的挂靠频次最高。航线分布呈现"西多东少"的格局，西地中海有着绝对的覆盖连通优势。邮轮联系差异较大，形成"西强东弱"格局，东西地中海割裂现象突出。自然海域与邮轮系统存在一定的耦合关系，形成巴利阿里海–阿尔沃兰海、利古里亚海、亚得里亚海–伊奥尼亚海西岸、爱琴海等邮轮航运系统。共有47家邮轮企业参与地中海的邮轮航运组织，各企业间形成了显著的网络差异，歌诗达邮轮和地中海邮轮优势最为显著。

第一节　地中海邮轮港口分布格局

一、地中海邮轮市场

1. 总体市场概况

欧洲和地中海是世界邮轮旅游的发源地，是世界最大的邮轮市场之一，仅次于北美洲。欧洲久经海洋文明的浸染，造船技术和经营管理技术优良，为邮轮旅游发展奠定了坚实基础。希腊诸岛、地中海沿岸、大西洋岛屿及北欧等以其独特的风光，成为世界邮轮旅游的主要目的地。地中海是欧洲邮轮市场的核心地区。2017 年，地中海的邮轮客运量达到 2520 万人次，邮轮配置资源占世界总量的15.8%，2019 年达 17.3%，而北欧/西欧地区占 11.1%。意大利和西班牙是主要的邮轮目的地，拥有地中海最繁忙的邮轮港口。2017 年，意大利奇维塔韦基亚港的邮轮停靠次数达到 729 次，西班牙的巴塞罗那港游客量为 270 万人次，奇维塔韦基亚、巴利阿里群岛、希腊群岛等成为地中海主要的邮轮停靠港口与邮轮目的地。2022 年，地中海邮轮港口的游客达 2413 万人次，邮轮停靠总数达到14 588 次，成为世界第二大邮轮市场（图 10-1，图 10-2）。

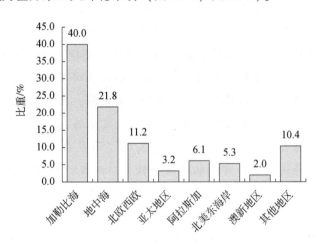

图 10-1　2022 年全球邮轮资源的地域配置结构

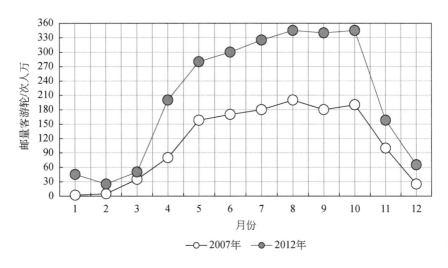

图 10 2　地中海邮轮港口的游客吞吐量和邮轮靠泊次数

2. 区域与国家分异

地中海内部形成了显著的差异。其中，2022 年西地中海的邮轮旅客达到 1821.7 万人次，占地中海邮轮游客总量的 75.51%，母港游客占比达到 78.63%，完成了 9650 次挂靠，比重为 66.15%，是地中海邮轮航运网络的核心市场。东地中海的邮轮游客量达到 288.3 万人次，占比为 11.95%，母港游客占比为 8.66%，邮轮挂靠次数达到 2361 次，占比为 16.18%。亚得里亚海的邮轮旅客量达到 301.88 万人次，占比为 12.51%，邮轮靠泊次数达到 2553 次，占比为 17.5%；黑海邮轮游客较少，仅 0.72 万人次，共完成了 24 次挂靠（表 10-1）。

表 10-1　2022 年地中海邮轮港口游客数量与靠泊次数

次区域		西地中海	亚得里亚海	东地中海	黑海	合计
成员港口	数量/个	40	13	18	5	76
	比重/%	52.63	17.11	23.68	6.58	100.00
邮轮游客	总量/万人	1821.71	301.88	288.31	0.72	2 412.62
	比重/%	75.51	12.51	11.95	0.03	100.00
邮轮靠泊	次数/次	9650	2553	2361	24	14 588
	比重/%	66.15	17.50	16.18	0.16	100.00
母港游客	数量/万人	520.57	83.54	57.34	0.61	662.05
	比重/%	78.63	12.62	8.66	0.09	100.00

地中海地区覆盖的国家数量较多，各国家之间形成了不同水平的邮轮市场，非均衡性极为显著（表10-2，表10-3）。总体上，地中海邮轮市场有着较高的国家集中性，形成显著的两大集聚国家：意大利和西班牙。

表 10-2　地中海地区邮轮游客的国家构成

国家（地区）	2019 年		2022 年	
	规模/万人次	比重/%	规模/万人次	比重/%
意大利	1180.03	37.89	850.02	35.23
西班牙	823.73	26.45	650.42	26.96
法国	286.69	9.20	224.17	9.29
希腊	250.08	8.03	173.60	7.20
葡萄牙	142.86	4.59	116.11	4.81
克罗地亚	140.81	4.52	87.39	3.62
土耳其	20.11	0.65	82.95	3.44
马耳他	90.24	2.90	52.92	2.19
以色列	26.47	0.85	42.70	1.77
黑山	61.47	1.97	41.82	1.73
塞浦路斯	13.28	0.43	22.06	0.91
直布罗陀	32.81	1.05	21.34	0.88
斯洛文尼亚	11.56	0.37	7.28	0.30
埃及	7.30	0.23	7.25	0.30
摩纳哥	18.35	0.59	6.56	0.27
突尼斯	0.06	0.00	5.56	0.23
佛得角	4.99	0.16	4.74	0.20
摩洛哥	3.70	0.12	3.01	0.12
罗马尼亚	0.05	0.00	0.22	0.01
乌克兰	0.08	0.00	0.00	0.00
保加利亚	0.00	0.00	0.00	0.00

邮轮航运网络的空间模式与发展机理

（1）意大利和西班牙成为地中海的邮轮游客集聚地，形成显著的两极。其中，意大利有最高的游客量，2019 年达到 1180.03 万人次，占地中海邮轮游客总量的 37.89%。西班牙次之，邮轮游客量达到 823.73 万人次，比重为 26.45%。上述两个国家合计占 64.34%，接近三分之二。上述两个国家远高于其他地中海国家。2022 年，上述两个国家的比重仍合计为 62.19%，仍保持着很高的市场垄断性。

（2）法国、希腊两国有较高的邮轮游客量，均超过 200 万人次，分别达到 286.69 万人次和 250.08 万人次，所占比重分别达 9.2% 和 8.03%。葡萄牙和克罗地亚有相当的规模，均超过 100 万人次，分别达到 142.86 万人次和 140.81 万人次，比重分别为 4.59% 和 4.52%。上述四个国家构成地中海邮轮市场的第二层级，合计比重为 26.34%。2022 年，克罗地亚的游客量降至不足 100 万人次。

（3）马耳他、黑山、直布罗陀等三个国家或地区有着较低的邮轮游客量，均超过 30 万人次，比重均超过 1 个百分点。

（4）其他国家的邮轮游客量较少，比重较低；游客量均低于 30 万人次，比重均低于 1 个百分点。

表 10-3　2022 年地中海主要国家的邮轮指标

邮轮游客量		邮轮靠泊量		母港游客量		过境游客量	
国家	比重/%	国家	比重/%	国家	比重/%	国家	比重/%
意大利	35.23	意大利	26.97	意大利	40.45	意大利	34.50
西班牙	26.96	西班牙	22.87	西班牙	35.67	西班牙	24.55
法国	9.29	希腊	9.71	法国	6.78	法国	10.62
希腊	7.2	法国	9.30	以色列	3.98	葡萄牙	6.29
葡萄牙	4.81	葡萄牙	6.94	希腊	3.30	希腊	5.24
克罗地亚	3.62	克罗地亚	6.17	土耳其	2.72	克罗地亚	4.73
土耳其	3.44	土耳其	5.20	马耳他	2.28	土耳其	3.85
其他国家	9.45	其他国家	12.85	其他国家	4.83	其他国家	10.21

二、地中海邮轮港口分布

1. 邮轮港口分布格局

地中海作为全球第二大邮轮市场区域，邮轮港口众多。基于邮轮企业的航线数据，通过点线分离，识别出地中海区域的邮轮港口共计 253 个。总体来看，地中海的邮轮港口形成显著的地域分异。

1）区域非均衡性

邮轮港口呈现出"北多南少，东多西少"的分布格局。地中海北侧欧洲海岸的邮轮港口数量多，北非海岸和中东海岸的邮轮港口数量较少，尤其是北非极少（沈世伟和 Véronique，2014）。北非与西亚中东国家，包括阿尔及利亚、利比亚、以色列、黎巴嫩、叙利亚，尚未发展邮轮港口，埃及、突尼斯、摩洛哥等著名的旅游目的地国的邮轮港口数量少、规模小且多是停靠港。近十年来，北非、西亚中东的政治形势不稳定，部分国家的旅游业遭受重创，大突尼斯都市区的拉古莱特邮轮码头在 2010 年就已竣工，但仅有当年接待了 89.6 万人次，2011 年骤降为 31.3 万人次，2012 年回升至 58.2 万人次。

地中海邮轮港口形成了希腊基克拉泽斯群岛、意大利那不勒斯湾、法国蔚蓝海岸和克罗地亚亚得里亚海沿岸 4 个集聚区。

（1）希腊基克拉泽斯群岛：希腊三面临海，岛屿众多，海岸线蜿蜒曲折，港口密集分布在巴尔干半岛最南端沿岸和南部爱琴海的诸多岛屿上，在基克拉泽斯群岛的帕罗斯岛和纳克索斯岛形成一个高密度地区。

（2）意大利那不勒斯湾：亚平宁半岛深入地中海内部，港口沿亚平宁半岛沿岸、西西里岛和撒丁岛串珠分布，在那不勒斯湾形成一个邮轮港口高密度集聚地区。

（3）法国蔚蓝海岸：临地中海区域的港口沿普罗旺斯–阿尔卑斯–蓝色海岸大区的南海岸和科西嘉岛密集分布，在蔚蓝海岸形成一个高密度地区。

（4）克罗地亚亚得里亚海东岸：拥有曲折狭窄的海岸线和众多的岛屿，港口集中分布在伊斯特拉半岛和达尔马提亚沿海地区。

2）国家发展分异

邮轮港口并未覆盖所有的地中海国家，部分国家并未形成邮轮港口布局。地中海邮轮港口以意大利、希腊两国港口为主导，法国、西班牙、克罗地亚和土耳其港口次之。邮轮港口分布在除叙利亚和利比亚以外的 19 个国家。希腊和意大利的邮轮港口数量最多，均超过了 60 个，数量占比分别为 26.9% 和 25.7%。其次是法国、西班牙和克罗地亚，邮轮港口数量均多于 20 个。上述五个国家的邮轮港口数量占比达到 82.2%。

各国家的邮轮港口形成不同的发展态势。西班牙的邮轮旅游集中在巴塞罗那，形成"一极独大"；希腊也形成比雷埃夫斯港的优势地位。意大利则形成多港竞争的格局，奇维塔韦基亚港虽具有优势，但威尼斯、那不勒斯、利沃纳、萨沃纳、热那亚等港口具有竞争优势。

地中海最重要的三个邮轮港口均位于北岸，从西向东依次为西班牙的巴塞罗那、意大利的奇维塔韦基亚、希腊的比雷埃夫斯，分别是所在区域的母港，年邮轮游客吞吐量介于 200 万~250 万人次（沈世伟和 Véronique，2014）。

3) 港口区域性

邮轮港口分布的海域性明显。半岛海陆格局决定了各海湾或海域分别形成了地域性的邮轮港口。其中，威尼斯是亚得里亚海的主要邮轮港口，奇维塔韦基亚称雄于地中海中部，热那亚是利古里亚海的主要邮轮港口，比雷埃夫斯是东地中海的主要邮轮港口（表10-4）。

表 10-4　地中海各次区域的主要港口

次区域	港口	2022 年		2019 年	
		吞吐量 /万人次	挂靠次数 /艘次	吞吐量 /万人次	挂靠次数 /艘次
西地中海	巴塞罗那	232.93	805	313.80	800
西地中海	奇维塔韦基亚	217.24	783	265.24	800
西地中海	巴利阿里群岛	172.75	716	265.82	819
亚得里亚海	科孚–帕克索斯	52.72	392	80.72	420
亚得里亚海	科托尔	41.82	434	61.48	464
亚得里亚海	巴列塔–莫诺波利	49.21		76.32	
亚得里亚海	杜布洛夫斯克–科尔丘拉群岛		403		622
东地中海	比雷埃夫斯	63.26	511	109.81	622
东地中海	库萨达斯–博德鲁姆	56.98	576	18.70	212
东地中海	伊拉克利翁		227		204
东地中海	海法	36.28		23.73	
黑海	康斯坦察	0.22	16	0.05	1
黑海	特拉布宗	0.51	8	0.00	0

地中海北岸绵延密布的邮轮港口形成了激烈竞争，尤其是利古里亚海域的邮轮港口竞争激烈。各港口加大投资，强化基础设施建设，加强与邮轮公司合作。

（1）西地中海：该海域总体形成了巴塞罗那与奇维塔韦基亚的竞争格局，巴塞罗那港现有 5 个邮轮码头，最近 10 年共投资 1 亿欧元；奇维塔韦基亚扩建邮轮港，增建了 4 个泊位，将旧港区改建为大型游艇补给和维护基地，并在旧港区与邮轮港区之间修了浮桥（沈世伟和 Véronique，2014）。

（2）利古里亚海：该海域形成了热那亚、萨沃纳的竞争格局。热那亚港虽是歌诗达邮轮的总部，但歌诗达邮轮的母港却是萨沃纳，2005 年热那亚港引入了地中海邮轮以与歌诗达邮轮进行竞争，并在 2011 年拓宽了邮轮码头，使之宽达 340 米，具备了接待巨型邮轮的能力。萨沃纳也借助歌诗达邮轮的投资扩建邮轮码头。此外，萨莱诺港也增建邮轮码头，以加强与那不勒斯港的竞争。

2. 邮轮港口建设特点

1）邮轮码头选址

邮轮港口选址继承了欧洲城市港口发展的传统，体现了邮轮码头"以人为本"的思路。邮轮码头选址注重交通的通达性和配套服务聚集性，临近机场成为邮轮码头选址的必要条件，同时选址区位周边要聚集大量与邮轮相关的产业。邮轮码头的微观区位选址强调游客出行与集散的便利性，通常位于城市老港区，到市中心、观光景点和主要购物区等繁华地带的距离较近；码头有较大的开阔地和停车场以备旅游巴士和乘客集散（赵金涛，2009）。

2）邮轮码头规划

欧洲邮轮码头规划集中体现了专业化、实用性的理念，强调不同港区及码头与城市之间的协同发展。邮轮码头与货运码头在同一港区并存的现象普遍，便于邮轮在泊位紧张时挂靠货运码头。很多邮轮码头只从事邮轮或渡轮靠泊等与客运相关的服务，具有较高的专业性，既可满足邮轮在港口集散游客、加载燃油、补充物资、养护维修，还可围绕港口实现邮轮产业的聚集。萨沃纳港是意大利最大的游艇制造基地，是歌诗达邮轮最主要的物资供应基地。

3）邮轮码头建设标准

欧洲邮轮码头的建设标准是注重实用性和便捷性，以满足需求、方便游客为主，而不是追求规模和奢华。邮轮码头适度发展商业设施，但商业设施规模普遍较小，多以出售当地纪念品或部分免税品为主。欧洲国家对邮轮码头建设多注重控制规模，大型码头较少。老码头通常沿用以前的渡轮码头或改造货运码头，新建码头也以满足需要为标准；候船厅、商业设施和辅助设施均比较精致、紧凑，候船厅与码头前沿紧密联系，游客上下船高效。码头候船厅通常不设一关三检、出入境设施、海关检查通道（赵金涛，2009）。

4）邮轮码头运营

吸引邮轮企业参与邮轮码头运营。欧洲邮轮码头在早期都是由当地港务局投资建设的，属于市政设施。港务局一般会采取租赁方式同邮轮企业合作，由邮轮企业建设码头设施，土地所有权归港务局，租期一般在 25 年左右，例如歌诗达邮轮在巴塞罗那的邮轮码头。邮轮码头采取较为低廉的收费制度，收费内容较为简单，主要包括码头使用费和乘客费，但欧洲码头收费具有一定的灵活性。邮轮企业自有码头与公用码头的设施又有所差异，歌诗达邮轮在巴塞罗那和萨沃纳的候船厅与商业设施规模较小，但公用码头的规模往往较大。海关通常不会在邮轮到港时参与检查，出入境检查一般在邮轮靠岸后立即进行，出入境官员上船检查护照和签证，清关时间通常在 10 ~ 20 分钟左右（赵金涛，2009）。

三、港口挂靠与职能分异

1. 邮轮港口职能结构

根据航线结构，可识别邮轮港口的职能结构，地中海的 253 个邮轮港口可分为始发港与挂靠港两大类。其中，始发港数量达到 40 个，挂靠港数量达到 213

个，形成了"1∶5"的比例关系，客源始发港数量远低于旅游目的地港数量，符合旅游活动组织的一般性规律。

1）始发港

始发港是邮轮航线的起始港口，通常靠近客源市场。地中海的始发港口有40个，占地中海邮轮港口总量的15.8%。从始发港类型来看，地中海以大陆沿海型为主，巴塞罗那、比雷埃夫斯、奇维塔韦基亚、马赛和热那亚等30个大陆始发港主导了地中海85.9%的始发航线，帕尔马、瓦莱塔和科孚等10个岛屿型始发港仅占据地中海14.1%的始发航线。始发港仅分布在10个国家，其中意大利的数量最多，达到17个，占始发港港口总量的42.5%，形成绝对的客源优势；西班牙的始发港数量有6个，希腊有5个，法国、土耳其分别拥有3个。上述五个国家的始发港数量合计达到34个，合计占比为85%，呈现出明显的国家集聚性。以色列和摩纳哥分别仅有2个和1个始发港，而阿尔及利亚、阿尔巴尼亚、斯洛文尼亚、黑山、埃及、波黑、黎巴嫩、摩洛哥和突尼斯等9个国家无始发港布局（表10-5）。

表10-5　地中海邮轮港口分布统计

区域	国家	港口数量/个		港口总数/个	始发港比重/%	挂靠港比重/%	港口总数比重/%
		始发港	挂靠港				
欧洲	希腊	5	63	68	12.50	29.58	26.88
	意大利	17	48	65	42.50	22.54	25.69
	法国	3	25	28	7.50	11.74	11.07
	西班牙	6	16	22	15.00	7.51	8.70
	克罗地亚	1	22	23	2.50	10.33	9.09
	阿尔巴尼亚	0	3	3	0.00	1.41	1.19
	马其他	1	1	2	2.50	0.47	0.79
	斯洛文尼亚	0	2	2	0.00	0.94	0.79
	黑山	0	2	2	0.00	0.94	0.79
	波黑	0	1	1	0.00	0.47	0.40
	摩纳哥	1	0	1	2.50	0.00	0.40
	英国	0	1	1	0.00	0.47	0.40

邮轮航运网络的空间模式与发展机理

区域	国家	港口数量/个		港口总数/个	始发港比重/%	挂靠港比重/%	港口总数比重/%
		始发港	挂靠港				
亚洲	土耳其	3	13	16	7.50	6.10	6.32
	塞浦路斯	1	3	4	2.50	1.41	1.58
	以色列	2	0	2	5.00	0.00	0.79
	黎巴嫩	0	1	1	0.00	0.47	0.40
非洲	阿尔及利亚	0	4	4	0.00	1.88	1.58
	突尼斯	0	3	3	0.00	1.41	1.19
	埃及	0	2	2	0.00	0.94	0.79
	摩洛哥	0	3	3	0.00	1.41	1.19

前 10 位母港共接待了 509.31 万人次的母港游客。其中，西班牙的巴塞罗那、意大利的奇维塔韦基亚、希腊的比雷埃夫斯是最受邮轮企业青睐的母港。尤其是，巴塞罗那是地中海最受欢迎的母港，有超过 130.08 万人次母港旅客进出。2022 年，地中海有两个超过 200 万人次的港口，即巴塞罗那（232.9 万人次）和奇维塔韦基亚（217.2 万人次）。巴塞罗那不仅是西地中海的母港，2012 年之前曾长期是欧洲第一大、全球第四大邮轮母港，仅次于美国的迈阿密、大沼泽地、卡纳维拉尔港。

2）挂靠港

挂靠港是处于邮轮航线中间的港口和旅游目的地，邮轮企业通过挂靠不同的港口为游客提供差异化的航线产品。地中海的挂靠港数量达到 213 个，占地中海邮轮港口总量的 84.2%；其中，岛屿型与大陆沿海型邮轮港口兼具，岛屿型港口有 110 个，大陆沿海型港口有 103 个，这表明该地区的邮轮旅游目的地是海岛海岸兼有。

挂靠港的覆盖国家数量明显增多，共覆盖 17 个国家。希腊、意大利、法国、克罗地亚、西班牙和土耳其等 6 个国家共有 189 个挂靠港，占挂靠港港口总量的 88.73%。这些国家成为地中海邮轮旅游的主要目的地。尤其是，希腊和意大利的挂靠港数量较多，分别占挂靠港总量的 29.58% 和 22.54%（Papatheodorou，2006）。而阿尔及利亚、塞浦路斯、突尼斯等 13 个国家的挂靠港数量均低于 5个。此外，以色列和摩纳哥无挂靠港分布。

2. 港口挂靠格局

地中海港口的邮轮挂靠形成了显著的数量差异。总体上，地中海港口的邮轮挂靠量介于 1~1620 艘次。多数港口的邮轮挂靠量较低，仅有少量港口的挂靠量较高。多数港口的挂靠量低于 100 艘次，其港口数量达到 81 个，所占比重达到 67.5%，挂靠量占比达到 10.12%。有 39 个港口的邮轮挂靠量低于 100 艘次，但挂靠量比重达到 89.9%，有着较高的集中性（图 10-3）。

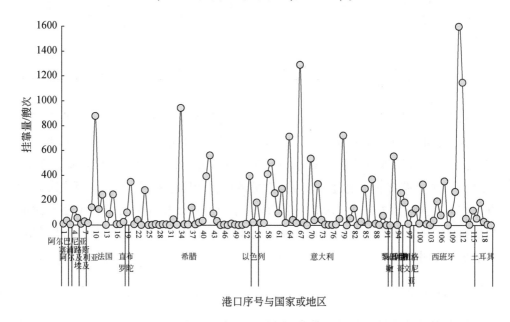

图 10-3　地中海港口的邮轮挂靠航班分布格局

仅有 3 个港口的邮轮挂靠量超过 1000 艘次，包括巴塞罗那、奇维塔韦基亚、帕尔马港，分别分布在西班牙和意大利，其挂靠量分别为 1620 艘次、1293 艘次和 1150 艘次，合计占地中海总挂靠量的 22.29%。尤其是巴塞罗那港成为地中海的首位港，挂靠量占比达到 8.89%，有着较高的集中性，而帕尔马港位居巴利阿里群岛，两个港口均为西班牙港口，形成"一海一陆"的格局。比雷埃夫斯、马赛、那不勒斯、里窝纳、米科诺斯、瓦莱塔、威尼斯、热那亚等 8 个港口的挂靠数量介于 500~1000 艘次，所占比重合计为 29.76%。萨瓦纳、罗德岛、伊利克利翁、巴里、瓦伦西亚、科孚、帕勒莫、马拉加等 8 个港口的挂靠量介于 300~500 艘次，所占比重合计为 16.15%。有 20 个港口的邮轮靠泊量介于 100~300 艘次，所占比重合计为 21.68%。12 个港口的邮轮靠泊量介于 50~100 艘次，比重合计为 4.99%；29 个港口的靠泊量介于 10～50 艘次，比重合计为 4.14%；40 个港口的邮轮靠泊量很低，均低于 10 艘次，合计比重仅为 0.99%。

地中海港口的邮轮挂靠格局形成显著的地域集聚性。邮轮挂靠量较高的港口主要集中在地中海的欧洲港口，尤其是集中在巴利阿里海、利古里亚海、第勒尼安海、爱琴海等四大海域，而勒旺海的港口规模普遍较小，阿尔沃兰海的港口规模也较小（图 10-4）。规模较大的港口集中在西班牙、意大利和希腊三个国家。每个海域都形成了高挂靠港口与低挂靠港口并存的格局。巴利阿里海形成以巴塞罗那和帕尔马两个港口为龙头的格局。利古里亚海域的港口规模普遍较高，但里窝纳港规模最大。第勒尼安海的大型邮轮港口较多，但奇维塔韦基亚规模最高。而威尼斯成为亚得里亚海的首位港口，伊利克利翁、米科诺斯等成为爱琴海的主要邮轮港口。

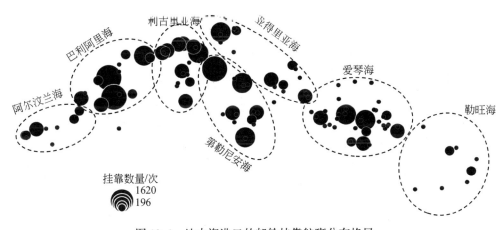

图 10-4　地中海港口的邮轮挂靠航班分布格局

四、港口季节性分异

1. 邮轮市场季节性分异

地中海地区也有着显著的季节性，这促使邮轮旅游与邮轮航运在四个季节和各月份间形成一定的差异。

1）季节分异

邮轮挂靠数量主要集中在春夏秋三个季节，尤其是集中在夏季和秋季。其中，秋季的邮轮挂靠数量最多，合计达到 4958 艘次，占地中海港口全年邮轮挂靠总量的 35.22%，超过 1/3。其次是夏季，合计达到 4453 艘次，占比达到 31.64%，接近三分之一。上述两个季节合计占 66.86%，即三分之二。再次为春季，挂靠邮轮达到 3586 艘次，比重达到 25.47%，即 1/4。冬季的邮轮挂靠最少，地中海港口合计达到 1080 艘次，比重仅为 7.67%。

港口游客吞吐量有着类似的季节分布差异，但略有不同。邮轮游客集中在夏秋两季，其集中水平比邮轮挂靠次数更高。其中，地中海港口的夏季邮轮旅客吞吐量达到 902.27 万人次，占全年游客量的 38.41%，有着最高的吞吐量规模和比重。秋季的游客吞吐量为 888.99 万人次，略低于夏季吞吐量，其比重达到 37.83%。上述两个季节的游客比重达到 76.24%，超过 3/4。春季的游客较少，为 400.56 万人次，比重为 17.05%。冬季的游客最少，达到 157.53 万人次，比重仅为 6.7%。

2）月度分异

地中海港口在 12 个月份之间也形成了显著的差异。其中，七月、八月、九月和十月等四个月份是邮轮游客最多的月份，均超过了 300 万人次；五月、十一月均超过了 200 万人次。而一月、二月、三月的游客量较低，均低于 100 万人次（图 10-5）。

邮轮航运网络的空间模式与发展机理

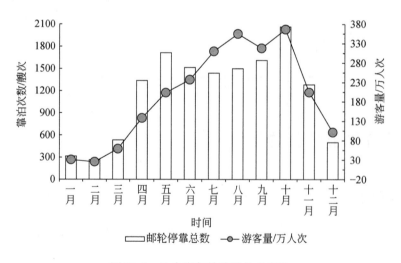

图 10-5　地中海邮轮旅游的月度性

（1）十月的游客量最多，为 366.56 万人次，占地中海全年游客总量的 15.6%；八月游客量达到 354.97 万人次，比重为 15.11%。九月和七月的游客量相当，分别为318.16万人次和310.02万人次，比重分别为13.54%和13.2%。

（2）六月份的游客量较高，达到237.28万人次，比重达到10.1%。五月和十一月的游客量分别为203.54万人次和204.27万人次，比重分别为8.66%和8.69%。

（3）四月和十二月的游客量较低，分别为138.06万人次和101.3万人次，比重分别为5.88%和4.31%。

（4）一月和二月的游客量最低，分别仅有30.82万人次和25.42万人次，比重仅为1.31%和1.08%。三月的游客量达到58.97万人次，比重为2.51%。

邮轮挂靠艘次有着类似的月份分异，但略有不同。十月份的邮轮挂靠量最高，比重达到14.65%，五月、九月、八月、七月和六月等有很高的挂靠量，挂靠比重均超过10%。其次是十月和四月的挂靠量较高，比重分别达到9.1%和9.5%。一月、二月、三月和十二月等四个月份的挂靠比重较低。

2. 港口季节性分异

地中海多数港口具有全年性服务特征，但暂停服务的港口数量随季节变动逐步提升，在冬季达到顶峰，数量近30%，这证实气温变化对地中海邮轮航运组织具有一定的消极性影响。全年型和无冬型港口最为普遍，共67个港口可以提供全年服务，占比为69%。25个港口仅在冬季暂停服务，属于三季型港口，占比为26%，如韦尔瓦、休达、格拉纳达、莫特里尔和土伦等港口。二季型港口的数量稀少且类型多样，数量为4个，包括春冬型、夏秋型、春秋型和春夏型，具体港口为里耶卡、延布、阿兰亚和特拉布宗。一季型港口仅有一个，为卡斯特隆港，在春季提供邮轮服务。港口提供服务的季节类型分异表明，冬季对邮轮活动的负面影响具有普遍性，而其他季节的影响主要取决于港口的特殊属性。此外，港口游客吞吐量的集中程度具有高度相似性，仅二季型和一季型港口极为集中。超过86%的港口集中度位于区间 [0.3, 0.5]，属于中等水平，而延布、西贝尼克、里耶卡等12个港口的季节分配高度集中，HHI值高于0.5。

（1）多数港口的季节特征与地中海整体季节结构一致，即以夏秋为旺季、春冬为淡季的港口，其数量达到60个，游客吞吐量贡献率为77.4%。其中，秋季和夏季为邮轮旅行的高峰时段，平均季节变动系数达到2.06和1.64；冬季和春季为邮轮旅行的低谷时段，平均变动系数仅有0.076和0.22。

（2）以秋季为旺季、春冬为淡季的港口数量位居第二，共17个，游客吞吐量占比为16.4%。此类型港口的季节分配在秋季更为集中，季节变动系数平均为2.45。春季和冬季依然为邮轮服务的低谷时段，平均季节变动系数为0.28和

0.16，季节性更强。

（3）以秋季为旺季、冬季为淡季的港口数量共 11 个，游客吞吐量占比为5.04%。此类型港口的季节分配较为均衡，集中度仅有 0.36。在四季分配中，旺季（秋季）的平均变动系数为 1.96，相对前两类有所降低，而淡季（冬季）的平均变动系数为 0.2，相对提升。此外，春季和夏季的平均变动系数靠近 1，分别为 0.79 和 1.06，进一步凸显此类型港口季节分配的均衡性。

（4）其余类型的港口数量均只有 1 个，游客吞吐量占比不足 2%。其中，以秋季为旺季的港口数量共 3 个，且在秋季的集中程度更高，平均变动系数超过2.84；以夏季为旺季的港口共有 2 个，夏季平均变动系数在 2 左右。其余类型包括春冬旺季型、春季旺季型、春夏旺季型和冬季旺季型。

旺季类型呈现明显的南北分异，而旺季港口数量由中间向两侧递减，亚平宁半岛集中了大量双旺季港口。夏季旺季型的港口均分布于北纬 43 度以北区域，包括摩纳哥和康斯坦萨港。以冬季或春季为旺季的港口主要分布于南地中海。仅以秋季为旺季的港口分布范围略向南拓展，分布于夏秋旺季型港口的两侧，分别位于萨丁岛以西区域和爱琴海及其以东地区。以秋季和夏季为旺季的港口在地中海广泛分布，集中于亚平宁半岛、西西里岛、科西嘉岛和亚得里亚海，且分布密度以亚平宁半岛为核心在东西方向逐步衰减。

第二节　地中海邮轮航线组织格局

一、邮轮航线概况

1. 总体情况

邮轮航线有着各种的定义，不同组织或国家的统计有着较大差异，学者们也有不同的分析结论。本研究主要根据相关权威机构的统计进行分析。全球邮轮的航线主要分布在三大地区，即加勒比海、地中海、亚太区域。长期以来，地中海位居全球第二邮轮旅游市场，但所占比重呈现略有下降的趋势。

2013 年，地中海地区的邮轮航线占全球总量的比重相对较高，达到 21.7%，超过五分之一。2016 年，该比重降至 19%，位居全球第二位，比加勒比海（38%）低 19 个百分点。2017 年，该比重继续略有下降，达到 18%。2018 年，地中海地区占全球邮轮航线总量的比重又略增长至 18.25%，与加勒比海的比重（36.78%）差距变化较小，仍差 18.53 个百分点。

地中海地区的航线分布呈现出明显的内部差异，形成"西多东少"的基本格局。其中，西地中海的邮轮航线数量最多，占地中海地区邮轮航线总量的 76%，形成绝对的覆盖连通优势。亚得里亚海有着较多的航线数量，比重达到 17.2%。东地中海的邮轮航线相对较少，比重仅为 6.7%，而黑海的邮轮航线数量很少，比重仅为 0.1%。

2. 经典邮轮航线

地中海地区有很多不同的邮轮航线，每条航线均有其特点和亮点。东西地中海是地中海内部的基本分异，由此形成东地中海航线、西地中海航线和地中海航线三种基本类型。

（1）西地中海航线：该航线主要覆盖西中海，航线数量较多，航程较短。该航线主要连通法国、西班牙、摩纳哥、意大利西海岸，连接的港口较多，主要包括巴塞罗那、戛纳、罗马、热那亚、马赛、那不勒斯、佛罗伦萨、直布罗陀等。西地中海航线的航程多为 8 天 7 晚。部分航线经过直布罗陀海峡延伸到加纳利群岛和马德拉群岛，甚至延伸到西欧和北欧（例如挪威），但数量较少。

（2）东地中海航线：该航线主要分布在东地中海，覆盖希腊、土耳其、克罗地亚、意大利东海岸等海域。由于经典的景区均在爱琴海，比如圣托里尼、米克诺斯、雅典等，部分学者也把东地中海称为爱琴海航线。东地中海航线的航程多为 8 天 7 晚。代表性的始发港或母港是威尼斯、比雷埃夫斯，主要旅游目的地是意大利、希腊、克罗地亚和黑山等国家，尤其是希腊群岛是焦点，主要目的地港有意大利的巴里、希腊的科孚岛和比雷埃夫斯（连接雅典）、黑山的科托尔和杜布罗夫尼克（表 10-6）。部分地中海航线延伸到以色列和埃及等中东和北非海岸。

表 10-6　东地中海航线的主要连通港口

主要航线	航线
东地中海 12 日游	罗马–蒙特卡洛–利沃诺–那不勒斯–圣托里尼–库莎达西–来科诺斯岛–雅典–卡塔科隆–科孚–威尼斯
东地中海 8 日游	威尼斯–巴里–卡塔科隆–伊兹密尔–伊斯坦堡–杜布罗夫尼克–威尼斯
东地中海 8 日游	威尼斯–巴里–卡塔科隆–圣托里尼–比雷埃夫斯–科孚–杜布罗夫尼克–威尼斯

（3）全地中海航线：该航线覆盖整个地中海海域，航程约为 12 天左右。该航线的典型特征是横跨地中海，串联主要邮轮港口和旅游目的地。主要的始发母港是巴塞罗那，途经法国的普罗旺斯（马赛）、摩纳哥的蒙特卡洛、意大利的托斯卡纳、马耳他的瓦莱塔、希腊的圣托里尼、土耳其的库萨达斯、希腊的比雷埃夫斯港。

（4）地中海小岛航线：该航线主要连接欧洲大陆和地中海的岛屿目的地，形成颇具特色的邮轮航线。该航线多从巴塞罗那等母港出发，挂靠圣托里尼岛、科西嘉岛、巴勒莫、萨丁尼亚、巴利阿里群岛等岛屿。

二、航运联系格局

1. 邮轮联系结构

邮轮联系是因邮轮航线组织和航班执行而形成的港口间航运联系，是港口间关系的具体表现。从完整矩阵来看，地中海邮轮港口共有 120 个，理论上能形成 7080 个无向邮轮联系对，但现实中仅形成了 865 个无向联系对，比重仅为 12.2%，邮轮连通范围较小。邮轮港口共形成了 9115 个航班联系，平均每个港口对的联系强度为 10.5 艘次/对。各港口对的邮轮联系规模存在较大差异，其规模总体介于 1～385 艘次；但仅有少量港口对的邮轮联系较多，仅有 12 个港口对高于 100 艘次；多数港口对的邮轮联系较低。

邮轮联系介于 200～400 艘次的港口对仅有 4 对，占比很低；邮轮联系介于 100～200 艘次的港口对有 8 对，上述港口对合计占 1.4%，但邮轮联系却达到 2204 艘次，占邮轮联系总量的 24.18%，单条港口对的邮轮联系强度达到 183.7 艘次，形成较高的集中性。邮轮联系介于 50～100 艘次的港口对达到 28 对，占比仅为 3.2%；邮轮联系合计为 1911 艘次，所占比重为 20.97%，平均联系强度为 68.25 艘次。邮轮联系介于 30～50 艘次的港口对有 44 对，比重提升到 5.09%；邮轮联系合计为 1674 艘次，所占比重为 18.36%，平均联系强度为 38.05 艘次。有 103 对的邮轮联系介于 10～30 艘次之间，数量占比为 11.91%，邮轮联系合计为 1662 艘次，所占比重为 18.23%。邮轮联系低于 10 艘次的港口对达到 677 对，数量占比为 78.27%，邮轮联系合计 1664 艘次，占比为 18.26%。尤其是许多港口的邮轮联系仅为 1 次，其港口对数量达到 326 对，其数量占比为 37.69%（图 10-6）。

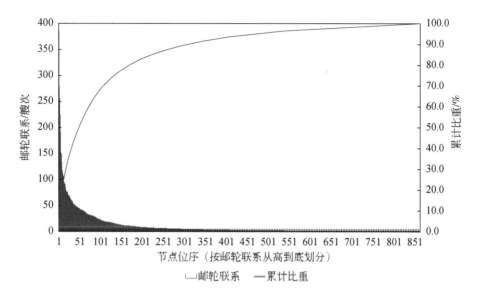

图 10-6 　地中海邮轮港口的邮轮联系结构

2. 邮轮联系分布

　　全海域的邮轮联系形成了较为显著的空间分差异，这不仅表现为邮轮联系的海域分布，而且表现为港口间的联系强弱。东西地中海的空间割裂现象突出，西地中海和东地中海两大海域间虽有邮轮联系，但数量并不多且强度较低，形成较为显著的"分割"线；邮轮联系形成了"西强东弱"格局，西地中海的邮轮联系较为密集，联系强度较高。邮轮联系的"群簇"现象突出，存在较为显著的地域集聚性，而且形成团簇状、线簇状的空间分异，团簇状有爱琴海组团，而线簇状有亚得里亚海组团、巴利阿里海、利古里亚海、第勒尼安海等组团。规模较大的邮轮联系形成贴岸运行的特征，在小尺度上贴岸运行以连接陆地客源地和陆地目的地，宏观上形成线性邮轮联系簇团（图 10-7）。整个海域形成了远距离的邮轮走廊，连接主要的邮轮母港与旅游目的地，并成为地中海邮轮航运网络的骨架；邮轮走廊主要包括亚得里亚海–爱琴海走廊、巴利阿里海–利古里亚海走廊、利古里亚海–第勒尼安海走廊等三大走廊。形成了近距离的港口组合，巴塞罗那–帕尔马、巴塞罗那–马赛、奇维塔韦基亚–里窝纳、奇维塔维基–那不勒斯等成为最为重要的邮轮通道。

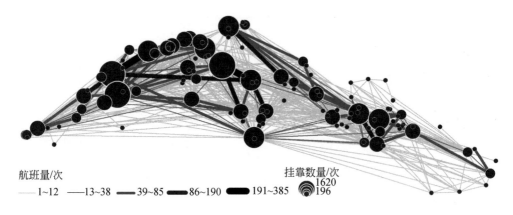

航班量/次 　　　　　　　　　　　　　　挂靠数量/次

—— 1~12　—— 13~38　—— 39~85　—— 86~190　—— 191~385

图 10-7　地中海邮轮港口的航运联系分布格局

三、邮轮航运系统

1. 航运系统分异

不同的客源地与邮轮母港、目的地与挂靠港及海陆格局，促使地中海形成了不同的邮轮航运系统。地中海邮轮航运系统由四大系统组成。每个邮轮系统以关键港口为核心，构建核心–边缘系统，系统内部的邮轮联系强度、密度始终高于系统之间。邮轮港口并未形成相对严格的系统归属性，但部分港口分属于两个地域系统。各邮轮系统之间有着相对清晰的空间界限，但存在部分覆盖空间的交叉，形成空间约定与范围交叠共存。自然海域与邮轮系统形成了一定的空间耦合关系，巴利阿里海、利古里亚海、第勒尼安海、亚得里亚海、爱琴海、勒旺海等海域大致形成了与其地理范围相吻合或存在对应关系的邮轮系统（图 10-8）。

（1）巴利阿里海–阿尔沃兰海系统：该地域系统主要覆盖巴利阿里海和阿尔沃兰海，是西地中海的西部海域，主要是西班牙和法国的地中海沿海及毗邻海域。该组团的核心港口为巴塞罗那。整个空间形态呈现东北—西南走向延伸，阿尔沃兰海是该系统的核心区域，而巴利阿里海是其延伸。该海域分布有巴利阿里群岛，是地中海的著名的旅游胜地与邮轮目的地，开发有大量的夏季度假中心。巴塞罗那、马拉加和帕尔马最受欢迎，属于地中海十大母港之一，吸引超过 30家企业（>63%）在此争夺挂靠资源；其次为马赛、直布罗陀、卡塔赫纳和伊比萨港，均为热门旅游目的地，马赛和伊比萨港因便利的交通设施和港口条件成为重要的邮轮母港。

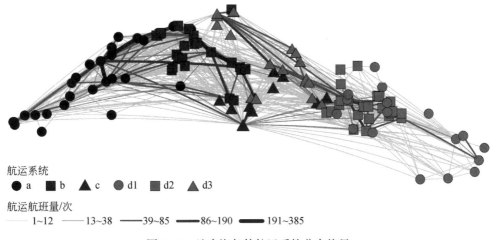

航运系统
● a　■ b　▲ c　● d1　■ d2　▲ d3

航运航班量/次
—— 1~12　—— 13~38　—— 39~85　—— 86~190　—— 191~385

图 10-8　地中海邮轮航运系统分布格局

（2）利古里亚海系统：该系统主要覆盖利古里亚海，并向南延伸至第勒尼安海。该系统位于法国、摩纳哥和意大利沿岸之间，海域少岛礁，但拥有科西嘉岛。该海域沿岸是世界著名的疗养区和地中海著名的旅游区，有着优美的风景，沿岸旅游胜地众多，而且港口较多，有着发达的航运业和旅游业。该系统覆盖的邮轮港口数量最多，奇维塔韦基亚、里窝纳、热那亚等为主要的邮轮母港，尤其是奇维塔韦基亚成为罗马地区的著名门户登陆港，而巴勒莫港是蒙雷亚尔–塞法鲁腹地的登陆母港。瓦莱塔因独特的地理区位和丰富的旅游资源而成为主要旅游目的地，那不勒斯因丰富的旅游资源而成为著名邮轮目的地。

（3）亚得里亚海–伊奥尼亚海西岸系统：该系统覆盖的海域面积较大，位居意大利与巴尔干半岛之间，主要覆盖亚得里亚海，并向南通过奥特朗托海峡与伊奥尼亚海相连。该海域为西北—东南走向的狭长海域，海岸线长，巴尔干半岛的岛屿、海峡、海湾众多，有许多风景秀美的海滩。部分航线航班向南和西延伸，连通马耳他的瓦莱塔港。威尼斯和科孚港为主要的母港和热门目的地港，分别位于亚得里亚海的北端和南端。

（4）爱琴海系统：该系统位居希腊半岛和小亚细亚半岛之间的海域，主要覆盖爱琴海，并向南覆盖克里特海，连接克里特岛，主要是塞浦路斯和以色列海域。该系统的核心港口为比雷埃夫斯港。该海域海岸线非常曲折，港湾众多，岛屿星罗棋布，拥有较多的邮轮港口，形成了密集的航线与航运联系。该系统主要通过瓦莱塔港与西地中海形成航运连接。部分航线延伸到勒旺海直至西亚海岸，但覆盖港口和连接均较少，而且邮轮航班密度较低。比雷埃夫斯港为该区域的母港，也是首位竞争对象，竞争企业数量达 36 家。利马索尔和海法的邮轮港口规模较大。

第十一章

亚太邮轮航运网络格局与模式

　　地理复杂性及空间规律始终是地理研究的重要内容。区域地理属性对邮轮航运网络的形成发展具有塑造作用，深刻影响了其空间格局、类型分异与地理模式。地理属性简单的地区往往形成相对单一的邮轮航运网络，主导影响因素较为突出，空间组织相对统一。而多数区域的地理属性比较复杂，自然要素、社会经济要素有着不同的作用方式与强度，有着不同的作用机理并相互交织、制约，促使邮轮航运网络形成等级结构、功能分工、交织联系等各种分异特征与特殊地理规律。探讨复杂属性区域的邮轮港口、航线组织及邮轮联系，更有利于揭示邮轮航运网络的特殊性模式与一般性模式。

　　本章节主要是分析了亚太地区的邮轮航运网络格局与模式。亚太地区纬度跨越大，海域破碎，文化圈、经济发展、人口规模、气候类型分化突出。亚太邮轮旅游起步较晚但发展较快，已成为全球第三大邮轮区域，日本、中国、马来西亚和泰国为主要的邮轮旅游区域。邮轮港口众多，日本最多，母港相对较少但集中分布在国土较大的国家，挂靠港多分布在岛国。母港航班集中在新加坡、上海和悉尼港，航班量较高的挂靠港集中在日本、中南半岛和新西兰。往返航线和7天航线成为主流，并形成了转港航线和多母港航线等特殊类型。始发港–挂靠港联系形成以核心港口为中心、方向分异、距离衰减及层级递减的特征，集中在新加坡、上海和悉尼港；挂靠港–挂靠港高频次联系形成组团状、孤立状和链条状等分布形态。亚太邮轮航运网络由多个区域系统组成，始发港–挂靠港联系形成了中国–日本九州、日本韩国、日本边缘、南海和澳洲等组团，挂靠港–挂靠港联系形成了中国–日本、南海、马六甲海峡、澳洲和太平洋群岛等组团。

邮轮航运网络的空间模式与发展机理

第一节　亚太地理环境与邮轮市场

一、亚太地区资源优势

1. 亚太地区范围

亚太地区是亚洲地区和太平洋沿岸地区的简称。广义上，亚太地区包括整个环太平洋地区，覆盖太平洋东西两岸的国家和地区，包括加拿大、美国、墨西哥、秘鲁、智利等南北美洲的国家和太平洋西岸的俄罗斯远东地区、日本、韩国、中国大陆、中国台湾和中国香港地区、东盟各国和大洋洲的澳大利亚、新西兰等国家和地区。狭义上，亚太地区主要是指西太平洋地区周边国家及岛屿，包括东亚的中国（包括港澳台地区）、日本、俄罗斯远东地区和东南亚的东盟国家，有时还延伸到大洋洲的澳大利亚和新西兰等国家。

在本研究中，亚太地区主要是指狭义的概念，包括东北亚、东南亚和澳新地区，具体包括文莱、柬埔寨、印度尼西亚、日本、朝鲜、韩国、老挝、马来西亚、马绍尔群岛、密克罗尼西亚联邦、瑙鲁、新西兰、澳大利亚、帕劳、巴布亚新几内亚、菲律宾、萨摩亚、新加坡、所罗门群岛、泰国、东帝汶、汤加、图瓦卢、瓦努阿图、越南、中国、蒙古国。

2. 资源禀赋优势

旅游资源的丰富程度反映了旅游目的地的吸引力。亚太地区跨纬度大，幅员辽阔，形成了多样性的旅游资源。旅游区域从寒带到热带、从冰雪世界到热带海岛、从高山到平原，各地具有不同的种族习惯、风土人情和餐饮文化。环南海国家拥有世界自然和文化遗产 93 个、世界地质公园 52 个、世界生物圈保护区 76 个。海岸线资源丰富，星罗棋布的海岛散落在亚太地区，拥有许多优质的沙滩。马来西亚的主要旅游吸引力在于独特的多元文化、热带海岛风光等；泰国的主要旅游吸引力是佛教文化和海岸风光旅游；菲律宾的神秘火山群，闻名世界。

（1）旅游景点：主要分布在沿海区域，东亚及中南半岛的景区密度较高，尤其是日本、韩国、泰国等的景区密度高且分布集中，马来群岛的景区分布集中在菲律宾和印度尼西亚南海岸。澳洲的景区集中在澳大利亚东海岸、西北角沿海地区及新西兰。

（2）世界遗产：东亚及中南半岛的世界遗产数量较多，而且以文化类型为主。其中，东亚以日本和韩国的世界遗产资源最为密集，中国沿海地区的遗产资源主要分布在长江三角洲、珠江三角洲及福建。中南半岛的沿海世界遗产主要分布在越南。马来群岛的世界遗产基本分布在距离海岸线100km以内的区域，主要分布在马来西亚、菲律宾和印度尼西亚。澳新地区的世界遗产主要分布在沿海地区，部分文化遗产分布在岛屿上。

二、亚太地区复杂地理环境

亚太地区具有复杂的自然、文化、经济及地缘地理环境，区域板块较多，海域破碎，文化圈、经济发展、人口结构、气候类型分化突出。

1. 海陆自然地理环境

亚太地区自然地理结构复杂，南北纬度跨越较大，气候类型丰富。丰富的气候类型是区域旅游资源异质性产生的基础。亚太地区覆盖南纬10度到北纬55度，跨越了热带雨林气候、热带季风气候、亚热带季风气候、温带季风气候、亚寒带气候等多种气候类型。差异化的气候促使邮轮航运的主要区域随季节变化而迁移，形成季节性规律。

亚太地区陆地类型丰富，岛屿、大陆和海域交错分布。区域涵盖了中国的沿海区域，东南亚岛屿、日本列岛两大岛链上的岛屿国家，以及澳大利亚和岛屿国家新西兰。大陆与岛屿之间形成诸多大小不一的破碎海域，如中国与日韩之间的东海、黄海、日本海及与东南亚国家之间的南海、苏禄海、菲律宾海以及东南亚国家之间的西里伯斯海、带海、塞拉姆海等小面积海域。亚太地区地貌特征丰富，河口三角洲、平原和山丘边缘均有邮轮港口分布。复杂的海陆岛格局促使港口间形成了长短各异、组织模式多样的航线。

2. 人口基础与文化宗教

亚太地区拥有庞大的人口规模，但分布不均衡，人口大国与小国交织分布。亚太地区分布着人口规模巨大的中国，人口高达14.12亿；在岛屿国家中，印度尼西亚、日本、菲律宾的人口规模过亿。人口密度总体较高，除了俄罗斯、巴布亚新几内亚和老挝之外，人口密度均在90人/千米^{2}以上，新加坡、韩国更是高达8019人/千米^{2}和530人/千米^2。日本、韩国、澳大利亚、新西兰、新加坡等发达国家有很高的城市化率，尤其是日本和澳大利亚城市化率均在85%以上。充足的潜在消费者是客源地形成的前提，人口与经济发展水平的阶梯分异，造就了不同等级客源地的形成，促使母港依托不同客源地而形成航线的空间分异。

亚太地区有着丰富多彩的文化，形成了丰富的人文旅游资源。宗教信仰多元化，佛教、伊斯兰教、基督教、道教及儒家思想等均具有较大影响力，很多国家还有本土化宗教。马来西亚、印度尼西亚、文莱是传统的伊斯兰国家，泰国、柬埔寨两国信仰佛教，菲律宾大部分国民信仰天主教，越南主要信仰佛教和天主教。澳大利亚和新西兰属于西欧文化圈，与东亚、东南亚文化差异较大。特色文化增强了挂靠港目的地的吸引力，邮轮航运可将不同文化串联，创造多样化体验。

3. 经济技术与发展水平

亚太各国家的经济发展水平差异大、贫富差距大，存在发达国家和发展中国家的分化，同时形成多个发展梯队。澳大利亚、新西兰、日本、韩国、新加坡、中国台湾、中国香港和中国澳门为发达国家或地区，但同时包括老挝、柬埔寨、缅甸、东帝汶等发展中国家。2019年，中国和日本的GDP规模分别为14.34万亿美元和5.08万亿美元，位居全球第二和第三位，中国GDP占据亚太地区总量的一半以上。部分国家的经济体量极小，老挝、朝鲜、文莱、东帝汶的GDP均不足200亿美元。此外，亚太地区的人均GDP差异较大，新加坡、澳大利亚、新西兰和日本均超过4万美元，尤其是新加坡高达6.6万美元，但近一半国家不足3000美元，尤其是朝鲜仅630美元。经济发展水平分异促使区域消费层级的分化，造成邮轮旅游需求的空间异质性。根据邮轮经济发展规律，中国、新加坡、马来西亚、泰国已达到快速发展期，对区域邮轮产业发展具有带动引领作用。

4. 地缘政治环境

亚太地区地缘关系复杂，是大国利益交织最密集、大国关系最复杂的地区。区域内存在中国、美国、俄罗斯、日本四个地缘大国相互竞争、制约及利益共存的基本关系。中美两国关系复杂，中美关系又衍生出中国与美国在亚洲的伙伴的复杂关系。复杂的地缘关系及演变不断重塑邮轮航运网络的格局，并随国际形势的演变而呈现出较强的动态特征。

三、亚太邮轮市场发展

1. 邮轮发展历程

加勒比海地区、地中海地区和亚太地区是全球三大邮轮市场。亚太邮轮旅游起步较晚，始于20世纪80年代。20世纪80年代，新加坡等港口开始成为欧美邮轮的停靠港，部分国家开始注重邮轮的发展，1989年新加坡旅游局成立邮轮发展署。亚太地区的邮轮港口开始建设，邮轮船队逐步组织，1991年新加坡开始建设湾城邮轮中心，1993年丽星邮轮集团成立，这促使亚太地区的国际邮轮旅游和游客井喷式增长。运量的增长促使部分国家改造扩大邮轮码头，1998年新加坡重修邮轮港口。近些年来，亚太经济增长为邮轮旅游发展提供了良好的客源基础，世界主要邮轮集团将重心转向亚太地区，开辟母港航线、扩大船队规模，加密市场布局。

近年来，亚太邮轮市场增长迅速，尤其是中国成为主要推动力，目前亚太地区已成为邮轮业发展的主要引擎和最具活力的地区。2010年，亚太地区的邮轮游客仅为150万人次。2012~2018年，客源规模持续高速扩张，年均增速达33%。2012年，亚洲只有4艘邮轮巡航，游客达到77.5万人。2015年，共有26家邮轮企业在亚洲部署邮轮，邮轮游客达到217万人次，邮轮航次由2013年的802艘次增加到2015年的981艘次，还有84个班次穿越亚洲。2017年，亚洲邮轮游客量达到424万人次，占全球海运客运总量的15%；2018年亚洲部署了78艘邮轮，累计完成了2041艘次，游客达到最高峰值，为426万人次，2019年降至为402万人次。亚太地区游客量占据全球邮轮市场的份额从2013年的8%增长到2018年的15.1%，成为仅次于加勒比海的第二大邮轮市场（张涛和杨雪，2019）。亚洲的邮轮运力在经过几年的高速发展后而有所放缓，2020年疫情又阻碍了邮轮公司在亚洲的扩张计划，致使业绩顶峰停留在了2017年。

2. 邮轮市场格局

1）总体概况

亚太邮轮产业发展迅速，2018年游客数量达到峰值，为426万人；2019年，邮轮乘客数量为402万人。2019年，亚太地区共有306个目的地港挂靠邮轮，挂靠次数达7154次。挂靠航次最多的国家和地区为日本、中国、马来西亚及泰国，分别为 2681 次、809 次、561 次及 550 次，日本形成绝对的优势。新加坡、印度尼西亚、越南和中国台湾均超过 300 艘次，分别为 400 艘次、387 艘次、368 艘次和 304 艘次，中国香港达到 255 艘次。

（1）船型结构：邮轮覆盖了高中低不同档次的船型。60% 以上的邮轮为新造邮轮，以中型邮轮为主，比重达到 35%；其中，中小型邮轮占 49%，（超）大型豪华邮轮占 25%（图 11-1）。

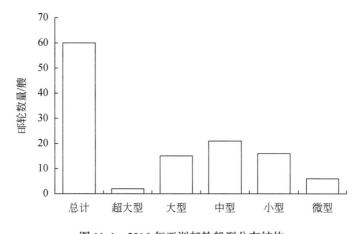

图 11-1　2016 年亚洲邮轮船型分布结构

（2）游客年龄：亚洲邮轮市场游客平均年龄大，2018 年为 45.4 岁，50 岁以上占比为 50%；其中日本邮轮游客年龄较大，平均年龄为 57 岁，印度尼西亚的平均年龄为 39 岁。2018 年，19 岁及以下游客占比为 13%，20~29 岁占比 9%，30~39 岁占比 16%，40~49 岁和 50~59 岁占比分别为 14% 和 17%，60~69 岁占比为 21%，70 岁及以上占比为 10%（图 11-2）（张涛和杨雪，2019）。

（3）航线类型：亚太地区的航线数量较少，仅占全球总量的 10%，亚洲和澳新地区均分别占 5% 左右。短途航线依然是亚洲邮轮产品主力，62% 的游客选择 4~6 晚的航线，出行平均时间为 4.9 天，是航程最短的区域市场。30% 的亚洲游客选择 3 天以内的航线，8% 的乘客选择 7 天以上的中长程航线（图 11-3）。这是由亚太部分国家的消费水平和假期时间所决定的。但澳新地区的邮轮航线较长。

2）空间分异

亚太地区的邮轮航运发展差异较大（表 11-1）。远东及新加坡等国家或地区的邮轮港口等基建资源相对完善，上海吴淞口、新加坡等已达到世界一流水准，

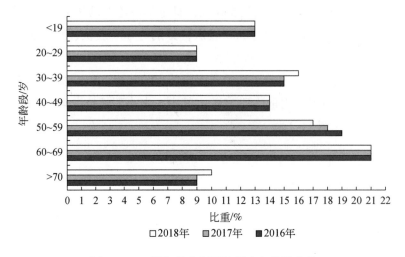

图 11-2　亚洲邮轮市场平均游客年龄段变化

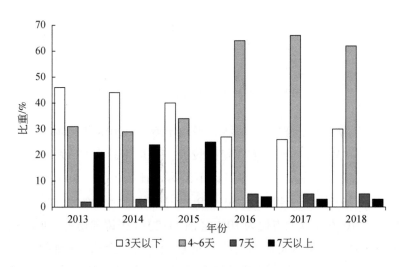

图 11-3　2013～2018 年亚洲邮轮市场产品变化

但其他亚洲国家或地区的邮轮港口建设滞缓，数量有限且设施落后。各国邮轮市场在游客规模及渗透率、航线资源与邮轮运力等方面明显不同；中国以母港输出游客为主，入境游客规模极为有限；日本与韩国是主要的邮轮目的地，本土游客规模有限，而且邮轮港口建设相对落后。中国香港与中国台湾以本地游客为主，海外游客为辅；新加坡是亚洲最大的二级邮轮市场，航空与邮轮业联动性较强。

邮轮航运网络的空间模式与发展机理

表 11-1 亚太地区部分国家的邮轮旅游指标

国家	邮轮游客量/千人	邮轮业务收入/百万美元	邮轮入境靠泊量/艘次	现有停靠邮轮的港口数量/个	国家海岸线长度/万千米	港口服务效率
中国	2317.04	1716.12	1427.00	8.00	3.20	58.60
文莱	0.61	0.37	0.00	0.00	0.02	52.40
柬埔寨	2.49	1.59	0.00	0.00	0.05	42.90
印度尼西亚	44.68	19.83	165.00	3.00	8.10	55.80
马来西亚	142.57	81.04	387.00	3.00	0.42	70.00
菲律宾	61.00	25.10	125.00	1.00	1.85	44.70
新加坡	373.00	296.44	374.00	1.00	0.02	90.80
泰国	28.06	17.14	427.00	3.00	0.26	51.40
越南	9.62	4.93	481.00	4.00	0.33	47.30

亚洲邮轮业对中国的依赖性较大。中国是主要客源市场，2018 年中国邮轮游客达到 244 万人次，占全球总量的 8.8%，占亚洲总量的 57.3%。作为主要目的地的日本、韩国，其邮轮市场兴衰取决于中国。2018 年，随着中国邮轮市场在前期冲高后进入调整期，日本、韩国的邮轮游客量出现回调。在中国需求带动下，越南、菲律宾等国家的邮轮入境旅游近年来迎来发展机遇。

亚太地区内部的邮轮市场分化明显，发展割裂，统一市场尚未形成。由于亚太邮轮旅游区域独立发展特点突出，初步形成几个相对独立的运营区域。一是东亚及东北亚地区，中国、日本及韩国联动紧密，俄罗斯远东逐步融入其中。二是中国南海及关联地区，中国香港、中国台湾、日本及少数东南亚国家形成区域联动。三是以新加坡为中心的东南亚邮轮圈，部分航线可延伸至澳大利亚西海岸。四是以澳大利亚为中心的澳新邮轮圈，部分航线延伸到南太地区。

新加坡、澳大利亚和新西兰的渗透率①非常高，比欧美市场还高；香港和台湾的渗透率也相对较高，可和西方市场媲美。澳新地区渗透率虽然较高，但规模较低。其他国家的渗透率比较低，但也表明未来具有较高的市场潜力（图 11-4）。

① 邮轮渗透率指 1000 人中选择邮轮出行的比例。

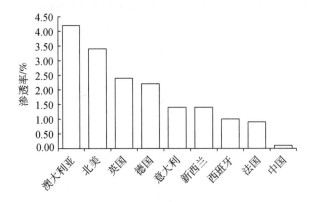

图 11-4 世界主要国家与地区的邮轮市场渗透率

专栏 11-1 亚太地区的重要邮轮目的地——日本

日本是东北亚的重要邮轮目的地，也是亚太地区邮轮产业链发展最完善的国家。2010 年以来，日本邮轮游客呈现明显的上升趋势，2013 年达到 13.8 万人（表1），2014 年邮轮靠泊量达到 1204 艘次，尤其是外籍邮轮靠泊量增长显著，达到 653 艘次。日本重要的邮轮港口有横滨、神户、石垣岛、那霸、东京、长崎、博多等，成为外籍邮轮的重要挂靠港和目的地。此外，日本有着发达的邮轮船舶制造业。

表 1 日本邮轮游客统计表

年份	海外邮轮游客量/人	国内邮轮游客量/人	合计/人
2005	77 900	78 300	156 200
2006	85 200	91 500	176 700
2007	96 000	87 600	183 600
2008	103 000	86 700	189 700
2009	82 200	84 800	167 000
2010	102 200	86 200	188 400
2011	103 600	82 900	186 500
2012	120 300	96 400	216 700
2013	138 100	100 100	238 200
2014	138 000	94 000	231 000

第二节　亚太邮轮港口类型分异

一、港口职能分异

亚太地区有 204 个邮轮港口，包括 47 个始发港和 157 个挂靠港，挂靠港数量约是始发港的 3 倍。邮轮港口在国家间形成显著的非均衡性分布。日本的邮轮港口最多，为 76 个，澳大利亚和中国接近，分别为 27 个和 25 个，新西兰有 15 个，印度尼西亚和越南分别有 11 个和 10 个港口。值得关注的是，一些海岸长度较小或位置相对封闭的国家如缅甸、柬埔寨、新加坡及文莱仅有 1~2 个港口。

1. 始发港

始发港是航线的起点，是邮轮公司为该船舶选定的航运出发地。一个功能为母港的港口在特定的航线中可以执行挂靠港的职能。始发港集中分布在面积较大的国家，尤其集中在中国、澳大利亚和日本，数量分别为 15 个、10 个和 9 个（表 11-2）。中国的始发港数量比重较大，为 75%，沿海岸线均匀分布。澳大利亚始发港比重居中，为 37%，集中分布在西海岸、塔斯曼海和珊瑚海；大尺度上分布分散，各州均有始发港布局，小尺度上集聚于离新加坡最近的新南威尔斯州。日本始发港占比仅为 12%，集聚特征明显，集中在本州岛大都市集中的地带。中南半岛的始发港较少，泰国有 3 个，越南和马来西亚各有 2 个，缅甸和新加坡均有 1 个。除了马来西亚（18%）、新加坡（100%）和泰国（75%），始发港占比均不足 10%。但中南半岛整体上具有较高的始发港分布密度，共有 9 个。

表 11-2　2018 年亚太地区邮轮始发港的国家分布

国家	始发港	数量/个	比重/%
中国	上海吴淞口、天津、厦门、蛇口、青岛、大连、连云港、上海港国际客运中心、海口、三亚、舟山、广州、温州、基隆、香港	15	75
日本	横滨、神户、槟城、东京、名古屋、博多、大阪、小樽、舞鹤	9	12
澳大利亚	悉尼、布里斯班、墨尔本、阿德莱德、弗里曼特尔、布鲁姆、霍巴特、凯恩斯、达尔文、奥尔巴尼	10	37

国家	始发港	数量/个	比重/%
新西兰	奥克兰、利特尔顿、查莫斯	3	20
泰国	普吉岛、曼谷港、林查班	3	75
越南	盖梅、海防	2	20
菲律宾	马尼拉	1	14
马来西亚	巴生、槟城	1	18
新加坡	新加坡	1	100
印度尼西亚	贝诺阿	1	9
缅甸	仰光	1	100

　　始发港分布主要受客源市场的影响，挂靠港主要受旅游资源的影响。中国和澳大利亚分别是亚太地区第一和第二大的客源地，始发港数量排名前二。始发港往往布局在人口密集的大都市，国土面积较大国家的始发港分布相对均匀且分散，如中国和澳大利亚；国土面积较小的国家邮轮市场相对集中，少数始发港就能满足需求，如日本和新西兰。这反映了始发港分布紧紧依托于客源市场并兼顾不同区域的特点。

2. 挂靠港

　　挂靠港多分布在海岸线漫长的岛国。日本、新西兰、印度尼西亚、菲律宾的挂靠港数量排名前 8 位，分别为 68 个、12 个、10 个和 6 个。日本的挂靠港数量最多，占比达到 43%；挂靠港沿海岸线密集分布，四国岛和九州岛尤为密集，琉球群岛的石垣岛、平良、冲绳及奄美大岛均有挂靠港。东南亚岛屿众多，海域破碎，挂靠港集中在特定海域；菲律宾、马来西亚、新加坡的挂靠港主要分布在中国南海、马六甲海峡和苏禄海；印度尼西亚的挂靠港集中在爪哇海域，巴布新几内亚集中在俾斯麦海和珊瑚海。新西兰的挂靠港沿海岸线均衡分布，但相对集中在库克海峡附近。澳大利亚有 18 个挂靠港。

　　挂靠港数量较多，邻近客源市场。旅游资源丰富的区域易于形成挂靠港，风景独特的零星小岛如关岛、北马里亚纳群岛、新喀里多尼亚、石垣岛、冲绳、奄美大岛等均有挂靠港分布。长崎、马六甲、鹿儿岛等诸多挂靠港是极具地域文化特色的小城镇，具有富含人文特色的建筑和独具风情的自然风光。一些国际化大都市虽然是始发港甚至是母港，但也是知名旅游城市，如悉尼、东京、新加坡、吉隆坡、曼谷及奥克兰。这些港口多是国家的首都或大城市，许多邮轮航线将这些港口作为挂靠港。

3. 空间关系

始发港和挂靠港存在交织分布和组团分布两种空间关系（图 11-5）。

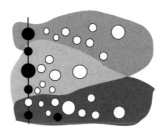

图 11-5　不同职能港口的空间组合关系

（1）交织分布。该空间关系表明港口同时是主要的客源地及目的地。澳大利亚、新西兰、日本的始发港周边多有挂靠港分布，形成了两类港口的交织分布。上述国家具有多个国际化大都市，同时旅游资源丰富，本国的邮轮挂靠港可满足本国的旅游需求。

（2）始发港群/链–挂靠港群/链分布。该模式位于以客源地或目的地单一功能为主的区域。中国及中南半岛西海岸港口基本为始发港，形成始发港与始发港临近的港口链，突出了"客源地"；马来群岛、琉球群岛和日本四大岛基本为挂靠港，形成以挂靠港为主的区域，突出了"目的地"。始发港组团与挂靠港组团形成完整的需求—供给市场，靠近始发港组团的区域往往有着密度较高的挂靠港分布，如中国南海沿岸、琉球群岛均靠近中国的邮轮母港，挂靠港密集。马来群岛东部区域距离密集的始发港群较远，挂靠港相对稀疏。

二、邮轮挂靠特征

1. 始发港航班特征

始发港的航班出发量在空间上具有集聚特征。通过 Getis- Ord Gi * 空间热点分析，识别出三个始发港出发航班热点，分别为新加坡、上海和悉尼，航班量显著高于其他港口，分别为 348 艘次、345 艘次和 314 艘次。同时，航班量较多的始发港集中在上述港口周边，新加坡紧邻的巴生港和槟城港航班量分别为 85 艘次和 54 艘次；悉尼港周边的布里斯班和墨尔本港的航班量分别为 147 艘次和 40 艘次；上海港周围紧邻港口的航班量较少，但天津、厦门、蛇口、香港及基隆具有较高的航班量，依次为 103 艘次、102 艘次、69 艘次、201 艘次和 232 艘次。日本本州岛南部的始发港航班量不及热点区域，位于第二梯队；横滨、神户和东京港的航班量分别为 144 艘次、65 艘次和 37 艘次。

出发航班量在第一梯队的始发港主要分布在中国、新加坡和澳大利亚，均在 200 次以上；第二梯队的天津、厦门、横滨、布里斯班等港口也具有较多的出发班次，所在城市经济发展水平相对较高。出发班次不足 20 次的始发港在各区域均有分布，如日本的名古屋港、中国的连云港、澳大利亚的阿德莱德及新西兰的奥塔哥港（图 11-6）。各区域普遍呈现航班量越多、始发港越少的现象。但中国出发班次量在 100 次以上的港口比重近 50%，呈现出与其他区域不同的特征。

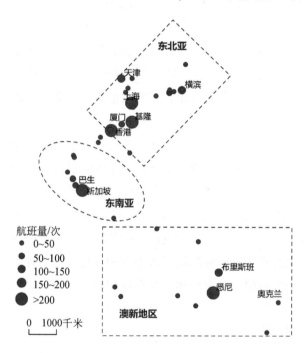

图 11-6　亚太地区邮轮始发港发出航班量分布格局

2. 挂靠港航班特征

港口挂靠量具有较强的位序规模特征，高挂靠量港口主要分布在旅游知名度高的国家。挂靠量反映了港口对邮轮和游客的吸引力，少数港口集聚了主要的挂靠量。50% 的挂靠量集中在 10% 的港口，80% 的挂靠量集中在 25% 的港口。挂

邮轮航运网络的空间模式与发展机理

靠量在第一梯队（>100 次）的港口，占港口总数的 4%，主要分布在日本、马来西亚、新西兰和新喀里多尼亚，包括博多、长崎、鹿儿岛、槟城、巴生、陶朗加、惠灵顿、努美阿。

高挂靠量的港口形成空间集聚，而低挂靠量的港口则形成分散布局。挂靠量高于 25 班次的港口主要分布在日本、中南半岛和新西兰，形成较为显著的地域集聚。其中，日本高挂靠量港口主要分布在中国东海及日本海沿岸，中南半岛挂靠量较高的港口主要分布在马来西亚、泰国和越南，尤其是马六甲海峡沿岸。新西兰挂靠量较高的港口遍布区域，50% 以上的港口挂靠量超过 40 次。挂靠量小于 25 次的港口在各区域均有分布。中国港口多承担始发港的职能，仅在少数航线中承担挂靠港职能，90% 的中国港口挂靠量不足 25 次。日本港口众多，但挂靠量仅占亚太地区的 36%，而且 60% 以上的港口挂靠量小于 10 次。东南亚国家除了马来西亚和新加坡，总访问量偏小。澳大利亚挂靠量较多的港口集中在塔斯曼海和珊瑚海沿岸，尤其是黄金海岸（图 11-7）。

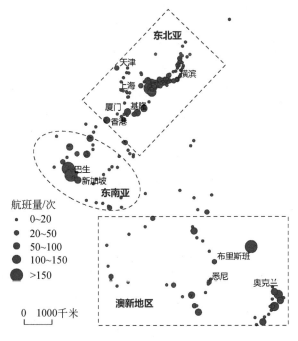

图 11-7　亚太地区港口挂靠航班量分布格局

三、邮轮挂靠时间特征

邮轮作为一种旅游产品，其挂靠特征涉及时间组织。从宏观上看，时间组织是一年中邮轮不同港口的船期安排，也是邮轮旅游呈现出季节性特征及区域旅游淡旺季形成的直接原因。在微观层面上，时间组织是邮轮抵达港口及从港口出发时刻的计划安排与组织。

1. 总体特征

季节性是在季节的影响下所形成的人文地理现象，表现出一定的体系性、周期性或规律性等特征（Hylleberg，1992；邓明，2008；秦宏瑶和唐勇，2014）。邮轮旅游作为一种特殊的旅游形式，受气候、航行条件及节假日等因素影响而形成具有空间特征的时间分异，表现出季节性规律。季节性的考察可通过周、月及季度等多尺度的时间分割，本研究以季度为尺度分析港口挂靠的季节性特征。中国将四季划分为：3~5月为春季，6~8月为夏季，9~11月为秋季，12~2月为冬季。本研究采取中国的四季划分方法。

从港口不同季节的航班挂靠量可看出，季节性在邮轮旅游中起关键作用（Charlier，1999；Charlier and McCalla，2006）。亚太港口以二季节和三季节型为主；也有约四分之一的港口为四季节型，包括新加坡、东京、上海、香港、奴阿美等，这些港口包括著名的邮轮母港及赤道周边的知名旅游区，在四个季节均有可观的航班量；单一季节的港口数量较少。整体以夏季主导型、夏秋主导型和四季均衡型港口为主。港口的季节性特征与所处地域季节类型密切相关，东亚、东南亚和澳洲呈现出不同的特征。

2. 季节特征

不同季节的邮轮航行纬度范围存在差异（图11-8）。亚太地区的船只在春夏秋冬的航运范围分别为0°~65°N、55°S~75°N、45°S~60°N、0°~55°N，夏季和秋季邮轮跨越的纬度最大，冬季最小。冬季和春季邮轮航行的纬度范围一致，夏季和秋季范围一致。

（1）东亚地区：港口多为全年市场，夏季航班量最多，冬季最少；厦门、上海、基隆、香港、天津及东京等母港尤为突出。挂靠港受景观特征及气候舒适度的影响，呈现出更强的季节性特征，如海南港口的冬季挂靠量大，环渤海港口冬季多没有航班。

（2）中南半岛：呈现与东亚相反的季节性特征。中南半岛的夏季降雨量较大，航班量较少，仅新加坡、巴生和槟城港有夏季航班。冬季为中南半岛的凉季，是邮轮航班量最多的季节，所有港口均有冬季航班。春秋季节航班量近似，春季略多于秋季。

（3）澳新地区：是典型的夏季市场，除一些航班量较大的母港，多数港口的航班集中在夏季。夏季对应于北半球的冬季，此时澳洲成为北半球邮轮游客的重要目的地。

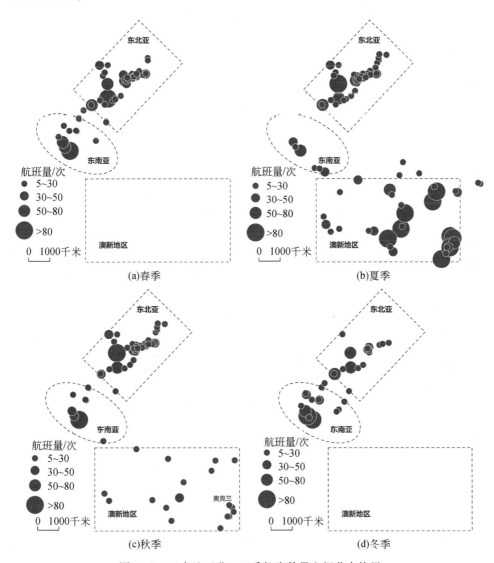

(a)春季　(b)夏季　(c)秋季　(d)冬季

图 11-8　亚太地区港口四季航班数量空间分布格局

第三节 亚太邮轮航线与航运系统

一、邮轮航线类型

亚太地区海陆格局破碎且面积广阔，航线组织更加复杂，不同长度、时长、跨度、挂靠特征的航线交织。

1. 往返航线与单程航线

根据邮轮航线的拓扑结构，可分为往返航线和单程航线，判断依据是航线的起点与终点是否为同一港口。对于单程航线，游客往往乘坐飞机完成去程或返程，一般在航线起点登船、终点离船，近年来兴起了旅客可以在多个港口上下船的多母港航线，实现了"船走人留"。这类航线在欧洲区域分布广泛。

亚太地区共有邮轮航线 1961 条，其中往返航线为 1567 条，比重为 79.91%，形成航线组织的主流模式（表 11-3）。这表明"船去船回"是邮轮航运的主要组织模式。但各区域的邮轮航线数量和比重均存在显著的差异。

表 11-3 亚太地区分区域航线类型统计

区域	航线数量/条	往返航线			单程航线	
		数量/条	占亚太比重/%	占区域比重/%	数量/条	占亚太比重/%
中国	859	776	49.52	90.34	83	21.07
日本	235	149	9.51	63.40	86	21.83
澳新地区	463	383	24.44	82.72	80	20.30
新加坡	275	235	15.00	85.45	40	10.15
东南亚其他国家	129	24	1.53	18.60	105	26.65
合计	1961	1567	100.00	79.91	394	100.00

（1）各区域的往返航线数量存在巨大的差异。中国大陆地区拥有 776 条往返航线，占亚太地区往返航线总量的 49.52%，形成显著的地域集中性。其次是澳新地区和新加坡较多，分别为 383 条和 235 条，东南亚其他国家很少。中国大陆、澳新地区及新加坡是亚太地区的主要客源地，"客源地"与往返航线地域分布形成较好的空间耦合关系。

（2）单程航线的区域差异较小，各次区域相对均衡。东南亚其他国家为105条，中国、日本、澳新地区均为80条左右，新加坡较少，为40条。

（3）各次区域的航线结构存在较大差异。多数地区或国家形成以往返航线为主的航线组织，以"本国客源为主"而且"有去有回"成为邮轮航运的主流模式。尤其在中国，往返航线的比重达到90.34%，形成绝对的本地客源和"来回同船"。澳新地区和新加坡也有较高的比重，均高于80%，但日本的比重相对较低，达到63.4%。值得关注的是东南亚其他国家的往返航线比重较低，仅为18.6%。

2. 转港航线与多母港航线

根据挂靠港与始发港所在的区域，航线可分为区内航线和转港航线。区内航线是始发港和挂靠港均分布在亚太地区的航线。转港航线是指邮轮在结束一个航季之后，跨越大洋转移到另一个地区的航线，此类航线多是单程航线，往往跨度较大而挂靠港分布在不同的航运系统。

（1）转港航线的产生是源于邮轮旅游的季节性。亚太地区的多数港口属于季风性气候，有明显的季节分化，这促使邮轮旅游往往是季节性市场，邮轮企业根据淡旺季重配邮轮资源。转港航线比全球航线的耗时更短，但比常规航线可航行至更远、更有差异化的目的地，是重要的航线类型。转港航线根据端点位置可分为亚太航线和区际转港航线。亚太地区覆盖冷暖温带及热带区域，转港航线方向单一，主要是冬季由东亚转移至东南亚或澳新地区，春季逆向回转。

（2）亚太地区与其他区域的联系航线均为转港航线，且为单程航线。转港航线均由母港出发。亚太地区内部不同区域的转港航线存在方向差异，形成东亚、中南半岛和澳洲三大转港航线的起止地。

（3）区际转港航线共有122条，其中以澳新地区为端点的转港航线有30条，以中南半岛为端点的有56条，以东亚为端点的有36条。

①澳新地区：澳新地区出发/抵达的区际转港航线占亚太地区转港航线的24.6%，起止点主要分布在黄金海岸。布里班斯、悉尼、墨尔本及奥克兰是重要的起止点；其中悉尼为核心节点，起点和终点的转港航线均超过10条；奥克兰是主要转港航线（8条）的终点，布里班斯和墨尔本的转港航线少于4条。由澳新港口出发的转港航线目的地主要为檀香山（46%）、北美西海岸港口（63%）。同时，以该区域港口为目的地的转港航线主要来自于北美西海岸（58%）及卡胡鲁（37%）和帕皮提。此外，少数航线由悉尼或弗里曼特尔出发，向西经印度洋转线开普敦、维多利亚等港口。

②东亚地区：不同港口存在差异性，香港、高雄、上海、东京、神户和横滨既是主要的转港航线起点，也是重要终点，基隆和天津仅为起点，和歌山、室兰仅为终点。各港口出发的转港航线均在 5 条以下，抵达的转港航线集中在横滨港。23 条航线经太平洋与东亚东部的港口进行联系，主要来自火奴鲁鲁、洛杉矶、温哥华、旧金山、圣地亚哥等港口。13 条航线依次经中国南海、马六甲海峡与西部的港口联系，新加坡成为必经港口，终点以孟买（12%）、拉希德（43%）、南安普敦（35%）为主。此外，阿布扎比、伊洛西斯、奇维塔韦基亚及巴塞罗那也是部分转港航线的端点。

③东南亚地区：中南半岛的转港航线最多，占亚太地区总量的46%，但航线集中在新加坡港，少数由巴生港出发。航线方向较为单一，基本经马六甲海峡、孟加拉湾、印度洋向西到孟买、维多利亚、拉希德等港口。少数航线经过澳大利亚转向帕皮提或太平洋东岸。

近年来，亚太地区开始兴起多母港（partial turnaround）航运模式，游客可从多个母港上船和离船，促使同艘邮轮的航线过程与旅客组成更为复杂。多母港航线与远程航线、单程航线形成较好的耦合。多母港航线主要出现在远程航线中，辐射范围较大，往往是单程航线，游客可以在多个站点结束行程，再利用航空的交通方式返回。亚太地区的多母港航线有 200 余条，所有航线均为单程航线，平均时长为 27 天，84% 的航线周期在 10 天以上。多母港线主要从香港、新加坡和悉尼港出发，合计比重超过 80% 以上。部分多母港航线从日本的横滨、东京港及中国上海出发。

二、航线时长布局

1. 整体特征

研究表明，全球邮轮航线时长集中在 3 ~ 12 天，平均时长为 7.2 天（Pallis，2015），全程挂靠 3 ~ 5 个港口。此外，有少量面向小众市场的航线，时长持续数月甚至高达一年，多为环球航线。部分学者根据行程时间将航线划分为短航线、长航线和环球航线（Pallis，2015；Marianna，2017）。李绪茂等以 7 天、14 天和 30 天为阈值，将邮轮航线分为短程航线、中程航线、远程航线、超长航线或环球航线等类型，并认为航线周期具有"7 倍定律"（李绪茂，2020）。

根据本研究，亚太地区共有 1963 条航线，时间周期跨度为 1 ~ 179 天，挂靠港数量跨度为 2 ~ 31 个港口（图 11-9）。随着天数增加，航线数量先增后减。邮轮航线峰值为 4 天，均值为 9 天，中位数为 4 天。7 天以内、7 ~ 14 天、14 ~ 30 天及 30 天以上的航线分别占 63.3%、23.1%、9.5% 和 2.1%。亚太地区 52.8% 的航线时长在 5 天以内，14 天以内的航线共 1695 条，占航线总数 86.4%。中国是亚太地区最大的客源地，受假期制度的影响，中国法定节假日为 3 天和 7 天时长，因此时长在 7 天内的航线是多数中国游客可接受的时长限制。

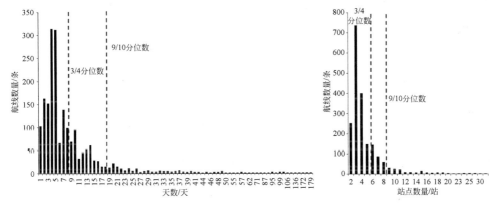

图 11-9　亚太地区邮轮航线的时长周期及站点结构

2. 短程航线

亚太地区超过 10% 的航线时长在 3 天以内，为准短程型航线，数量为 264 条航线，占比为 13.5%。其中，1 天和 2 天的占比分别为 5.2% 和 8.3%，这些航线中 3/4 为挂靠 2 个港口的单向航线，1/4 为挂靠 3 个港口的航线，以往返航线为主。此类航线呈现局部集中的特点，集中布局在东北亚、东南亚和澳大利亚南部海岸；其中，东南亚的准短程型航线集中分布在马六甲海峡及周边地区，以新加坡—巴生—新加坡、新加坡—巴生、巴生—吉普岛、巴生—槟城及槟城—巴生航线为主；澳大利亚集中在黄金海岸，以悉尼为母港辐射至其他港口。准短程型航线在东北亚形成了简单的网络化结构，在其他地区均以连续航段的形式出现。从马来西亚出发的准短程型航线最多，高达 102 条，占比为 38.6%；其次为日本、中国和新加坡均超过 35 条，中国则集中在台湾海峡。

时长为 3 天的航线数量达到 151 条，主要始发港为新加坡、上海、基隆、厦门和横滨等。此类航线在 1 ~ 2 天航线布局的基础上有所拓展，东南亚和澳大利亚南部海岸仍呈现零散布局特征，以多条航段串联形式为主，澳大利亚的航线向东拓展到新西兰，形成特定航线即奥克兰港—苏瓦港航线；东北亚航线网络显著加密。从中国出发的航线数量最多，达到 60 条，占该类航线的 39.7%，以台湾地区始发港的航线为主；其次是新加坡和日本，分别达到 43 条和 32 条，其余航线零散分布在澳大利亚、马来西亚、新西兰和泰国。

时长为 4 天的航线数量高达 312 条，占航线总量的 15.9%，是亚太邮轮航运网络的重要类型。东南亚的航线仍呈零散分布，主要布局在马六甲海峡；东北亚的航线进一步加密，并向南拓展到中国东南沿海，穿过台湾海峡，辐射到大湾区和琼州海峡；澳大利亚东岸的沿海港口与新西兰的港口联结成网，在塔斯曼海初步形成邮轮网络。中国占有主导地位，中国母港航线高达 237 条，占比为 76%。

时长为 5 天的航线数量高达 311 条，占亚太邮轮航线的 15.8%。东北亚航运网络全面拓展到东南亚，以香港为枢纽港辐射台湾海峡、越南、菲律宾和新加坡，并以新加坡为枢纽将航线联系拓展到中南半岛和马来西亚。澳大利亚南部海岸出现了串联佩斯、埃斯佩兰斯、林肯、阿德莱德等港口的特定航线。中国仍然占据主导地位，中国母港运营的航线高达 247 条，占比为 79.4%；其余航线由新加坡、日本、澳大利亚和新西兰的母港零散运营。

3. 中程航线

时长为 5~7 天的邮轮航线达 204 条，占比接近 1/10。此类航线的布局更加集中，邮轮企业倾向于在东北亚和澳大利亚东岸布局，其中东北亚航线向南延伸辐射至东南亚海域；澳大利亚东岸形成相对封闭的组团，伯诺阿港和弗里曼特尔港之间形成孤立的特定航线。从澳大利亚出发的航线最多，高达 89 条，占比为 43.6%；从中国和日本出发的航线数量也较多，分别达到 47 条和 38 条，新加坡港也运营了 19 条航线。

时长为 7~10 天的邮轮航线数量达到 263 条，比重达到 13.4%。该类航线的布局范围有所拓展。其中，澳大利亚东岸组团向东延伸，密集辐射新西兰的港口群，最远到达帕皮提港，同时向北延伸至巴布新几内亚。东北亚组团扩大为远东组团而形成网络化结构，以新加坡为枢纽，向西延伸至斯里兰卡、迪拜和塞舌尔。从澳大利亚出发的航线数量最多，达到 126 条，占比为 47.9%；其次为日本，航线达到 64 条，占比达到 24.3%；从中国、新西兰和新加坡出发的中远程航线也较多，分别达到 29 条、23 条和 17 条。

时长为 10~14 天的航线数量为 190 条。航线组织范围显著扩大，通过新加坡—登巴萨—达尔文港的航线通道，远东组团和澳大利亚东岸组团实现了连通。在远东组团，东北亚和东南亚的航线网络呈现高度融合，连通范围拓展到了印度南部海岸。在澳大利亚东岸组团，澳大利亚东海岸、新西兰和巴布新几内亚形成了高度发达的航运网络。运营航线的母港国家构成更加复杂，澳大利亚和新加坡的航线最多，分别达到 83 条和 40 条，占比为 43.7% 和 21.1%；其次为日本和中国，航线数量均为 26 条。

4. 远程航线

时长 14～30 天的航线数量达到 186 条。此类航线在亚太地区形成了高度一体化的航运网络，远东和澳大利亚东岸两大组团通过环澳大利亚的港口群实现了连通。远东组团的航线网络向东延伸，跨过北太平洋，辐射阿拉斯加和加拿大西海岸；向西经印度南部海岸、阿拉伯半岛，穿过红海到达地中海巴塞罗那港。澳大利亚东岸组团向东北方向拓展，经南太平洋群岛和夏威夷，辐射至美国西海岸；向西经过毛里求斯和马达加斯加，延伸至非洲南部。该类航线的始发港国家以澳大利亚、新加坡和中国为主，航线分别达到 52 条、38 条和 32 条，占比分别为 28%、20.4% 和 17.2%。

时长超过 30 天的航线航距极远、航期较长，数量为 75 条，仅占邮轮航线总量的 3.8%。环球航线大致分为东北亚-东南亚、东南亚-澳大利亚西岸和澳大利亚东岸三大组团。三大组团由向北美西海岸、南美西海岸、非洲南部和西欧拓展的航线实现互联互通，形成覆盖全球的超大尺度航运网络，其中东南亚—孟加拉湾—阿拉伯半岛—环地中海—西北欧形成集束布局的环球邮轮航运通道，串联了全球多数邮轮目的地，连接了东北亚、澳大利亚和北美等客源地。运营环球航线最多的始发港国家是澳大利亚，航线数量高达 20 条，占比为 26.7%。

专栏 11-2　中国与东盟邮轮旅游合作

中国与东盟 "10+1" 合作框架建立以来，邮轮旅游成为重要合作内容。2016 年 3 月签署《落实东盟-中国面向和平与繁荣的战略伙伴关系联合宣言行动计划（2016-2020）》，承诺加强各级旅游主管部门与旅游企业的联系与合作，共同开发旅游产品。2018 年 8 月，中国与马来西亚签署联合声明，深化和扩大旅游业合作。2018 年 11 月，中国和菲律宾签署联合声明，鼓励本国公民前往对方国家旅游。2018 年中国和新加坡联合声明，鼓励区域旅游业联合发展。

第十一章　亚太邮轮航运网络格局与模式

2014 年 4 月，中国香港旅游发展局（HKTB）与中国台湾旅游主管部门（TTB）合作成立了亚洲邮轮基金（ACF）。海南省与菲律宾于 2014 年 12 月和 2015 年 4 月成为亚洲邮轮基金的正式会员。2015 年，中国东盟启动了海洋旅游合作年。2015 年 12 月，中国-东盟邮轮产业经济城市合作论坛在厦门举办。2016 年 3 月，亚洲邮轮合作组织（ACC）宣布启动，通过提供一站式平台来支持邮轮公司在亚洲的战略。2017 年 11 月 13 日，各国在第 20 届中国-东盟峰会上联合签署了《中国-东盟旅游合作联合声明》，大力发展邮轮和游艇旅游。

三、邮轮航运联系

1. 邮轮航运联系类型

邮轮网络作为一种以旅游为目的的客运网络，最突出的特点是始发港与挂靠港有突出的功能分异，游客只能在始发港开启或结束行程，在挂靠港则是原班人马上下船，多数情况下仅进行一日以内的游览活动，且游览地集中在港口 50 千米范围内。近年来，尽管出现了多母港航线，但母港仅为航线中的少数港口。因此，邮轮航运中港口间联系主要包括以下几种类型。

（1）始发港-挂靠港联系：在 A-B-C-D-A 往返航线及 A-B-C-D 单程航线中，A 为始发港，B、C、D 为目的地且地位相同，始发港和挂靠港分别承担旅游需求产生及旅游资源供给的功能。A-B、A-C、A-D 均为直接联系。

（2）挂靠港-挂靠港联系：在 A-B-C-D-A 的往返航线及 A-B-C-D 的单程航线中，B、C、D 是位于同条航线的挂靠港，港口间除接待同批游客外没有直接的联系，本研究将 B、C 和 D 之间联系称为间接联系。同条航线的挂靠港间没有直接的供需关系，但可能存在竞争与合作。

（3）始发港-始发港联系：多形成于多母港航线的母港之间及母港与始发港之间。始发港、母港既有占据绝对优势的独占腹地，也存在服务重叠区域，形成潜在的竞争关系。

亚太地区内部及转港航线共涉及 385 个港口。其中，亚太地区的港口有 210 个，理论上形成 147 840 个港口对，经过计算，始发港-挂靠港联系对有 1514

对，涉及港口对 1363 个，挂靠港–挂靠港联系对有 5529 对。

2. 始发港–挂靠港联系

在始发港–挂靠港联系网络中，港口对的联系强度具有以核心港口为中心、方向分异、距离衰减及层级递减等特征，最终的联系格局是三种特性综合作用的结果。多数航线以重要母港为中心，向外形成发散状的航运联系（图 11-10）；大部分强度在 5 以上的航运联系由母港出发，天津、大连、奥克兰也有较多联系。母港与其他港口存在主要的联系方向，包括中国–日本、中国香港–中国台湾、中国香港–东南亚、中国台湾–日本、新加坡–中南半岛、新加坡–中国香港–悉尼、澳大利亚–美拉尼西亚群岛、澳大利亚–波利尼西亚群岛。联系强度除了和距离、方向相关外，还与层级有关，高层级的港口尤其是大型母港间往往存在密集的联系。

超高频联系反映了邮轮航运组织的基本骨架。空间邻近性是高频航运联系的显著特点，联系超过 60 的港口对距离均不超过 1500 海里（1 海里 ≈ 1.852 千米），主要从母港出发，联系港口是临近的重要挂靠港或具有丰富旅游资源的母港。超高频航运联系集中在新加坡、上海和悉尼三个母港。

（1）新加坡港：新加坡与临近的马来西亚巴生、槟城及与泰国林查班形成密集的联系，分别为 196 艘次、97 艘次和 62 艘次。新加坡是著名母港，具有旺盛邮轮旅游需求，巴生、槟城和林查班是著名的旅游目的地。

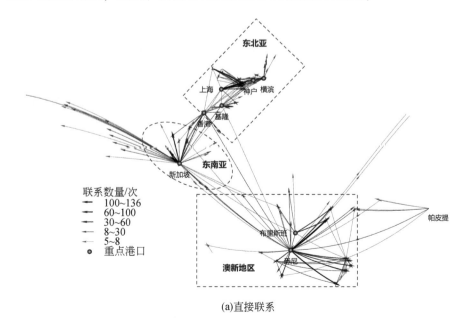

(a)直接联系

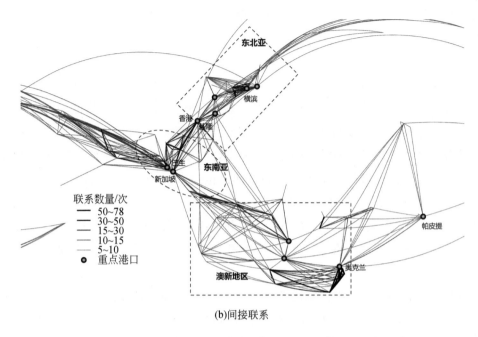

(b)间接联系

图 11-10　亚太地区邮轮航运网络的主要联系

（2）上海港：上海联系强度最高的港口为日本的博多和长崎，分别为 119 艘次和 95 艘次。此外，天津港与博多也有较强的联系强度，为 68 艘次。上海港依托中国庞大的客源市场，成为邮轮出发数量排名第二的母港。目的地港博多和长崎港均是日本著名的旅游胜地。

（3）悉尼港：悉尼港联系强度最大的港口为努美阿和奥塔哥，分别达到 121 艘次和 63 艘次。悉尼是澳大利亚的重要母港和挂靠港，也是一些多母港航线重点始发的母港。悉尼临近新西兰及南太平洋岛屿国家，直接面向多个旅游资源丰富的目的地，而努美阿和奥塔哥分别是新喀里多尼亚和新西兰的重要旅游目的地。

3. 挂靠港–挂靠港联系

该联系网络的中心发散特征较弱，临近的挂靠港口对倾向于形成较强的航运联系，联系的方向性更加突出，临近港口共同形成邮轮目的地是邮轮旅游组织的基本规律。强联系港口对存在组团与链式融合的空间特征。主要组团有日本海组团、中南半岛组团、塔斯曼海组团。链式特征是以新加坡为核心分别向三个海岸方向外延，形成链式结构，为新加坡–香港–上海–天津、新加坡–巴厘岛–达尔文–布里班斯、新加坡–槟城–科伦坡–孟买–苏丹卡布斯港。联系较强的港口对多为跳跃连接，港口间联系强度随着距离外推呈现"先增加后减少"的特征，强联系的港口对之间存在适度的距离，中间跨越了一定数量的港口。除了均为著名旅游地的港口对，紧邻的港口对多形成较弱的间接联系，近距离的可替代性显现。

超高频间接联系港口对在空间上呈现组团状、孤立状和链条状三种分布形态。新西兰的诸多港口间形成密切的联系，包括奥克兰、惠灵顿、纳皮尔、陶朗加、皮克顿和奥塔哥港。超高联系的港口组团分布，反映出航线在多个新西兰港口的均衡挂靠，不同挂靠港形成多样化的组合，港口之间存在竞争。部分高频港口对在空间上孤立存在，如维拉-努美阿、新加坡-巴生、境港-界港、长崎-博多，这些港口距离较近且旅游资源具有异质性，互相间不可替代，在航线中经常组合挂靠，形成较强的合作关系。基隆-香港-盖梅-林查班-磅逊形成链条状连接的高频联系。墨尔本-奥塔哥是连接澳大利亚与新西兰航线重点挂靠的港口组合。

四、邮轮航运区域化

1. 亚太航运区域化

作为一种特殊的交通网络，邮轮航运网络的布局及结构受复杂地理环境的作用。受旅游资源、市场分布、淡旺季及邮轮企业战略等因素的影响，邮轮航运网络组织呈现出明显的"区域化"特征。加勒比海、地中海和亚太地区是全球三大邮轮航区。亚太地区的范围较大，覆盖了东亚、东南亚、澳新地区等多个地理板块，每个地理板块又可进一步细分为中日韩地区、环中国南海、马来群岛等地域。在复杂的地理环境影响下，亚太地区形成了多个核心客源地和目的地。这不同于加勒比海和地中海相对封闭的区域，亚太地区是复合的航运区域，由多个低尺度的区域系统相互关联交叠形成的。由于亚太地区内部的区域系统空间临近且存在密切的关系，虽然其覆盖范围广阔，但也可以作为完整的邮轮航运区，区域内航运联系密切，与区域外联系较弱。但这种区域化是复合型的，内部形成了若干小尺度的区域化，形成了"三级"区域化模式（图11-11）。

亚太地区由于区域内地理环境分化突出，各类地理要素在空间上形成不同的梯度及排列组合，促使区域内形成等级分异的多个客源地核心区。同时在空间距离、旅游资源的约束下，围绕客源地核心区形成主要的旅游目的地。客源核心区与周边主要的旅游目的地形成联系密切的邮轮航运系统，受腹地范围及母港分布的影响，一个客源国家可以被划分在两个航运系统中。亚太地区的邮轮航运网络由多个区域性航运系统组成，由于航运时间及跨度的多样化、季节的变动，不同区域系统之间存在航线连接与航班迁移。

李绪茂（2020）发现邮轮航线的时长具有7倍定律，时长为7天、14天及21天的航线航班数量较多，7天倍数是航线类型划分的重要依据。7天航线主要形成区域系统内部的航运联系，集中在国家内部及邻近国家的临近港口之间；7日航线辐射地带构成了中间的区域化单元，形成第二层级的区域化；而7日航线区域不同方向上的差异，形成了第三层级的区域化，例如中日邮轮圈、台湾海峡邮轮圈。不同区域单元在地域范围内存在交叠，相互联动。14天是中长航线常见的时长周期，理论上可连接中国北部与中南半岛的港口，日韩与中南半岛的港口，中南半岛与澳大利亚北部的港口、澳大利亚北部与新西兰港口。通过14天航线可以实现东亚-东南亚、东南亚-澳新地区的跨区域联系，东南亚是东亚与澳新地区的联系纽带。21天航线可直接实现东亚与澳新地区间的联系，基本实现亚太全域之间的联系。上述14天和21天航线区域形成了最高层级的区域化单元-亚太地区，形成了最高层级的区域化航运系统。以此，亚太地区形成"三级区域化"模式（图11-11）。

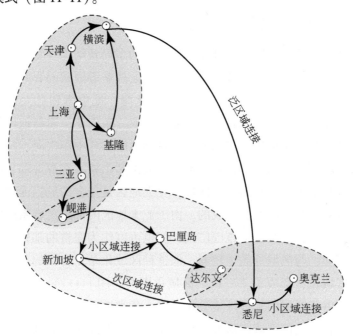

图 11-11 亚太地区邮轮网络区域性层级

邮轮航运网络的空间模式与发展机理

2. 航运组团识别

Newman 和 Girvan（2004）提出采用"模块度"来衡量网络模块化程度，模块度越高时，说明模块内节点的联系越紧密，模块间的分割越清晰，小团体特征越突出。在邮轮航运网络中，划分航运组团有助于识别客源地和目的地结构，是探讨不同职能港口间关系的基础。网络模块度计算公式可表示为

$$Q = \frac{1}{2m} \sum_{i,j} \left[A_{i,j} - \frac{k_i k_j}{2m} \right] \delta(c_i, c_j) \tag{11-1}$$

式中，m 为网络中边的总数；$A_{i,j}$ 表示 i，j 两信息港间联系的权重值，这里选取航运联系数量；k_i 和 k_j 是所有与 i 和 j 信息港直接相连的边权重之和，$\delta(c_i, c_j)$ 为判别函数。当信息港 i，j 同属于一个社团时，$c_i = c_j$，$\delta(c_i, c_j) = 1$；当信息港 i，j 分属于不同社团时，$\delta(c_i, c_j) = 0$。

采用社区结构模型识别邮轮航运网络组团，计算可得始发港–挂靠港联系网络和挂靠港–挂靠港联系网络的社区模块度分别为 0.546 和 0.553，均具有明显的组团结构。根据组团内外的联系程度，上述两个联系网络均被划分为 6 个组团。组团内部的度中心性均呈现层级分布的特征，不同组团发育程度存在差异（图11-12）。在始发港–挂靠港联系网络中，组团 1 到组团 6 的港口数量分别为 101 个、24 个、72 个、9 个、84 个和 93 个。在挂靠港–挂靠港联系网络中，组团 1 到组团 6 的港口数量分别为 51 个、46 个、109 个、79 个、36 个和 58 个。

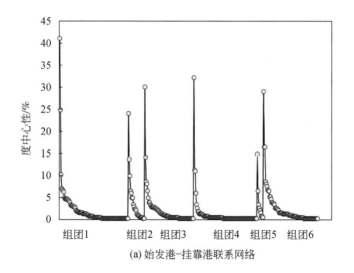

(a) 始发港–挂靠港联系网络

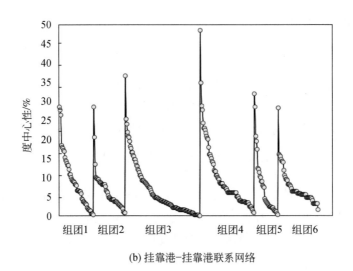

(b) 挂靠港–挂靠港联系网络

图 11-12　邮轮航运网络组团内部港口的位序–规模特征

五、航运组团分布特征

1. 始发港–挂靠港组团

不同组团的港口数量、港口组合特征及在亚太地区的地位均存在较大差异。始发港—挂靠港航运组团往往以始发港尤其是母港为核心，散射到不同区域，形成了"客源地–目的地"的供给–消费流动格局。组团港口分布邻近且与地理区域及海域的划分相耦合，同一区域的港口基本属于同一组团，而且与其他组团间形成海域分割。受航线细分市场的影响，同一客源地可散射到不同距离、不同区位的目的地，以各母港为核心形成紧邻–近邻–边缘的港口联系格局。这表明组团分布具有突出的区域性特征。各组团不仅涉及核心集聚区，而且覆盖范围较广。亚太地区的港口主要属于 6 个组团，具体包括中国–日本九州组团、日本韩国核心组团、日本边缘组团、琉球群岛组团、环南海组团和澳洲组团（表 11-4，图 11-13）。

（1）中国–日本九州组团：该组团覆盖 24 个港口，占港口总量的 12%。覆盖港口主要分布在中国黄海、中国东海及日本海南部沿岸。中国和日本的港口各占一半，中国港口主要分布在北回归线以北的区域，港口多为母港，包括上海、大连、天津、青岛等母港。日本 58% 的港口分布在九州岛，本州和四海也有少量港口，主要为挂靠港，其中鹿儿岛、长崎和博多是著名的旅游胜地。

表 11-4　亚太地区的始发港–挂靠港航运组团概况

组团	港口	数量
中国–日本九州组团	舟山、八代、烟台、温州、威海、和歌山、宇和岛、宇野、天津、下关、上海、佐世保、青岛、宁波、长崎、室兰、舞鹤、连云港、鹿儿岛、江阴、响木滩、博多、大连、崇明	24
日本韩国核心组团	横滨、四日市、稚内、蔚山、津松坂、富山、苫小牧、东京、十胜、高松、新宫、清水、仙台、酒田、境凑、坂出、酒井、塞班岛、平泽、彼得罗巴甫洛夫斯克、小樽、大阪、小名滨、大船渡、大洗、新潟东、名古屋、门司、宫津、宫古、熊本、钏路、科萨科夫、小松岛、高知、木更津、京滨、川崎、唐津、金泽、济州、岩国、石卷、仁川、伊万里、细岛、常陆仲、广岛、姬路、滨田、函馆、八户、蒲郡、伏木、船川、长江口、吉丽、釜山、别府、阿普拉港、青森、秋田、神户	63
日本边缘组团	敦贺、鸟取、能代、七尾、宫崎、松山、熊本、大川、今泊、怕朗、花莲、宿雾、相生	13
琉球群岛组团	丽水、厦门、海参崴、台中、名濑、中城、那霸、基隆、平良	9
环南海组团	仰光、头顿、丹戎不碌、丹戎帕拉帕斯、三宝垄、苏比克湾、新加坡、蛇口、萨班加湾、三亚、山打根、西贡、沙邦、归仁、公主港、巴生、普吉岛、富美、槟城、芽庄、摩拉、马尼拉、马六甲、马公、林查班、古晋、亚庇、磅逊、苏梅岛、高雄、石垣岛、香港、海口、海防、广州、岘港、陈美、菜梅、长滩岛、民都鲁、曼谷、安汶	42
澳洲组团	温德姆、惠灵顿、汤斯维尔、蒂马鲁、陶兰加、塔比拉兰、悉尼、拉包尔、波特兰、塔拉纳基、莫尔兹比、林肯、肯布拉、坤甸、缪拉角港、皮克顿、奥塔哥港、努美阿、纽卡斯尔、纳尔逊、纳皮尔、米尔福德湾、墨尔本、望加锡、马当、利特尔顿、科莫多、凯库拉、贾亚普拉、霍巴特、哈密尔顿、格莱斯顿、杰拉尔顿、吉隆、弗里曼特尔、埃斯佩兰斯、埃登、伊斯特兰、达尔文、巴旺塞鲁坎、凯恩斯、伯尼、邦伯里、布鲁姆、布里斯班、布拉夫、贝诺瓦、贝尔湾、群岛湾、奥克兰、阿罗陶、奥尔巴尼、阿德莱德	53

（2）日本韩国组团：该组团覆盖 62 个港口，是港口最多的组团，占比达到30%。该组团覆盖了日本和韩国的多数港口，还包括位于北马里亚纳的塞班和阿帕港。该组团地域范围较为集中，反映了日本内部及日本与韩国港口的紧密联系。

（3）日本边缘组团：该组团覆盖 14 个港口。日本港口较多，除了与中国、韩国及内部联系密切的港口之外，还有一些挂靠量较少但位于跨区域中长航线的港口。这些港口主要分布在本州岛。

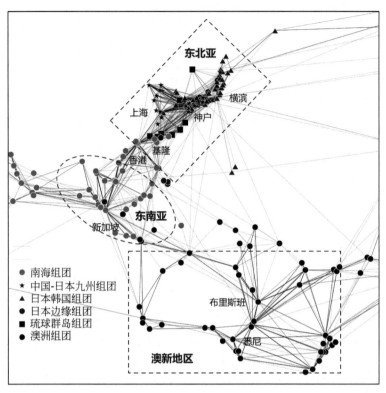

图 11-13　亚太地区始发港–挂靠港组团分布格局

（4）琉球群岛组团：该组团仅有 9 个港口，占港口总量的比重不足 5%，是港口数量最少的组团，主要分布在中国与日本航线联系密切的另一地带。该组团以琉球群岛为核心，琉球群岛的港口主要为挂靠港，呈现出链式分布；始发港主要为厦门港、基隆港。

（5）环南海组团：该组团覆盖 42 个港口，集中分布在中国南海沿岸。覆盖了中国华南区域、中国台湾、中南半岛及马来群岛东部，主要环绕中国南海而形成。

（6）澳洲组团：该组团覆盖括 53 个港口，覆盖范围最大。港口主要分布在赤道附近的爪哇海、巴厘海、弗洛勒斯、班达海、帝汶海、苏禄海、苏拉文西海以及澳大利亚湾、塔斯曼海、珊瑚海。该组团覆盖了马来群岛东部及澳洲的全部区域，此外南太平洋诸多群岛及夏威夷也属于澳洲组团。

2. 挂靠港–挂靠港组团

在挂靠港–挂靠港联系网络中，亚太地区的港口主要属于 5 个组团，包括中国-日本组团、南海组团、马六甲海峡组团、澳洲组团和太平洋群岛组团，是亚太地区的主要旅游目的地（表11-5，图11-14）。挂靠港–挂靠港联系网络的空间集聚性更强，具有更强的邻近特征，一个区域的港口往往属于同一组团；依海域分割的特征更突出，组团边界往往为海域边界，中国南海组团覆盖的海域范围更加完整。

表11-5　亚太地区挂靠港–挂靠港联系组团

组团	港口	数量/个
中国–日本组团	塞班岛、台中、那霸、温州、名濑、宁波、舟山、长江口、上海、鹿儿岛、崇明、江阴、宫崎、细岛、八代、熊本、长崎、熊本、佐世保、宇和岛、别府、伊万里、唐津、高知、济州、博多、新宫、松山、响滩、下关、门司、小松岛、今治、岩国、若山、广岛、坂出、高松、宇野、酒井、大阪、科比、连云港、与须、姬路、相牛、蒲郡、滨田、四日市、清水、名古屋、釜山、京滨、横滨、蔚山、舞鹤、境凑、宫津、鸟取、东京、敦贺、青岛、大洗、常陆仲、金泽、富山、伏木、小名滨、平泽、七尾、仁川、卫海、烟台、新潟东、仙台、石卷、酒田、天津、大连、大船渡、宫古、秋田、船川、能代、八户、青森、函馆、十胜、室兰、苫小牧、钏路、符拉迪沃斯托克（海参崴）、小樽、稚内、科萨科夫、彼得罗巴甫洛夫斯克	96
南海组团	古晋、关丹、穆拉、山打根、亚庇、萨班加湾、苏梅岛、公主港、宿务、头顿、蔡梅、富美、磅逊、伊洛伊洛、西贡、吉丽、芽庄、林查班、阿普拉、曼谷、归仁、马尼拉、苏比克湾、岘港、陈美、三亚、海口、海防、香港、蛇口、高雄、广州、马公、花莲、石垣、厦门、平良、基隆、中城	39
马六甲海峡组团	新加坡、马六甲、巴生、槟城、萨邦、普吉岛、仰光	7
澳洲组团	布拉夫、奥塔哥、米尔福德峡湾、帝玛如、利特尔顿、霍巴特、凯库拉、皮克顿、惠灵顿、纳尔逊、贝尔湾、伯尼、纳皮尔、塔拉纳基、伊斯特兰、波特兰、吉朗、墨尔本、陶朗加、伊甸园、奥克兰、岛屿湾、奥尔巴尼、阿德莱德、林肯、肯布拉、埃斯佩兰斯、悉尼、班伯里、纽卡斯尔、弗里曼特尔、杰拉尔顿、布里斯班、格莱斯顿、点穆拉特、汉密尔顿岛、汤斯维尔、布鲁姆、凯恩斯、汉密尔顿岛、温德姆、达尔文、阿洛陶、莫尔兹比、贝诺阿、科莫多、巴旺塞鲁坎、丹戎佩拉、三宝垄、丹戎不碌、马当、马卡萨、腊包尔、安汶、坤甸、塔比拉兰	56
太平洋群岛组团	努美阿、查亚普拉、民都鲁、霍尼亚拉、桑托、维拉	6

（1）中国–日本组团：该组团覆盖96个港口，占亚太地区港口总数的47%，是港口数量最多的航运组团。该组团覆盖了韩国全域、日本除琉球群岛外区域及中国长三角、山东半岛及环渤海地区。港口主要分布在日本海、黄海、中国东海

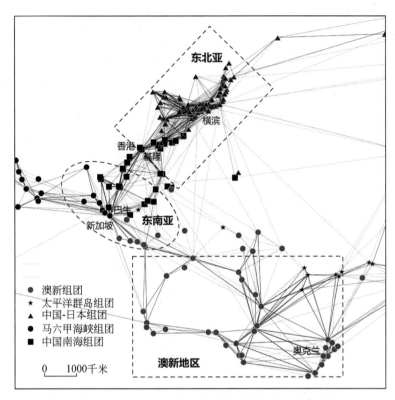

图 11-14　亚太地区邮轮航运间接联系网络港口组团分布图

及北太平洋西部沿岸，形成了典型的中日韩邮轮旅游圈。

（2）中国南海组团：该组团覆盖 39 个港口，港口数量较多。该组团覆盖了中国华南地区、中国台湾、琉球群岛、马来西亚、菲律宾及中南半岛东海岸区域。该组团与始发港–挂靠港联系网络中的南海组团港口特征近似，均主要分布在南海沿岸，但组团重心偏北，地域集中性更强，不包括马六甲海峡及印度尼西亚的港口。

（3）马六甲海峡组团：该组团仅覆盖 7 个港口，港口数量较少。该组团地处亚太地区内外联系的关键地带，是一半以上转港航线的必经地域，成员港口是亚太邮轮航运网络的关键节点。该组团港口间的联系强度在亚太地区突出，尤其新加坡、巴生、槟城和普吉岛形成了密集航运联系。

（4）澳新组团：该组团覆盖了 56 个港口，港口数量较多。该组团港口主要分布在印度尼西亚、巴布新几内亚、澳大利亚和新西兰，有显著的热带地域性。该组团分布近似于始发港–挂靠港联系网络中的澳新组团，但在空间上更加集聚。客源地、目的地及目的地串珠组合在该区域存在。

（5）太平洋群岛组团：该组团仅覆盖6个港口，数量很少。该组团属于边缘组团，与始发港–挂靠港联系网络中澳新组团的部分港口重合，主要分布在南太平洋的岛屿，包括波利尼西亚、密克罗尼西亚、美拉尼西亚群岛、夏威夷群岛。

第十二章
典型邮轮港口与典型邮轮航线

案例分析是学术研究的重要方式，对精细分析地理要素的空间规律与地理模式具有重要的辅助作用。邮轮航运网络的空间规律解构，既需要全球、国际区域或区域等不同尺度上的总体分析与宏观规律总结，也需要从微观的、具体个案等角度剖析特殊性规律与一般性规律。邮轮航运网络的典型分析或个案解构，可以从点和线及运力的角度进行研究。港口节点始终是邮轮航运网络的关键要素，可从著名邮轮母港、邮轮目的地、私属岛屿等角度剖析不同职能港口的发展模式。航线是邮轮航运网络的核心要素，也是邮轮旅游的关键产品，可从热点航线与特色航线等角度深入剖析全球邮轮航线的发展特征。邮轮既是航运工具，同时是旅游目的地和旅游产品，可从不同企业的角度分析具有代表性的邮轮船舶。

本章主要是分析典型的邮轮港口与邮轮航线。世界主要邮轮母港多分布在北美、欧洲和东南亚地区，最具代表性的母港有北美的迈阿密港、地中海的巴塞罗那港、东南亚的新加坡港。邮轮目的地具有特色旅游吸引物，主要分布在加勒比海、地中海及东亚，最具代表性的邮轮目的地有地中海的瓦莱塔港、阿拉斯加的凯奇坎港、加勒比海的拿骚与科苏梅尔港。私属岛屿是新兴邮轮目的地与邮轮航运网络的特殊节点，主要分布在加勒比海，著名私属岛屿有皇家加勒比集团的可可礁岛和拉巴迪岛、嘉年华邮轮集团的半月湾岛和琥珀湾、地中海邮轮集团的海洋岛和萨巴尼亚岛、诺唯真邮轮集团的大马镫礁和丰收岛。全球最具代表性的邮轮航线有加勒比海热线、地中海热线、东南亚航线、日韩航线、南极航线、北极航线、阿拉斯加航线、澳新航线。各邮轮企业配置了部分超级邮轮，如皇家加勒比集团的"海洋"系列。

第一节　著名邮轮母港

世界主要邮轮母港多分布在北美、欧洲和东南亚地区。典型的邮轮母港包括北美地区的迈阿密、西雅图港，欧洲的伦敦、哥本哈根港，地中海的巴塞罗那、

邮轮航运网络的空间模式与发展机理

比雷埃夫斯港，东南亚的新加坡港。

一、迈阿密母港

1. 基本情况

迈阿密是世界最重要的邮轮旅游城市，是加勒比海邮轮航运网络的核心枢纽。迈阿密母港是北美地区前往加勒比海、南美国家及西欧的最佳登船港。迈阿密是许多邮轮企业的总部所在地，包括嘉年华邮轮、皇家加勒比海邮轮、诺唯真邮轮、歌诗达邮轮、水晶邮轮、地中海邮轮等15家邮轮企业。总部经济带动邮轮金融交易、邮轮船供、邮轮维修、邮轮创意设计、邮轮文化展示、邮轮会议会展、餐饮、住宿、文化休闲、购物中心、广告、会计和运输服务等产业发展（贾艳慧，2018）。这培育了迈阿密发达的邮轮旅游市场，邮轮产业发展成熟度较高，建立健全了邮轮金融体系，游客对邮轮旅游的接受程度、消费意愿较高。

迈阿密拥有世界最大的全年航行邮轮船队，是许多邮轮企业的母港，包括嘉年华邮轮、阿扎玛拉邮轮、歌诗达邮轮、皇家加勒比邮轮、挪威邮轮和大洋洲邮轮等，覆盖20家邮轮企业的45艘邮轮。全球70%的邮轮是从北美始发，其中70%又从迈阿密母港始发，这促使迈阿密成为全球最大的邮轮集聚地。邮轮航线以7~14天航程为主，还有2天短程航线及环南美洲的远程航线。主要旅游目的地为巴哈马、百慕大群岛、墨西哥等加勒比海国家（地区）与岛屿。2012年以来，迈阿密母港有着持续增长的邮轮游客量，2018年从迈阿密登船的邮轮游客达到277.1万人（表12-1）。

表12-1　2010~2018年美国迈阿密国际邮轮乘客量

年份	迈阿密/万人次	佛罗里达/万人次	美国/万人次
2010	216.6	578.4	969.4
2012	188.7	607.4	1009.5
2014	254.9	689.1	1106.4
2016	255.0	707.9	1165.8
2018	277.1	751.2	1268.3

迈阿密港被公认为"世界邮轮之都"。目前，旅游业已成为迈阿密支柱产业之一，邮轮业每年向当地贡献414亿美元，直接和间接提供32万多个工作岗位，

对当地经济增长贡献显著。

专栏 12-1　美国迈阿密海滩

迈阿密海滩是美国著名的海水浴场，也是全世界名列前茅的观光胜地。该海滩位于迈阿密的海滩市，与迈阿密隔着比斯坎海湾相望，有几座跨海大桥与之相连。海水浅，浪小涌平，海滩沙细沙白，平坦广阔，延绵数千米，像白色玉带镶在海边。迈阿密海滩艺术节是一个集工艺美术展览和文艺演出为一体的综合性艺术节，在美国东海岸享有很高的声誉。每年有数百万人来这里享受沙滩、阳光和海水带来的舒畅。South Beach 是最有名的，简称 SoBe。迈阿密海滨岛屿细长，沙滩连绵，细软洁白；海水清澈，海床平缓低浅，以其装饰艺术建筑、时髦的商店和众多的餐馆等，吸引了众多游人的目光（贺建清，2009）。

---

2. 邮轮码头

迈阿密母港最早是由港口局投资建设，1969 年美国政府投资 500 万美元建设迈阿密邮轮母港。1997 年港务局启动港口重建计划，引入邮轮公司参与建设运营邮轮码头。皇家加勒比邮轮投资建设劳德代尔堡 18 号码头，2016 年地中海航运参与 F 航站楼扩建，2016 年皇家加勒比邮轮在迈阿密港租用土地建设并独家经营专用码头；2018 年 11 月，维珍集团在迈阿密港建造新的独家邮轮码头。

截至目前，迈阿密已成为世界最大、设施最齐全、服务最周到的邮轮母港。邮轮码头岸线长 2000 米，拥有 12 个超级邮轮码头，形成 8 个航站楼，其中 B、C、D、E、F 和 G 航站楼位于道奇岛北部，还有西部的 H 航站楼和南部 J 航站。泊位水深达 12 米，可同时停泊 20 艘邮轮，拥有 23 条邮轮航线。庞大的港口能力、良好的基础设施为接待大型邮轮提供了条件，而且管理贴近邮轮人流和物流的个性化需求，有世界一流的管理操控体系，如物品操控、在线监管、货客分离操控和资料交换体系。迈阿密邮轮码头和货运码头相分离，离机场仅为 15 分钟车程，离市中心大型购物、宾馆、餐饮区较近（王峰，2015）。

迈阿密母港拥有世界上最先进的管理设施系统，能同时为 8400 名游客提供服务，以及完善的订票系统、安全系统、登轮查验系统和行李管理操作系统等。迈阿密制定了优惠的入境政策，同航线沿途城市达成落地签协议，能提供多个国家登陆入境游。口岸通关服务便捷，母港各口岸查验单位如移民局、海关、检疫等合并执行各自监管职能，查验单位人员就近设置监管点，全部监管和安检程序实现一站式、一次性通关，每名游客办完全部手续仅需要 5~10 分钟时间。旅客只要持有本国护照和美国签证就可以随时在沿途港口城市入境游玩而不必返船（陈继红等，2012）。

3. 航运联系

迈阿密母港的邮轮航运网络呈放射状，辐射加勒比海地区。迈阿密在加勒比海地区共有 2307 班次航班，占加勒比海邮轮联系总量的 7.9%。迈阿密母港的航运联系格局，如图 12-1 所示。

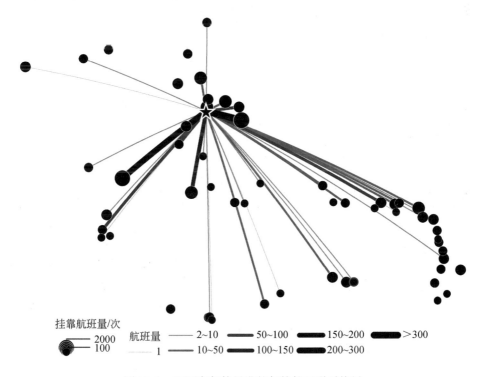

挂靠航班量/次

2000
100

航班量

1 2~10 50~100 150~200 >300
   10~50 100~150 200~300

图 12-1 迈阿密邮轮母港的邮轮航运联系格局

不同港口间的职能存在差异，港口间联系的数量和方向明显不同（表 12-2）。其中，与迈阿密联系最密切的是拿骚港，共有 637 艘次航班联系，占比 27.6%。可见，拿骚港是迈阿密邮轮航线的重要挂靠港，也是迈阿密通往各邮轮目的地的重要通道。此外，从迈阿密出发前往的班次最多的港口是基韦斯特、乔治城（开曼群岛），航班数分别为 161 艘次和 144 艘次，占比分别达到 7.0% 和 6.2%；前往迈阿密到达班次最多的港口分别为科苏梅尔、乔治城（开曼群岛），航班数分别为250艘次和65艘次，占比分别达到10.8%和2.8%。迈阿密与各港口的联系差距较大，且与相同港口的不同方向的联系存在差距。从科苏梅尔前往迈阿密的航班数量有250艘次，而从迈阿密前往科苏梅尔的航班数量仅有46艘次。这反映了科苏梅尔常常作为邮轮航线回到迈阿密的最后一站旅游目的地，而不是第一站。

表 12-2 迈阿密母港的主要邮轮航运联系

出发	到达	航班数/艘次	占比/%
拿骚	迈阿密	380	16.5
迈阿密	拿骚	257	11.1
科苏梅尔	迈阿密	250	10.8
迈阿密	基韦斯特	161	7.0
迈阿密	乔治城（开曼群岛）	144	6.2
迈阿密	斯劳特港	85	3.7
迈阿密	圣胡安	66	2.9
乔治城（开曼群岛）	迈阿密	65	2.8
斯劳特港	迈阿密	64	2.8

二、巴塞罗那邮轮母港

1. 基本情况

巴塞罗那已成为欧洲领先的邮轮港口和地中海最主要的邮轮母港，是世界第四大邮轮港口和欧洲最大的邮轮港口，邮轮产业成为该城市的支柱产业。巴塞罗那通过邮轮产业链的横向扩张和纵向延伸，形成了成熟的邮轮经营管理体系和完整的邮轮产业链，能够完成邮轮的船供、维修、燃油和淡水补给、引航、拖拽、污水处理、海关出入境检验等各类关联服务（贾艳慧，2018）。

巴塞罗那母港的影响范围较广，邮轮航线可达到地中海各母港和目的地港。巴塞罗那母港的邮轮旅游产品丰富，大致形成了地中海、欧洲、北欧、跨大西洋、环球等大类的旅游产品。邮轮航线丰富，以北欧航线和地中海航线为主，还有通往波罗的海、圣彼得堡、挪威湾等欧洲国家和地区的航线。该母港的主要始发邮轮有奇缘公主、海洋幻丽等26艘，分别属于诺唯真邮轮、银海邮轮、公主邮轮、皇家加勒比邮轮、水晶邮轮等企业（表12-3）。巴塞罗那与著名邮轮企业间形成了密切合作，2005 年歌诗达邮轮投资 1200 万欧元用于建设邮轮码头并取得 25 年的特许经营权，歌诗达邮轮及其母公司嘉年华邮轮集团获得优先停靠权。

表 12-3　巴塞罗那母港的始发邮轮与航线

邮轮名称	所属公司	航区	时长/天	邮轮名称	所属公司	航区	时长/天
奇缘公主号	公主邮轮	欧洲	7、14	银海晨曦号	银海邮轮	地中海	27
之星号	诺唯真邮轮	地中海	13	海洋幻丽号	皇家加勒比邮轮	跨大西洋	14
明月号	银海邮轮	地中海	11	七海尚逸号	丽晶七海邮轮	环球航线	14
海洋交响号	皇家加勒比	地中海	7	太阳公主号	公主邮轮	欧洲	10
七海航海家号	丽晶七海邮轮	地中海	11	遁逸号	诺唯真邮轮	地中海	12
爱彼号	诺唯真邮轮	地中海	6、10	明珠号	诺唯真邮轮	地中海	10
七海辉煌号	丽晶七海邮轮	北欧	14	银海心灵号	银海邮轮	北欧	14
和韵号	水晶邮轮	地中海	7	银海诗语号	银海邮轮	地中海	10
七海水手号	丽晶七海邮轮	地中海	12	七海领航者号	丽晶七海邮轮	地中海	10
尚宁号	水晶邮轮	地中海	9	银海光谱号	银海邮轮	地中海	11
海洋幻丽号	皇家加勒比邮轮	地中海	7	永恒号	诺唯真邮轮	跨大西洋	13
银海新星号	银海邮轮	地中海	28	畅悦号	诺唯真邮轮	跨大西洋	14
领途号	诺唯真邮轮	地中海	11	之晨号	诺唯真邮轮	地中海	11

　　巴塞罗那积极建设港口周边基础设施，注重母港的基础设施和配套设施建设，注重开发港口区域的综合功能设施，港口 5 千米内有集中的配套设施。港口周边服务设施发达，拥有完善的商业、休闲、娱乐、观光等邮轮服务配套设施。邮轮码头地处市中心，游客集散条件便利，能与巴士、出租车、铁路、地铁和机场形成较好的连接，弗兰卡火车站就位于港口区。蓝色巴士往返于各邮轮码头与克里斯多弗·哥伦布纪念碑之间。通关效率很高，出入境手续简单，不设一关三检通道，游客等待时间短。

　　巴塞罗那母港每年停靠大量的邮轮，2013 年接待国际邮轮 834 艘，日均靠泊 2.3 艘。2008 年以来，巴塞罗那港的邮轮乘客数量稳步增长（表 12-4），2018 年邮轮游客量达到 201.09 万人次，2019 年超过了 240 万人次，成为世界第五大邮轮港。

表 12-4　2000～2021 年巴塞罗那邮轮市场规模

年份	靠泊量/艘次	游客吞吐量/万人次	中转/万人次	往返/万人次
2000	499	56.24	27.75	28.50
2002	615	82.76	38.55	44.21

年份	靠泊量/艘次	游客吞吐量/万人次	中转/万人次	往返/万人次
2004	579	92.74	41.05	51.69
2006	679	135.79	57.78	78.01
2008	664	145.28	52.68	92.60
2010	635	175.22	71.18	104.04
2012	567	180.31	68.93	111.38
2014	513	157.90	62.88	95.02
2016	546	183.36	63.57	119.79
2018	560	201.09	69.34	131.74
2021	196	34.59	18.98	15.61

2. 邮轮码头

巴塞罗那母港位居兰布拉大街（La Rambla）的末端。目前，巴塞罗那建有 7 个旅游码头，分为 Adossat 码头和 World Trade Centre（世界贸易中心）码头，按照位置大致分为三组。巴塞罗那港设备完善，可同时停泊 9 艘邮轮，港口水深 11.5 米，最大吃水为 12 米，可容纳世界最大的邮轮。巴塞罗那母港由 3 家公司负责经营，实施市场化经营。

（1）Adossat 码头：分为 A、B、C、D 和 E 五个码头，设在 Adossat Quay，离市中心最远。码头 D 也称为 Palacruceros。该码头提供长期的停车服务，针对特定邮轮的游客还有停车优惠政策。

（2）World Trade Centre（世界贸易中心）码头：世界贸易中心码头有 2 个航站楼，分别为北码头和南码头。南北码头的岸线长 720 米，北码头可靠泊中型邮轮，南码头可停靠 2 艘、253 米长的邮轮。Sant Bertrand 码头靠近世界贸易中心，一般停靠往返巴塞罗那与巴利阿里群岛之间的渡轮。

（3）Maremagnum Port Vell 码头：是小码头，主要用于停靠大型船舶而非游船。

三、新加坡邮轮母港

1. 基本情况

新加坡是亚洲发展邮轮业最早且最成熟的国家，已形成了以母港运营为核心的邮轮母港产业集群，成为亚太地区最重要的邮轮母港之一。20 世纪 80 年代初，新加坡港只是欧美邮轮的停靠港，1989 年新加坡旅游局成立了邮轮发展署，对新加坡邮轮发展起到了极大的推动作用。1991 年投资 5000 万新币修建了邮轮码头。2006 年，新加坡邮轮中心（SCCPL）与新加坡旅游发展局、新加坡民用航空局合作推出 1000 万美元的新加坡 fly-cruise 发展基金（FCDF），用于提升港口与机场的联运能力（刘卓鑫，2021）。

2001 年，1200 多艘国际邮轮抵达新加坡码头，2018 年靠泊量为 401 艘。2008 年邮轮游客量为 51.41 万人次，2018 年为 186.56 万人次（表 12-5）。邮轮产业集群对新加坡的拉动效应显著，2010 年新加坡邮轮产业收入为 5.2 亿美元，其中邮轮配套产业（邮轮维护、维修、燃油、食品补给、管理等）收入为 3.03 亿美元，游客拉动消费（住宿、购物、餐饮等）额达 2.08 亿美元，国际船员的消费贡献达 0.9 亿美元。2014 年，新加坡邮轮旅游直接消费额超过 5 亿新元。

表 12-5　2009～2018 年新加坡港邮轮市场规模

年份	游客吞吐量/万人次	邮轮靠泊量/艘次
2009	113.86	926
2011	94.21	394
2013	103.02	391
2015	101.70	385
2017	138.05	421
2018	186.56	401

新加坡母港的邮轮航线覆盖亚洲、澳大利亚和新西兰，同时有部分环球航线，尤其是经过马六甲海峡驶往马来西亚和泰国的往返航线是亚洲最经典的邮轮航线（表 12-6）。主要的邮轮企业有银海邮轮、水晶邮轮、冠达邮轮、皇家加勒比邮轮等企业。游客主要来自中国、东南亚，欧洲游客也较多。

表 12-6　新加坡母港的始发邮轮与航线

邮轮名称	所属公司	航区	时长/天
银海幻影号	银海邮轮	亚洲	18
海洋光谱号	皇家加勒比邮轮	亚洲	5、4、3
银海心灵号	银海邮轮	亚洲	33
银海诗语号	银海邮轮	亚洲、澳大利亚-新西兰	10、16、18
维多利亚皇后号	冠达邮轮	环球航线	11、31

邮轮名称	所属公司	航区	时长/天
尚宁号	水晶邮轮	东南亚	14
七海水手号	丽晶七海邮轮	亚洲	17
伊丽莎白皇后号	冠达邮轮	亚洲	6、16、25
和韵号	水晶邮轮	东南亚	15
银海女神号	银海邮轮	澳大利亚-新西兰	14、29
七海领航者号	丽晶七海邮轮	亚洲	19
七海探索者号	丽晶七海邮轮	亚洲	14、28
银海新星号	银海邮轮	澳大利亚-新西兰	18
珊瑚公主号	公主邮轮	亚洲	12
银海明月号	银海邮轮	亚洲	18
七海航海家号	丽晶七海邮轮	澳大利亚-新西兰	18
银海晨曦号	银海邮轮	非洲	17、22

2. 邮轮中心

新加坡母港实施双港运营模式，分别为新加坡邮轮中心和新加坡滨海湾邮轮中心（董海伟，2017）。新加坡邮轮母港位于全球大型综合度假村"圣淘沙"的对岸与最大商业中心旁边，离国际机场和市中心很近，交通便利。新加坡母港的选址注重自然水域与城市发展的融合，邮轮码头区域集聚了商业、服务、娱乐、休闲及办公商务设施。

（1）新加坡邮轮中心（Singapore Cruise Centre，SCC）：是位于新加坡南部的邮轮码头，毗邻港湾中心和吉宝港，前沿水深为 12 米，除挂靠国际邮轮航线外，兼顾轮渡航线。该邮轮中心是新加坡港务局在 1991 年建造，1998 年翻新。该邮轮中心共设有 2 个码头，即国际客运码头（IPT）和区域渡轮码头（RFT），岸线分别长 310 米和 270 米，设有 2 个航站楼，主要是供经营小型船舶的邮轮企业使用。2003 年 4 月，新加坡邮轮中心私人有限公司（SCC）接管了该中心的管理。

（2）新加坡滨海湾邮轮中心（Marina Bay Cruise Centre Singapore，MBCCS）：位于新加坡滨海南，2009 年 10 月动工，2012 年 5 月竣工，前沿水深为 11.5 米，主要为高端邮轮服务。该邮轮中心是最先进的双泊位邮轮码头，停泊巨型邮轮，可停靠世界最大的 22 万吨级邮轮，同时容纳 6800 名乘客，码头长 360 米，占地 2.8 万平方米。该码头由新翔集团和西班牙邮轮业者 Creuers del Port de Barcelona 组成的 SATS-Creuers Cruise Services（SCCS）经营。

新加坡母港的运营水平处于世界领先地位，被世界邮轮组织誉为"最有效率码头经营者"，多次蝉联"最佳国际客运周转港口"（刘隽婕，2021）。2014年第8届和2016年第10届"Seatrade Insider Cruise Awards"上，新加坡被评为最佳邮轮目的地；2016年首届《邮轮评论家》（*Cruise critics*）邮轮选择目的地奖中，新加坡被评选为亚洲最佳停靠港。2019年新加坡被《邮轮评论家》评为全球最受欢迎的邮轮目的地，成为亚洲唯一入选的城市。

第二节　著名邮轮目的地

邮轮目的地不仅具有良好条件的港口，同时要具有良好的特色旅游吸引物，是邮轮旅游市场达到一定规模和数量，能对游客产生强烈吸引力而短暂停留或产生重游愿望的地域。邮轮旅游最成熟的北美和欧洲地区，拥有众多世界一流的邮轮目的地。按照CLIA的统计，邮轮目的地排名第一的是加勒比海（33.7%），其他为地中海（18.7%）、欧洲（11.7%）、亚洲（9.2%）、澳新和南太平洋（6.1%）、阿拉斯加（4.1%）和南美洲（2.7%），其他地区占13.8%。

一、马耳他瓦莱塔港

1. 基本情况

马耳他位于地中海的中心，素有"地中海心脏"和"欧洲后花园"的美誉。马耳他的首都是瓦莱塔。马耳他属亚热带地中海式气候，冬季多雨而温和潮湿，夏季高温干燥。马耳他拥有丰富的旅游资源，包括自然旅游资源和人文旅游资源，1980年被联合国教科文组织列为世界遗产城市。马耳他文化是数世纪来不同文化在马耳他岛上相互接触融合的产物。瓦莱塔面积仅有0.55平方千米，整体是巴洛克式建筑风格，有国家考古博物馆、圣约翰联合教堂、卡斯蒂利亚骑士旅馆地下通道、巴拉卡花园、卡萨罗卡宫殿等重点景区，有19个经过精心修复的18世纪仓库和堡垒。20世纪60年代，旅游业开始发展，外国游客人数由1965年的4.8万人增加到2007年的124.35万人，目前已成为马耳他的支柱产业（刘颖菲和李悦铮，2010）。马耳他的港口主要有瓦莱塔、马尔萨什洛克、马耳他和维多利亚。

2. 邮轮航运

马耳他是地中海邮轮的必经之地，尤其是瓦莱塔是著名的邮轮目的地。瓦莱塔邮轮港口为邮轮港口运营商 Global Ports Holding 所运营；2015 年，Global Ports Holding 完成了瓦莱塔邮轮港多数股权的收购。邮轮码头设在瓦莱塔海滨的旧海堤沿线，位于瓦莱塔、圣格莱亚、考斯皮卡三座古城之间，是进入瓦莱塔的门户。2005 年建成客运码头，包括邮轮、游艇、渡轮和小船 4 个码头。2020 年码头扩建完成，能靠泊更大的邮轮。瓦莱塔邮轮港距离马耳他国际机场仅 10 分钟路程，酒店提供巴士服务和前往不同景点的交通服务。

瓦莱塔邮轮港口有 7 个泊位，水深介于 10.5 ~ 11 米，岸线总长 2166 米，可同时容纳 3 艘邮轮，有 3 套乘客设施。其中，有 4 个泊位距离瓦莱塔市中心的步行路程不足 15 分钟，仅 1.5 千米。瓦莱塔港的邮轮旅客达到 100 万人次/年，被称为地中海顶级停靠港。2015 年，瓦莱塔港接待了 66.83 万名邮轮乘客；2017年靠泊了 342 艘游轮，接待游客超过 70 万人次（表 12-7）。2018 年瓦莱塔港接待了 70 余万人次邮轮游客，2019 年靠泊 372 艘邮轮，接待游客 90.24 万人次。多数游客来自英国、德国、意大利和俄罗斯等国家。多数邮轮航线为地中海航线，以巴塞罗那、比雷埃夫斯等为母港或始发港，连接其他旅游目的地。岸上观光一般从瓦莱塔港开始。

马耳他重视旅游产品的开发，尤其是针对淡季不断推出特色旅游项目，例如 2 月份的瓦莱塔狂欢节、3 月份的地中海饮食文化节、5 月份的马耳他烟花表演等民俗文化活动。瓦莱塔邮轮港通过海滨装饰来增强海滨目的地。

表 12-7　瓦莱塔港口邮轮靠泊次数

年份	挂靠艘数	游客数量/万人次	通过游客/万人次	往返游客/万人次	年份	挂靠艘数	游客数量/万人次	通过游客/万人次	往返游客/万人次
2002	402	35.74	33.48	2.26	2013	277	47.78	37.58	10.20
2003	418	38.94	38.06	0.88	2014	302	51.76	42.40	9.36
2004	334	29.18	25.14	4.04	2015	306	66.83	52.78	14.05
2005	331	32.03	30.67	1.36	2016	317	68.30	56.82	11.47
2006	353	40.93	38.24	2.69	2017	342	77.86	56.26	21.60
2007	368	48.78	46.95	1.83	2018	322	71.10	55.42	15.68
2008	397	55.58	52.64	2.94	2019	372	90.24	62.89	27.35
2009	260	43.93	41.10	2.83	2020	32	5.92	5.88	0.04
2010	279	49.07	46.14	2.93	2021	107	14.71	12.86	1.85
2011	313	55.66	44.48	11.18	2022	283	52.92	37.86	15.07
2012	312	60.40	50.91	9.49					

二、阿拉斯加凯奇坎港

1. 基本情况

阿拉斯加北部地区属于极地气候，部分地区属于内陆大陆性气候，南部沿海为海洋性气候，南部安克雷奇等城市因为受到山脉屏障，气候相对较暖。凯奇坎是阿拉斯加州最靠东南的城市，被称为"阿拉斯加第一城"。凯奇坎每年有280多天会降雨雪，被称为"雨都"。凯奇坎的主要产业是旅游业和三文鱼产业。凯奇坎依山傍海，有丰富多彩的本土文化，拥有诸多的原住民历史遗迹，民宅五颜六色，有世界最多的图腾柱，著名的景点有图腾博物馆、薄雾峡湾国家风景区、小溪街。凯奇坎是阿拉斯加南部的综合交通枢纽，凯奇坎港是阿拉斯加州的主要港口，位居东南海岸，泊位水深为12.19米。

2. 邮轮航运

阿拉斯加航线是世界著名的邮轮旅行线路，邮轮季节从4月下旬至9月，旺季从6月至8月，该地区占全球邮轮市场的4%，每年吸引100万游客。2011年5~9月有156万人前往阿拉斯加旅游，其中57%乘坐邮轮，39%乘坐飞机，还有4%开车。邮轮公司在阿拉斯加的经营体系成熟，有专属的目的地。该地区的邮轮航线多为7天航线，多以温哥华、旧金山等港口为母港或始发港，连接朱诺、史凯威、西沃德、安克雷奇、惠蒂尔、锡特卡、费尔班克斯等挂靠港。很多邮轮公司在安克雷奇提供海陆套装。凯奇坎是游客在阿拉斯加旅行时所到达的第一个重要地区，可同时停靠4艘大型邮轮。2019年5月至9月的阿拉斯加夏季航线共涉及了31艘邮轮。2021年，美国颁布《阿拉斯加旅游业复苏法案》，允许悬挂外国国旗的邮轮在阿拉斯加运营。

公主邮轮是阿拉斯加邮轮及陆地组合产品的龙头企业，不仅在该区域部署数量最多的邮轮，并有专属邮轮码头——惠提尔港及港口到费尔班克斯的专属观光列车，在主要观光地有专属美式公主木屋度假酒店。2019年是公主邮轮开拓阿拉斯加市场的第50年，2020年公主邮轮部署在阿拉斯加航线的邮轮有8艘。荷美邮轮在阿拉斯加的航行有超过70年的历史，2020年有7艘邮轮部署。2020年诺唯真邮轮部署了4艘船舶，精致邮轮投入3艘船舶，皇家加勒比邮轮和嘉年华邮轮分别部署2艘船，迪士尼邮轮、银海邮轮、水晶邮轮、大洋邮轮等邮轮公司也部署了船舶。

三、巴哈马拿骚港

1. 基本情况

拿骚是巴哈马的首府和港口，位于新普罗维登斯岛且毗邻天堂岛。巴哈马是东加勒比海的岛国，70% 的人口居住在拿骚，经济相对富裕。拿骚旅游资源丰富，有 700 多个岛屿和珊瑚礁，海滩优美，拥有发展旅游业的先天优势。巴哈马拥有拿骚林登平德林国际机场和大巴哈马自由港的格兰德巴哈马国际机场。巴哈马的旅游业和金融服务业发达。拿骚有著名的天堂岛，有大量的历史遗迹，拥有维多利亚时期的府邸、大教堂和 18 世纪的城堡，有七星级的亚特兰提斯酒店、各类主题公园和市场，有水上乐园、水族馆和美丽的海滩，2014 年被联合国教育、科学及文化组织指定为创意城市—手工艺和民间艺术之都，是世界最受欢迎的旅游目的地。拿骚港条件优良，水深 12 米，外有帕拉代斯岛屏蔽，可停泊远洋海轮。拿骚和巴哈马的多数岛屿在迈阿密母港的 50 英里即 3 ~ 4 天的邮轮航程范围内。

2. 邮轮航运

邮轮港位于岛的北侧乔治王子码头，距离市中心有 10 分钟的步行路程；共有 6 个泊位，岸线长度达到 2230 米，水深介于 8.9 ~ 12.5 米，可靠泊世界最大的邮轮。由于距离佛罗里达很近，拿骚港成为邮轮航线的必经之地，多数航线将拿骚港作为挂靠港，与圣胡安港等港口联合形成加勒比海邮轮热线，每天有世界级的豪华邮轮停泊在港口。多数航线从佛罗里达半岛的劳德代尔、卡纳维拉尔、迈阿密等母港始发。拿骚港停靠的邮轮船舶如表 12-8 所示。2011 年，巴哈马接待邮轮游客超过科苏梅尔，成为了加勒比海第一邮轮目的地，并一直保持领先地位；2011 ~ 2019 年，拿骚每年吸引超过 300 万人次的游客（表 12-9）。邮轮旅游的岸上活动丰富多元，多与水相关，包括浮潜、潜水、高尔夫，可购买各类手工艺品和商品。

表 12-8　拿骚港口的靠泊邮轮

邮轮名称	邮轮企业	邮轮名称	邮轮企业	邮轮名称	邮轮企业
地中海神曲号	地中海邮轮	嘉年华乐园号	嘉年华邮轮	海洋和谐号	皇家加勒比邮轮
地中海海逸线号		嘉年华狂欢节号		海洋珠宝号	
海洋传奇号		嘉年华光荣号		海洋奇迹号	
地中海俱乐部 2 号	地中海俱乐部	蔚蓝海岸号		海洋旋律号	
迪士尼愿望号	迪士尼邮轮	嘉年华奇迹号		海洋灿烂号	
迪士尼梦想号		嘉年华自主号		海洋独立号	
精致爱极号	精致邮轮	嘉年华梦想号		海洋绿洲号	
精致超越号		嘉年华自由号		海洋自主号	
精致侧影号		嘉年华日出号		海洋自由号	
精致尖峰号		嘉年华征服号		海洋幻丽号	
精致倒影号		嘉年华阳光号		海洋探险者号	
新诗坦顿号	荷美邮轮	发现号	丽思卡尔邮轮	海洋圣歌号	
鹿特丹号		汉堡号	Plantour & Partner	海洋光辉号	
		诺唯真永恒号	诺唯真邮轮	诺唯真畅意号	诺唯真邮轮

表 12-9　拿骚港口邮轮靠泊次数

年份	邮轮挂靠数量/艘次	游客数量/万人次	年份	邮轮挂靠数量/艘次	游客数量/万人次
2000	985	180.73	2011	1094	307.67
2001	973	192.57	2012	1200	341.19
2002	1015	190.32	2013	1231	360.25
2003	1020	197.20	2014	1226	357.50
2004	1135	234.00	2015	1125	332.05
2005	1087	228.60	2016	1161	352.52
2006	1026	214.94	2017	1123	360.04
2007	1006	209.42	2018	1126	360.43
2008	910	201.11	2019	1206	385.92
2009	1064	240.37	2020	289	82.26
2010	1059	279.02	2021	408	67.03

亚特兰蒂斯天堂岛是巴哈马的一个岛屿，长 4 英里（1 英里≈1.61 千米），宽半英里，面积为 2.77 平方千米，以两座桥梁跨越拿骚港与新普罗维登斯岛相连。该岛屿海水特别清澈。亚特兰蒂斯度假中心围绕亚特兰蒂斯文明而建造，是

世界最昂贵的酒店之一，占有天堂岛的主要面积，是集酒店、沙滩、水族馆等娱乐休闲设施于一体的度假胜地，拥有庞大的购物区域、赌场、餐饮及高质量的海滩。水世界冒险乐园是亚特兰蒂斯最著名的设施，拥有世界最高最刺激的水上滑梯，The Dig 是世界最大的水族馆之一。

四、墨西哥科苏梅尔港

1. 基本情况

科苏梅尔岛是墨西哥尤卡坦半岛附近、位居加勒比海的岛屿。科苏梅尔岛是墨西哥在加勒比海的最大岛屿，紧邻尤卡坦半岛，是玛雅人的圣地，完整保存有世界最古老文明之一的玛雅文化遗迹。科苏梅尔岛长 40 千米，面积为 489 平方千米，地形相对平坦，中部为丘陵地带，四周为优美的沙滩，有 20 ~ 30 处条件非常好的沙滩，有细致的白沙和清澈的海水；环岛分布着多样化的珊瑚礁生态系统，是"中美洲大堡礁"的一部分。该岛屿属于热带雨林气候，春夏季海洋较平静，秋冬则多雨。科苏梅尔有博物馆、玛雅村等文化设施，建有伊施卡瑞特主题公园，分布有 40 余处的玛雅遗址，圣杰尔瓦西奥是科苏梅尔岛上一处经过挖掘的玛雅遗址，拥有著名的玛雅古迹奇琴伊察，有 40 多个潜水点，为世界第二浮潜胜地，被称为"墨西哥潜水天堂"。

2. 邮轮航运

科苏梅尔岛是世界著名的邮轮目的地，以向游客提供潜水和邮轮、游艇服务而著名。科苏梅尔港位于岛屿西侧海岸，建设有 3 个邮轮码头，均位于圣米格尔城镇以南。科苏梅尔港是墨西哥航线和西加勒比航线的重要旅游目的地，每天有 10 艘左右的邮轮靠泊。世界主要邮轮公司均在科苏梅尔岛布设了连接航线，包括皇家加勒比邮轮、地中海邮轮、诺唯真邮轮等邮轮企业，涉及 40 多艘邮轮，航线多以短程航班为主。

连接科苏梅尔港的邮轮航线主要始自美国佛罗里达，多以迈阿密、奥兰多、加尔维斯顿、坦帕为母港，同时连接科斯塔玛雅、罗阿坦、可可岛、伯利兹、乔治敦、可可礁岛等加勒比海其他重要旅游目的地（表 12-10）。由于墨西哥和美国、加拿大两国免签，游客主要来自美国和加拿大。

邮轮航运网络的空间模式与发展机理

表 12-10　皇家加勒比海邮轮在科苏梅尔岛的主要挂靠邮轮及航线

邮轮名称	挂靠航线
海洋交响号	迈阿密–科斯塔玛雅–罗阿坦–科苏梅尔–可可湾–迈阿密
海洋冒险者号	加尔维斯顿–科斯塔玛雅–科苏梅尔–加尔维斯顿
	加尔维斯顿–科苏梅尔–加尔维斯顿
海洋珠宝号	奥兰多–可可湾–科斯塔玛雅–科苏梅尔–奥兰多
海洋绿洲号	迈阿密–科斯塔玛雅–罗阿坦–科苏梅尔–可可湾–迈阿密
	迈阿密–可可湾–科苏梅尔–罗阿坦–科斯塔玛雅–迈阿密
海洋水手号	奥兰多–可可湾–科苏梅尔–奥兰多
	奥兰多–科斯塔玛雅–科苏梅尔–奥兰多
	奥兰多–科苏梅尔–奥兰多
海洋旋律号	坦帕–科斯塔玛雅–罗阿坦–伯利兹–科苏梅尔–坦帕
海洋光辉号	坦帕–科苏梅尔–坦帕
	坦帕–乔治敦–科苏梅尔–坦帕
海洋魅丽号	加尔维斯顿–罗阿坦–科斯塔玛雅–科苏梅尔–加尔维斯顿

第三节　邮轮企业私属岛屿

岛礁和私属岛屿是最受欢迎的邮轮旅游目的地。私属岛屿是个人拥有的岛屿，或拥有长时间使用权的岛屿，能提供很好的私密性及与自然的联系。邮轮企业通过购买或租赁等方式，获得岛屿的独家使用权，专门给搭乘邮轮的游客游览。各邮轮公司在加勒比海及太平洋拥有私属岛屿，并打造为全球邮轮网络中的特殊旅游目的地。

、皇家加勒比邮轮

皇家加勒比邮轮实施"完美岛屿度假系列"，已拥有可可礁等私属岛屿。目前，皇家加勒比邮轮集团积极将私属岛屿的购置计划向亚洲、澳新地区推进。

1. 可可礁岛

可可礁岛（Coco cay）是属于皇家加勒比邮轮的私属岛屿。可可礁岛也称为小马镫礁，原名为斯特鲁普岛，属于巴哈马的贝里群岛，是一个由小岛和珊瑚礁组成的群岛。该岛屿离拿骚55英里（1英里≈1.61千米），东西长1.5千米，面积达140英亩（1英亩≈0.405公顷）。1990年开始，精致邮轮开发可可礁岛。大部分旅游活动在东部，拥有加勒比海最大的波浪池和淡水游泳池——绿洲潟湖、北美最高的滑水道，有各种水上娱乐项目，包括浮潜、滑翔伞冲浪、帆伞、皮划艇等，可开展沙滩排球、沙滩篮球、足球等活动，有3个专属海滩和许多酒吧，有专售特色产品的集市。

可可礁岛仅供皇家加勒比邮轮使用。该岛有超过200万的游客到访，每天计划停靠3艘邮轮，每日最大客运量为1万人，成为多条邮轮航线的挂靠港。多数航线以4晚的短途邮轮旅游为主，主要以迈阿密、奥兰多、坦帕、巴尔的摩、劳德代尔堡、新泽西等为母港，与大巴哈马岛、比米尼、拿骚、科苏梅尔、圣胡安、菲利普斯堡、科斯塔玛雅、罗阿坦、拉巴迪等旅游目的地连接。主要靠泊的邮轮有"海洋水手号""海洋珠宝号""海洋自由号""海洋探险者号""海洋圣歌号""海洋悦和号""海洋交响号""海洋旋律号""海洋幻丽号""海洋绿洲号""海洋自主号""海洋独立号"（表12-11）。皇家加勒比邮轮积极打造"可可岛完美假日"活动。

表12-11 可可礁岛的主要挂靠邮轮及航线

邮轮名称	挂靠航线
海洋珠宝号	奥兰多-拉巴地-圣胡安-菲利普斯堡-圣克罗伊岛-可可湾-奥兰多
	奥兰多-可可湾-科斯塔玛雅-科苏梅尔-奥兰多
海洋自由号	迈阿密-可可湾-拿骚-迈阿密
	迈阿密-拿骚-可可湾-迈阿密
	迈阿密-可可湾-大巴哈马岛-拿骚-迈阿密
海洋探险者号	迈阿密-可可湾-法尔茅斯-乔治敦-迈阿密
海洋圣歌号	新泽西-奥兰多-拿骚-可可湾-新泽西
海洋悦和号	奥兰多-巴斯特尔-夏洛特阿马利亚-可可湾-奥兰多
	奥兰多-可可湾-拿骚-法尔茅斯-拉巴地-奥兰多
	奥兰多-可可湾-夏洛特阿马利亚-菲利普斯堡-奥兰多
	奥兰多-菲利普斯堡-夏洛特阿马利亚-可可湾-奥兰多
海洋交响号	迈阿密-科斯塔玛雅-罗阿坦-科苏梅尔-可可湾-迈阿密
	迈阿密-菲利普斯堡-夏洛特阿马利亚-可可湾-迈阿密
海洋独立号	奥兰多-拿骚-可可湾-奥兰多
	奥兰多-拿骚-可可湾-大巴哈马岛-奥兰多

邮轮名称	挂靠航线
海洋自主号	劳德代尔堡–可可湾–拿骚–劳德代尔堡
	劳德代尔堡–可可湾–大巴哈马岛–拿骚–劳德代尔堡
海洋幻丽号	巴尔的摩–查尔斯顿–奥兰多–拿骚–大巴哈马岛–巴尔的摩
海洋绿洲号	迈阿密–拉巴迪–圣胡安–夏洛特阿马利亚–可可湾–迈阿密
	迈阿密–可可湾–科苏梅尔–罗阿坦–科斯塔玛雅–迈阿密
	迈阿密–科斯塔玛雅–罗阿坦–科苏梅尔–可可湾–迈阿密
	迈阿密–可可湾–圣胡安–菲利普斯堡–迈阿密
海洋水手号	奥兰多–可可湾–科苏梅尔–奥兰多
海洋旋律号	坦帕–大巴哈马岛–比米尼–可可湾–拿骚–坦帕

2. 拉巴迪岛

拉巴迪岛（Labadee）是属于皇家加勒比海邮轮的私属岛屿，是风景优美的旅游度假胜地。拉巴迪岛是海地北部的一处海滩名称，实际上是与伊斯帕尼奥拉岛相连的半岛而非岛屿。但因海地局势动荡，拉巴迪与其他相连地区被人为隔离并拥有私人武装，游客只能在划定地区内游览。该岛屿面积为 260 英亩。

皇家加勒比邮轮对拉巴迪岛的租约持续到 2050 年，租赁时长为 50 年，2001 年开始在此建造酒店、码头等基础设施。该度假村以游客为导向，主要景点和娱乐设施有海滩、水上运动场、高山过山车、飞行拉链线、海地跳蚤市场及阿拉瓦水族公园。水上娱乐特色项目主要有浮潜、滑翔伞冲浪、帆伞运动、皮划艇等，有 2 个农贸市场。拉巴迪岛主要停靠"海洋绿洲号""海洋和悦号""海洋珠宝号""海洋富丽号""海洋梦幻号""海洋探险者号"等 6 艘豪华邮轮，每艘邮轮搭载 3000 多名游客，与奥兰多、拿骚、法尔茅斯、圣胡安、菲利普斯堡、威廉塔斯特、基韦斯特、普拉塔、巴斯特尔、乔治敦、科苏梅尔、科斯塔玛雅等旅游目的地和母港形成邮轮航线（表 12-12）。

表 12-12 拉巴迪的主要挂靠邮轮及航线

邮轮名称	挂靠航线
海洋和悦号	奥兰多–可可湾–拿骚–法尔茅斯–拉巴地–奥兰多

邮轮名称	挂靠航线
海洋珠宝号	奥兰多-拉巴地-圣胡安-菲利普斯堡-托尔托拉岛-奥兰多
	奥兰多-奥拉涅斯塔德-威廉斯塔德-拉巴地-奥兰多
	奥兰多-拉巴地-圣胡安-菲利普斯堡-圣克罗伊岛-可可湾-奥兰多
	奥兰多-圣克罗伊岛-菲利普斯堡-圣胡安-拉巴地-奥兰多
	奥兰多-拿骚-法尔茅斯-拉巴地-奥兰多
海洋富丽号	迈阿密-基韦斯特-拉巴地-迈阿密
	迈阿密-普拉塔港-圣克罗伊岛-巴斯特尔-菲利普斯堡-圣胡安-拉巴地-迈阿密
海洋梦幻号	劳德代尔堡-拉巴地-圣胡安-菲利普斯堡-巴斯特尔-卡斯特里圣卢西亚-圣约翰-劳德代尔堡
海洋探险者号	迈阿密-可可湾-法尔茅斯-乔治敦-迈阿密
海洋绿洲号	迈阿密-拉巴地-圣胡安-夏洛特阿马利亚-可可湾-迈阿密
	迈阿密-科斯塔玛雅-罗阿坦-科苏梅尔-可可湾-迈阿密

二、嘉年华邮轮

1. 半月湾岛

半月湾岛（Half Moon Cay）是属于荷美邮轮和嘉年华邮轮的私属岛屿。该岛屿属于巴哈马，位于卡特岛和埃卢塞拉岛的中间，拥有 2.5 英里长的新月形天然沙滩，面积为 9.7 平方千米。该岛是著名的水禽栖息地，海水和沙滩的质量高，拥有 4 千米长的海滩。1996 年，荷美邮轮以 600 万美元从诺唯真邮轮手中购得，陆续投资 1500 万美元进行建设。截至目前，全岛仅 2% 的面积进行了开发，约 20 万平方米，现有设施包括水上和沙滩娱乐设施，如浮潜、皮划艇、水上摩托等。2016 年，半月湾岛进行翻修，配置新帆船、双体船、水上突击、喷气式滑雪板等设施。岛上其他地区处于原始状态，是野生鸟类的自然栖息保护区。半月湾岛没有深水码头，邮轮需要停泊在锚地并通过接驳船运送乘客。Porthole Cruise 杂志连续 10 年评选半月湾岛为"全球最佳私人岛屿"，在邮轮岛屿中排名第三。

2. 琥珀湾

琥珀湾（Amber Cove）是嘉年华邮轮的专属港口。该岛屿属于多米尼加，位居北海岸，因琥珀资源丰富而得名。琥珀湾包括 30 英亩的海滨物业。嘉年华公司斥资 8500 万美元开发了琥珀湾, 开发面积 25 英亩。2015 年 10 月落成, 在运营的第一年就接待了超过 25 万名游客。琥珀湾邮轮港口综合体坐落在被群山环绕的宽阔海湾中, 有 1 个长码头和 2 个泊位, 可靠泊世界最大的邮轮, 最大日载客量为 8000 人。琥珀湾设有海滨迎宾中心、海滨小屋、娱乐区、山顶观景点和酒吧、零售商店、多种饮料和食品。琥珀湾邮轮中心位于靠近普拉塔港的迈蒙湾, 乘客可方便地到达周围的目的地和景点。

三、地中海邮轮

1. 海洋岛

海洋岛 (Ocean Cay) 属于地中海邮轮。该岛屿属于巴哈马, 南北 20 英里, 东西 65 英里, 面积为 95 公顷。2015 年底, 地中海邮轮与巴哈马政府谈判建立专属邮轮港, 签署了 100 年租赁协议, 计划投资 2 亿美元。海洋岛位于比米尼群岛附近, 离迈阿密约 105 千米, 曾是采砂场。2017 年 1 月, 地中海邮轮开工建设该岛屿, 基础设施包括 1 个专用码头和 1 个泊位, 作为私属岛屿目的地向地中海邮轮游客开放。地中海邮轮可直接停靠, 客人自由上下船。地中海邮轮在岛上种植了超过 7.5 万株植被, 覆盖多达 60 余种加勒比地区植物。岛上设有水上娱乐项目和沙滩游戏, 设立了惊险刺激的高空滑索道, 建有可容纳 2000 人的露天圆形剧场, 建有巴哈马风情的村庄、餐馆和酒吧。

2. 萨巴尼亚岛

萨巴尼亚岛 (Sir Bani Yas Island) 属于地中海邮轮。该岛屿位于波斯湾, 属于阿布扎比酋长国, 长 14 千米, 宽 9 千米, 有一个盐丘的表面, 被称为 "绿洲海滩"。地中海邮轮与阿布扎比港务局签署了超过两年的合作协议, 共同打造邮轮目的地。岛上有上百种棕榈树、小凉亭、2000 多张日光浴床、运动设施、凉亭、酒吧及出售手工艺品的贝都因帐篷, 为地中海游艇俱乐部的客人提供私人空间、美食和酒水服务。野生动物与户外运动是萨巴尼亚岛最吸引游客的特色。岛上有阿拉伯野生动物园, 有 13 000 多种珍稀及濒危动植物; 建有大量果园。地中海邮轮的游客可直接进入自然保护区, 可骑马观光、猎奇驾乘。

四、诺唯真邮轮

1. 大马镫礁

大马镫礁（Great Stirrup Cay）是属于诺唯真邮轮的私属岛屿。大马镫礁是贝里群岛的附属小岛，属于巴哈马，占地面积为 250 英亩，并与临近的岛屿连成一个群岛，离迈阿密很近。1977 年挪威邮轮从某石油公司手中购得，将其改造为专为邮轮游客使用的私属岛屿，挪威邮轮成为第一个拥有私属岛屿的邮轮公司。后来，挪威邮轮投资 2500 万美元进行建设装修，2017 年诺唯真邮轮又投入大量资金进行了建设。该岛已成为海洋生物保护区，北部为沙滩和浮潜区域，南部有直升机机场。岛上有各种水上和沙滩娱乐设施，如浮潜、皮划艇、沙滩排球及水上滑梯等，可以开展 SPA、户外探险游及自行车活动。该岛屿可为邮轮游客提供无人居住的热带岛屿体验。该岛屿每天靠泊 2 艘邮轮。

2. 丰收岛

丰收岛（Harvest Cay）是属于诺唯真邮轮的私属岛屿。该岛屿位于伯利兹南部，面积为 75 英亩。2013 年 8 月，挪威邮轮以 5000 万美元的价格购买了该岛屿，2016 年诺唯真邮轮购买了该岛屿并进行开发和建设，2016 年开始仅向诺唯真邮轮游客开放。该岛屿是加勒比海首屈一指的岛屿目的地，岛上散落着玛雅文明遗迹，有丰富的淡水资源。该岛屿设有私人码头，拥有优美的阳光沙滩、豪华沙滩屋及多种娱乐设施，休闲游玩项目多样。该岛屿在 2017 年被 Porthole 杂志评为"最佳新邮轮港口"。

五、其他邮轮企业

1. 公主岛

公主岛（Princess Cay）是属于公主邮轮和嘉年华邮轮的私属岛屿。公主岛地处巴哈马群岛的伊柳塞拉岛南端，是礁石岛；伊柳塞拉岛长 100 英里，平均宽 2 英里。伊柳塞拉岛被称为巴哈马群岛最美的岛屿，誉称"热带天堂"；狭窄细长的小岛被五彩斑斓的珊瑚礁环绕，白沙海岸线长 2.5 千米。2018 年 2 月，公主邮轮完成了公主岛的翻修、更新和项目改进。岛上有皮划艇、滑翔伞、沙滩越野车等娱乐设施，为游客提供近 40 英亩的隐居房屋，旅游综合体达 0.16 平方千米。公主岛是加勒比海东线和西线的主要旅游目的地。公主岛没有深水港，邮轮只能停泊在海中的锚地，通过小型驳船转运旅客上岸。根据海湾大小和特质，公主岛分成游水区、浮潜区、水上娱乐区等游乐区域。公主邮轮以劳德代尔堡等港口为母港和始发港，将公主岛与大开曼岛、科苏梅尔、圣胡安、琥珀湾、大特克、圣基茨、罗丹、伯利兹等旅游目的地相连接。挂靠的邮轮有"帝王公主号""星空公主号"等。

2. 漂流岛

漂流岛（Castaway Cay）是属于迪斯尼邮轮的专属停靠港。该岛屿原名为戈尔达岛，属于巴哈马，坐落在阿巴科群岛，长约 3.1 千米，宽约 2.2 千米，面积为 1000 英亩（1 英亩 ≈ 0.405 公顷）。迪士尼邮轮通过租赁的形式获得该岛屿，租赁时长为 99 年，1998 年开始使用。目前，该岛屿已开发了 55 英亩，采取迪士尼乐园的经营理念，建设体现"荒岛余生"风格的建筑，而且该岛屿曾是电影《加勒比海盗》的主要取景地。岛上有多处迪士尼的动漫人物景观，建有私人迪士尼机场，有各类水上娱乐设施，有 3 个海滩，可开展玻璃底小船、骑脚踏车、骑马、海上独木舟、滑水竞赛、海底潜水等活动，拥有许多酒吧或饮料销售点、纪念品超市等消费场所。漂流岛成为加勒比海邮轮航线尤其是巴哈马短程航线的重要目的地，迪士尼邮轮旗下的"魔法号""奇妙号""梦想号""幻想号"等邮轮可挂靠使用。迪士尼邮轮以迈阿密、奥兰多等港口为母港和始发港，将漂流岛与西礁岛、拿骚、乔治敦、科苏梅尔等目的地和挂靠港相连接。邮轮可直接停靠该岛屿。

3. 塔哈岛

塔哈岛（Taha'a Motu Mahana）是属于保罗更高邮轮的私属岛屿。塔哈岛位于南太平洋，是法属波利尼西亚的环礁，是背风群岛的一部分；塔哈岛与拉亚蒂亚岛共同分享一个礁湖。该岛屿长 13 千米，宽 12 千米，面积为 90.2 平方千米；以海湾信风闻名，也有风景如画的考古遗址，沙滩质量堪称完美，兰科植物遍布岛屿，称为"香草之岛"。保罗高更邮轮以购买的形式获得该岛屿，基本保持其原始状态，岛上仅有供游客纳凉休息的简易设施，游客可在此享受晒太阳、浮潜等活动。

第四节　著名航线与邮轮

一、著名航线

1. 加勒比海邮轮热线

加勒比海是世界最热门的旅游目的地，培育和发展了世界最成熟的邮轮航线和邮轮服务体系。世界多数邮轮企业均在加勒比海部署航线航班。加勒比海航线环绕墨西哥湾和加勒比海，以美国港口为始发港，途经古巴、海地、多米尼加、牙买加、墨西哥等地，四季适合邮轮旅游。加勒比航线的航程多为一周。邮轮母港主要为劳德岱堡、迈阿密、纽约、奥兰多等。2021 年，在加勒比海航行的邮轮包括公主邮轮 9 艘、诺唯真邮轮 12 艘、皇家加勒比邮轮 20 艘、嘉年华邮轮 17 艘、水晶邮轮 5 艘、风星邮轮 4 艘、世邦邮轮 4 艘、大洋邮轮 5 艘、维京邮轮 5 艘、地中海邮轮 5 艘、歌诗达邮轮 5 艘等。

加勒比海航线分东线、西线、南线，其中东线和西线是游客经常选择的休闲度假胜地。

（1）东加勒比航线：主要覆盖维尔京群岛、波多黎各、多米尼加等国家和地区。东线旅游主题是休闲娱乐，是度假海滩与摩登现代相结合的线路，有纯净的海水和洁白的沙滩，有中世纪海盗留下的历史遗迹，可购物，可挂靠私属岛屿。大部分邮轮从佛罗里达出发，为 7 晚航班，停靠 3～4 个港口，主要有圣马丁、圣胡安、圣马尔滕、圣托马斯、维尔京群岛、巴哈马及私属岛屿。代表性邮轮有嘉年华"奥斯特丹号"。

（2）西加勒比航线：主要覆盖牙买加、墨西哥、大开曼群岛等国家和地区。西线旅游主题强调历史文化，展现中美原始人文风情和历史悠久的玛雅文明遗址，同时停靠浮潜胜地大开曼岛。通常从佛罗里达出发，大部分邮轮为 7 晚航班，停靠 3～4 个目的地港，包括科苏梅尔、大开曼、牙买加等。代表性邮轮有皇家加勒比"海洋交响号""海洋合约号"。

（3）南加勒比航线：主要覆盖委内瑞拉、哥伦比亚、阿鲁巴–博奈尔–库拉索等国家和地区。南线主题强调探险旅游，火山和瀑布是重要景观。通常从圣胡安和巴巴多斯出发；美国港口始发的邮轮多为 10 天 9 晚航班，停靠 4～5 个旅游目的地。代表性邮轮有嘉年华"魅力号"。

2. 地中海邮轮热线

地中海航线是比较成熟的旅游航线，是世界第二大邮轮旅游区，客源仅次于美洲的加勒比航线。主要的邮轮母港有热那亚、威尼斯、巴塞罗那、那不勒斯、马赛、伊斯坦布尔、比雷埃夫斯等；重要旅游目的地有希腊的雅典、西班牙的巴塞罗那、克罗地亚的杜布罗夫尼克、土耳其的伊斯坦布尔。在地中海航线部署航班的企业有歌诗达邮轮、皇家加勒比邮轮、地中海邮轮、挪威邮轮和伯曼邮轮等。环地中海的航班时长为 10～12 天左右，可达亚非欧近 20 个国家（孙晓东和林冰洁，2020）。

地中海地区的邮轮航线多以意大利半岛为中心，大致分为东西两部分，分别具有不同的旅游特色。

（1）西地中海航线：该航线主要连接意大利、突尼斯、摩洛哥、西班牙、法国及马耳他，主要体验休闲、静谧的地中海格调与热辣的欧罗巴风情。邮轮港口较多，多以意大利港口为始发港，连接西西里岛、戛纳、马赛（普罗旺斯）、瓦莱塔、蒙特卡洛（摩洛哥）等旅游目的地，部分航线经过直布罗陀海峡进入大西洋的加那利群岛。航线航程一般为 7 天。

（2）东地中海航线：该航线主要连接意大利、希腊、土耳其、克罗地亚、塞浦路斯，经过亚得里亚海和爱琴海，主要体验历史文化、文明古迹、浪漫爱情等旅游主题。多以意大利和希腊的港口为始发港，经过克罗地亚、希腊的岛屿和土耳其，部分航线到达埃及和以色列。航程一般为 7 天。

3. 东南亚与日韩航线

1）东南亚航线

东南亚位于赤道附近，全年气候如夏，常年阳光明媚，是适合全年度假的地区。东南亚具有茂密的原始丛林、美丽的热带海滨、众多的名胜古迹、独特的风土人情，各国旅游资源形成较好的互补。旅游业已成为新加坡、泰国、马来西亚等国家的重要产业。东南亚曲折的海岸线、优良的港湾及深水港，培育发展了许多的邮轮港口和航线。

东南亚航线是以新加坡、曼谷、马尼拉、巴生、马六甲、槟城、兰卡威岛、热浪岛、普吉岛、苏梅岛和甲米等旅游城市为主要目的地，环绕南中国海、泰国湾、菲律宾海而形成的邮轮航线。主要母港有新加坡、胡志明等港口，主要挂靠港有马来西亚的槟城、兰卡威等，泰国的普吉、苏梅岛等，越南的下龙湾、岘港等。多数邮轮企业在东南亚部署了邮轮航班，尤其是以新加坡等母港为核心，布设了多条特色航线。东南亚航线船期较多，航程较短，通常每天停靠一个港口，岸上观光以海岛和沙滩为主。

2) 中日韩航线

东北亚邮轮旅游具有明显的季节性，最适宜的季节为每年的 3 月至 10 月。东北亚邮轮航运网络的核心是日韩航线。中日韩航线主要是指连接中国、日本和韩国的邮轮航线。中日韩邮轮航线是距离中国最近的航线，也是亚洲重要的旅游线路。中日韩航线行程短，价格适中，可游历日本和韩国两个国家。邮轮主题主要是历史文化与休闲购物等。在该航线旅游市场中，中国游客占主体，占访日外国游客总量的 52.6%，占访日外国游客消费总额的 36.8%。主要的始发港有中国的上海、天津、青岛、三亚，主要目的地港有韩国的济州岛、釜山、丽水，日本的长崎、福冈、冲绳、宫本岛、熊本。

中日韩航线的航期一般为 4~8 日，夏天是旺季，冬天是淡季，每年 3~10 月定期发团，尤其每年 3~4 月的樱花季会有特别的赏樱航次。参与经营的邮轮企业有皇家加勒比邮轮、歌诗达邮轮、公主邮轮、渤海邮轮、极致邮轮等。中日韩航线的邮轮较多，主要有"赛琳娜号""幸运号""大西洋号""维多利亚号""蓝宝石公主号""海洋量子号""海洋水手号""海洋神话号""极致千禧号""抒情号""新世纪号"等；特别是"海洋量子号"引入了许多高科技产品，在2015 年进入中国市场。

4. 两极寒地航线

极地通常是指南北纬 60 度以上海域与陆地，极地航线主要是指南极洲和北冰洋附近及高纬度寒地的航线，是邮轮航线中最具挑战性的一种，越来越受到游客青睐。目前，投入运营的极地探险邮轮数量约在 94 艘左右，运营商集中在欧美国家。极地探险邮轮市场的集中度较低，以中小型运营商居多，其中挪威海达路德公司和法国庞洛邮轮的市场份额较高，但也吸引了皇家加勒比邮轮、云顶集团、地中海邮轮等传统企业（表 12-13）。2017~2019 年，全球极地游客分别为242 323 人、281 499 人和 320 069 人，以海洋船舶为主要途径。本研究中，极地寒地航线主要包括南极航线、北极航线、阿拉斯加航线及北欧航线，下文主要介绍前三条航线。

表 12-13　极地邮轮等级数量分布及运营商运力分布

分类		在营船/艘	订单船/艘	合计/艘	运营商	运力比重/%	运营商	运力比重/%
冰级等级	破冰型	4	3	7	海达路德邮轮	18	夸克邮轮	3
	IA SUPPER	18	9	27	庞洛邮轮	12	保罗高更邮轮	3
	IA	5	5	10	世邦邮轮	6	赫伯罗特邮轮	3
	IB	8	4	12	阿特拉斯海洋探险	5	泛海邮轮	3
	IC	28	2	30	林德布拉德探险邮轮	5	奥博探险	3
	Ⅱ	9	0	9	南极光邮轮	4	珊瑚探险邮轮	3
	无冰级	22	0	22	维京邮轮	4	"冒险号"邮轮	3
合计		94	23	117	银海邮轮	4	其他	20
					水晶邮轮	4		

1）南极航线

南极邮轮旅游的适宜时间是每年的 11 月中旬到次年的 3 月下旬，尤其是 12 月至次年 1 月为旅游旺季。截至 2019 年 7 月，国际南极旅游组织协会登记的南极邮轮有 87 艘。近年来，南极航线游客量不断增长，如图 12-2 所示。南极邮轮航线比较集中，主要有东西两线，具体又分为南极三岛（福克兰群岛、南乔治亚群岛、南极半岛）航线、南极半岛航线、南极双岛（福克兰群岛—南极半岛，或南乔治亚群岛—南极半岛）航线、罗斯海航线。其中，西线经南美地区赴南极半岛，占南极游客总量的 90% 以上；东线主要经澳大利亚、新西兰或南非赴南极附近海域和大陆。根据国际南极旅游组织协会的规定，每次登陆的乘客数不得超过 100 人，邮轮乘客需要轮换。代表性的极地运营商有南极 21 世纪探险公司、波塞冬探险公司、极地纬度探险公司、夸克探险公司、庞洛集团、海达路德邮轮公司（陈丹红，2012）。

西线比较热门，南美地区到南极的距离最近，航程短，易于救援；这条线具有丰富多彩的岛链景观、独具特色的动植物景观；夏季气候相对温和，浮冰密度较低，易于登陆；考察站众多，游客可领略独特的"南极社区"。西线一般从阿根廷的乌斯怀亚港乘坐邮轮，部分游客从智利出发。主要的邮轮有"海洋诺娃号""麦哲伦探险号""格雷格莫蒂默号""银海探索号""海洋探险号"。南极旅行的登陆点超过 200 个，常见和热门登陆点有 30 多个，重要的登陆港有洛克雷、内科、扬基等港口。

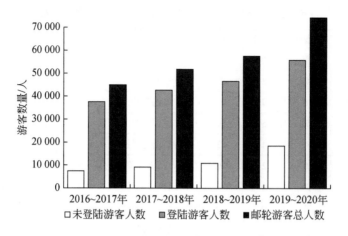

图 12-2 南极邮轮游客数量发展趋势

2）北极航线

北极航线常规邮轮多在 6～9 月航行，超过 68% 的航班集中在夏季（6～8月），一般航程在 15 天左右。而北极邮轮旅游分为北极点游和周边国家游，包括俄罗斯、北欧三国、加拿大、美国极圈内区域等。抵达北极点只能通过俄罗斯的核动力破冰船，俄罗斯允许在每年的夏季留出 4 个船期对全球的探险爱好者开放，以抵达北极点。代表性的邮轮企业有银海邮轮、波塞冬邮轮和 Ocean Wide等，代表性的邮轮有"指挥官夏古号""南森号""阿蒙森号""国家地理探索号""国家地理猎户号""五十年胜利号"。需指出的是，北极地区的邮轮是游轮，载客量小。

北极邮轮港口分为五大港口群，包括格陵兰岛港口群、冰岛港口群、加拿大北部港口群、极地港口群和挪威港口群。60°N 以北地区的探险邮轮港口，以始发港与挂靠港为主，挂靠港数量约占 90%，尚未形成母港功能明显的邮轮港口。挂靠港主要分布在旅游资源丰富的沿海城市及岛屿，如阿姆斯特丹岛、斯瓦尔巴群岛等 90 个港口（表 12-14）。

表 12-14 60°N 以北地区主要探险邮轮港口的国家分布

港口所属国家	港口数量		所占比重/%
	始发港/个	挂靠港/个	
丹麦	2	23	24.8
挪威	6	17	22.8

港口所属国家	港口数量		所占比重/%
	始发港/个	挂靠港/个	
加拿大	0	22	21.7
冰岛	1	18	18.8
俄罗斯	1	10	10.9
美国	1	0	1.0

（1）北极点旅游：提供商业运营的仅有俄罗斯的核动力破冰船和包机飞抵两种方式，游客数量有限，航程在 15 天左右。

（2）北极圈内陆旅游：热点目的地有美国阿拉斯加、加拿大育空地区、西北地区、东北部的纽芬兰和拉布拉多地区、格陵兰岛，挪威北部地区和西北部的罗佛敦群岛、斯瓦尔巴群岛，还有俄罗斯的堪察加地区。一般航程在 7~14 天左右。

（3）斯瓦尔巴群岛：该航线从挪威奥斯陆出发，巡航登陆斯瓦尔巴群岛。可以开展北极徒步、巡游体验，看北极熊、北极狐、海象等，欣赏北极光。斯瓦尔巴群岛是地球上唯一在日间也出现北极光的地方。

（4）斯瓦尔巴群岛-格陵兰岛-冰岛：航程在 20 天左右，主题是欣赏极地动物和冰川风光，在格陵兰岛可体验因纽特人的独特生活习俗，游览古代遗址、维京传奇、冰川海湾；在"冰与火国度"冰岛可欣赏火山地貌与温泉湖泊。

3）阿拉斯加航线

阿拉斯加多与北美西海岸港口形成邮轮航线，形成北上、南下和南北往返三种航线，但以北上航线为主。多数航线从西雅图、温哥华、洛杉矶、旧金山等港口始发，旅游目的地与挂靠港有惠蒂尔、凯奇坎、朱诺、史凯威、西沃德（Seward）、安克雷奇。阿拉斯加航线分为"内湾航道"和"冰河湾航道"两种，多数航班为 7 天航程。许多邮轮企业在该地区组织航线航班，有 7 家公司被授权可以驶入冰河湾国家公园：公主邮轮、荷美邮轮、诺唯真邮轮、冠达邮轮、世邦邮轮、皇家加勒比邮轮和维京邮轮，但每天只能有 2 艘邮轮进入。

（1）西雅图/温哥华出发内湾往返：经停史凯威（Skagway）、冰河湾（Glacier Bay）、锡特卡（Sitka）、朱诺（Juneau）、凯奇坎（Ketchikan）、Victoria，航期为 7 晚 8 天。

（2）温哥华-惠蒂尔航线：经停凯奇坎、朱诺、史凯威、冰河湾、College

Fjord、惠蒂尔（Whittier），航程为7晚8天。

（3）惠蒂尔–温哥华航线：经停哈伯德冰川（Hubbard Glacier）、冰河湾、史凯威、朱诺、凯奇坎、温哥华（Vancouver），航程为7晚8天。

阿拉斯加邮轮航线可与陆地交通相连接，形成延伸旅程，直达费尔班克斯；中间参观丹奈利国家公园、朗格尔–圣埃利亚斯国家公园、科珀河公主木屋等景区。费尔班克斯是通往阿拉斯加内陆和北极地区的门户，是探索阿拉斯加北部的理想基地，可从这里出发探访北极村，也是欣赏北极光的最佳地点。

5. 赤道热带航线

1）澳新航线

大洋洲国家重视发展旅游业，尤其是旅游业成为汤加、瓦努阿图等国家的经济支柱。澳新邮轮航线是大洋洲旅游的重要内容，是世界为数不多的南半球邮轮航线，与北半球的冬天旅游淡季形成互补。该航线大致形成澳大利亚航线、澳新连线和南太航线等类型差异，航程方案较多，始发港和挂靠港口差异较大且较为多样化，时长介于3～14天之间，但航行期集中在每年的11月份至次年的4月份。世界主要邮轮企业均在澳新地区部署航线航班，代表性的企业有荷美邮轮、皇家加勒比邮轮、精致邮轮、公主邮轮、保罗高更邮轮等。主要母港有布里斯班、悉尼、奥克兰、弗里曼特尔，主要挂靠港有澳大利亚的纽卡索、卡纳维拉尔、墨尔本、凯恩斯、布鲁姆，新西兰的奥克兰、阿德莱德、伊顿，瓦努阿图的维拉，新喀里多尼亚的努美阿湾和松鼠岛，法属波利尼西亚的拉亚提亚，等目的地。

2）南美洲航线

每年的1月至次年的4月是南美洲的最佳旅游时节，与北半球旅游形成空间互补。南美旅游最主要的是海滨度假旅游，以巴西最为突出。巴西8000千米的海岸线上分布着众多风景绚丽的海滩，有多姿多彩的热带风光、独具风韵的人文景观优势。南美航线主要是覆盖南美洲沿岸的邮轮航线，航程一般较长，在14～30天之间，重点覆盖南美东海岸，并向南延伸到近南极地区，部分航班为环南美洲航程，主要在合恩角、南极半岛、福克兰群岛等地区进行巡航。主要的邮轮企业有公主邮轮等，主要旅游景点包括亚马孙河、合恩角、智利峡湾、福克兰群岛等，主要母港有布宜诺斯艾利斯、圣地亚哥等港口，主要挂靠港有蒙得维的亚、马德林、斯坦利、乌斯怀亚、蒙特、卡亚俄、巴尔特拉岛等目的地。

二、著名邮轮

20世纪80年代以来，国际邮轮企业为了提高竞争力，纷纷建设超级邮轮。这些超级邮轮是海上漂浮的旅行城市，成为休闲旅游的重要目的地。

1. 皇家加勒比邮轮集团

1）"海洋魅力号"

"海洋魅力号"（Allure of the Seas）是皇家加勒比邮轮公司旗下的超级邮轮。该邮轮由芬兰图尔库STX欧洲造船厂建造，造价高达100亿元人民币，2008年开始建造，2010年10月完工。该邮轮是目前全球最大的"海洋绿洲号"的姐妹船，长361米，宽66米，水面高72米，吨位达22.5万吨；共有16层甲板和2704个客舱，可搭载6360名游客和2100名船员。"海洋魅力号"引入了"社区"理念，将邮轮空间分为7个主题区域，包括中央公园、游泳池和运动区、海上SPA和健身中心、皇家大道、皇家长廊、青年地带和娱乐广场，以满足游客的度假需求。Loft式客舱是该邮轮最高级别的船舱，共有28套。该邮轮主要执航加勒比海航线，具体执航加勒比海东航线和西航线，以佛罗里达劳德代尔堡为母港，连接拉巴迪（海地）、科苏梅尔（墨西哥）、法尔茅斯（牙买加）、露丹（洪都拉斯）、科斯塔玛雅（墨西哥）等目的地港。

2）"海洋绿洲号"

"海洋绿洲号"（Oasis of the Seas）是皇家加勒比邮轮公司旗下的国际邮轮，是全球最大的邮轮，被称为一个浮动的"主题公园"。该邮轮由韩国STX造船厂的芬兰子公司建造，造价达9亿欧元，设计了可伸缩的烟囱以便通过桥梁，2019年12月从佛罗里达劳德岱堡港进行首航。该邮轮吨位达到22.53万吨，长361.8米，宽63.4米，高出水面72米。该邮轮共有16层，每层甲板上都建有客舱，客房多达2700间，可容纳5400人，最多可容纳6296名乘客及2000名船员；建有中庭、豪华露天剧院、各式餐厅、健身房、购物中心等豪华设施。该邮轮主要执航加勒比海航线，以迈阿密为母港，挂靠拉巴迪、圣胡安、夏洛特阿马利亚、可可湾、科苏梅尔、罗阿坦、科斯塔玛雅等目的地港。

3）"海洋独立号"

"海洋独立号"是皇家加勒比邮轮公司旗下自由系列中的一艘超级邮轮。该邮轮由芬兰阿克尔造船厂建造，造价约8亿美元，总吨位为16万吨，长339米，船体高72米，有18层楼，船舱近2000个，可搭载乘客4375名、船员1000名，航行时速为22节（44千米/小时）。船上建有3个游泳池、多个模拟冲浪池、滑冰场、剧院、9洞迷你高尔夫球场等，冲浪池水泵能制造出时速10英里的海浪漩涡，还有卡拉OK厅、餐厅、酒吧和桑拿房，有世界最大的海上室内体育馆和100多米长的休闲大街。2008年4月"海洋独立号"在英国南安普敦港下水首航，航行于两大旅游胜地；在欧洲，航行于葡萄牙、西班牙、英国、法国、意大利等沿岸，挂靠佛罗伦萨等目的地；在加勒比海，以卡纳维拉尔港为始发港，主要挂靠拉尔（美国）、拿骚（巴哈马）、可可湾（巴哈马）、科苏梅尔等目的地。

2. 挪威邮轮公司

1）"挪威史诗号"

"挪威史诗号"是迄今为止最具创新性的船舶，是挪威邮轮公司旗下的最大豪华邮轮。"挪威史诗号"长330米，宽41米，有15个甲板楼层，吨位达到15.59万吨。2010年该邮轮由韩国STX集团制造，造价超过8.3亿美元，采用了新浪潮设计概念，具有弯曲建筑的客舱和开放的生活空间及创新的浴室和阳台，建造了世界第一个海上冰吧。该邮轮有2100个房间，载客量为4100人，共容纳6900名乘客和船员。该邮轮提供各种设施，建有大剧院、夜总会、歌舞厅、滑水道、雪茄俱乐部、游泳池、健身房、赌场、儿童乐园、美容院、SPA理疗室、图书馆、迷你高尔夫球场、婚礼教堂、免税商店街。"挪威史诗号"主要执航加勒比海航线和地中海航线；在冬季和春季航行于加勒比海，以佛罗里达纳维拉尔港、迈阿密港为母港，挂靠菲利普斯堡、圣马丁（荷属安的列斯群岛）、圣托马斯（美属维京群岛）、拿骚（巴哈马）、科苏梅尔（墨西哥）、哥斯达玛雅等目的地；秋季航行于地中海和欧洲，主要挂靠南安普敦等目的地。

2）"挪威逍遥号"

"挪威逍遥号"（Norwegian Breakaway）是挪威邮轮旗下的五星级邮轮。该邮轮造价超过57亿元人民币，吨位达15.58万吨，长330米，宽40米，2013年5月下水首航，航速为24节（40千米/小时）。该邮轮共有2100个房间，有内舱房、海景房、阳台房、套房，可容纳 6900 名乘客和船员，包括乘客 4028 人，有大剧院、夜总会、雪茄俱乐部、冰吧、顶级美容院、图书馆、高尔夫球场、商店等。以纽约市为主题的装修是该邮轮的一大特色，曾被评为世界最佳邮轮。"挪威逍遥号"主要经营加勒比航线，以迈阿密、纽约等港口为母港，挂靠罗阿坦岛（洪都拉斯）、哈维斯特湾、科斯塔玛雅、科苏梅尔等目的地；同时以奇维塔维基亚为母港，经营地中海航线和爱琴海航线，挂靠圣托里亚（希腊）、克基拉岛（希腊）、瓦莱塔（马耳他）、墨西拿（意大利）、那不勒斯（意大利）、皮尔戈斯（希腊）、佛罗伦萨（意大利）、戛纳（法国）、康城（法国）等目的地。

3. 冠达邮轮公司

1）"玛丽皇后二号"

"玛丽皇后二号"（RMS Queen Mary 2）是隶属冠达邮轮公司（Cunard Line）旗下的豪华邮轮。该邮轮由法国大西洋造船厂制造，造价 8 亿美元，2004 年 1 月在英国南安普敦港下水首航。该邮轮是全球体积最大的远洋客轮，是世界最长、最宽和最高的邮轮，吨位达到 14.85 万吨，长 345 米，宽 45 米，总高 72 米，载客量为 3090 人；中央发电机组的总发电量相当于一座 20 万人口的城市供电量，甲板面积有 3 个足球场大，最高航速达到 30 节。该邮轮有 15 个餐厅和酒吧、5 个游泳池、1 个赌场、1 个舞池、1 个舞台和 1 个天象馆。该邮轮主要经营跨大西洋航线，每年往返 20 多次。

2）"伊丽莎白女王号"

"伊丽莎白女王号"是冠达邮轮旗下的邮轮，是全球最著名的豪华邮轮，被誉称为"海上宫殿"。该邮轮的吨位达到 9.09 万吨，航速为 21.7 节，最高达到 23.7 节，长 294 米，宽 32 米，造价达 3.65 亿英镑。该邮轮共有 12 层，载客人数达到 2081 人，船员为 1005 人。2010 年 10 月，"伊丽莎白女工号"下水首航；2014 年 5 月进行了装修，85% 的船舱可以看到外面的美景，71% 的船舱有阳台。该邮轮拥有不列颠房、公主房、皇后套房等房间类型，保持 20 世纪 30~40 年代的风格，最大亮点是三层楼高的螺旋式豪华大厅。该邮轮的主要航行区域为波罗的海、北欧、挪威海峡。

第十三章

中国邮轮航运网络格局与模式

学术研究最终要回到实践应用，中国学者的学术研究要回到中国地理问题的分析与应用中。20 世纪 90 年代以来，中国邮轮产业快速发展，并迅速成为全球邮轮旅游的重要地区和亚太邮轮旅游的核心地区，对中国休闲旅游与港口航运均产生了较大的影响。这促使中国学者开始关注邮轮旅游发展、邮轮港口建设、航线组织等科学问题的研究，先后形成了初步的学术成果。在理论上，邮轮航运网络具有旅游和运输的双重功能，它的运输功能导向、运输组织方式和布局特征都与传统航运网络明显不同，尤其是中国快速发展的邮轮航运则形成与欧美国家显著不同的空间特征与规律。需要立足中国的特殊国情，分析中国邮轮旅游与邮轮航运的发展特征与空间分异，总结空间规律与特殊地理模式。

本章主要是分析了中国邮轮航运网络格局与模式。中国邮轮旅游起步晚于欧美国家，但发展速度却极为惊人，20 世纪 90 年代末期至今形成了萌芽发育、探索起步、快速发展和优化调整等阶段。中国先后出台了大量的邮轮产业政策，批设了邮轮旅游试验区，先后建设了 16 个邮轮港口，邮轮挂靠量快速增长，邮轮游客量快速增多，本土邮轮企业逐步发展，整个产业进入理性发展阶段。中国邮轮港口分布格局基本成型并趋于稳定成熟，总体形成渤海湾、长三角、台湾海峡、珠三角、北部湾等区域性邮轮港口集群，上海港为最大的邮轮港口。邮轮航线形成了远洋、近洋、沿海和内河等类型的分异，以始发航线为主，挂靠航线较少。中国邮轮航运网络分化为东北亚组团、台湾海峡组团和东南亚组团，各组团内部形成了高度网络化的联系结构。

第一节　中国邮轮航运发展过程

一、中国邮轮航运历史演变

邮轮旅游与邮轮航运在中国的起步要远远晚于欧美国家。21 世纪以来，邮轮旅游作为新兴的休闲度假方式逐渐被中国居民所认识和接受，同期欧美邮轮旅游市场日趋饱和，歌诗达邮轮、皇家加勒比邮轮等企业纷纷瞄准了中国市场，邮轮旅游与邮轮航运在中国开始发展。20 世纪 90 年代末期以来，中国邮轮航运呈现出发展速度快、经历时间短的宏观特点，具体经历了四个阶段，尤其是 2006～2016 年是中国邮轮旅游高速发展的黄金十年。具体划分以中国第一条始发港航线开通、上海吴淞口国际邮轮港、中国成为全球第二大客源国为关键时间点。

1. 萌芽发育期

该阶段主要覆盖 20 世纪 70 年代末至 2005 年的年份，时间尺度很长。该阶段，中国邮轮旅游与邮轮航运处于起步阶段。该阶段的典型特征是以国际邮轮到港接待为主，邮轮旅游概念在中国尚未传播，属于欧美富裕阶层享有的豪华消费与奢侈生活方式。随着越来越多的国外游客乘坐邮轮来到中国大陆，形成了国内港口接待国际邮轮到港的时期。该时期，重点邮轮接待港包括上海、天津。早在 20 世纪初，国际邮轮便开始挂靠中国沿海的开埠城市。中国内地港口接待国际邮轮始于 1976 年，1976 年 9 月日本籍邮轮"珊瑚公主号"首次停靠大连港，被视为中国首次靠泊国际邮轮（茅峥，2012）。但因国内游客对邮轮旅游的认识有限，参与邮轮旅游的国内游客很少，2001 年仍不足万人。国际邮轮选择中国港口靠泊的数量逐年增长，上海、天津、青岛、大连、宁波、厦门、海口、深圳等港口陆续开始接待国际邮轮的到访。2005 年，国际邮轮停靠上海、天津、青岛、大连、宁波、厦门等港口共计 40 个航次，2006 年增长到 78 艘次，约有 20 多万外籍游客到中国观光旅游。

2. 探索起步期

该阶段主要覆盖 2006～2011 年的年份，覆盖时间尺度较短。该阶段集中建设港口基础设施，吸引国际邮轮挂靠，邮轮产业发展处于初期阶段，产业链不健全。

中国开始对邮轮产业谋篇布局，先后发布了 18 份与邮轮相关的政策文件，其中全国性政策文件有 15 份，促进中国邮轮产业由探索期进入起步期。沿海港口开始积极建设或改造邮轮码头，为邮轮挂靠提供硬件支撑。三亚凤凰岛邮轮码头（2006 年 11 月）、厦门国际邮轮中心（2007 年 10 月）、天津国际邮轮港（2010 年 6 月）、上海吴淞口国际邮轮港（2011 年 10 月）相继开港。

随着国外邮轮旅游理念的传播与到港国际邮轮数量的增多，中国居民开始接受这种新兴旅游方式，国外邮轮企业开始在中国港口城市设置办事处，并组织邮轮始发航线。2002 年中国邮轮出境游客数量达到 5.38 万人。2004 年，丽星集团获得国家旅游管理总局①颁发的经营许可，在上海设立分支机构提供邮轮航运服务。2005 年，歌诗达邮轮进入中国；2006 年，"歌诗达爱兰歌娜号"以上海为母港进行初航，标志着中国邮轮航运与邮轮旅游的起步。2007 年，皇家加勒比邮轮进入中国，"海洋神话号"开启上海母港航线。2006 年 15 艘国际邮轮停靠中国港口达 70 多个航次。随后，2008 年北京奥运会的召开促使国际邮轮到港规模日益扩大，邮轮游客逐年增长，2009 年出境游客达到 38 万人次，2010 年增长到 79 万人次，中国邮轮航运逐步由入境接待为主过渡到出入境并进的阶段（张梦瑶和刘云，2014）。

3. 快速发展期

该阶段主要覆盖 2012~2016 年，时间尺度很短。自 2012 年起，中国邮轮旅游与邮轮航运进入快速发展的阶段，邮轮港口布局基本成型，邮轮靠泊数量剧增，呈现出挂靠航线与母港始发航线并重、到港服务与居民出境服务并举的发展特征。

该阶段，邮轮政策文件明显增多，共有 69 份，其中国家层面政策有 46 份，地方性政策明显增多，共有 23 份。邮轮度假、邮轮旅游逐渐为国内居民所认可，中国鼓励邮轮出境游的发展。烟台邮轮港（2014 年 7 月）、青岛邮轮港（2015 年 5 月）、广州南沙邮轮港（2016 年 1 月）和深圳太子湾邮轮港（2016 年 11 月）相继开港，中国邮轮港口体系基本完成布局。世界重要邮轮企业纷纷增加以上海等中国港口为母港的航线，部署大型邮轮从中国港口始发航行，2012 年 6 月 13.8 万吨的皇家加勒比邮轮"海洋航行者号"开启了中国邮轮巨轮时代。中国陆续设立了邮轮旅游发展实验区，鼓励先行先试的政策创新；2012 年 9 月，第一个"中国邮轮旅游发展实验区"在上海成立，天津（2013 年）、深圳（2016 年）和青岛（2016 年）先后设立邮轮旅游发展试验区。

国际邮轮投放剧增，本土邮轮开始起步。2012 年中国内地共接待国际邮轮 285 艘次，接待邮轮游客 66 万人次。随后，邮轮挂靠数量剧增，2016 年大连、天津、烟台、青岛、上海、舟山、厦门、广州、海口、三亚、深圳等 11 个港口共接待邮轮 1040 艘次，接待游客量突破 200 万，达到 226.13 万人次，首次

邮轮航运网络的空间模式与发展机理

---

① 原主管旅游工作的国务院直属机构，现为文化和旅游部。

超过德国，成为全球第二大邮轮客源市场并在东北亚市场占主导（司有山等，2017）。2012 年，中国第一家中资邮轮公司—海航旅业邮轮游艇管理有限公司在北京成立，2013 年 1 月旗下"海娜号"邮轮首航；2014 年 2 月，渤海邮轮成立，旗下"中华泰山号"是中国首家自主经营管理的邮轮；2015 年 5 月，天海邮轮"新世纪号"投入运营。中国邮轮航运的崛起，驱动亚太地区成为北美和欧洲之后的第三大区域市场，而上海成为亚洲第一、全球第四大邮轮母港（汪泓等，2019）。

4. 优化调整期

该阶段主要覆盖 2017 年以来的时间年份。在经历十余年快速发展之后，中国邮轮业开始进入阶段性调整优化期。该阶段，国际邮轮公司在华部署与发展战略略有调整，部分国际邮轮撤出中国市场，邮轮撤离和新船投放同时推进，邮轮靠泊波动性较为明显；邮轮挂靠数量增速放缓，邮轮制造取得实质性进展。

中国仍密集颁布了 48 份邮轮政策文件，包括国家层面 28 份。华南地区成为邮轮重要市场，新增邮轮旅游发展示范区，初步形成了环渤海、长三角、海峡两岸、粤港澳、南海琼州海峡等邮轮港口群发展格局，邮轮泊位达 32 个。中国开启首艘本土邮轮建造项目，多家本土邮轮公司出现。

部分国际邮轮开始撤出中国市场，运力投放有所下降。2017 年开始，诺唯真邮轮"喜悦号"、公主邮轮"盛世公主号"、"蓝宝石公主号"、歌诗达邮轮"维多利亚号"、天海邮轮"新世纪号"及皇家加勒比邮轮"海洋量子号"、"海洋赞礼号"和"海洋水手号"等邮轮相继撤离中国市场（孙晓东等，2019）。但中国始发的邮轮数量仍不断增长，2017 年中国母港邮轮数量创历史新高，达到 18 艘。本土邮轮进入多船时代，2018 年底天海邮轮宣布解散，但中国旅游集团和中国远洋海运集团联合推出星旅邮轮品牌，首艘邮轮为"鼓浪屿号"；嘉年华集团与中国船舶工业集团成立中船嘉年华邮轮有限公司，购入歌诗达"大西洋号"和"地中海号"。2019 年在中国大陆市场运营的邮轮品牌共计 10 个，运营 15 艘邮轮；其中 7 个国际品牌共在中国大陆投放了 12 艘邮轮。

2020 年初，新冠疫情严重干扰了中国邮轮旅游与邮轮航运的正常发展路径。2020～2023 年，中国邮轮旅游与邮轮航运处于停滞期。2023 年下半年开始，部分邮轮尝试性复航。

二、中国邮轮产业政策演进

1. 中国邮轮航运政策

21世纪以来，中国邮轮旅游开始受到国家和各部门的重视。国家和地方根据不同时期的邮轮发展需求，因地制宜，因需而变，从整体性支持到产业环节的具体性扶持，持续制定、更新和完善关于支持、鼓励、规范邮轮业发展的政策。政策数量稳定增多，直接涉及邮轮产业的文本共计135份；其中，国家层面的文本89份，地区层面的文本46份。

2006年6月，国家发改委出台了《促进我国邮轮业发展的指导意见》，这是第一份关于邮轮产业的国家指导文件。2006年9月，交通运输部、国家发改委出台《全国沿海港口布局规划》，对中国邮轮业的基础设施建设进行了总体布局。2008年，国家发改委下发了《关于促进我国邮轮经济发展的指导意见》，提出中国邮轮产业近期、远期"两步走"的发展战略。2009年10月，交通运输部发布《关于外国籍邮轮在华特许开展多点挂靠业务的公告》，为近海、沿海邮轮航线布局提供了政策保障（表13-1）。

表13-1　中国国家层面邮轮业重点政策文件

年份	发布部门	政策名称
2006	交通部、国家发展和改革委员会	全国沿海港口布局规划
2006	国家发展和改革委员会	促进我国邮轮业发展的指导意见
2008	国家发展和改革委员会	关于促进我国邮轮经济发展的指导意见
2009	交通运输部	关于外国籍邮轮在华特许开展多点挂靠业务的公告
2011	交通运输部	关于加强外商独资船务公司审批管理工作的通知
2011	国家旅游总局	国际邮轮口岸旅游服务规范
2014	交通运输部	关于在天津、上海、福建、海南四省市开展邮轮运输试点示范的通知
2014	交通运输部	关于促进我国邮轮运输业持续健康发展的指导意见
2015	交通运输部	全国沿海邮轮港口布局规划方案
2015	交通运输部	邮轮运营统计报表制度
2016	交通运输部	邮轮码头设计规范（JTS170—2015）

年份	发布部门	政策名称
2016	海关总署	出入境邮轮检疫管理办法
2017	交通运输部	邮轮运营统计调查制度
2018	交通运输部、国家发展和改革委员会、工业和信息化部、公安部、财政部、商务部、文化和旅游部、海关总署、国家税务总局、国家移民局	关于促进我国邮轮经济发展的若干意见
2019	交通运输部、公安部、文化和旅游部、海关总署、国家移民局	关于推广实施邮轮船票管理制度的通知

随着国内休闲旅游的发展，2010 年以来国务院、国家发展和改革委员会、国家文化和旅游部以及交通运输部都曾出台文件，鼓励培育邮轮旅游市场。2009 年 10 月，交通运输部公布了《关于外籍邮船在华开展特许多点的挂靠业务的公告》，非中国籍的邮轮在获得特许后，可在中国运营多点挂靠的航线。2010 年 11 月，《国际邮轮口岸旅游服务规范》（LB/T017—2011）出台，是首个国家层面的邮轮旅游规范。2014 年 9 月，交通运输部提出在天津、上海、厦门、三亚等开展邮轮试点示范工作。2015 年 4 月，交通运输部出台《全国沿海邮轮港口布局规划方案》，将邮轮港口分为访问港、始发港和母港，2030 年中国将形成 2~3 个母港，重点发展大连、天津、青岛、烟台、上海、厦门、深圳、三亚等邮轮港。2018 年 9 月，中国 10 个部委联合发布《关于促进我国邮轮经济发展的若干意见》，从邮轮消费文化培育、邮轮航线布局、邮轮港口发展、本土邮轮船队建设等方面为邮轮业发展指明方向。2019 年，交通运输部发布《邮轮港服务规范》，形成了行业发展的新标准；同年 11 月，交通运输部、公安部、文旅部、海关总署和移民局联合推出《关于推广实施邮轮船票管理制度的通知》。2022 年 8 月，五部委联合发布《关于加快邮轮游艇装备及产业发展的实施意见》，从丰富邮轮旅游航线和产品、开辟旅游精品航线、打造特色目的地等方面对中国邮轮旅游发展进行政策指引。

由于中国邮轮业起步较晚，发展经验不足，因此引导性的邮轮政策居多，主要功能是指导设定邮轮产业发展目标、规划方案、具体任务、实行措施。标题从"邮轮运输业"或"邮轮旅游业"变成近年来的"邮轮产业"和"邮轮经济"。值得关注的是中资邮轮政策试点，2019 年 5 月交通运输部出台《关于推进海南三亚等邮轮港口海上游航线试点的意见》，明确在五星红旗邮轮投入运营前，先期在三亚、海口邮轮港开展中资方便旗邮轮无目的地航线试点。

在国家引导下，地方政府也高度重视邮轮产业发展，纷纷出台鼓励政策与规划。例如，海南省先后出台《海南邮轮产业先行先试试点方案》、《海南省游艇产业发展规划》及《海南省游艇码头布局规划》等政策。福建省相继推出《福建海峡蓝色经济试验区发展规划》、《关于支持和促进海洋经济发展的九条措施》及《关于加快推进厦门邮轮母港建设的若干意见》。国内相关企业积极响应，制定了邮轮产业发展战略规划，如招商局集团、中国旅游集团和中国交通建设集团等均积极进军邮轮产业。

2. 中国邮轮试验区

邮轮旅游发展实验区是中国开展邮轮旅游政策和体制机制改革先行先试的地区。实验区的重点任务是加强研究，探索实验，积累经验，探索邮轮旅游发展的有效路径与成功模式。截至 2023 年，中国已批设 6 个实验区，具体包括上海、天津、深圳、福州、大连和青岛。

上海邮轮旅游发展实验区：2012 年 9 月，原国家旅游局批设，为首个"中国邮轮旅游发展实验区"。实验区以吴淞口、虹口区以北外滩为中心，已率先探索 144 小时过境免签、15 天入境免签政策，已实现国际邮轮物资货柜转运常态化运营，推进"单一窗口"邮轮项目建设，提升了邮轮口岸通关服务。目前，多项邮轮政策和模式已在天津、青岛、广州等邮轮港口进行复制推广。

天津邮轮旅游发展实验区：2013 年批设，位于天津滨海新区。重点任务是建设中国邮轮制造维修基地，打造中国北方邮轮旅游中心，拓展"在津游"，开发邮轮入境游；建设国际邮轮用品采购供应中心，推进天津国际邮轮母港建设；培育邮轮产业市场主体。

深圳邮轮旅游发展实验区：2016 年 5 月获批，位于深圳南山蛇口工业区太子湾，占地面积为 9.4 平方千米。重点任务是促进"前港-中区-后城"发展模式快速落地，以邮轮母港建设为核心，打造集旅游运营、餐饮购物、免税贸易、酒店文娱、港口地产、金融服务等于一体的邮轮产业链（龙梅，2017）。

福州邮轮旅游发展实验区：2017 年 7 月获批，位于长乐松下港，规划面积为 5.5 千米。主要任务是以邮轮母港建设为依托，以延伸邮轮产业链为重点，以旅游休闲和港航服务为支柱，借助"邮轮+"助力"海上福州"旅游发展，打造海丝区域性邮轮母港。

大连邮轮旅游发展实验区：2017 年 8 月获批。主要目标是建成东北亚国际邮轮旅游中心、国际邮轮人才培训基地、中国邮轮制造和维修基地、中国北方邮轮物料供应中心，主要任务是有序推进邮轮产业发展和基础设施建设，拓展邮轮产业链，引导邮轮旅游规范发展，推进邮轮产品和邮轮旅游市场开发。

青岛邮轮旅游发展实验区：2016 年 5 月获批。重点任务是构建高效、务实的邮轮经济体系，推进协调机制和邮轮产业信息平台建设，形成科学、合理的邮轮产业布局，培育一批专业化的邮轮业务人才与企业，开发一批有吸引力的邮轮旅游产品与线路。

三、中国邮轮航运发展过程

1. 中国邮轮港口增长路径

1976 年大连接待日本"珊瑚公主号"邮轮，这被视为中国首次接待国际邮轮（张树民和程爵浩，2012）。1989 年"海洋珍珠宝号"停靠三亚港。此后，先后有 16 个沿海港口接待过各国邮轮。中国沿海港口均加大邮轮母港硬件设施建设，在原有邮轮码头的基础上提升邮轮接待服务能力，邮轮港口布局体系日趋完善（表 13-2）。

表 13-2　中国邮轮港口基本情况

开港时间	邮轮港口	泊位/个	接待能力	目标
2006	三亚凤凰岛国际邮轮港	2	1 个 8 万吨级和 1 个 15 万吨级泊位，年接待能力 200 万人次	亚洲最大最好的邮轮母港之一
2007	上海港国际客运中心	4	停泊 3 艘 7 万吨级豪华邮轮，年接待能力 100 万人次	亚太最重要的邮轮组合母港之一，"两主一备"的邮轮母港大格局
2011	上海吴淞口国际邮轮港	4	1 艘 10 万吨级和 1 艘 22 万吨级邮轮，年接待能力 340 万人次	
	上海外高桥海通码头		提供临时或应急靠泊服务	
2009	天津国际邮轮母港	4	停靠 22 万吨级邮轮；年接待能力 100 万人次	中国北方最大的邮轮母港
2014	舟山群岛国际邮轮港	1	10 万吨级（兼靠 15 万吨级）泊位，年接待能力 50 万人次	
2014	青岛邮轮母港	3	可停靠 22.7 万吨级邮轮，设计年接待能力 150 万人次	中国北方最重要的全球顶级邮轮母港
2016	深圳招商蛇口国际邮轮母港	2	1 个 22 万吨级、1 个 10 万吨级泊位；年接待能力 180 万人次	华南地区最大的邮轮母港

开港时间	邮轮港口	泊位/个	接待能力	目标
2016	大连国际邮轮港	2	1 个 15 万吨级泊位, 1 个 22.5 万吨级; 年接待能力 150 万人次	东北亚国际邮轮母港
2017	温州国际邮轮港	1	接待 5 万吨级兼靠泊 10 万吨级邮轮, 年接待能力 22 万人次	
	海南海口秀英港	1	具备 10 万吨级邮轮靠泊的能力	
2019	广州南沙国际邮轮母港	2	1 个 22.5 万吨级和 1 个 10 万吨级邮轮泊位, 年接待能力 75 万人次	
2020	烟台国际邮轮母港	3	新建大型邮轮泊位 3 个	
2007	厦门邮轮港改造工程	3	1 个 15 万吨级、2 个 8 万吨级泊位, 年接待能力 1000 万人次	母港规模世界第一, 母港综合体世界第一, 奢侈品世界第一
2021	福州港平潭港区	1	15 万吨级泊位, 23.4 万人次	
2010	北海国际邮轮港	3	1 个 5 万吨级和 2 个 2 万吨级泊位, 年接待能力 100 万人次	
2021	湛江国际邮轮港	2	1 个 8 万吨级、1 个 3 万吨级邮轮泊位	
2017	连云港	1		
规划	秦皇岛、黄埔、海南、南海、防城港			

各港口为了吸引国际邮轮停靠, 积极建设母港, 纷纷建立邮轮港口或升级改造旧码头, 引发了母港投资建设热。2008 年中国接待母港邮轮的城市仅有上海和天津; 2006~2016 年, 中国邮轮港口从零发展到 10 个, 邮轮发展和母港建设进入"你争我抢"的时代。2011 年舟山国际邮轮码头动工建设, 2012 年深圳、青岛邮轮港口启用。2017 年中国接待母港邮轮的城市包括上海、天津、大连、海口、烟台、厦门、青岛、舟山、深圳等, 数量达到 11 个。2018 年, 中国大陆地区共有邮轮港口 13 个, 具体包括上海、天津、厦门、广州、深圳、海口、青岛、大连、三亚、连云港、温州、威海、舟山。2019 年 11 月, 广州南沙国际邮轮港开港运营。

目前, 中国共有 15 个城市已建成或规划建设邮轮港口, 已建成的邮轮母港包括香港维多利亚港、上海吴淞国际邮轮母港、天津国际邮轮母港、三亚凤凰岛国际邮轮母港、厦门邮轮母港。此外, 2021 年北海等邮轮码头建成验收, 湛江邮轮码头开工。中国邮轮港口与世界其他港口的联系越来越密切，尤其是以日韩、东南亚为目的地的短程航线为主；以 4 ~ 7 天的短程旅游占多数，并主要以天津、上海和香港为母港出发（李荣发，2012）。

2. 中国港口邮轮挂靠增长

21 世纪以来，中国港口的邮轮靠泊和服务能力持续提升，泊位和航站楼等重要基础设施数量快速增长，通关设施、旅客服务质量和船舶引水、行李运送等软服务方面大大提升，智能化设备、电子通关柜台等现代化设备开始运营，船票制度在全国推广，口岸管理效率进一步提升。

中国邮轮航运的发展始于 2006 年。2006 年，"歌诗达爱兰歌娜号"开辟了中国母港航次。许多国际邮轮企业以中国港口为始发港或母港组织邮轮航线，在华运营邮轮从 2006 年 1 艘增长到 2015 年的 12 艘。2016 年中国港口的靠泊始发邮轮达到 18 艘，在华经营的国际邮轮公司达到 6 个，包括歌诗达邮轮、皇家加勒比邮轮、公主邮轮、丽星邮轮、地中海邮轮、星梦邮轮（表 13-3）。2017 年，诺唯真邮轮和银海邮轮进入中国，尤其是银海邮轮成为首个以中国为母港的奢华邮轮品牌。2017 年，中国港口运营邮轮 18 艘，2018 年达到 16 艘，包括"海洋量子号""海洋赞礼号""海洋航行者号""辉煌号""赛琳娜号""大西洋号""幸运号""处女星号""双子星号""宝瓶星号""新世纪号""喜悦号""盛世公主号""钻石号""中华泰山号""世界梦号"（何孟艳，2018）。2019 年，在中国运营的国际邮轮公司近 10 家，运营邮轮达到 16 艘，包括外资邮轮 13 艘和中资邮轮 3 艘。2020 年，新进入中国的邮轮包括"地中海荣耀号""伊丽莎白女王号""蓝宝石公主号""地中海号"。

表 13-3　2016 年中国在运营品牌情况

	品牌	在华运营邮轮数/艘	标准载客量 PAX	运力比重/%
外资	歌诗达邮轮	4	10 510	23.47
	皇家加勒比邮轮	5	16 664	37.21
	公主邮轮	2	5 274	11.78
	丽星邮轮	2	3 350	7.48
	星梦邮轮	1	3 400	7.59
	地中海邮轮	1	1 544	3.45
	小计	15	40 742	90.98

品牌		在华运营邮轮数/艘	标准载客量 PAX	运力比重/%
中资	渤海轮渡（"中华泰山号"）	1	927	2.07
	天海邮轮（"新世纪号"）	1	1 814	4.05
	钻石邮轮（"辉煌号"）	1	1 300	2.90
	海航邮轮（"海娜号"）	–退役		
	小计	3	4 041	9.02
	总计	18	44 783	100

随着国际邮轮企业的入驻与国际邮轮配置数量的增多，中国港口靠泊邮轮数量快速增长（表13-4）。2006 年，中国港口靠泊国际邮轮达到 49 艘次，包括母港航次 24 艘次、访问邮轮 25 艘次；2014 年中国港口共接待国际邮轮 466 艘次，其中母港航次为 366 艘次，访问邮轮 100 艘次。2017 年接待国际邮轮 1181 航次，包括母港接待 1098 艘次，访问 83 艘次；2018 年中国邮轮靠泊量降至 969 艘次，包括母港邮轮 898 艘次，访问邮轮 78 艘次。2019 年，中国邮轮靠泊量继续下降至 811 艘次，其中母港邮轮 735 艘次，访问港邮轮 76 艘次。中国邮轮市场从简单增长进入到理性发展阶段。

表 13-4　中国港口的邮轮靠泊次数

年份	母港邮轮/航次	到访邮轮/航次	总航次/次	国际邮轮品牌数量/次	运营母港邮轮数量/次
2006	24	25	49	1	1
2007	58			1	1
2008	63	49	346	2	2
2009	40	219	259	2	3
2010	79	215	294	2	4
2011	110	162	272	2	4
2012	169	106	271	3	4
2013	335	71	406	3	6
2014	366	100	466	4	8
2015	539	90	629	4	12
2016	927	83	1010	6	18
2017	1098	83	1181		
2018	898	78	969		
2019	735	76	811		

邮轮大型化、高端化的趋势较为明显。2016 年中国靠泊的邮轮中，7 万吨级以上的邮轮有 13 艘，10 万吨级以上的邮轮有 8 艘，16 万吨级以上的邮轮有 2 艘。中国港口靠泊巨型邮轮的能力得到提升，许多港口可以接待 22 万吨级邮轮，并且可以多船同时靠泊。2016 年成功靠泊 16.78 万吨的巨型邮轮。2019 年 6 月，皇家加勒比邮轮的超量子系列巨轮"海洋光谱号"在上海开启首航；歌诗达邮轮为中国量身打造首艘 Vista 级邮轮"威尼斯号"；2020 年，地中海邮轮全新一代未来旗舰"荣耀号"入驻中国。

近些年来，母港与访问港在邮轮航次、游客接待量方面的差距有明显增大趋势。母港航线航次密集，游客增长迅速，但访问港的数量持续下降。2008 年，中国邮轮访问港航次有 318 艘次，2012 年减少为 120 艘次，2017 年下跌到 83 艘次，2018 年跌至 80 艘次。到访游客的减少促使邮轮旅游对港口与本地经济的贡献程度有限，2017 年中国邮轮旅游收入规模为 89.2 亿元。

3. 中国邮轮旅客量增长

得益于宏观经济的快速发展和休闲旅游需求的增加等多方面因素的推动，中国邮轮旅游的游客量快速增加，并形成爆发式增长。2001 年，中国内地居民前往中国香港、新加坡乘坐邮轮的人数为 8325 人，2002 年增长到 5.38 万人，2004 年中国内地乘坐邮轮出入境的游客达到 9.3 万人（陈紫华，2009）。2008 年中国邮轮港口出入境游客达到 48.70 万人次，2009 年共计 34.38 万人次。2013 年，中国邮轮出入境游客突破 100 万，达到 120.15 万人次；2015 年突破 200 万人次，达到 248 万人次。自 2016 年开始，中国邮轮旅游进入高增长年份，出入境游客迅速突破 400 万人次，增长到 456.66 万人次，超越德国成为继美国之后全球第二大邮轮客源市场，上海成为游客接待量位列全球前五的母港。2017 年，中国出入境游客达 495.5 万人次，成为历史最高值。2018 年，中国邮轮出入境旅客下降至 488.69 万人次，2019 年继续降至 416.46 万人次（表 13-5）。

中国邮轮旅游经历了快速发展之后，目前发展速度趋缓面临调整，调整期会持续一段时间。截至 2019 年，中国迅速发展成为亚太第一、全球第二大邮轮旅游客源国。2020~2023 年，受新冠肺炎疫情影响，邮轮市场呈现断崖式下跌。2014 年中国出境游游客达 1.09 亿人次，以邮轮方式出境的比例不足 1%，而 2013 年美国出境游客 6000 多万人，其中 1100 万人以邮轮方式出境旅游，比例高达 18.3%，未来中国以邮轮方式出境旅游的比率会有很大提高（黄婧，2017）。预计 2030 年，中国邮轮市场渗透率将增长至 0.5%~1%，邮轮出境旅客量将达到 800 万~1000 万人次/年，稳步向全球第一迈进。

表 13-5　中国大陆港口邮轮游客接待量

年份	母港出发游客/万人	到访游客量/万人	总游客/万人
2008	15.00	33.70	48.70
2009	20.00	14.38	34.38
2010	24.00	24.08	48.08
2011	33.00	14.85	47.85
2012	42.00	24.00	65.69
2013	102.40	17.75	120.15
2014	147.90	24.47	172.37
2015	222.40	25.60	248.00
2016	428.90	27.76	456.66
2017	478.00	17.50	495.50
2018	471.39	17.31	488.69
2019	398.60	17.86	416.46

　　值得关注的是，中国邮轮靠泊艘次与游客数量虽然持续增长，但中国邮轮旅游主要是"出境旅游"而"入境旅游"发展缓慢。中国邮轮港口主要是始发港，挂靠港的功能较低，邮轮航线主要始发航线而挂靠航线较少，邮轮旅游以出境游客为主，到访游客较少且持续减少，出入境逆差过大。20世纪八九十年代，中国邮轮旅游属于入境游阶段，少量国际邮轮停靠接待。2009年开始，中国邮轮旅游主要是中国游客乘坐邮轮到海外消费，出入境人数和收入均呈现长期逆差的失衡状态，这导致邮轮旅游对中国港口城市及周边城市的经济增长贡献较小。2008年，中国邮轮入境游客为43万人次，2015年急速下降到25.6万人次，2016年为27.76万人次，2017年继续降到17.5万人次，2019年略微回升到17.86万人次。这表明中国尚未形成邮轮旅游目的地，尤其是港口城市及毗邻城市的旅游资源未能纳入邮轮旅游圈，岸上旅游开发与邮轮靠泊未能形成互为驱动的关系。

四、中国邮轮航运总体特征

1. 邮轮产业发展阶段

2006年以来，中国邮轮旅游与邮轮航运经历了萌芽发育期、探索起步期、快速发展期、理性发展时期，2020～2023年为疫情停滞期。目前，中国已经成为全球重要的邮轮航运地区，中国邮轮旅游已从小众旅游向大众旅游转变。目前，中国已经成为亚太地区第一、全球第二的邮轮旅游客源国，和亚洲邮轮旅游的重要始发地。中国邮轮航线不断丰富，旅游目的地趋向多元化，主题邮轮航次增多，特色主题活动逐步流行。未来，中国仍有较大的增长空间，并有可能超过美国而成为世界第一客源国。

邮轮航运与邮轮旅游在中国仍处于传统扩散的初级阶段。中国邮轮航运和邮轮旅游仍围绕国际邮轮公司提供服务，仍处于侧重港口基础设施建设的阶段，配套服务设施尚不完善，仍处于各项激励政策的红利释放期，邮轮文化尚未形成，境外旅游以观光与购物为主，邮轮民族品牌与全产业链尚处于培育阶段，国际邮轮企业占据中国市场主要份额。尤其是2017年以来，中国邮轮市场增速放缓，邮轮航次与游客数量增速趋于平缓，进入了理性发展调整期。该调整期的重点是由"量变"到"质变"转变，由"简单增长"转向"理性发展"，逐步由"成长市场"转向为"成熟市场"。

2. 外资邮轮进入路径

中国邮轮市场吸引了世界邮轮企业的入驻布局。2006年开始，大型国际邮轮企业不断入驻，设立地区总部或分公司或代表处、办事处，布局母港航线或增加挂靠航线及频次。2004年，丽星邮轮首先在中国成立邮轮旅行社。2011年和2013年歌诗达邮轮和皇家加勒比邮轮分别在中国成立独资船务公司。2012年就有8家国际邮轮企业入驻。2016年，以中国港口为母港的国际邮轮公司达到5家，邮轮总数为18艘。目前，著名邮轮品牌已全面进入中国市场，包括皇家加勒比邮轮、歌诗达邮轮、公主邮轮、云顶邮轮、地中海邮轮、嘉年华邮轮、挪威邮轮、诺唯真邮轮、银海邮轮等。歌诗达邮轮、皇家加勒比邮轮、丽星邮轮等纷纷将天津、上海和三亚作为母港（姜锐等，2019）。2018年，上海宝山各类邮轮相关企业总数达到137家。这导致中国邮轮旅游一直由国际邮轮公司掌控，2016年占有率达到91%。

中国大陆港口始发的国际邮轮呈现出本土化、大型化与豪华化的发展趋势。截至目前，中国港口始发的国际邮轮主要有皇家加勒比邮轮的"海洋水手号""海洋航行者号""海洋量子号""海洋光谱号""海洋赞礼号"，诺唯真邮轮的"喜悦号""处女星号""歌诗达邮轮的赛琳娜号""维多利亚号""大西洋号"，公主邮轮的"蓝宝石公主号""盛世公主号"，地中海邮轮的"辉煌号""抒情号"，丽星邮轮的"宝瓶号"。这些邮轮均以中国港口为母港或始发港口，组织始发航线（图 13-1）。邮轮大型化与豪华化趋势明显，许多国际邮轮企业将最新或最大的豪华邮轮投放中国市场，甚至为中国游客量身打造国际邮轮，从船舶设计、服务语言到特色餐饮、娱乐活动等方面提升了针对中国游客的定制化水平。2018 年 6 月，丽星邮轮旗下的"宝瓶号"在青岛港首航；2020 年歌诗达邮轮为中国量身打造的 Vista 级邮轮"威尼斯号"投入使用。此外，邮轮航线组织逐步从中日韩航线、东南亚航线向环球航线进行拓展，2015 年歌诗达邮轮"大西洋号"从上海吴淞口出发，开启为期 86 天的环球旅行。皇家加勒比海邮轮的巨型邮轮"海洋量子号"进入中国市场（表 13-6）。

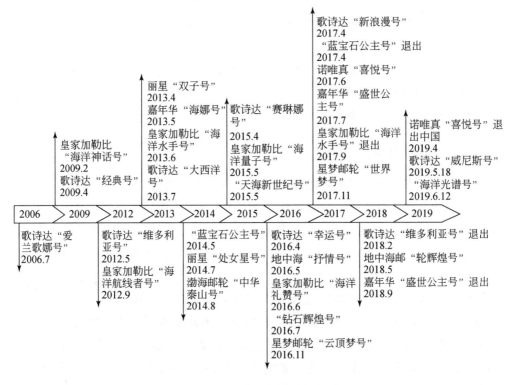

图 13-1　国际邮轮进入中国的路线图

表 13-6　国际邮轮进入中国首航一览表

邮轮名称	邮轮企业	中国母港航线首航时间	首航港口	邮轮名称	邮轮企业	中国母港航线首航时间	首航港口
爱兰歌娜号	歌诗达邮轮	2006 年 7 月	上海	浪漫号	歌诗达邮轮	2010 年 6 月	天津
海洋神话号	皇家加勒比邮轮	2009 年 2 月	厦门	宝瓶星号	丽星邮轮	2011 年 11 月	三亚
经典号	歌诗达邮轮	2009 年 4 月	上海	维多利亚号	歌诗达邮轮	2012 年 5 月	上海

邮轮名称	邮轮企业	中国母港航线首航时间	首航港口	邮轮名称	邮轮企业	中国母港航线首航时间	首航港口
海洋航行者号	皇家加勒比邮轮	2012 年 6 月	上海	海洋赞礼号	皇家加勒比邮轮	2016 年 6 月	天津
双子星号	丽星邮轮	2013 年 2 月	三亚	钻石辉煌号	精致邮轮	2016 年 7 月	上海
海洋水手号	皇家加勒比邮轮	2013 年 6 月	天津	云顶梦号	云顶邮轮	2016 年 11 月	广州
大西洋号	歌诗达邮轮	2013 年 7 月	天津	银影号	银海邮轮	2017 年 1 月	深圳
蓝宝石公主号	公主邮轮	2014 年 5 月	上海	新浪漫号	歌诗达邮轮	2017 年 4 月	上海
处女星号	丽星邮轮	2014 年 7 月	厦门	喜悦号	诺唯真邮轮	2017 年 6 月	上海
赛琳娜号	歌诗达邮轮	2015 年 4 月	上海	盛世公主号	公主邮轮	2017 年 7 月	上海
海洋量子号	皇家加勒比邮轮	2015 年 6 月	上海	辉煌号	地中海邮轮	2018 年 5 月	上海
天秤星号	丽星邮轮	2015 年 11 月	海口	太阳号	维京邮轮	2018 年 6 月	上海
幸运号	歌诗达邮轮	2016 年 4 月	上海	海洋光谱号	皇家加勒比邮轮	2019 年 6 月	上海
抒情号	地中海邮轮	2016 年 5 月	上海	探索梦号	星梦邮轮	2019 年 7 月	天津
黄金公主	公主邮轮	2016 年 6 月	天津				

3. 本土邮轮发展路径

中国自主品牌的邮轮航运企业开始发展。中国船舶集团公司、招商局集团、中国旅游集团、中国远洋海运、中国交通建设集团有限公司等企业在邮轮码头建设、邮轮购置等方面加大投资，海航邮轮、渤海邮轮、天海邮轮、钻石邮轮等中资公司先后试水邮轮运营，天海邮轮"新世纪号"、钻石邮轮"辉煌号"、渤海邮轮"中华泰山号"等本土邮轮相继投入运营（孙宪花和黄伟，2018）。这些本土邮轮企业与本土邮轮迎合中国邮轮游客消费需求，在码头建造、人才培养、邮轮经济区开发等方面均有所涉及，打破了外国邮轮集团垄断的局面（表13-7）。

表13-7　中国本土邮轮公司情况

本土邮轮公司	投资方
海航邮轮有限公司	海航酒店（集团）有限公司
	海航旅游管理控股有限公司
上海大昂天海邮轮旅游有限公司	携程旅行网、皇家加勒比邮轮集团、天海邮轮管理层、盘石基金
渤海邮轮管理有限公司	渤海轮渡股份有限公司
精致钻石邮轮管理（上海）有限公司	上海辉煌旅游发展有限公司
上海蓝梦国际邮轮股份有限公司	福建国航远洋运输（集团）股份有限公司

本土邮轮公司	投资方
星旅远洋国际邮轮（厦门）有限公司	中国旅游集团有限公司
	中国远洋海运集团有限公司
中船嘉年华（上海）邮轮有限公司	中船邮轮科技发展有限公司
	嘉年华（英国）有限公司
三亚国际邮轮发展有限公司	中交海洋投资控股有限公司
招商局维京游轮有限公司	招商局邮轮有限公司
	维京游轮公司

1978 年，长江轮船海外旅游总公司联合美国林德布雷德旅行社，对"昆仑号"合作经营，本土邮轮企业开始起步。2002 年，深圳中达邮轮有限公司经营的国内第一艘可容纳 400 多名乘客旅游度假的豪华邮轮"假日号"启航。

2011 年，中国海航旅业控股集团从嘉年华集团引入了"海娜号"邮轮。2012 年 3 月，中国邮轮有限公司成立，"中华之星号"开辟舟山至中国台湾、日本航线。2012 年 8 月，海航邮轮有限公司成立。2013 年 1 月，"海娜号"启航，以天津为母港，航行天津至韩国航线，但 2015 年船龄到期而退出营运。2013 年 12 月，携程旅行网与磐石资本集团等国内投资机构组建国内第一家邮轮企业——天海邮轮公司，购置了精致邮轮旗下的"世纪号"，2015 年 5 月在上海首航。2014 年，渤海邮轮管理有限公司成立，收购歌诗达"旅行者号"邮轮，改名为"中华泰山号"，成为中国第一艘全中资、自主经营、自主管理的邮轮，从烟台出发至韩国（滕柯，2021）。2015 年，太湖国旅联合投资机构组建钻石国际邮轮公司，从德国购置了首艘邮轮，2016 年 3 月从上海港首航。2018 年中船邮轮科技发展有限公司、嘉年华（英国）有限公司在香港合资成立中船嘉年华邮轮公司。2018 年底，天海邮轮宣布解散。2018 年 11 月，嘉年华集团与中国船舶工业集团合资成立中船嘉年华邮轮有限公司，首期购入歌诗达"大西洋号"和"地中海号"两艘邮轮。2019 年中旅集团和中远海运集团合资设立星旅远洋国际邮轮有限公司，首艘邮轮为"鼓浪屿号"；同年 9 月，"鼓浪屿号"在厦门首航，以上海、厦门和深圳为母港，运营东亚航线。本土邮轮企业根据企业自身优势，探索特色的邮轮产业参与模式，包括天海邮轮的"旅行社+邮轮"、海航旅业的"航空+邮轮"、中船邮轮科技的"造船+邮轮"、星旅远洋邮轮的"航运+邮轮"、三亚国际邮轮发展有限公司的"港口建设+邮轮"。至此，中国本土邮轮企业进入多船运营时代。

2020 年是本土邮轮船队扩大的一年。2020 年，中船嘉年华邮轮公司引进的"大西洋号"邮轮正式交付，歌诗达旗下的"地中海号"邮轮加入其船队；蓝梦邮轮接手原钻石邮轮"辉煌号"并更名为"蓝梦之星号"，同时完成改造升级。同年 12 月，招商局维京游轮有限公司成立，购买"维京太阳号"，成为首家拥有五星红旗邮轮船队的邮轮企业。同时，中交海投、招商蛇口、三亚玉祥邮轮公司等企业纷纷进军邮轮市场（表 13-8）。

表 13-8　2022 年中资邮轮概况

船名	船籍	所属集团	船长/米	船宽/米	总吨位/万吨	载客量/人	船龄/年
大西洋号	意大利	中船集团	292.5	32.2	8.56	2 680	22
地中海号	意大利	中船集团	292.5	32.2	8.56	2 680	19
憧憬号	百慕大	中国交建	261.0	32.0	7.70	1 950	24
鼓浪屿号	百慕大	中远、中旅	261.0	36.0	7.00	1 880	27
中华泰山号	利比里亚	渤海轮渡	181.0	26.0	2.40	927	22
招商伊敦号	中国	招商蛇口	228.0	34.0	4.78	930	5
蓝梦之星号	利比里亚	福建中运	180.0	26.0	2.43	1 275	21
合计					41.43	12 322	

4. 邮轮全产业链拓展

邮轮产业体系的构筑开始起步。邮轮航运与邮轮旅游从以迎合消费需求为主，转变为主动引领消费趋势，以邮轮港口建设、港口接待为核心，带动上下游产业发展。以邮轮设计建造维修、邮轮融资租赁、船队运营、邮轮旅游消费、港口服务、保险服务及延伸服务业态于一体的全产业链在中国逐步形成，但总体发展处于起步阶段。中国邮轮产业 2006 年自下游起步，2012 年中游业态出现，2019 年上游造船业出现本土化。2019 年，中国邮轮旅游收入中的 27.1% 来自船供和港务税费，39.8% 来自总部经济，33.1% 来自游客和船员消费，带动总体经济贡献 358 亿元、就业 6.7 万人。

中国造船企业开始拓展领域，以中船集团、招商工业集团为引领的中国船舶建造企业整合国内外资源加快发展邮轮制造业。2014 年意大利芬坎蒂尼、嘉年华邮轮、中船集团签署了 2 项谅解备忘录，计划联手打造中国邮轮。2015 年中船集团与中国投资公司在北京签署豪华邮轮产业合资协议。2016 年中船集团、中投与嘉年华邮轮集团签署开发中国本土豪华邮轮品牌的协议，中船集团和芬坎蒂尼公司在制造技术方面开展合作。2017 年 2 月，中船集团与嘉年华集团、芬坎蒂尼集团签署了首艘邮轮建造备忘录协议；2018年11月，三方签订了2+4艘邮轮建造合同。中船集团与芬坎蒂尼集团合资成立中船芬坎蒂尼，联合上海外高桥造船有限公司，共同设计建造首艘国产大型邮轮。2017年4月，招商局与美国太阳石船业签订了4+6艘极地探险邮轮建造合同。2018年3月，首个豪华邮轮制造配套项目在招商重工（江苏）有限公司开工。2019年9月，招商工业集团"极地探险邮轮1号"在海门交付。2020年，中船首艘国产新造大型邮轮由上海外高桥造船厂实现坞内起浮。目前，招商工业已交付3艘探险邮轮，在探险邮轮建造市场取得突破。

其他关联业务也开始发展。2015年歌诗达"大西洋号"在上海崇明开展为期18天的航修，成为我国首次承接邮轮维修，2017年舟山港承接了邮轮维修作业，涉足邮轮产业链的维修环节。2013年工银金融租赁与银海邮轮合作开展融资租赁业务，2016年"中船邮轮基金"签约成立。2015年凯撒旅游组建本土邮轮销售公司。2016年国内首家邮轮旅游服务中心在上海成立，同年首个本土岸基供电系统启用，中国邮轮旅游服务联盟在天津成立。

第二节　中国邮轮港口发展分异

一、中国邮轮港口分布格局

1. 港口分布格局

近十年来，随着国内邮轮旅游持续发展，邮轮产业链逐渐延伸，港口建设持续提升，港口配套设施持续完善。2015年以来，中国邮轮港口体系的分布格局基本成形并趋于稳定成熟。2021年中国邮轮港口布局情况如表13-9所示。

表13-9　2021年中国邮轮港口布局情况

邮轮港口	泊位情况	启动时间
三亚凤凰岛国际邮轮港	1个10万吨级，2个15万吨级，1个22.5万吨级	2007年
上海吴淞口国际邮轮港	2个22.5万吨，2个15万吨	2009年
上海港国际客运中心	3个7万吨级	2009年
北海国际邮轮母港	1个5万吨级，2个2万级	2010年

邮轮港口	泊位情况	启动时间
天津国际邮轮母港	4 个泊位，其中 2 个 22.5 万吨级	2010 年
厦门国际邮轮中心	1 个 15 万吨，2 个 8 万吨	2012 年
威海港国际客运中心	5 个客滚、客运泊位	2013 年
舟山群岛国际邮轮港	1 个 10 万吨级，可以停 15 万吨	2014 年
青岛邮轮母港	1 个 22.7 万吨级，2 个中小型邮轮泊位	2015 年
深圳蛇口国际邮轮中心	1 个 12 万吨，1 个 22 万吨	2016 年
大连国际邮轮中心	2 个 15 万吨级，其中 1 个为 22.5 万吨级	2016 年
温州国际邮轮港	1 个 5 万吨级，可以停 10 万吨	2017 年
连云港国际客运中心	1 个可以停靠 22.5 万吨级	2017 年
广州南沙邮轮母港	1 个 10 万吨级，1 个 22.5 万吨级	2019 年
海口秀英港	改建 1 个 10 万吨泊位（未运行）	—
烟台国际邮轮港	1 个泊位（未运行）	—
湛江国际邮轮港	1 个 3 万吨，1 个 7 万吨（未运行）	—
福州国际邮轮港	1 个满足 15 万 GT 邮轮泊位和 5 万吨级多用途泊位	—
防城港马鞍岭客运码头	3 万吨级客运码头	—

　　中国大陆接待过或已投入运营或正在建设的邮轮港口共有 16 个，沿着海岸线自北向南依次为大连、营口、天津、威海、烟台、青岛、上海、舟山、宁波、厦门、深圳、广州、海口、三亚、北海。上述港口共建成了 25 个邮轮泊位，游客接待能力达到 963 万人次。其中，天津、上海吴淞口和客运中心、青岛、深圳蛇口、舟山群岛、三亚凤凰岛、厦门、广州南沙等 9 个港口为邮轮专用港口（表13-10），其他多通过货运码头改建而成，如宁波和大连。

表 13-10　中国主要邮轮港口概况

指标	泊位/个	最大停泊吨位/万吨	码头岸线/米	接待能力/万人次	港口声誉
天津	6	22	1112	50	中国最大人工深水港
上海吴淞口	4	22	1600	600	亚洲单日接待旅客最多对的邮轮港
厦门	4	14	1419	150	东南亚国际航运中心的主要载体和海峡两岸交流的重要口岸
广州南沙	4	22.5	1600	150	建筑面积最大的邮轮母港综合体
深圳太子湾	2	22	1509	760	华南地区最大的邮轮母港
三亚凤凰岛	5	22.5	370	200	中国第一个邮轮专用码头

中国邮轮港口形成渤海湾、长江三角洲、台湾海峡、珠江三角洲、北部湾等五大区域。这些地区的港口城市围绕邮轮航运与出境旅游，已不同程度上发展了邮轮产业。

（1）渤海湾地区：分布有 6 个邮轮港口，包括天津、青岛、大连、连云港、威海和烟台。其中，天津是主要的邮轮母港，大连和青岛为两翼母港。

（2）长三角洲地区：邮轮港口数量最多，分布最密集，共有 7 个邮轮港口，包括上海、舟山、温州、江阴、宁波、镇江和太仓，占全国邮轮港口数量的 2/3 以上。其中，上海是该地区的邮轮母港。

（3）台湾海峡地区：主要覆盖福建和台湾的港口，共有 6 个邮轮港口，包括厦门、基隆、高雄、花莲、澎湖、台中等。厦门港为该地区的邮轮母港。

（4）珠三角地区：珠三角的邮轮港口数量较少，主要有香港、深圳蛇口和广州南沙。三个港口均为母港。

（5）北部湾地区：主要覆盖海南、广西等地区的港口，数量较少，主要有海口、三亚、北海港。其中，三亚为该地区的邮轮母港。

2. 邮轮靠泊量

邮轮靠泊量反映了港口对游客的吸引力。在亚太地区，50% 的邮轮挂靠量集中在 10% 的港口，80% 的邮轮挂靠量集中在 25% 的港口，中国已成为亚太地区邮轮航运网络的始发地区。靠泊量最高的港口多分布在旅游知名度较高的国家，挂靠量在第一梯队的港口，占港口总数的 4%，主要分布在日本（博多港、长崎港、鹿儿岛港）、马来西亚（槟城港、巴生港）；靠泊量较高的港口主要分布在日本、中南半岛（泰国、马来西亚和越南）。日本虽然港口众多、总挂靠班次量较多，但 60% 以上的港口挂靠量小于 10 次。东南亚国家除马来西亚和新加坡外，邮轮访问量偏小，作为母港和作为挂靠港的航班数量均较少。

中国港口的邮轮靠泊量呈现出显著的空间差异。2017 年，中国大陆港口靠泊邮轮 1098 艘次，包括访问港邮轮 83 艘次。总体上，上海和天津港的邮轮靠泊量占据优势地位，但以厦门、广州、深圳、海口、三亚为代表的华南邮轮港口加速追赶（表 13-11）。其中，邮轮靠泊量超过 100 艘次以上的港口有 4 个，分别为上海、天津、广州和深圳。上海港包括吴淞口国际邮轮港和国际客运中心共接待邮轮 512 艘次，占中国港口邮轮靠泊总量的 43.3%，其数量与比重均远高于其他中国港口；尤其是，2019 年吴淞口邮轮港的母港邮轮达到 8 艘，共有 223 个艘次，并有 8 艘访问邮轮，有 14 个艘次。天津港靠泊邮轮达到 175 艘次，比重达 14.8%，位居中国第二位。广州南沙邮轮港和深圳蛇口邮轮港的靠泊量相当，分别为 122 艘次和 109 艘次, 比重分别为 10% 和 8.9%, 尤其是前者在开港后迅速跃居全国第三位, 发展较为迅速。三亚、舟山、大连、海口、烟台等 5 个港口的邮轮靠泊量相对较低, 低于 50 艘次。2018 年, 各港口的邮轮靠泊量均有所减少, 但总体格局未发生变化。例外的是, 厦门港口的邮轮靠泊量却有所增加, 达到 96 艘次 (表 13-12)。

表 13-11　2007~2019 年中国主要港口的邮轮接待数量与游客数量

(单位: 艘次、万人次)

年份	上海		三亚		厦门		天津		大连		青岛	
	艘次	旅客	艘次	旅客	艘次	旅客	艘次	旅客	艘次	旅客	艘次	旅客
2007	47	10.0	54	7.31	28	3.06	21	3.0	1	0.00	3	0.80
2010	109	26.67	15	3.93	19	1.81	40	10	11	1.97	12	1.51
2012	121	35.74	86	11.73	19	3.58	35	12	9	2.12	3	0.31
2014	272	121.8	71	15.59	23	5.64	55	22.4	6	0.67	2	0.50
2016	509	294.5	25	9.64	79	20.08	142	71.51	27	6.48	52	8.60
2018	403	274.6	20	2.00	96	23.48	116	68.3	37	8.44	44	10.82
2019	258	189.3	4	0.64	136	41.37	121	72.55	39	8.85	51	17.62

表 13-12　2018 年中国邮轮港口邮轮接待情况

邮轮港口	接待总量		接待母港邮轮		接待访问港邮轮	
	邮轮数 /艘次	游客量 /万人次	邮轮数 /艘次	游客量 /万人次	邮轮数 /艘次	游客量 /万人次
上海吴淞口国际邮轮港	375	271.56	365	267.22	10	4.33
天津国际邮轮母港	116	68.30	99	64.40	17	3.90
广州港国际邮轮母港	94	48.12	94	48.12	0	0.00
深圳招商蛇口邮轮母港	89	38.46	89	36.46	0	0.00
厦门国际邮轮中心	96	32.48	85	29.51	11	2.95
青岛邮轮母港	44	10.82	40	10.08	4	0.74
大连国际邮轮中心	37	8.44	32	7.24	5	1.20
海口秀英港	51	4.75	47	4.33	4	0.47
上海港国际客运中心	28	3.01	9	0.65	19	2.36
三亚凤凰国际邮轮港	20	2.00	13	0.68	7	1.31
温州国际邮轮港	5	1.40	5	1.40	0	0.00
连云港国际客运中心	20	1.40	20	1.30	0	0.00

邮轮港口	接待总量		接待母港邮轮		接待访问港邮轮	
	邮轮数/艘次	游客量/万人次	邮轮数/艘次	游客量/万人次	邮轮数/艘次	游客量/万人次
舟山群岛国际邮轮港	1	0.035	0	0.00	1	0.035
总计	976	488.67	898	471.42	78	17.28

3. 游客吞吐量

邮轮游客吞吐量呈现出与邮轮靠泊量相似的分布格局,形成显著的空间非均衡性,空间集聚特征显著。根据吞吐量分布格局及发展态势,中国邮轮港口大致形成五个层级。其中,上海、广州、深圳、天津和厦门成为中国邮轮游客的主要集聚港口,并成为各区域的核心母港。2017年,中国11个邮轮港口共接待游客495.4万人次。

第一层次:上海港。上海港依托良好的区位优势、专业化规模化的邮轮码头设施、大规模的客源市场等因素,其邮轮游客吞吐量一直占有绝对的优势地位,成为亚洲第一、全球第四的邮轮港口。2008年,上海接待母港邮轮出入境游客为48 296人次;之后,上海接待的母港邮轮出入境人次数保持大幅增长,尤其以2016年增幅最大。2015年,上海港邮轮游客占全国总量的比重达到历史最高水平,为65.8%。2017年上海港的邮轮游客规模最高,达到297.8万人次,占全国邮轮游客总量的比重为60.1%,并远高于其他港口;2018年接待量减少到275.29万人次,2019年比重下降到45.3%,但仍位居全国第一位。

第二层次:天津港。天津是华北地区的母港,邮轮游客多。2008年,天津港接待母港邮轮出入境游客为9000人次,之后增长显著。自2010年以来,天津港的吞吐量一直位居全国第二。2017年天津港接待邮轮游客量达到94.2万人次,占全国总量的19%;2018年减少到68.39万人次,2019年比重下降到17.5%。

第三层次:广州、深圳和厦门等港口位居第三个层次,2016年以来呈现快速发展态势。2017年,广州港的邮轮游客量达到40.3万人次,比重达到8%;游客量呈现增长态势,2018年达到48.12万人次,位居全国第三位。2018年,深圳港实现了50万人次的跨越式增长;厦门港保持小幅增长态势,2018年达到32.48万人次,创历史最好成绩。

第四层次:其他港口的邮轮游客量较低,但青岛港增长快速,大连港呈现小幅增长;三亚、海口等港口波动明显,从高峰时期的15.5万人次和5.1万人次下降至 2019 年的 0.6 万人次和 0。

第五层次：舟山、温州、烟台、连云港等港口尚未形成常态化运营。

二、中国邮轮港口职能分异

邮轮港口根据职能可分为母港、始发港和挂靠港，港口职能既是其本身静态的属性，又是针对特定航线的港口属性，一个具备母港职能的港口，同时执行挂靠港职能。本章节重点分析邮轮港口的母港始发职能和挂靠访问职能。

1. 邮轮始发

中国已建立了 5 个自有始发航线的邮轮母港，包括上海（含吴淞口）、天津国际邮轮中心、厦门国际邮轮中心、三亚凤凰岛国际邮轮港和广州（含深圳）。

中国母港始发航线多为 8 万吨以下邮轮，巨型豪华邮轮较少。中国港口的始发邮轮量呈现出与靠泊量相类似的格局，这充分表明中国邮轮旅游市场是典型的客源地性质。2018 年，中国港口邮轮始发总量达到 898 艘次，占邮轮靠泊总量的比重高达 92.01%。从母港始发来看，挂靠量超过 300 艘次的邮轮港口仅上海港，其挂靠量达到 365 艘次，呈现出高度的集聚特征，占中国港口邮轮始发总量的 40.65%，远高于其他港口。始发量位于 50～100 艘次区间的港口有 4 个，具体包括天津、广州南沙、深圳蛇口和厦门。始发量位于 20～50 艘次区间的港口有 4 个，具体包括海口、青岛、大连和连云港；其他港口较少。值得关注的是，舟山港因其是岛港而未能形成始发航班。

始发游客量的分布呈现出类似的空间格局。2018 年，中国港口始发游客量为 471.42 万人次，占中国邮轮游客总量的 96.47%，形成了绝对的本地化。上海吴淞口国际邮轮港形成了绝对的优势，其始发游客量达到 267.22 万人次，占全国的比重高达 56.68%；天津港达到 64.4 万人次，广州、深圳和厦门分别达到 48.12 万人次、36.46 万人次和 29.51 万人次。从各港口来看，始发游客占邮轮游客总量的比重存在差异，但均具有较高的比重；广州、温州港形成了绝对的本地客源，其比重达到 100%；上海吴淞口、深圳蛇口、天津、青岛、连云港、海口秀英、厦门等 7 个邮轮港口均超过了 90%，大连港达到 85.78%。仅上海国际客运中心和三亚凤凰岛相对较低，其比重分别为 21.59% 和 34%。

中国邮轮旅游以出境游为主，但呈现"内需"的特点，游客内需是通过港口将船岸各邮轮业态相互连接，岸基消费通过港口将产业价值留存于地方。目前中国邮轮产业值的 60.2% 和邮轮港口直接相关，港务费、船供占 27.1%，游客及船员在国内的消费占 33.1%。

2. 邮轮到访

国际邮轮旅游的经济效益具有显著的"过路经济"特征，超过 70% 以上的产业产值外溢到国外，这促使邮轮"访问"或"挂靠"的意义很重要。国际邮轮到访量充分表征了挂靠港的地位与功能。中国邮轮到访艘次和到访游客量均很低，这说明中国邮轮市场是以邮轮旅游客源地为导向性的。

国际邮轮在中国的到访量或挂靠量一直较低，而且形成持续减少的态势。2018 年，中国邮轮港口共有邮轮到访量 78 艘次，仅占中国邮轮靠泊总量的 8%，比重很低。其中，邮轮到访量最高的港口为上海港，共有 29 艘次，包括吴淞口国际邮轮港 10 个艘次和上海港国际客运中心 19 个艘次；天津港的到访量达到 17 艘次，厦门港为 11 艘次，青岛、大连、海口、三亚、舟山等港口虽有到访，但艘次较少；其他港口尚未有到访邮轮挂靠。从到访量占靠泊量的比重来看，舟山的邮轮靠泊量均为到访量；其次为上海港国际客运中心，其到访艘次比重较高，达到 67.86%，三亚凤凰岛也达到 35%，其他港口的比重较低，尤其是上海吴淞口国际邮轮港的比重最低，仅为 2.67%。

到访游客的分布呈现类似的空间格局。2018 年，中国邮轮港口的到访游客达到 17.28 万人次，规模较小，占邮轮游客总量的比重很低，仅为 3.54%。其中，上海吴淞口国际邮轮港的到访游客最多，达到 4.33 万人次，厦门、上海港国际客运中心均超过 2 万人次；其他港口规模较小。

以中国港口为挂靠港的国际邮轮主要有"太阳公主号""蓝宝石公主号""太平洋公主号""钻石公主号""海洋精神号""蒙娜丽莎号""水晶交响号""学府之船""斯特丹姆号""富士丸号""高尔基号""飞鸟 2 号""奥兰德公爵号""海洋探索号""伊丽莎白 2 号""处女星号""奥丽埃纳号""红宝石号""娜蒂卡号""宝瓶星号""天秤星号""钻石号"等。

专栏 13-1　亚洲邮轮港口组织

亚洲邮轮港口协会：2010 年，上海吴淞口国际邮轮港与新加坡邮轮中心在上海倡议成立亚洲邮轮港口协会，其目的是推动亚洲国际邮轮港口间的互动。该组织旨在响应邮轮码头、港口运营商和业主之间达成共识的需要，将服务和运营提升到邮轮公司期望的国际服务水平。亚洲邮轮港口协

邮轮航运网络的空间模式与发展机理

第三节　中国邮轮航运网络结构

一、航线类型分异

1. 航线航程差异

根据航线距离，中国邮轮航线大致分为四种类型：远洋航线、近洋航线、沿海航线和内河航线。

（1）远洋航线：主要是以中国港口为始发港连接印度洋、地中海、加勒比海或欧洲的邮轮航线，或以中国港口为挂靠港的远航程航线。这类航线在中国港口的数量很少，而且航班不稳定。

（2）近洋航线：主要是在距离较近的国际海域航行的航线，包括中国港口始发和挂靠中国港口的航线。目前，停靠中国邮轮港口的航线主要在亚太地区，覆盖东北亚的韩国和日本，东南亚的新加坡、泰国、越南和马来西亚等，多为 7 天左右航程的近洋航线（表 13-13）（孙瑞萍，2013）。

（3）沿海航线：主要是指沿着中国海岸线进行航行的航线，包括沿中国海岸线航线与台湾海峡航线等。该航线航程较短，航程从 24 小时到 2~3 天不等。该类航线数量较少，仅是中国邮轮航线的补充。

（4）内河航线：是在内河上航行的游轮航线，主要是指长江游轮航线。严格意义上，不属于本研究的范畴，但是中国游轮发展的亮点。

表 13-13　中国邮轮母港典型航线

主要航线	航程	经停港口城市	主要航线	航程	经停港口城市
中韩航线	3 晚 4 天	上海–济州岛–上海	中日韩航线	7 晚 8 天	上海–京都–福冈–釜山–上海
中韩航线	5 天 4 晚	上海–济州岛–仁川–上海	中日韩航线	7 晚 8 天	上海–鹿儿岛–别府–福冈–釜山–上海
中韩航线	5 天 4 晚	上海–济州岛–釜山–上海	中日韩航线	7 晚 8 天	上海–釜山–别府–京都–名古屋–东京
中韩航线	8 天 7 晚	青岛–济州岛–上海–首尔–青岛	中日韩航线	7 天 6 晚	天津–仁川–济州岛–釜山–天津
中日航线	7 晚 8 天	上海–冲绳–鹿儿岛–神户–名古屋–东京	中日韩航线	8 天 7 晚	天津–福冈–别府–鹿儿岛–釜山–天津
中日韩航线	5 天 4 晚	上海–福冈–济州岛–上海	中日韩航线	6 天 5 晚	香港–长崎–济州岛–上海
中日韩航线	5 天 4 晚	上海–长崎–济州岛–上海	东南亚航线	6 天 5 晚	香港–马尼拉–长滩岛–香港
中日韩航线	5 天 4 晚	上海–长崎–济州岛–上海	中越航线	5 天 4 晚	海口–下龙湾–岘港–海口
中日韩航线	6 天 5 晚	上海–济州岛–釜山–丽水–上海	中越航线	5 天 4 晚	香港–三亚–下龙湾–香港
中日韩航线	6 天 5 晚	上海–济州岛–福冈–鹿儿岛–上海	中越航线	3 天 2 晚	三亚–岘港–三亚
中日韩航线	8 天 7 晚	上海–神户–清水/静冈–横滨–济州岛	中越航线	3 天 2 晚	三亚–下龙湾–三亚
中日韩航线	7 天 6 晚	上海–釜山–福冈–鹿儿岛–上海	中越航线	4 天 3 晚	三亚–岘港–下龙湾–三亚
中日韩航线	5 晚 6 天	上海–鹿儿岛–釜山–上海	厦门香港航线	3 晚 4 天	厦门–香港–厦门
中日韩航线	7 晚 8 天	上海–鹿儿岛–长崎–济州岛–首尔–天津	厦台航线	5 晚 6 天	厦门–基隆–花莲等–厦门
中日韩航线	7 晚 8 天	上海–鹿儿岛–长崎–福冈–釜山–上海	环球航线	10 天以上	北美、地中海等

2. 航线组织模式

按照邮轮航行路径，中国邮轮航线可分为单程航线、双程航线、环形航线和组合型航线（鄢红叶，2012）。国际邮轮企业的中国邮轮航线主要是环形航线，其停靠港口较多；中国邮轮企业的航线多是单程航线和双程航线，比较单一，停靠港口较少。

根据航线上的港口挂靠关系，可以将航线分为单点挂靠模式、多点挂靠模式和重复挂靠模式。近几年来，邮轮航线政策逐步试点和突破。邮轮航线呈现多样化，除了常规线路，国家特批了香港两地一程多站经港赴台邮轮航线、中国大陆直航中国台湾邮轮包船航线及外籍邮轮在中国沿海多港挂靠航线等。

（1）单点挂靠模式：是指邮轮只能在一个母港或始发港将全部游客接上船，在完成境外海上航行后，将同批次游客送回登船的母港或始发港。该种航线组织模式下，乘客与邮轮船舶形成了隐形的捆绑关系。

（2）多点挂靠模式：是指邮轮船舶从某国的港口始发，在一个国际航线中，无论是去程还是返程，均可挂靠该国家的多个港口，且船上游客可选择在不同的港口离港。邮轮乘客可以选择在始发港口以外的其他港口下船离港，结束行程。该种模式与单点挂靠模式相比，乘客的自主性大大提高，实现了"船走人留"。乘客可拥有充足的时间在入境国家开展观光、休闲等活动。航线为单向航线。

（3）重复挂靠模式：主要是指在一条国际航线中，邮轮船舶在去程和返程中均会挂靠同一个港口。这类重复挂靠的港口通常情况下为母港或始发港。因为这两类职能港口既可满足船上乘客的下船离港，也可实现另一批次邮轮乘客的登船。该航线可分解为两条或两条以上的航线，而这些航线通常是被分解为单向航线和往返航线，且两种航线是前后衔接的。

二、邮轮航运系统

在航运网络的研究中，空间系统被认为是构成航运网络的骨架，这充分体现了空间系统在港口地理研究中的重要地位（王成金，2008；吴旗韬等，2011；潘坤友和曹有挥，2014）。通常情况下，航运网络的空间系统被认为是在一定空间尺度下，拥有紧密联系的港口组合。中国邮轮航运网络主要形成了三个地域系统，即东北亚系统、东南亚系统及台湾海峡系统（图13-2）。其中，以东北亚系统为绝对主导。这些系统内部形成了高度网络化的联系结构，各系统之间也具备良好的功能衔接。中国邮轮航线组织深度嵌入到东北亚和东南亚系统中。

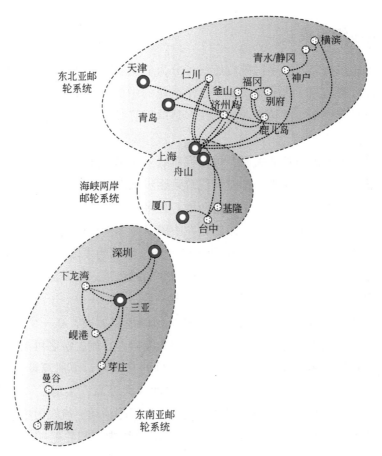

图 13-2　中国三大邮轮系统

1）东北亚系统

以天津、青岛、上海、舟山等港口为母港或始发港，联动大连、烟台等始发港，主要连接日本和韩国的邮轮港口，包括韩国的仁川、济州岛、釜山等，日本的神户、福冈、鹿儿岛、郡山、长崎等港口，形成面向东北亚的邮轮航运网络。该航运网络的主要航线为中日韩航线，是具有典型东亚地域文化的邮轮航运系统。该航运系统属于近洋航线，航程适中，多为 7 天航程。该航运系统具备可以继续向北延伸连接俄罗斯远东港口乃至北极地区的发展情景。

2）台湾海峡系统

以厦门港为母港，联动上海港，连接基隆、花莲等台湾港口，形成台湾海峡两岸邮轮航运网络。这些港口形成了一个相对完整的邮轮航运系统，但主要得益于台湾地区的邮轮产业发展较为发达。台湾地区的港口兼具母港和挂靠港功能。该航运系统的规模较小，航线较少，航程较短。代表性航线为厦台航线。值得关注的是，该组团受台海关系的影响较大，发展的不稳定性较为明显。台湾海峡系统的航线可以进一步延伸到日本和韩国。

3）东南亚系统

以香港、三亚、广州、深圳等港口为母港，重点连接东南亚的邮轮港口，包括越南的芽庄、岘港、下龙湾，泰国的普吉岛、甲米岛和曼谷，新加坡港。该航线可通过马六甲海峡进一步延伸到印度洋等港口，也可以通过巽他海峡、龙目海峡等连通澳新地区和南太平洋地区的邮轮港口。总体形成了面向东南亚并连通印度洋、澳新地区和南太平洋的邮轮航运网络，是亚太邮轮航运网络的主要组成部分。

第十四章

中国邮轮航运发展的优化路径

任何地理要素或地理系统的可持续发展都存在一些关键瓶颈与突出问题，涉及各方面各领域，相互间存在交织与叠合，其可持续发展必须注重短期问题与长远矛盾，必须注重问题导向与目标导向的基本原则。邮轮航运、邮轮市场与邮轮旅游是一个综合性的经济活动系统，覆盖不同部门和领域，其发展不仅遵循运输规律，而且遵循经济规律与旅游规律。因各种背景条件，中国邮轮航运、邮轮旅游与邮轮市场仍存在一些突出问题，甚至形成了关键性制约。这是未来优化发展的关注重点。中国邮轮航运与邮轮旅游的可持续发展前提是必须明晰中国邮轮业的长期问题与短期问题、关键瓶颈与突出矛盾，在此基础上提出未来健康发展的路径。

本章主要是分析了中国邮轮航运发展的基本路径。中国邮轮航运因发展时限较短等原因，仍处于发展的初级阶段，邮轮文化尚未形成，制度环境与人才支撑及配套服务尚未完善，邮轮港口竞争激烈，航线组织单一，外资企业主导了中国邮轮市场，综合效益较低，对区域发展拉动作用较弱。中国需要从扶持政策、母港综合体、航运网络及产业体系等角度加快创新和突破，完善产业政策，放松行业管制，优化港口布局与航线组织，培育中国邮轮旅游文化与邮轮旅游市场，拓展邮轮产业链，实施母港综合体建设，完善人才与软环境等支撑体系建设。环渤海地区重点邮轮港口有天津、青岛和大连港，长江三角洲有上海吴淞口和上海港国际客运中心、舟山，闽东南地区主要是厦门港，珠江三角洲有广州南沙、三亚凤凰岛和深圳蛇口等港口。

第一节　中国邮轮航运网络问题与优化路径

一、存在问题与突出矛盾

但因发展时限较短等各种原因，中国邮轮航运与邮轮旅游仍处于发展的初级阶段，其高质量发展仍面临不少问题、瓶颈制约及挑战，与欧美国家相比仍存在较大的差距。

1. 邮轮文化与发展环境

1）邮轮消费文化

邮轮文化与消费理念在中国尚未成熟。对于中国居民，邮轮还是比较陌生的概念。中国居民对邮轮旅游的认知程度较低，甚至仍将邮轮认作一种交通工具而不是度假产品，一站式、度假型、高服务水平甚至豪华性的邮轮产品价值并未成功传递给中国居民。调查显示，中国沿海地区有近1/3的被调查者对邮轮旅游认知度很低，46.7%的被调查者认为邮轮旅游成本高，是高端旅游消费形式。邮轮文化在中国的传播和发展及中国化，任重而道远。许多乘客选择邮轮，其目标是"旅游"而不是"休闲"与"度假"，其目的是抵达目的港而进行岸上旅游，而不是邮轮上的海上休闲，"邮轮即是目的地"的理念尚未形成。邮轮建造缺乏中国特色的主题，现有邮轮设施与服务多迎合欧美国家的审美观与生活习惯。

2）法制政策

中国与国际接轨的旅游立法未能跟上，相关法律法规与制度机制不够完善。邮轮旅游作为高端的国际性旅游，不仅涉及旅游业的法律法规，还涉及海关、贸易等法律法规。法律法规缺位必然导致过境、签证、外埠采购等方面的问题不断产生（黎章春等，2007）。中国尚未建立邮轮港口游客服务的评级技术规则，邮轮港游客服务的发展方向不够清晰。邮轮旅游管理在中国涉及多个职能部门，包括航运、边检、海关、检疫和旅游等部门。中国对中资邮轮发展存在众多制约，标准苛刻，在船龄、税收、船上消费、航线开设等领域存在诸多限制。中国将货船政策应用到邮轮，邮轮购置、税费、项目经营、船员配置等政策均存在缺陷；政策规定中国企业仅能购买已使用年限不超过10年的邮轮，邮轮悬挂中国国旗需要缴纳近30%的税费，本土邮轮要求中国籍船员占70%~80%。

3）邮轮市场

按照国际经验，人均GDP达到6000~8000美元时，邮轮旅游开始起步，人均GDP达到1万~4万美元时，邮轮旅游快速发展（龙梅，2017）。2019年，中国人均GDP突破1万美元，理论上进入了邮轮旅游快速发展期；但2018年中国邮轮游客达到398.6万人次，仅占中国居民数量的0.28%。北美和欧洲的邮轮旅游渗透率分别为3.2%和2%，美国和澳洲分别为3.5%和3.4%，而中国尚不足0.05%，游客仍以沿海居民为主，大众式的邮轮旅游消费尚未形成。受制于中国传统的旅游观念，邮轮旅游回头客较少，邮轮消费可持续性较低。中国邮轮港口尤其是北方邮轮市场存在明显的季节性，北方主要运营季节是夏季，冬季几乎没有消费市场。南方港口的旺季是冬季。旺季到港邮轮艘数占全年的比重超过80%。

2. 邮轮港口与航线组织

1）邮轮港口建设

国家对邮轮港口建设缺少宏观调控，地方政府主导港口建设规划与布局，这促使许多港口不顾自然环境和发展条件而纷纷规划建设邮轮港口，产生盲目发展的问题。上海吴淞口及天津、厦门、三亚的邮轮码头已完成二期建设，青岛、舟山、深圳、大连等正在建设或已完成建设，秦皇岛、烟台、宁波、温州、广州、北海、海口、中山、南京等港口积极规划建设邮轮码头，竞相建设母港。邮轮发达的欧美国家仅有少数港口成为母港，美国仅有3个母港。这导致许多邮轮港口资源闲置，除上海吴淞口邮轮港及天津母港能力紧张外，其他各港的吞吐量远低于设计能力，利用率均低于60%，温州、舟山和三亚等邮轮码头处于闲置状态。邮轮港口建设倾向于大规模拆建和新建，竞相建设大型码头，邮轮中心往往要建设成为城市新地标，投资大、成本高。中国邮轮港口建设过度与地产开发相结合。

2）邮轮航线布局

中国邮轮航线较少、多样性不足，远程和短程航线缺少，航行路线和目的地过于单一。全球有邮轮航线8000多条，旅游产品多达20000多种，但中国邮轮航线仅500条左右。中国母港的国际航线缺乏创新，长短结合的航线体系尚未形成，主要集中在日韩和东南亚地区，航线重复开发问题突出，印度洋航线及环球航线较少。95%以上的中国邮轮游客主要是去往日韩两国，目的地过于单一，各航线的旅游内容基本相似。中国邮轮旅游以组织国内游客出境为主，入境邮轮旅游发展较为低迷，出入境逆差过大，2019年中国出境邮轮游客量超过200万人而入境游客不足10万人。中国邮轮旅游与沿海旅游缺少对接，邮轮岸上旅游产品缺少吸引力。日韩航线因地缘政治原因而存在不稳定性。2017年3月，中国因韩国部署美国萨德事件，全面暂停中韩两国间邮轮旅游，目前仍处于全面暂停状态。

3）邮轮企业构成

目前，外籍邮轮和国际邮轮公司主导了中国邮轮市场。中国母港邮轮在2015年为12艘，2016年、2017年均为18艘，2018年为16艘，2019年为14艘，主要是皇家加勒比邮轮、嘉年华邮轮、诺唯真邮轮、地中海邮轮等国际邮轮企业的船舶，市场份额占中国市场的95%以上。中国本土邮轮公司船龄大、吨位小，以单船运营为主，仅有招商维京"伊敦号"邮轮悬挂五星红旗，不具备覆盖市场的规模化、常态化和多样化的运营能力。本土邮轮船队组建存在税收的内外巨大差别，购买邮轮进口关税、增值税就高达27%，挂五星红旗的邮轮的所有员工工资要交税但挂方便旗的邮轮公司就可以避税；邮轮船上经营项目受到限制，娱乐型项目占国际邮轮船上二次消费的1/3，而挂五星红旗的邮轮禁止经营。这导致中国邮轮产业链发展受到一定制约，在运营能力、服务水平等方面未能形成特色优势。

3. 邮轮人才与港口设施

1）人才短缺

邮轮由航海、康乐、餐饮、海关、法律、通信、医疗等众多部门组成，岗位多达100多种，邮轮管理既需要通才又需要专才。中国邮轮人才严重缺乏，邮轮运营和服务、邮轮制造、邮轮法律等方面的人才稀缺（鲍富元和赵芸，2011）。中国重视海乘人才的培养，邮轮管理、运营、航海、轮机人才培养较少，邮轮销售和邮轮领队的系统培训则是空白（魏爱民和王卉，2020）。中国开设邮轮旅游专业的高等院校和职业学校稀少，高校旅游专业课程很少涉及邮轮旅游。中国邮轮专业人才需求量超过20万，而10多所学校的邮轮专业学生人数不足3万，远不能满足需求。许多邮轮企业只能从星级酒店或从事提供旅游业务的旅游组织中招募人才。

2）港口设施

邮轮需要专门的港口和码头，其设施分为基础设施和辅助设施，前者是为了满足邮轮停泊的必备设施，后者包括购物、餐饮、住宿、维修等。目前除部分港口建成了邮轮码头外，许多港口尚未建成专用码头，缺少专业化设施或配套设施，国际邮轮抵达港口时，只能借用其他码头或使用备用舷梯，游客上下船和后勤补给不便。许多港口依靠货运泊位或改造货运码头来靠泊邮轮。各港口的集疏运交通设施普遍滞后，与公共交通、区域交通的衔接水平较低。部分港口对靠泊大型邮轮存在硬伤；上海杨浦大桥阻挡空中高度，致使上海国际客运中心7万吨以上的邮轮进不去。

4. 港口经营与区域发展

邮轮被称为"港口都市的重要经济增长极"，能产生1∶10～1∶14的高比例拉动系数。2001年，美国邮轮旅客总量为600万人，邮轮经济收益为200亿美元，创造了26.8万个就业岗位；2001年有47艘邮轮停靠新加坡，停靠次数达到1259次，邮轮旅客达到84.85万人次，贡献了30亿新加坡币的邮轮经济。但中国的邮轮经济效益却不理想。

1）邮轮港口效益

邮轮港口建设周期长，投资大。部分邮轮港口"贪大求洋"，建设成本居高不下。目前，中国港口仅是以始发为主的邮轮港，作为国际邮轮航线的停靠港所产生的经济效益非常低。因客源、航线产品等因素的综合影响，中国邮轮港口经营效果不佳。邮轮港口未能吸引足够的邮轮始发与挂靠，部分运能闲置。邮轮港口自身盈利能力较差，盈利点较为单一，主要为靠泊费、登船费及邮轮中心的物业租金，前者仅占船票的20%，后者因远离市区而租金很低。目前邮轮港口费收中，国家收取的费用约占2/3，地方收取的费用占1/3，邮轮码头运营商收费很低（唐国治，2011）。这导致多数邮轮港口亏损。中国仅有吴淞口邮轮港依靠旅客规模大的优势和配套服务才保持良好的盈利水平，但其盈利模式仍较为单一。即使在此状态下，邮轮企业仍认为中国港口的综合收费太高，远超过新加坡、日本等亚洲其他国家（余有勇，2017）。

2）邮轮企业效益

价格战、包船模式、直销比例过低促使邮轮企业效益降低。中国邮轮市场进入价格竞争阶段，非理性价格博弈频发。2018年以来，中国邮轮平均售价仅为北美同级的66%～72%，为地中海的72%～78%。与国际主流的"代理式"分销模式不同，邮轮公司在中国多采用包船、切舱的模式进行营销；包船是指旅行社与邮轮公司签订买断协议，以固定价格向邮轮公司采购，然后自行寻找游客；中国直销、零售商和批发商占比分别为3%、22%和75%，而美国为36%、31%和33%。中国游客在邮轮上的二次消费较低，2017年全球游客在嘉年华集团的累计二次消费达 100 亿美元，占该集团全年收入的 7.3%，而 85% 以上的中国游客不在邮轮上进行二次消费。这导致邮轮企业的效益不断萎缩，甚至部分以中国港口为母港的邮轮开始撤离，诺唯真"喜悦号"在 2018 年撤离中国市场。

3）邮轮旅游与区域发展

邮轮旅游尚未对区域发展发挥显著的带动作用。多数邮轮港口远离城区，"港城分离"现象突出。邮轮码头经营与配套服务尚未形成"港口–区域"的联动效应，对港区周围休闲设施、商业综合体等开发尚未形成带动作用，与周边城市的景点景区更缺少互动。中国中老年邮轮游客比重过高，2017 年 30～59 岁游客是邮轮游客的主力军，占比达 48.5%，其次为 60 岁及以上游客，占比达 27.5%，中老年游客在邮轮港口的岸上消费较低。邮轮产业链完整度较低，盈利点少，尤其是高附加值环节缺失、邮轮活动"非本土化"促使邮轮港口与区域发展的融合水平较低。

5. 通关制度与假期制度

1）通关制度

国际邮轮旅游涉及出入境，旅客通关效率高低成为关键，也成为邮轮港口竞争力的重要表现。但中国邮轮游客通关制度繁琐，出入关程序和口岸管理程序过于复杂，缺乏符合国际惯例的出入境制度。中国对邮轮采用一般的出入关程序和口岸管理条例，邮轮游客登船和离船没有统一的国家标准，各港口执行自己的标准，出入境船舶查验手续、旅客行李等各异，导致邮轮乘客出入关时间过长，许多港口 2～3 小时才能完成登船和离船。中国现行的国际邮轮联检手续繁琐，要求出具的证件不同，入境游客出入口岸极为不便。国际上邮轮停泊时限比较短，时间安排紧凑。能否解决好通关速度成为中国邮轮港口的难题（丁金胜，2010）。

2）产业链

中国邮轮产业链尚不健全，高附加值产业环节缺失。中国邮轮经济仍以简单的港口服务、旅游接待和旅客代理等环节为主，尚未形成系统化的产业链，缺乏上游和中游环节。上游的邮轮制造设计、邮轮公司运营及下游的目的地旅游商品开发等环节的发展较为薄弱。中国现阶段缺乏建造大型豪华邮轮的经验，也缺乏设计邮轮动力装置的核心技术及团队，离"邮轮自主设计建造和本土邮轮船队发展"的目标仍较远，导致中国现阶段邮轮制造主要依赖于国际合作。目前全球仅有德国、芬兰、意大利和法国四个国家能造大型豪华邮轮，中国在关键技术上难以突破。

3）节假日

邮轮旅游是一种消耗时间较为显著的旅游方式，最受欢迎的航游线路是 5～12 日游，以 7 日游最普遍，最长的可达几十天（杨敏和陈娟，2009）。对于离始发港较远的游客，实际所需时间更长。中国现行的假期制度最长为 7 天，短的为 3 天。目前，中国在职人员一年有 6 个节假日，包括清明节、五一劳动节、端午节、中秋节及 2 个"黄金周"（国庆节及春节）（刘竞和李瑞，2012）。休假时间最集中的是国庆节和春节，每个假期 7 天，时间安排紧张；清明节、中秋节、端午节假期仅有 3 天，无法安排邮轮旅游。因此，中国居民未能形成与邮轮旅游相匹配的休假制度。

二、优化路径与发展对策

中国需要借鉴美国、欧洲等邮轮经济成熟国家的经验和成熟模式，从扶持政策、母港综合体、航运网络及产业体系等角度实现创新和突破，发展壮大邮轮经济。

1. 产业政策与管制调控

1）产业政策

国家要出台一揽子的产业扶持政策，形成互相协调和全面覆盖的体系化"顶层设计"。发挥 6 个邮轮旅游发展示范区的作用，围绕实验区、自贸区、国际航运中心建设，整合各类资源和政策，加强先行先试建设，探索成功模式与有效经验。针对邮轮全产业链，聚焦邮轮进口、邮轮使用年限、船供企业出口退税、融资等重点领域，鼓励开展各种形式、各环节的创新试点与先行先试。加大国家和地方对邮轮产业的扶持，在税费、金融等方面给予倾斜和优惠。探索实施 72 小时过境免签，加大对以中国为始发母港邮轮的优惠力度。

2）行业管制

基于中国实际情况，科学制定全国邮轮业发展规划，围绕港口布局、旅游线路、邮轮目的地、邮轮采购、邮轮物流、邮轮设计与制造等进行规划，有计划、分步骤发展邮轮经济。尽快建立邮轮旅游的相关法规，制定对接国际邮轮惯例并符合中国国情的行业管理规范。统筹旅游、交通、海关、口岸等职能部门，建立高效管理体制。创新通关制度，建立符合国际惯例的出入关程序和口岸程序。对入境游的旅客逐步简化其签证程序，逐步实现入境免签，和多点挂靠结合实现外国游客在国内多个港口挂靠。促进邮轮港口与自贸区政策融合，创新邮轮船舶登记制度，放宽登记主体条件、船员配比等准入条件。探索制定统一的邮轮服务准则，加强疫情、污染等重大公共事件与突发事件的应急防控能力建设。

2. 邮轮网络与港口合作

1）邮轮港口

政府要加强对邮轮港口规划、布局和建设的指导，完善配套设施和支撑建设（徐海军，2011）。大型母港建设大型邮轮泊位，一般邮轮港建设及配套设施要注重实用性和便捷性，规避单一强调"规模"与"豪华"。邮轮港口发展要注意逐步推进的过程与功能的综合性，初期码头客运、客滚和邮轮共同发展，后期逐步转型邮轮母港。探索长期租赁、港航一体化甚至码头私有化等形式，吸引邮轮企业入驻与航线航班组织。发挥市场机制，邮轮企业尤其是国际邮轮企业、大型旅行社参与邮轮泊位的修建与岸上大型休闲设施、商务场所、购物中心的投资与建设，形成"港航旅一体化"发展。

2）邮轮航线

航线组织要坚持本土化、国内化、区域化与全球化并重，注重黄金热线、主题航线和特色航线的平行开发。组织远洋全球航线与中程国际航线，巩固提升日韩航线、东南亚航线，拓展印度洋航线、南太航线及加勒比海与地中海航线。近期重点开发 4~6 天的中程航线和近洋航线。冬季注重组织东南亚航线，夏季加强组织东北亚避暑航线，促进南方港口的邮轮航线向北延伸。开发符合中国假期制度的短航线，针对中老年、蜜月人群、家庭亲子群等特定群体开发五一合家欢、中秋团圆游等主题航线。加强中国母港与境外母港建立多母港航线合作协议，促使中国港口从单一始发港向母港和挂靠港的双重角色转变，促进旅客多国化。注重邮轮配置的多样性，塑造邮轮产品的不同体验。

3）区域合作

建立中国不同区域邮轮港口的协调合作机制，共同开发挂靠航线与航班设置。加强中国大陆邮轮港口与中国香港、中国澳门和中国台湾港口的合作，共同组织邮轮热线。邮轮港口需要加强同周边地区的资源整合，促进邮轮、旅行社、城市、交通和景区互动，打造有竞争力、特色突出的岸上旅游目的地与岸上精品路线。推动长江三角洲、环渤海、台湾海峡、珠江三角洲的内部合作，推动四大区域和内陆地区的联动。推动邮轮港口与所在城市间的合作，母港城市从资源、市场、集疏运等方面加大邮轮港口的支持。选择具有优势客源、旅游条件及配套能力较强的大型港口，聚力打造具有全球影响力的超级母港。适度扩大岸上时间，扩大内陆深度游的范围，提高游客的旅游体验性。

3. 邮轮文化与市场培育

1) 邮轮文化培育

中国需要抓住旅游由观光游向度假游转变的契机，加强媒介宣传，利用电视、报纸、微博、微信等媒体平台，宣传邮轮旅游，科普邮轮旅游知识，提高国民对邮轮旅游的认知，培育邮轮文化（刘隽婕，2019）。推广邮轮旅游的消费理念，普及到广大白领阶层中，培育邮轮旅游中坚客源市场。结合国情积极培植本土邮轮文化，组织各类邮轮节庆活动、论坛与邮轮展。邮轮设计与装饰要突出东方理念和东方文化。加强对国际客源的宣传，参与世界邮轮组织的社会营销和市场营销活动，开拓邮轮入境旅游市场。

2) 邮轮市场培育

中国需要完善邮轮旅游营销网络，加大营销力度，引导居民旅游消费。加强邮轮旅游市场细分，确定重点开发的目标市场，积极开发蜜月旅游市场、家庭和银发市场、商务市场、尊贵型市场等特色旅游产品。中国旅行社要与国外邮轮旅行社、邮轮公司密切配合，面向欧美发达国家宣传中国旅游形象，介绍中国著名旅游城市和港口城市，开发国外邮轮旅游市场。促进港口与邮轮企业合作，提供更符合中国消费习惯的邮轮旅游产品，做好车票、船票和机票"三票"组合出售服务。鼓励邮轮企业创新邮轮产品，鼓励开发推广"航空+邮轮"、"船前/船后游"等旅游产品。

4. 本土企业与本土品牌

中国需要坚持国内国际并重的理念，加强本土邮轮品牌的培育发展，壮大本土邮轮企业、本土邮轮船队和本土邮轮热线。通过中国邮轮旅游的"本土化"，整体带动中国的邮轮建造、采购、就业、港口服务、旅游接待、管理咨询等延伸产业发展（徐凯和杨旭波，2013）。

1）培育本土邮轮企业

探索推广"旅游+邮轮""航运+邮轮""造船+邮轮""旅行社+邮轮"等各种模式，培育本土邮轮企业。借鉴航运企业成立邮轮航运部门的传统做法，促进传统航运企业的"邮轮化"，发挥中远海运等传统航运企业的航运优势，鼓励购置邮轮与游轮船舶，建立本土邮轮船队，以中国邮轮港口为母港与始发港，部署航线与航班，以此培育中国本土大型邮轮集团。鼓励中远海运等中国大型航运企业利用资本市场并购国际邮轮公司，加快与国际邮轮经营模式接轨。促进国内邮轮企业的"国际化"，积极向东南亚、澳新地区、南太地区进行拓展和延伸，在全球舞台上演绎"中式邮轮"。

2）沿海内河邮轮市场

要打破国内邮轮旅游市场以国际邮轮为主的局面，积极开发国内邮轮，创建五星红旗邮轮品牌。重点做好葛洲坝—三峡—重庆游轮热线，拓展沿海邮轮旅游，开发中国南海邮轮旅游，全面活跃国内邮轮旅游市场，减少邮轮产业的收益"漏损"。国内邮轮旅游要控制成本，深度开发产品。

5. 产业链与母港综合体

产业链是保障邮轮旅游成熟发展的关键，而母港综合体是彰显邮轮港口综合竞争力和提升发展活力的重要途径。中国需要不断拓宽邮轮产业链，增强母港竞争力。

1）邮轮产业链

在行业层次与宏观尺度上，注重上游的邮轮设计与建造、中游的邮轮旅游服务、下游的邮轮港口运行，加强资源整合与综合性企业培育，形成完整的邮轮全产业链。中国船舶制造企业加强具有中国特色的系列化邮轮设计与制造，加强船体舱内空间的装修和设计研究；加强与芬坎蒂尼集团、嘉年华集团的战略合作和技术引进，突破邮轮设计建造技术，培育建造大型豪华邮轮的能力。壮大本土邮轮企业，组建本土邮轮船队；发展旅行社、金融、电子商务等与邮轮旅游相关的行业。推动邮轮港口与城市腹地融合发展，形成旅游、物料供应、集疏运等完整的邮轮产业链。

2）港口综合体

邮轮码头建设要符合国际标准，区位选择不能远离城市。合理规划母港及周边地区，港区开发要摆脱"码头"理念，实施城市综合体的开发模式，推动邮轮港向综合性的"邮轮城"转变。位居老城区的母港要全面融入城市建设，加强邮轮保险、船员服务、船供等配套服务，完善购物、住宿、水上运动、会展商贸等配套设施，形成集游客休闲娱乐、居民观光与亲水、城市文化、购物与餐饮等于一体的综合性功能区。上海等具备条件的城市发展邮轮总部等母港产业。重视邮轮码头的可达性建设，融入城市公共交通与区域交通网络，包括公共汽车、地铁轻轨、快速路等，提高母港与机场、火车站、地铁和高速公路"快进"集疏运体系的连接能力；提高母港与风景区、临近城市的交通连接，便于游客快速进出集散，提高岸上旅游吸引力。

6. 人才储备与软环境建设

1）人才培养

加快邮轮专业人才培养，包括邮轮旅游、邮轮运营、邮轮管理、航海轮机等方面的技能人才、服务人才和管理人才。高等院校开设邮轮旅游专业，培养急需的邮轮旅游人才。促进邮轮企业与高校、政府联合创立邮轮培养基地，共同培养培训人才。中等职业学校、高等院校设置相关专业培养或开设短期培训课程，提高邮轮从业人员的技能水平（李艳松，2011）。本土邮轮企业与国外邮轮公司展开合作，通过委托培养或联合培养等方式培养邮轮人才。完善邮轮人才引进制度，积极引进从事邮轮高级运营和服务、邮轮设计与制造、港口运营、海事仲裁等方面的高端人才。

2）软环境建设

加强邮轮旅游规范管理，制定邮轮与母港服务标准化体系，逐步规范邮轮接待服务与销售行为。联合口岸办、边检、海关、公安部门和港口企业、邮轮公司，共同研究制定《邮轮港口服务规范》，推进邮轮离港登船等方面的标准化。公安边检与海关等部门联合研制出台游客出入境管理制度，运用现代技术简化通关手续，实行通道分离。完善邮轮物资供应配送能力，鼓励结合自贸区政策开展邮轮物资的国内补给配送，推动本地采购发展，建设邮轮岸上配送中心，重点建设上海和天津国际邮轮物资配送基地。邮轮配备完善的医疗、救护、防疫等设施，建立突发事件的应急机制。拓展邮轮船票的销售渠道，推广船票直销，实现人人可购。

第二节　中国主要邮轮港口

一、环渤海地区

1. 天津国际邮轮母港

天津国际邮轮母港位于东疆港区，规划面积 120 万平方米，岸线长 2000 米，布置 6 个邮轮泊位及相关泊位。一期开发面积达 70 万平方米，码头岸线长 625 米，水深 -11.5 米，可同时靠泊 2 艘世界最大的豪华邮轮；客运大厦为"海上丝绸"的造型，可同时为 4000 人提供出入境通关服务，年设计能力为 50 万人次。2017 年 12 月 28 日起，天津母港正式对奥地利、俄罗斯、美国、澳大利亚、韩国等 53 个国家持有国际旅行证件和 144 小时内确定日期、座位，前往第三国联程客票的外国人实施过境免办签证。目前天津母港共有 4 个邮轮泊位，年设计通过能力为 92 万人次。2010 年 6 月，天津母港正式开港，招商局持有 49% 的股份。

目前，天津母港的入驻企业主要有歌诗达邮轮、皇家加勒比邮轮、地中海邮轮、星梦邮轮、渤海邮轮。该母港的挂靠邮轮主要有"浪漫号""海洋神话号""幸运号""辉煌号""大西洋号""赛琳娜号""海洋量子号""探索梦号""中华泰山号"。天津母港主要经营中日韩航线，航程多为 7 天左右，重点连通日本的鹿儿岛、丽水、宫崎、广岛、熊本、函馆、别府，韩国的釜山、仁川、济州岛。2015 年天津母港接待国际邮轮 96 艘次，其中母港邮轮 91 艘次，进出境旅客 42.7 万人次。2019 年，天津母港接待国际邮轮 121 艘次，进出境旅客 72.55 万人次。

2. 青岛国际邮轮母港

青岛邮轮母港位于青岛市北区老港区 6 号码头，占地 35 公顷，总建筑面积约 50 万平方千米。该母港共有邮轮泊位 3 个，岸线长 1000 多米；新建的 1 个邮轮泊位可停靠 22.7 万吨级邮轮，2 个原有泊位吃水 8.0 米，可停靠 2 艘中小型邮轮。邮轮客运中心最高通关能力可达每小时 3000～4000 人次，年接待能力达 150

万人次，实施"零待时"通关。2012年12月，3个邮轮泊位建成，2015年5月客运中心建成并投入运营，青岛母港正式开港。青岛母港形成"一心两翼"空间格局，"一心"为商务文化中心，以大港火车站综合枢纽为核心，形成滨海活动、文化设施、自然公园紧密融合的金融商务中心；"北翼"为创新会展港，建立以晚霞公园为主题，以创新服务业为主导的创新经济产业聚集区；"南翼"为邮轮游憩港，以邮轮母港为核心，结合文化休闲旅游，形成彰显青岛特色的国际邮轮游憩商务区。该母港有地铁2号线和5号线连接。2016年5月，青岛母港成为"中国邮轮旅游发展实验区"。

青岛母港邻近日本和韩国两大热门旅游目的地。目前，皇家加勒比邮轮、歌诗达邮轮、地中海邮轮、云顶邮轮等知名邮轮企业先后入驻青岛母港，开设组织母港航线。近些年来，青岛母港的航线达到38条，邮轮靠泊量及旅客吞吐量持续增长。2015年，青岛母港运营35个母港航次，接待出入境旅客3.2万人次；2016年运营90个母港航次，接待出入境旅客8.95万人次；2019年出入境游客达17.6万人次。

3. 大连港国际邮轮中心

大连港是中国最早接待国际邮轮的港口之一。近十年间，每年都有十几艘国际邮轮靠港，但是一直没有成为国际邮轮始发港。大连港开始积极推进邮轮码头硬件设施改造升级，对大港区的10～11号和8～9号泊位进行改造，启动了国际邮轮中心建设。目前，拥有15万吨级邮轮泊位和8000余平方米的游客联检候船大厅，可实现2艘15万吨级邮轮同时靠泊。2016年，大连港国际邮轮中心开港运营。

大连邮轮中心的主要入驻企业有皇家加勒比邮轮、地中海邮轮、嘉年华邮轮、渤海邮轮、钻石邮轮、歌诗达邮轮、丽星邮轮等，主要的母港邮轮有"中华泰山号""海洋神话号""抒情号""赛琳娜号""探索梦号""娜蒂卡号""新浪漫号""处女星号""幸运号"。皇家加勒比"海洋神话号"以大连港为母港开启东北亚航行。2019年，大连靠泊国际邮轮39航次，进出港游客8.8万人次。

二、长江三角洲及闽东南

1. 上海国际邮轮母港

上海国际邮轮母港是组合港，由两个功能互补的港区组成，中国邮轮市场的一半来自上海国际邮轮母港。两港区分别为上海吴淞口国际邮轮母港和上海港国际客运中心。世界主要邮轮企业已入驻上海，设有分公司或办事处，部署大量母港航线。2018 年上海接待邮轮出入境游客数量 271 万人次，为亚洲第一邮轮母港，成为"中国邮轮旅游发展试验区"。

1）上海吴淞口国际邮轮港

上海吴淞口国际邮轮港位于宝山区炮台湾水域，地处长江、黄浦江和蕴藻浜三江交汇处，是上海国际航运中心的重要组成部分。2008 年 12 月，吴淞口邮轮港开工建设，2011 年 10 月开港；2015 年 6 月进行扩容后续工程，新增 2 个邮轮泊位，2019 年 5 月完成验收；2020 年 1 月实施进出港堵点疏浚工程。吴淞口邮轮港整体造型以"海上画卷"为设计理念，中部客运楼以"东方之睛"为形态概念。目前，吴淞口邮轮港设有 15 万吨级邮轮泊位 2 个、22.5 万吨级邮轮泊位 2 个，航道水深达 9～13 米，可满足 22.5 万吨邮轮停泊需求，设有 3 座客运楼，总建筑面积达 8 万平方米，可满足 4 艘邮轮 3.8 万人次/日旅客的出入境需求。该邮轮港有完善的市政、服务等配套设施，有地铁 3 号线连接，设有专线班车连接虹桥枢纽。

吴淞口邮轮港已开通连接日韩、东南亚、欧洲、美洲、中东、澳新、港澳、极地、环球等航线。2010 年 4 月，吴淞口邮轮港完成 11.6 万吨邮轮试靠。2012年接靠邮轮 62 艘次；2013 年接靠邮轮 119 艘次，其中访问港 6 艘次，母港 113 艘次，出入境旅客达到 59.71 万人次。2016 年吴淞口邮轮港接靠邮轮 471 艘次，出入境旅客 284.7 万人次，位居世界第四，成为亚太地区最繁忙的邮轮母港。

2）上海港国际客运中心

上海港国际客运中心又称为"一滴水"，位于黄浦江西岸，靠近外滩。该客运中心规划占地面积 15 万平方米，总建筑面积达 41 万平方米，由 13 个单体建筑组成；拥有 880 米长的黄金沿江岸线，毗邻两条上海地铁线。上海港国际客运中心是一个集邮轮码头和商业办公为一体的综合体，包括国际客运码头、港务大楼、写字楼、艺术画廊、音乐文化中心等设施。国际客运码头面积达 2 万平方米，岸线长度达 850 米，共有 3 个 8 万吨级客运泊位，泊位水深达 9～13 米，可同时停靠 3 艘邮轮，年设计通过能力达 100 万人次、年靠泊邮轮 500 艘次。2007年，该客运中心投入使用。2008 年 8 月，"爱兰歌娜号"驶入该客运中心。该码头的主要靠泊邮轮有"海洋神话号"、"爱兰歌娜号"等。

2. 舟山国际邮轮港

舟山国际邮轮港是舟山群岛新区唯一的国际客运口岸。舟山邮轮港位于朱家尖西岙，分两期实施，全长 356 米，近岸水深约 12 米，最大能停泊 15 万吨的巨型邮轮。一期工程建设 10 万吨级（兼靠 15 万吨级）邮轮码头 1 座，设计年客运量约 50 万人次；主航道—福利门航道水深−18 米，最狭窄处 500 米，适合所有船舶全潮进出。2014 年 10 月 13 日正式开港。该邮轮港定位为国际邮轮码头、对台直航客运码头、往返沪甬客运码头、南部岛屿旅游专线码头、环朱家尖海上游船码头。舟山邮轮港与中国台湾、日本、韩国等主要目的地的港口距离均处在300～350 海里的半径范围内，国际邮轮在 24 小时内均可抵达。靠泊的邮轮有丽星集团的"宝瓶号"、招商集团的"伊顿号"等。目前，舟山邮轮港的主要航线有台湾航线、东南沿海航线。

3. 厦门国际邮轮中心

厦门国际邮轮中心位于厦门湖里区。2007 年，厦门邮轮中心建成并投入使用，占地面积达到 47 公顷，岸线长 463.81 米，可停靠 14 万吨级邮轮，年设计能力达到 150 万人次；南段岸线建有浮码头 4 座，可停靠小型客轮码头。厦门港挂靠国际邮轮的历史较长，20 世纪 80 年代开始接待国际邮轮。2011 年，皇家加勒比邮轮的"海洋神话号"以厦门为母港开启中国台湾首航，中国台湾邮轮航线开始常态化运营。2014 年，厦门邮轮中心开始兼顾厦鼓轮渡游客航线运营，承接了同益码头对台货运功能的转移。目前，厦门邮轮中心拥有多条邮轮航线，主要航线从中国台湾、中国香港延伸至日韩和东南亚。

三、珠江三角洲

1. 广州南沙国际邮轮母港

南沙国际邮轮母港位居广东自贸试验区的南沙新区片区。南沙原是古海湾，岛丘错落，后经沙泥淤积而渐成洲滩。南沙港位于广州市最南端、珠江虎门水道西岸，是西江、北江、东江三江汇集之处，航道水深达 15.5 米。南沙国际邮轮母港总规划岸线为 1.6 千米，规划建设 4 个 10 万～22.5 万吨级邮轮泊位和 2 座航站楼，年设计能力达 150 万人次，可停靠世界最大的邮轮，由南沙港区的货运码头改造而成。一期工程岸线总长为 770 米，建设 1 个 10 万吨级邮轮泊位、1 个

22.5 万吨级邮轮泊位和 1 座建筑面积 6 万平方米的航站楼，年设计通过能力为 75 万人次，2017 年 7 月开工。航站楼以"鲸舟"立意，邮轮码头、航站楼、公寓、高端写字楼组成大型城市综合体。2019 年 11 月，南沙母港开港，成为中国建筑面积最大的邮轮母港综合体，是集邮轮旅游、港澳客运、珠江观光客运等业务于一体的水上旅游客运枢纽。该母港有地铁连接。

南沙母港的国际邮轮靠泊数量不断增长。丽星邮轮的"处女星号"、星梦邮轮的"云顶梦号"和"世界梦号"、歌诗达邮轮的"维多利亚号"等均以南沙为母港。2016~2018 年，南沙母港出入境邮轮 320 航次，接待出入境旅客 121.07 万人次，连续位居全国第三位。2019 年 1~10 月，接待出入境旅客 37.21 万人次，靠泊邮轮 72 艘次。南沙母港开通了至中国香港、日本、越南、菲律宾等地的航线 9 条，在国内排名前列，是国内东南亚航线最多的邮轮港口之一。主要的邮轮目的地包括中国香港，日本那霸市、冲绳、宫古岛、八重山群岛，越南胡志明市、芽庄、岘港、下龙湾，菲律宾马尼拉、长滩岛、苏比克湾。目前，南沙母港陆续推出了"邮轮+高铁"、"邮轮+景区"等跨界联动发展新模式。

2. 三亚凤凰岛国际邮轮港

三亚凤凰岛是在大海礁盘上吹填出来的人工岛，地处三亚湾度假区"阳光海岸"核心，四面环海，由跨海观光大桥与市区相连，具备海上娱乐、水上运动和全季度假旅游的条件。该岛屿全长 1250 米，宽 350 米，占地面积 36.5 万平方米。20 世纪 90 年代末，三亚港务局计划在三亚湾对面通过人工填岛方式建设国际客运码头。2005 年，三亚开始实施三亚港客运、货运和渔港"三港分离"工程，将货运港搬迁至距离城区约 40 千米的南山港区，将渔港搬迁至宁远河口西侧的崖州中心渔港，客运功能搬迁到三亚凤凰岛国际邮轮港。2002~2004 年，凤凰岛围海筑岛工程完成，2006 年正式由白排人工岛更名为凤凰岛，被称为"第二个迪拜"、"东方迪拜"。凤凰岛主要包括超星级酒店、国际养生度假中心、别墅商务会所、热带风情商业街、国际游艇会所、奥运主题公园和凤凰岛国际邮轮港。

三亚凤凰岛原本只有 1 个邮轮码头，2014 年启动建设二期工程，新建 3 万吨级和 10 万吨级码头各 1 个、15 万吨级码头 2 个及 25 万吨级码头 1 个。该邮轮港一期工程占地面积为 36.5 万平方米，二期工程占地为 47.4 万平方米。二期工程完成后，凤凰岛邮轮港可同时停靠 6 艘 3 万~25 万吨级的邮轮，年接待能力达到 200 万人次。2006 年 11 月，凤凰岛试航 8 万吨级邮轮泊位，并成为中国第一个国际邮轮码头。2007 年，凤凰岛邮轮港正式通航。嘉年华邮轮、皇家加勒比邮轮、丽星邮轮等邮轮企业纷纷入驻凤凰岛邮轮港，开通了数条经停凤凰岛的航线，共接待 380 多个航次的国际邮轮。凤凰岛邮轮港成为环球邮轮航线的重要中转站和补给点。

3. 深圳蛇口国际邮轮中心

深圳蛇口国际邮轮中心也称为太子湾邮轮母港，位于南山区蛇口街道一突堤，隶属于招商局集团旗下的招商蛇口，占地 69.76 万平方米，总建筑面积达 170 万平方米。2011 年 12 月，该母港启动建设；2016 年 10 月，蛇口邮轮中心启用，11 月开港。2016 年 5 月，中国旅游总局批设蛇口邮轮中心为"中国邮轮旅游发展实验区"。蛇口邮轮中心有邮轮泊位 15 个，包括 22 万吨级邮轮泊位 1 个、12 万吨级邮轮泊位 1 个、2 万吨级客货滚装泊位 1 个、800 吨级高速客轮泊位 10 个及接待泊位 2 个，年设计通过能力为 760 万人次，有深圳地铁 2 号线和 12 号线连接。目前，该邮轮中心主要承担华南地区的国际邮轮停靠、粤港澳大湾区水上快速交通和"湾区海上游"游船进出港。

目前，蛇口邮轮中心入驻的邮轮企业有云顶邮轮、丽星邮轮、银海邮轮、嘉年华邮轮、歌诗达邮轮、地中海邮轮等。以该港口为母港的邮轮主要有丽星邮轮的"处女星号"、银海邮轮的"银影号"，歌诗达邮轮的"威尼斯号"、"大西洋号"、"幸运号"，地中海邮轮的"辉煌号"，招商维京邮轮的"伊敦号"，皇家加勒比邮轮的"海洋航行者号"，世鹏邮轮的"旅居者号"，诺唯真邮轮的"喜悦号"。已开通的航线主要有客运渡轮航线、"湾区海上游"航线和国际邮轮航线。2017 年，蛇口邮轮中心接待邮轮 108 艘次，均为母港邮轮，接待出入境游客 18.85 万人次，位居中国第四位。截至 2019 年，蛇口邮轮中心共引进 12 家邮轮企业的 18 艘邮轮，全年接待邮轮 97 艘次，出入境游客达 37.3 万人次。

（1）客运渡轮航线：蛇口邮轮中心开通有往返珠海九州、珠海横琴、珠海东澳岛、珠海外伶仃岛、珠海桂山岛，澳门外港、澳门氹仔，香港机场、香港港澳，中山港等 10 条客运渡轮航线。

（2）湾区海上游：该邮轮中心开通"湾区海上游"3 条航线，包括前海湾航线、深圳湾航线和港珠澳大桥航线，具体由"大湾区 1 号""大湾区 2 号"定制游轮执行。

（3）国际邮轮航线：该邮轮中心开通 8 条国际航线，连通日本冲绳、那霸、宫古岛、八重山群岛、鹿儿岛、广岛、宫崎、大阪、清水、东京，韩国的济州岛、釜山，菲律宾马尼拉、苏比克和长滩岛，越南岘港、胡志明、真美、芽庄，新加坡、泰国苏梅岛、曼谷，马来西亚的古晋、民都鲁、亚庇，文莱的穆阿拉，开通了至香港、海口、三亚、厦门、上海、基隆、花莲、高雄、澎湖的沿海航线。

参 考 文 献

薄文广，荆灵，李琳.2016.国内典型城市邮轮发展经验借鉴及对青岛的启示.世界海运，39
（12）：15-19.

保继刚.1992.论旅游地理学的研究核心.人文地理，7（2）：11-18.

鲍富元，赵芸.2011.三亚邮轮经济发展的SWOT分析.红河学院学报，9（4）：55-58.

曹永强，高璐，王学凤.2016.近30年辽宁省夏季人体舒适度区域特征分析.地理科学，36
（8）：1205-1211.

曹有挥.1997.现代芜湖港功能变化分析.经济地理，16（4）：87-92.

柴彦威.2003.从"隐退现在的地理学研究"说起.地域研究与开发，22（4）：10.

陈丹红.2012.南极旅游业的发展与中国应采取的对策的思考.极地研究，24（1）：73-79.

陈海波.2018.浅谈旅游学.长春：吉林教育出版社.

陈航.1984.海港形成发展与布局的经济地理基础.地理科学，4（2）：125-131.

陈继红，徐祥铭，陈怡婧.2012.上海邮轮母港建设的主要问题及其对策.世界海运，35
（4）：6-9.

陈夏夏.2020.邮轮旅游体验研究——一种认同视角的探讨.中国水运，（11）：23-25.

陈有文，赵彬彬.2012.世界邮轮旅游产业发展概况与空间结构特征研究.水运工程，（5）：
8-13.

陈紫华.2009.港口城市邮轮旅游业竞争力评价研究.厦门：厦门大学.

程爵浩.2006.全球邮船旅游发展状况初步研究.上海海事大学学报，（1）：67-72.

邓进乐.2005.广州港发展邮轮经济的优势和建议.水运管理，（5）：5-8.

邓明.2008.基于分层随机抽样的季节指数的抽样估计研究.统计研究，25（7）：70-74.

丁金胜.2010.青岛市发展邮轮经济的对策和建议.青岛职业技术学院学报，23（4）：16-18.

丁凯.2013.天津港邮轮产业发展策略研究.大连：大连海事大学.

董观志.2006.邮轮经济的空间系统研究.广州：中山大学.

董海伟.2017.新加坡旅游业的转型及其外部影响因素分析.南宁职业技术学院学报，22
（1）：31-34.

董良志.2017.豪华邮轮码头高压岸电连接及应用.江苏船舶，34（2）：24-27，36.

杜铮.2012.歌诗达邮轮中国市场服务营销策略研究.天津：天津大学.

杜志传.2016.BH邮轮公司的营销策略研究.大连：大连海事大学.

范业正，郭来喜.1998.中国海滨旅游地气候适宜性评价.自然资源学报，13（4）：304-311.

方茹茹，马仁锋，朱保羽．2020．基于复杂网络的 21 世纪全球邮轮旅游港口−节点体系演化．大连海事大学学报，46（2）：70-79．

郭建科，韩增林．2010．港口与城市空间联系研究回顾与展望．地理科学进展，29（12）：1490-1498．

郭树龙，李启航．2014．中国制造业市场集中度动态变化及其影响因素研究．经济学家，（3）：25-36．

韩宏涛．2006．上海发展国际邮轮经济研究．上海：上海海事大学．

何斌．2014．基于项目管理的邮轮制造业问题研究．大连：大连海事大学．

何孟艳．2018．基于行动者网络理论的中日韩邮轮旅游合作研究．青岛：青岛大学．

何宁，王高帅，丁炜杰，等．2019．基于功能与流线分析的豪华邮轮总布置设计技术．船舶标准化工程师，52（5）：41-47．

贺建清．2009．新巴塞尔协议下的我国商业银行资本监管研究——以亚洲金融危机和美国次贷危机的比较为例．金融会计，（7）：11-16．

侯国林，黄震方，台运红，等．2015．旅游与气候变化研究进展．生态学报，35（9）：2837-2847．

侯国林．2005．旅游危机：类型、影响机制与管理模型．南开管理评论，8（1）：78-83．

胡晓艳，师守祥．2010．旅游区位论研究综述．北京第二外国语学院学报，32（9）：28-32．

黄芳．2012．交通港站与枢纽设计．北京：人民交通出版社．

黄婧．2017．中国邮轮行业市场前景预判．合作经济与科技，（21）：86-88．

贾艳慧．2018．国际著名邮轮母港发展经验及其对中国港口的启示．未来与发展，42（8）：27-30．

江时学．1992．美国与加勒比关系的演变及其前景．拉丁美洲研究，（5）：15-19，64．

姜锐，李珊英，盛方清．2019．我国邮轮母港的规制现状与发展对策．现代商贸工业，40（28）：28-31．

焦芳芳，谢燮．2014．邮轮航线设计及我国母港邮轮航线拓展建议．水运管理，36（11）：26-29．

孔钦钦，葛全胜，席建超，等．2015．中国重点旅游城市气候舒适度及其变化趋势．地理研究，34（12）：2238-2246．

黎章春，丁爽，赖昌贵．2007．我国邮轮旅游发展的可行性分析及对策．特区经济，（9）：175-177．

李从文．2013．论中美洲和加勒比海地区邮轮经济及对中国的启示．中国水运（下半月），13（2）：58-59．

李倩铭．2014．邮轮旅游空间组织演变及其驱动机制研究．上海：上海师范大学．

李荣发．2012．我国邮轮企业经营模式创新研究．大连：大连海事大学．

李鑫．2016．邮轮母港陆域交通模式研究．中国水运，（11）：3．

李绪茂，王成金．2020．我国沿海港口邮轮码头发展现状与问题对策．综合运输，42（12）：

34-38，53.

李艳松．2011．中国邮轮市场发展初探．中国农业银行武汉培训学院学报，（2）：79-80.

李豫新，王筱旭．2014．新经济地理学视角下人口与产业空间匹配性研究—以新疆地区为例．
    西北人口，35（1）：56-61，68.

厉新建．2009．换个角度看假期制度与旅游．旅游学刊，24（10）：6-7.

廖建华，廖志豪．2004．区域旅游规划空间布局的理论基础．云南师范大学学报，36（5）：
    130-134.

林冰洁．2020．基于社会网络分析的全球邮轮航线布局特征及区域差异研究．上海：华东师范
    大学．

刘柏鹤．2013．我国邮轮母港投资风险评价与防控措施研究．大连：大连海事大学．

刘朝霞．2019．海南邮轮市场开发现状及问题研究．现代商贸工业，40（19）：15-16.

刘焕庆，刘秉镰．2012．中日韩邮轮旅游产业发展研究．经济纵横，（9）：117-120.

刘竞，李瑞．2012．国内邮轮旅游消费市场特征分析及发展对策．南阳师范学院学报，11（9）：
    60-65.

刘隽婕．2019．国内主要邮轮港口竞争力分析．物流科技，42（10）：122-125，130.

刘隽婕．2021．城市对邮轮母港竞争力的影响研究．上海：上海工程技术大学．

刘敏涛．2015．A邮轮公司发展战略研究．大连：大连海事大学．

刘檀．2012．基于云模型的大连邮轮母港竞争力评价．大连：大连海事大学．

刘小培．2010．我国沿海邮轮母港选址问题研究．大连：大连海事大学．

刘颖菲，李悦铮．2010．马耳他旅游业的发展对长山群岛旅游开发的启示．国土与自然资源研
    究，（4）：88-91.

刘卓鑫．2021．海南–东南亚邮轮航线优化研究．大连：大连海事大学．

龙梅．2017．深圳发展邮轮旅游的SWOT分析及对策．特区实践与理论，（4）：104-108.

龙祖坤，李绪茂，贺玲利．2016．星级酒店市场集中与影响因素分析——以长沙市为例．湖南
    商学院学报，23（4）：75-82.

陆林，宣国富，章锦河，等．2002．海滨型与山岳型旅游地客流季节性比较——以三亚、北海、
    普陀山、黄山、九华山为例．地理学报，57（6）：731-740.

马丽君，孙根年，谢越法，等．2012．气候变化对旅游业的影响：气候舒适度视角40座城市的
    定量分析．旅游论坛，5（4）：35-40.

马丽君．2012．中国典型城市旅游气候舒适度及其与客流量相关性分析．西安：陕西师范大
    学．

茅峥．2012．邮轮经济发展条件下辽宁沿海经济带旅游业发展评价．大连：大连海事大学．

潘坤友，曹有挥．2014．近百年来西方港口地理学研究回顾与展望．人文地理，29（6）：
    32-39.

潘勤奋，范小玫．2018．邮轮母港航线规划设计与运营模式对策研究——以厦门邮轮母港为
    例．综合运输，40（5）：5-10.

潘勤奋．2007．国际邮轮经济发展模式及对我国的启示．科技和产业，（10）：13-17，24.

秦宏瑶，唐勇．2014．基于季节指数的四川省旅游季节性研究．资源开发与市场，30（3）：374-377.

沈世伟，Véronique M. 2014．地中海区域邮轮港口发展研究．宁波大学学报，27（5）：64-69.

司有山，封莎丽，秦学．2017．国内外邮轮旅游研究回顾与展望．重庆交通大学学报（社会科学版），17（6）：65-72，77.

孙根年，马丽君．2007．西安旅游气候舒适度与客流量年内变化相关性分析．旅游学刊，22（7）：34-39.

孙根年．2008．论旅游危机的生命周期与后评价研究．人文地理，（1）：7-12.

孙光坼，闵德权，钱翔．2005．浅谈邮轮经济及其在我国的发展．中国港口，（1）：35-37.

孙美淑，李山．2015．气候舒适度评价的经验模型：回顾与展望．旅游学刊，30（12）：19-34.

孙瑞萍．2013．面向东北地区的近海型邮轮旅游产品开发研究．大连：大连海事大学．

孙宪花，黄伟．2018．青岛市邮轮产业金融与服务业聚集区发展对策分析．物流科技，41（6）：87-89.

孙晓东，冯学钢．2012．中国邮轮旅游产业：研究现状与展望．旅游学刊，27（2）：101-112.

孙晓东，林冰洁．2020．谁主沉浮？全球邮轮航线网络结构及区域差异研究．旅游学刊，35（11）：115-128.

孙晓东，倪荣鑫．2018．国际邮轮港口岸上产品配备与资源配置—基于产品类型的实证分析．旅游学刊，33（7）：63-78.

孙晓东，武晓荣，冯学钢．2015．邮轮旅游季节性特征：基于北美市场的实证分析．旅游学刊，30（5）：117-126.

孙晓东，徐美华，侯雅婷．2019．中国邮轮游客的出游限制与行为意向研究．旅游科学，33（4）：70-84.

孙晓东．2014．邮轮产业与邮轮经济．上海：上海交通大学出版社．

孙秀娟．2019．粤港澳大湾区视角下广州邮轮产业发展浅析．营销界，（24）：13，15.

谭晓楠．2017．基于产业演进视角的国际邮轮公司成长模式探究．青岛：青岛大学．

汤兆宇．2012．上海发展邮轮旅游研究．上海：华东师范大学．

唐国治．2011．发展邮轮经济必须完善费收政策．中国港口，（11）：26-27.

唐涛，吴晓．2006．气候学辞典．呼和浩特：远方出版社．

滕柯，张言庆，刘波．2020．产业链视角下中国邮轮业空间组织机理初探．资源开发与市场，36（7）：673-678.

滕柯．2021．产业链视角下中国邮轮业空间组织机理研究．青岛：青岛大学．

汪泓，叶欣梁，史健勇，等．2019．邮轮绿皮书：中国邮轮产业发展报告（2019），北京：社会科学文献出版社．

汪泓．2020．中国邮轮产业发展报告．北京：社会科学文献出版社．

王成金．2008．全球集装箱航运的空间组织网络．地理研究，27（3）：636-648.

王成金.2012.集装箱港口网络形成演化与发展机制.北京:科学出版社.

王峰.2015.天津国际邮轮母港多元化发展战略研究.大连:大连海事大学.

王婧.2010.邮轮母港区位选择研究.天津:天津财经大学.

王列辉,宁越敏.2010.国际高端航运服务业发展趋势与宁波的策略.经济地理,30(2):268-272.

王列辉,郑渊博,叶斐.2019.航运企业重组与集装箱航运网络整合效应研究——以中国远洋海运集团有限公司为例.地理科学,39(4):560-567.

王诺.2008.邮轮经济邮轮管理·邮轮码头·邮轮产业.北京:化学工业出版社.

王胜,黄丹英,刘从勇,等.2019.泛加勒比海地区邮轮旅游发展对海南的启示.南海学刊,5(4):51-57.

王葳,张文玉.2008.邮轮母港规划设计.水运工程,(12):88-93.

王微.2021.基于业财融合的我国邮轮产业价值链优化研究.上海:上海工程技术大学.

王伟,王成金,金凤君.2018.基于货物结构的中国沿海港口运输职能判别.地理研究,37(3):527-538.

王占坤,赵鹏,郭越.2012.国际邮轮发展现状及对中国启示.海洋经济,(6):15-19.

韦红吉.2013.黔江区小南海镇农村居民点布局研究.重庆:西南大学.

魏爱民,王卉.2020."邮轮产业高品质发展"背景下邮轮人才区域合作培养模式研究.中国水运,20(10):33-34,61.

吴必虎.2001.大城市环城游憩带(ReBAM)研究——以上海市为例.地理科学,21(4):355-359.

吴慧,王道平,张茜,等.2015.基于云模型的国际邮轮港口竞争力评价与比较研究.中国软科学,30(2):166-174.

吴旗韬,张虹鸥,叶玉瑶,等.2011.港口体系演化的影响因素及驱动机制分析.人文地理,26(3):106-110.

伍光和,王乃昂,胡双熙,等.2008.自然地理学.北京:高等教育出版社.

夏海斌,戴霄晔,王莹,等.2006.基于GIS的中国县级尺度交通便利性分析.地域研究与开发,(3):120-124,130.

谢燮.2020.邮轮应对突发疫情的路径及对策.中国远洋海运,(3):48-53,8-9.

徐刚.1990.江苏省长江沿岸港口群体的功能、格局与发展研究.地理学报,45(2):275-283.

徐海军.2011.基于入境旅游视角的国际旅游岛建设标准与评价体系研究.南京:南京师范大学.

徐凯,杨旭波.2013.大力发展邮轮沿海挂靠航线旅游的对策研究.中国水运(下半月),13(10):23-25.

徐杏,袁子文,田佳.2020.我国邮轮港口未来发展对策建议.港口科技,42(7):45-48.

鄢红叶.2012.邮轮航线规划研究.大连:大连海事大学.

闫业超，岳书平，刘学华，等．2013．国内外气候舒适度评价研究进展．地球科学进展，28（10）：1119-1125.

杨敏，陈娟．2018．中国邮轮旅游市场开发问题及对策探讨．现代商贸工业，21（4）：96-97.

杨平．2014．邮轮公司经营效益比较研究．大连：大连海事大学．

杨吾扬，梁进社．1997．高等经济地理学．北京：北京大学出版社．

杨心田．2009．盐田港物流产业发展战略分析．重庆：西南交通大学．

杨玉琢，王磊，樊荣．2019．邮轮码头船舶岸电配置方案．水运工程，44（2）：72-76.

叶欣梁，孙瑞红．2007．上海邮轮旅游市场开发的对策研究．经济问题探索，296（3）：165-169.

余科辉，刘志强．2007．世界邮轮旅游目的地与邮轮母港研究．商业经济，（7）：94-95.

余有勇．2017．三亚邮轮旅游法规与政策研究．中外企业家，（1）：150-152，165.

俞斯佳，孙姗．2005．从头认识邮轮经济．上海城市规划，（2）：28-32.

喻玲．2020．疫情后我国邮轮行业的文旅融合发展路径研究——以上海吴淞口国际邮轮母港为例．中国水运，（9）：22-24.

曾启鸿，缪明聪，袁书琪．2012．国际邮轮母港建设评价指标体系研究．吉林师范大学学报，（4）：65-68.

张锋，林善浪．2008．国际邮轮产业发展现状及趋势分析．中国港口，（8）：25-26，42.

张凌云．2008．国际上流行的旅游定义和概念综述——兼对旅游本质的再认识．旅游学刊，23（1）：86-91.

张梦瑶，刘云．2014．邮轮旅游发展研究述评．保山学院学报，33（1）：76-81.

张树民，程爵浩．2012．我国邮轮旅游产业发展对策研究．旅游学刊，27（6）：79-83.

张涛，杨雪．2019．中国邮轮产业发展报告（2019）．中国水运，（11）：16-18.

张言庆，马波，刘涛．2010a．国际邮轮旅游市场特征及中国展望．旅游论坛，3（4）：468-472.

张言庆，马波，范英杰．2010b．邮轮旅游产业经济特征、发展趋势及对中国的启示．北京第二外国语学院学报，32（7）：26-33.

张毓诗．2007．世纪之初的国际关系．北京：时事出版社．

赵金涛．2009．欧洲邮轮码头的运营特点及启示．中国港口，（8）：54-56.

赵善梅，陈曼真，陈扬乐．2012．世界邮轮旅游市场变化的主要趋势．湖南城市学院学报，33（3）：59-61.

赵旭东，等．2012．公司法学．北京：高等教育出版社．

赵莹莹．2016．浅析邮轮航线设计与开发．新经济，（35）：27-28.

郑诗晴．2017．以我国港口为母港的东南亚邮轮航线规划研究．大连：大连交通大学．

朱力．2007．突发事件的概念、要素与类型．南京社会科学，（11）：81-88.

朱文婷．2010．邮轮旅游系统结构及其优化研究．上海：上海师范大学．

Arnold P, Charlier J. 1999. Panorama contemporain de l'offre mondiale de croisière. Acta

Geographica, 120 (6): 3-16.

Barron P, Greenwood A B. 2006. Issues determining the development of cruise itineraries: a focus on the luxury market. Tourism in Marine Environments, 3 (2): 89-99.

Bird J H. 1963. The major seaports of the United Kingdom. London: Hutchinson.

Butler R W. 1980. The concept of tourism area cycle of evolution: implications for management of resources, Canadian Geographer, 24 (2): 5-12.

Carter R E. 1962. A comparative analysis of United States ports and their traffic characteristics. Economic Geography, 38 (2): 162-175.

Cartwright R, Baird C. 1999. The development and growth of the cruise industry. Oxford: Butterworth-Heinemann.

Castillo M J I, Fageda X, Gonzalez L F. 2014. An analysis of the determinants of cruise traffic: an empirical application to the Spanish port system. Transportation Research Part E, 66 (5): 115-125.

Chang Y T, Lee S H, Park H S. 2017. Efficiency analysis of major cruise lines. Tourism Management, 58 (8): 78-88.

Charlier J J, McCalla R J. 2006. A geographical overview of the world cruise market and its seasonal complementarities. // Dowling R K. 2006. Cruise ship tourism, CABI, Wallingford.

Charlier J, Arnold P. 1997. Les complémentarités saisonnières du marché mondial descroisières. Bulletin de la Société Belge d' Etudes Géographiques, 66 (4): 181-198.

Charlier J. 1992. The regeneration of old port areas for new port uses. European Port Cities in Transition. London: Bellhaven Press.

Charlier J. 1999. The seasonal factor in the geography of cruise shipping. The Dock and Harbour Authority, 79 (3): 2214-2219.

Chen A, Lu Y T, Ng Y C Y. 2015. The principles of geotourism. New York: Springer.

Chen J M, Lijesen M G, Nijkamp P. 2017. Interpretation of cruise industry in a two- sided market context: An exploration on Japan. Maritime Policy & Management, 44 (6): 790-801.

Chen J M, Nijkamp P. 2018. Itinerary planning: Modelling cruise lines' lengths of stay in ports. International Journal of Hospitality Management, 73 (7): 55-63.

Cooper C, Fletcher J, Wanhill S, et al. 1998. Tourism Principles and Practice. Journal of Travel Research, 32 (3): 72-73.

Cusano C, Ferrari A, Tei A. 2017. Port hierarchy and concentration: Insights from the Mediterranean cruise market. International Journal of Tourism Research, 19 (2): 235-245.

Day B, Mckay R B, Ishman M, et al. 2004. "It will happen again": What SARS taught businesses about crisis management. Management Decision, 42 (7): 822-836.

Dowling R, Mao R. 2017. Cruising in Asia, with a Focus on China. Wallingford: Cruise Ship Tourism.

Dowling R, Vasudavan T. 2000. Cruising in the new millennium. Tourism Recreation Research, 25 (3): 17-27.

Dowling R. 2006. The Cruising Industry. Wallingford: CABI.

Dwyer L, Forsyth P. 1998. Economic significance of cruise tourism. Annals of Tourism Research, 25 (2): 393-415.

Ferrari F C, Parola E G. 2011. Measuring the quality of port hinterland accessibility: The Ligurian-case. Transport Policy, 18 (2): 382-391.

Fogg J A. 2001. Cruise ship port planning factors. Miami: Florida International University.

Gibson P. 2006. Cruise operations management. Oxford: Butterworth Heinemann.

Gui L, Russo A P. 2011. Cruise ports: a strategic nexus between regions and global lines—evidence from the Mediterranean, Maritime Policy & Management, 38 (2): 129-150.

Gunn C A. 1972. Vacationscape Designing Tourist Regions. Austin: University of Texas.

Henthorne T L. 2000. An analysis of expenditures by cruise ship passengers in Jamaica. Journal of Travel Research, 38 (3): 246-250.

Hoover E M. 1967. 经济活动的区位. 春日茂男, 田友三郎译. 东京: 大明堂.

Houghton F C, Yaglou C P. 1923. Determining equal comfort lines. Journal of the American Society of Heating and Ventilating Engineers, 29 (2): 165-176.

Hoyle BS. 1989. The port- city interface. Trends, problems and examples. Geoforum, 20 (4): 429-435.

Hung K, Wang S, Guillet B D, et al. 2019. An overview of cruise tourism research through comparison of cruise studies published in English and Chinese. International Journal of Hospitality Management, 77 (1): 207-216.

Hylleberg S. 1992. General Introduction. // Hylleberg S. 1992. Modelling Sasonality. Oxford: Oxford University Press.

Ioannis S P. 2017. The Changing Consumer: 'Digital Cruising'. Wallingford: CABI.

Itoh H. 2013. Market area analysis of ports in Japan. Marseille: The Iame Annual Conference.

Jeon J W, Duru O, Yeo G T. 2019. Cruise port centrality and spatial patterns of cruise shipping in the Asian market. Maritime Policy & Management, 46 (4): 257-276.

Jeronimo E P, Antonio G S. 2018. Dynamism Patterns of Western Mediterranean Cruise Ports and the Coopetition Relationships Between Major Cruise Ports. Polish Maritime Research, 25 (1): 51-60.

Jesper D. 2005. A competitive cruise port city. Behaviour Research and Therapy, 33 (2): 187-192.

Jimenez C R, Medina B P, Andrade M J, et al. 2018. An examination of the territorial imbalance of the cruising activity in the main Mediterranean port destinations: Effects on sustainable transport. Journal of Transport Geography, 68 (1): 94-101.

Jordan L A. 2013. A critical assessment of Trinidad and Tobago as a cruise home-port: Doorway to the South American cruise market. Maritime Policy & Management, 40 (4): 367-383.

邮轮航运网络的空间模式与发展机理

Ladany S P, Arbel A. 2001. Cruise ship market segmentation: A non- traditional port case study. Maritime Policy & Management, 18 (2): 93-103.

Lee T, Yeo G T, Thai V V. 2014. Changing concentration ratios and geographical patterns of bulk ports: The case of the Korean west coast. The Asian journal of shipping and logistics, 30 (2): 155-173.

Leiper N. 1979. The Framework of Tourism: Towards a Definition of Tourism, Tourist and the Tourist Industry. Annual of Tourism Research, 6 (1): 390-407.

Leiper N. 1990. Tourist attraction systems. Annals of Tourism Research, 17 (3): 367-384.

Lekakou M B, Pallis A A, Vaggelas G K. 2009. Which homeport in Europe: The cruise industry's selection criteria. Tourismos, 4 (4): 215-240.

Li X M, Wang C J, Ducruet C. 2020. Globalization and regionalization: Empirical evidence from itinerary structure and port organization of world cruise of Cunard. Sustainability. 12 (19): 78-93.

Lundgren J O. 2006. Spatial and evolutionary characteristics of Baltic Sea cruising: A historic-geographical overview. // Dowling R K. 2006. Cruise ship tourism. Wallingford: CABI.

Mancini M. 2000. Cruising: A guide to the cruise line industry, Newyork: Delmar Albany.

Marianna S. 2017. Cruise Itinerary Planning. Wallingford: Cruise Ship Tourism.

Marti B E. 1990. Geography and the cruise ship port selection process. Maritime Policy Management, 17 (3): 157-164.

Marti B E. 2004. Trends in world and extended- length cruising (1985-2002) . Maritime Policy, 28 (3): 199-211.

McCalla R J. 1998. An investigation into site and situation: Cruise ship ports. Tijdschrift Voor Economische En Sociale Geografie, 89 (1): 44-55.

Mccarthy J P, Romein A. 2012. Cruise Passenger Terminals, Spatial Planning and Regeneration: The Cases of Amsterdam and Rotterdam. European Planning Studies, 20 (12): 2033-2052.

Mccarthy J P. 2003. The cruise industry and port city regeneration: The case of Valletta. European Planning Studies, 11 (3): 341-350.

Mescon T S, Vozikis G S. 1985. The economic impact of tourism at the port of Miami. Annals of Tourism Research, 12 (4): 515-528.

Miller A R, Grazer W F. 2006. Cruising and the north American market. // Dowling R K. 2006. Cruise ship tourism. Wallingford: CABI.

Newman M E J, Girvan M. 2004. Finding and evaluating community structure in networks. Physical Review E, 69: 026113.

Niavis S, Tsiotas D. 2018. Decomposing the price of the cruise product into tourism and transport attributes: evidence from the Mediterranean market. Tourism Management, 67 (5): 98-110.

Notteboom T E, Rodrigue J. 2005. Port regionalization: towards a new phase in port development. Maritime Policy and Management. 32 (3): 297-313.

参考文献

Notteboom T E. 2006. Traffic inequality in seaport systems revisited. Journal of Transport Geography, 14 (2): 95-108.

Pallis A A, Parola F, Sattan G, et al. 2018. Private entry and emerging partnerships in cruise terminal operations in the Mediterranean Sea. Maritime Economics and Logistics, 20 (1): 1-28.

Pallis A A. 2015. Cruise shipping and urban development: state of the art of the industry and cruise ports. Paris: International Transport Forum.

Papathanassis A, Beckmann I. 2011. Assessing the 'poverty of cruise theory' hypothesis. Annals of Tourism Research, 38 (1): 153-174.

Papatheodorou A. 2006. The cruise industry: an industrial organization perspective. // Dowling R K. 2006. Cruise ship tourism. Wallingford: CABI.

Reid S, Prideaux B. 2006. The structure and operation of coastal cruising: Australian case studies. // Dowling R K. 2006. Cruise ship tourism. Wallingford: CABI.

Rimmer P J. 1966. The problem of comparing and classifying seaports. The Professional Geographer, 18 (2): 83-91.

Ringer G. 2006. Cruising North to Alaska: The New 'Gold Rush'. // Dowling R K. 2006. Cruise ship tourism. Wallingford: CABI.

Robinson R. 1970. The hinterland foreland continuum: concept and methodology. The Professional Geographer, 22 (6): 307-310.

Rodrigue J P, Notteboom T. 2013. The geography of cruises: Itineraries, not destinations. Applied Geography, 38 (3): 31-42.

Sheller M. 2009. The new Caribbean complexity: Mobility systems, tourism and the re-scaling of development. The Singapore Journal of Tropical Geography, 30 (2): 189-203.

Sun L, Liu W, Zhang H, et al. 2018. Cruise route simulation designs for South Asia. Journal of Coastal Research, 82 (4): 254-262.

Sun X D, Feng X G, Gauri D K. 2014. The cruise industry in China: efforts, progress and challenges. International Journal of Hospitality Management, 42 (1): 71-84.

Terry W C. 2017. Flags of convenience and the global cruise labour market. Wallingford: Cruise Ship Tourism.

Testa M R. 2002. Shipboard vs shoreside cruise operations. FIU Hospitality Review, 20 (2): 29-40.

Teye V, Paris C. 2010. Cruise line industry and Caribbean tourism: Guests' motivations, activities and destination preference. Tourism Review International, 14 (1): 17-28.

Tsiotas D, Niavis S, Sdrolias L. 2018. Operational and geographical dynamics of ports in the topology of cruise networks: the case of Mediterranean. Journal of Transpport Geography, 72 (1): 23-35.

Vaggelas G, Pallis A A. 2010. Passenger ports: services provision and their benefits. Maritime Policy & Management, 37 (1): 73-89.

Vogel M, Oschmann C. 2012. The demand for ocean cruises- Three perspectives. The business and

邮轮航运网络的空间模式与发展机理

management of ocean cruises. Wallingford: CABI International.

Wang C J, Chen P R, Chen Y H. 2018. The identification of global strategic shipping pivots and their spatial patterns. Journal of Geographical Sciences, 28 (9): 1215-1232.

Wang K, Wang S, Zhen L, et al. 2016. Cruise shipping review: operations planning and research opportunities. Maritime Business Reviews, 1 (2): 133-148.

Weaver A. 2005. The McDonaldization thesis and cruise shipping. Annals of Tourism Research, 32 (2): 346-366.

Wiegmans B W, Louw E. 2011. Changing port—city relations at Amsterdam: A new phase at the interface. Journal of Transport Geography, 19 (4): 575-583.

Wilkinson P E. 2006. The changing geography of cruise tourism in the Caribbean. // Dowling R K. 2006. Cruise ship tourism. Wallingford: CABI.

Wood. 2000. Caribbean cruise tourism: globalization at sea. Annals of Tourism Research, 27 (2): 345-370.

Woxenius J. 2007. Generic Framework for Transport Network Designs: Applications and Treatment in Intermodal Freight Transport Literature, 27 (6): 733-749.

参考文献